教育部 财政部职业院校教师素质提高计划成果系列丛书
教育部 财政部职业院校教师素质提高计划职教师资开发项目
《市场营销》专业职教师资培养资源开发（VTNE071）（负责人：周游）

销售管理实务

主　编　金明华

副主编　蒋　英　张　慧

科学出版社

北　京

内 容 简 介

本书是按照销售管理工作过程为主线,从实际工作需解决的主要问题出发,结合工作情景,构建销售管理的知识理论体系。本书包括认识销售管理、制订销售计划与销售分区开发规划、构建销售团队、销售计划实施与控制、销售分析等五个项目模块。通过情景再现、角色模拟实训等将理论与专业实践密切融合。学习本书,能让学员的销售管理能力得到有效提升,能为学员快速成长为优秀的销售管理人员打下坚实的基础。

本书可作为高等院校(含高等职业院校)市场营销专业学生、营销方向研究生(含MBA)的教学用书,亦可作为企业营销人员的专业培训用书。编写本书还考虑了"职业性、技术性和师范性"三性融合,协调了专业理论、专业实践和教学能力之间的关系。本书可作为职教师资本科市场营销专业销售管理核心课程的教学用书,亦是一本让从事销售管理及相关课程教学的教师们满意的教材。

图书在版编目(CIP)数据

销售管理实务/金明华主编. —北京:科学出版社,2018.1
(教育部财政部职业院校教师素质提高计划成果系列丛书)
ISBN 978-7-03-054789-7

Ⅰ.①销… Ⅱ.①金… Ⅲ.①销售管理–高等学校–教材
Ⅳ.①F713.3

中国版本图书馆 CIP 数据核字(2017)第 246779 号

责任编辑:王京苏 / 责任校对:王 瑞
责任印制:吴兆东 / 封面设计:蓝正设计

科 学 出 版 社 出版
北京东黄城根北街 16 号
邮政编码:100717
http://www.sciencep.com

北京中石油彩色印刷有限责任公司 印刷
科学出版社发行 各地新华书店经销

*

2018年1月第 一 版 开本:787×1092 1/16
2019年5月第二次印刷 印张:19 3/4
字数:468 000

定价:58.00 元
(如有印装质量问题,我社负责调换)

教育部　财政部职业院校教师素质提高计划
职教师资培养资源开发项目专家指导委员会

主　任：刘来泉

副主任：王宪成　郭春鸣

成　员：（按姓氏笔画排列）

刁哲军　王乐夫　王继平　邓泽民　石伟平　卢双盈　汤生玲

米　靖　刘正安　刘君义　沈　希　李仲阳　李栋学　李梦卿

吴全全　张元利　张建荣　周泽扬　孟庆国　姜大源　郭杰忠

夏金星　徐　流　徐　朔　曹　晔　崔世钢　韩亚兰

出 版 说 明

《国家中长期教育改革和发展规划纲要（2010—2020 年）》颁布实施以来，我国职业教育进入到加快构建现代职业教育体系、全面提高技能型人才培养质量的新阶段。加快发展现代职业教育，实现职业教育改革发展新跨越，对职业学校"双师型"教师队伍建设提出了更高的要求。为此，教育部明确提出，要以推动教师专业化为引领，以加强"双师型"教师队伍建设为重点，以创新制度和机制为动力，以完善培养培训体系为保障，以实施素质提高计划为抓手，统筹规划，突出重点，改革创新，狠抓落实，切实提升职业院校教师队伍整体素质和建设水平，加快建成一支师德高尚、素质优良、技艺精湛、结构合理、专兼结合的高素质专业化的"双师型"教师队伍，为建设具有中国特色、世界水平的现代职业教育体系提供强有力的师资保障。

目前，我国共有 60 余所高校正在开展职教师资培养，但由于教师培养标准的缺失和培养课程资源的匮乏，制约了"双师型"教师培养质量的提高。为完善教师培养标准和课程体系，教育部、财政部在"职业院校教师素质提高计划"框架内专门设置了职教师资培养资源开发项目，中央财政划拨 1.5 亿元，系统开发用于本科专业职教师资培养标准、培养方案、核心课程和特色教材等系列资源。其中，包括 88 个专业项目，12 个资格考试制度开发等公共项目。该项目由 42 家开设职业技术师范专业的高等学校牵头，组织近千家科研院所、职业学校、行业企业共同研发，一大批专家学者、优秀校长、一线教师、企业工程技术人员参与其中。

经过三年的努力，培养资源开发项目取得了丰硕成果。一是开发了中等职业学校 88 个专业（类）职教师资本科培养资源项目，内容包括专业教师标准、专业教师培养标准、评价方案，以及一系列专业课程大纲、主干课程教材及数字化资源；二是取得了 6 项公共基础研究成果，内容包括职教师资培养模式、国际职教师资培养、教育理论课程、质量保障体系、教学资源中心建设和学习平台开发等；三是完成了 18 个专业大类职教师资资格标准及认证考试标准开发。上述成果，共计 800 多本正式出版物。总体来说，培养资源开发项目实现了高效益：形成了一大批资源，填补了相关标准和资源的空白；凝聚了一支研发队伍，强化了教师培养的"校—企—校"协同；引领了一批高校的教学改革，带动了"双师型"教师的专业化培养。职教师资培养资源开发项目是支撑专业化培养的一项系统化、基础性工程，是加强职教师资培养培训一体化建设的关键环节，也是对职教师资培养培训基地教师专业化培养实践、教师教育研究能力的系统检阅。

自 2013 年项目立项开题以来，各项目承担单位、项目负责人及全体开发人员做了大量深入细致的工作，结合职教师资培养实践，研发出很多填补空白、体现科学性和前瞻性的成果，有力推进了"双师型"教师专门化培养向更深层次发展。同时，专家指导委员会的各位专家以及项目管理办公室的各位同志，克服了许多困难，按照两部对项目开发工作的总体要求，为实施项目管理、研发、检查等投入了大量时间和心血，也为各个项目提供了专业的咨询和指导，有力地保障了项目实施和成果质量。在此，我们一并表示衷心的感谢。

教育部　财政部职业院校教师素质

提高计划成果系列丛书编写委员会

2016 年 3 月

前　言

　　《销售管理实务》是哈尔滨商业大学周游教授主持的"教育部　财政部职业院校教师素质提高计划职教师资开发项目、《市场营销》专业职教师资培养资源开发"成果系列丛书之一。主要供市场营销职教师资培养基地的本科教学之用，亦可作为普通高校市场营销本科专业学生学习销售管理的教材及教学参考资料，为培养学生销售管理的初步能力，为在销售工作岗位早日成长为销售管理人员奠定基础。

　　《销售管理实务》遵循职业性、技术性和师范性三性融合的原则，正确处理专业理论、专业实践和教学能力之间的关系。以销售管理工作过程为主线，结合工作情景，从实际工作需要解决的问题出发，并介绍解决这一问题需掌握的知识理论，同时进行相应的实训，直至学生能够解决书中所提出的实际问题。考虑学生的未来职业特点，在每一项目的后面还增加了"知识拓展"及"角色转换"的引导内容，为学生积累广博知识，进一步提升专业能力奠定基础。

　　《销售管理实务》主要按照目前企业销售管理工作过程与主要工作内容架构教材体系。本书包括认识销售管理、制订销售计划与销售分区开发规划、构建销售团队、销售计划实施与控制、销售分析等五个项目。本书通过将企业实际案例及相关资料链接引入教材使学生感受实际工作场景，了解相关理论在解决实际销售管理中的做法及重要意义；通过情景再现、角色模拟实训等将理论与专业实践密切融合。在实训内容中不仅增加了案例分析题目的训练，还增加了学生深入企业（社会）调研，了解企业（社会）相关问题的实际情况，并引导其对实际问题提出解决建议等与专业实践紧密结合的实际训练等。

　　在《销售管理实务》体例设计及内容的选择中，不仅考虑了学科与实践性特点，而且考虑了教育教学的规律。在书中指出（项目、任务）教学目标，启发学生积极思考，激发其学习动力，并通过循序渐进的知识理论导入及实际工作情景的呈现加强对知识理论的理解与运用；通过进行综合性实际训练，提高学生学习积极性，提高其学习效果，并进一步提高解决实际问题的能力。本书还通过教学反思及教学资源的接触使学生从教育者的角度学习并思考教学过程。

　　本书为了发挥普通高校和职业院校各自具有的理论和实践优势，组建了由普通高校、职业院校教师相结合的编写队伍。因此，能够有效地解决教材理论与实践并重的编写要求。本书的编写队伍由哈尔滨商业大学金明华、刘兴革和王爽，常州建筑职业技术学院蒋英，哈尔滨理工大学木壮志，哈尔滨建筑职业技术学院张慧及黑龙江农业工程职业技术学院朱娜等五所学校共七位专业教师组成，在编写过程中，编者针对编写思路、编写内容、编写体例等方面反复研讨，最终形成了本书的编写框架，在此基础上进行了编写分工。本书由金明华任主编，蒋英、张慧任副主编。编者承担的任务分工为：金明华负责项目一和项目二中的任务一、二、四、五，木壮志负责项目二中的任务三；蒋英负责项目三中的任务一～任务四，王爽负责任务五；朱娜、刘兴革共同负责项目四中的任务一和任务二，张慧负责任务三和任务四，木壮志负责任务五；王爽、刘兴革负责项目五。成稿后，金明华主编进行统稿。

在本书大纲确定过程中袁慎祥、易加斌、尚慧丽、徐惠坚、张颖南等参与了讨论，提出了宝贵建议。在编写过程中，山东商业职业技术学院工商管理学院副院长孙晓燕教授、深圳职业技术学院夏维朝教授、佛山市李伟强职业技术学校尧勇校长，以及深圳采纳营销策划公司的崔浩等提供了实践指导，在此一并表示衷心感谢。

编　者
2017 年 8 月

目　　录

项目一

认识销售管理

【学习目标与任务分解】

➤ 知识目标

1. 了解销售管理的含义
2. 明确销售管理的内容
3. 了解销售人员的职业发展轨迹
4. 熟悉销售管理者应具备的能力
5. 弄清销售管理者的职业道德规范

➤ 能力目标

能制订销售管理岗位的职业规划（表）

➤ 任务分解

任务一　明确销售管理内容
任务二　弄清销售管理者的能力与道德规范

➤ 案例导入

张宏是昌盛公司西部地区的销售管理者。昌盛公司是一家有名的运动商品系列的生产商。晚上 6 点，张宏仍坐在她的办公桌前试图解决一些工作中的杂乱琐事，希望明天的工作效率能提高一些。在她阅读必复的信件和想起一大堆必回的电话留言时，却想着，对她而言做一名销售管理者是否是一份合适的工作。

今天就是个例子。张宏早早就来到办公室，为的是打电话给东部分区的销售主任刘伟，讨论一下他们正在准备的一个联合销售预测。和刘伟讨论工作可不是件轻松的事情，他很固执，不愿意妥协。今天，她还要给公司在东部的两个工厂的生产经理打电话，弄清楚为什么新的产品系列迟迟未到。原定这个新产品系列两周前就该到货，可现在还不见踪影。张宏打电话的时间比预计的要长，不过在上午已过去了一半的时候，她终于能够着手办她计划好的今天要做的重要事情了。经过几天仔细地翻阅前几年的销售报告，她得出这样一个结论：如果重新划分区域，并调整每个销售员的辖区，那么每个销售员的工作效率和总销售额都能得到提高。这是一个重大计划，她必须在明天下午的每月例会上，把它交给她的分区销售主任。

因为吃午饭，张宏离开办公室的时间比计划的长了些，回来时她看到六个电话留言，其中有一个是公司人事副总经理李辉打来的紧急电话。她给李辉回了电话，让她感到沮丧的是，她得到通知要在明天的销售会议上拿出大部分时间来讨论公司的新计划。李辉向她保证说，她所需要的全部资料会在下午晚些时候送到，并强调这个计划需要马上分发并加以说明。不太成功地回复其他几个电话后，她重新回到了辖区重新划分计划上来。她刚好在下午 3 点钟完成了这个计划，这时就到了她接待一名分区销售管理者应聘者的时间。张宏和这位应聘者聊了一个多小时，之后又马上打了几个电话。

张宏看了看手表，意识到她已经没有时间打完所有计划好的电话了。一天好像就这样过去了，而她有从李辉那里送来的资料要看，还要为明天会议的议程作准备。她必须想出一个办法，来激励那些销售主任干出更好的业绩来。重新设计辖区只是解决办法的一个部分。张宏不知道自己还能做些什么。"喔"，她想，"我最好还是打个电话取消今晚的约会吧。我已经有三周除了工作就没做过别的事情，而且好像我离开这个办公室的唯一时间就是去吃午饭！"

资料来源：根据查尔斯·M. 富特雷尔的《销售学基础》（原书第 9 版，赵银德译，机械工业出版社 2006 年版）改编

思考题：1. 张宏似乎很留恋过去做销售员的日子，为什么？

　　　　2. 张宏现在的工作与她过去所做的销售员的工作相比较有何不同？

任务一　明确销售管理内容

一、知识基础

（一）销售管理含义

销售是一项重要的企业经营活动。通过销售，企业实现销售收入，获得利润，赢得顾客，谋求企业的长远发展。但销售工作并不简单，也不容易，企业的销售工作需要团队协作。要实现企业的销售目标，要对企业的销售工作进行有效的管理。企业销售管理是企业管理的主要内容。

对于销售管理的含义，中外诸多学者从不同角度做了各种解释。美国销售管理专家查尔斯·M. 富特雷尔（Cherles M. Futrell）的解释是：销售管理就是计划、人员配备、培训、领导及对组织资源的控制，以一种高效的方式完成组织的销售目标。

我们对销售管理的理解分为以下两种：一种是狭义的销售管理，即对销售人员的管理，销售管理是企业营销活动中促销的一部分；另一种是广义的销售管理，即对企业销售活动的管理，销售管理应该包括企业促销活动的所有活动。

我们认为销售管理是对销售人员及其活动进行计划、组织实施和控制，从而实现企业销售目标的活动过程。

销售管理的核心是对销售人员的管理，是销售管理者带领销售团队高效率地实现企业利润目标。

【资料链接】

从个人推销到团队推销的发展趋势

"单枪匹马""超级明星"式销售人员的重要性在许多公司的销售组织中正在下降，特别是当公司工作的重点从仅仅销售产品转向解决顾客问题时。在很多情况下，一个人不会拥有判断和解决顾客问题所需要的全部知识与技巧，此时就需要某种类型的团队开展工作。

一个销售团队由一名销售管理者领导，团队的成员可能来自企业的销售部门、市场营销部门和其他职能部门。根据团队成员不同的协作方式，可将销售团队分为两种类型：以顾客为中心的销售团队和以交易为中心的销售团队。

（1）以顾客为中心的销售团队：是一种为特定的客户组成的正规的销售团队，团队成员可能来自企业的所有职能部门。

（2）以交易为中心的销售团队：是一种非正规的销售团队。团队成员可能来自企业的任一职能部门，并且可能参与销售过程的任一阶段。销售人员的责任是合理安排销售组织的资源，使其满足客户的需要。

资料来源：张启杰. 销售管理. 2 版. 北京：电子工业出版社，2009

（二）销售管理内容

美国营销学家菲利普·科特勒认为，企业销售管理涉及三个方面的内容：一是企业在设计销售队伍时应作什么决策？这涉及销售队伍的目标、战略、结构、规模和报酬等问题。二是企业怎样招聘、挑选、训练、指导、激励和评价它们的销售队伍。三是怎样改进销售人员在推销、谈判和建立关系营销上的技能。

美国销售管理专家查尔斯·M. 富特雷尔认为，销售管理涉及五个方面的内容：一是制订销售计划，即要建立一个面向有利可图顾客的销售团队；二是设计销售组织，要选择合适的人，并建立适当的组织结构；三是对销售人员进行科学训练；四是引导和指挥销售人员提高销售效率；五是对销售人员和销售结果进行评价以指导未来的销售活动。

尽管两位学者的表述不尽相同，但对销售管理工作所涵盖内容的阐述基本一致。销售管理的内容涉及以下几个方面。

1. 制订销售规划

销售规划是指对企业销售活动的计划与安排。销售规划是在销售预测的基础上，设定企业的销售策略与目标，编制销售配额和销售预算。销售规划的具体内容如下。

（1）制定销售目标。要搞好销售目标的制定，首先必须对企业销售面临的环境与形势进行分析，做好销售预测，然后制定销售目标。制定销售目标要切合企业实际，量力而行。

（2）制定销售策略。销售策略是依据企业的营销策略而制定的，它涉及销售模式、销售渠道、价格政策、货款回收政策、销售远景规划和销售部门整体目标。

（3）制订销售行动计划。销售行动方案涉及销售的具体工作程序和方法，所有的销售行动方案都应当细化和量化，并定期加以检查。

2. 构建销售队伍

现代企业销售任务的完成不再是销售人员个体作战，而是要组成销售团队，发挥团队的整体功能，高效率地完成销售任务。因此，实施销售计划，完成销售任务就需要设计合理的销售队伍规模与组织结构，并通过招聘、培训、有效管理等构建能力较强的销售团队。

3. 组织实施和控制销售活动

销售管理者要组织销售人员实施销售计划。在这一过程中销售管理者要对销售人员的销售活动进行指导和协调，要将企业的营销目标与思路准确地传达到销售人员，让他们达成共识。作为销售管理者要领导销售人员沿正确的方向前进，要身先士卒，要团结下属，要激励员工将销售工作做得更好。作为销售管理者还要检查销售人员等工作过程，评价工作绩效，控制销售过程，以便高效率完成销售任务。

4. 评价与改进销售活动

要顺利达成销售目标，销售管理者必须时刻关注销售人员和业务的发展动向，制定各种考核标准，建立评估与考核体系，通过评估与考核来对整体销售业务进行控制。同时，还应根据实际情况对计划与目标作必要的调整和修改。通过评估与考核，使销售人员提高工作效率，控制企业产品销售和整体服务质量。

【资料链接】

从关注销售量到关注销售效率的销售管理发展趋势

一个销售组织的基本任务是推销，所以销售量指标对企业非常重要，销售人员和销售管理者的评估标准通常为在一定时间内完成的销售量。但是，许多企业发现销售人员和销售组织的销售效率并不一样。同样的销售量和销售额，有些销售能比其他销售更多地获得盈利。因此，企业销售组织不再只关注"为销售而销售"，而是更加关注销售利润和销售效率，这就使得企业从关注销售量转向了关注销售效率。销售效率强调更有效率地做事，即在成本水平一定的条件下能够完成更多的销售量。

从某种意义上讲，所有管理决策都可以按照销售效率的观点制定。销售管理者应该不断努力地做到"少投入，多产出"，在销售管理的全过程中强调销售效率。

资料来源：张启杰. 销售管理. 2 版. 北京：电子工业出版社, 2009

（三）销售管理与营销管理的区别

销售管理与营销管理不同。营销管理是整个营销活动的管理，而销售管理只是为实现营销管理的核心任务——销售而进行的管理。

营销管理与销售管理的内容不同。营销管理是为实现营销目标制定营销战略与营销策略，并加以有效实施；而销售管理则是为实现销售目标而制订客户开发与维护计划，并在销售团队建设的基础上，领导销售团队实施销售计划。营销管理是销售管理的基础，销售管理是营销核心任务的具体落实。

（四）销售人员的职业轨迹

作为销售管理者，要带领销售人员完成销售任务，需要具有领导能力，更要具有较强的销售业务经验。因此，多数销售管理者都是从销售人员成长起来的，那些具有销售经验、业绩突出、能力出众的销售人员会逐渐发展成销售管理人员，并向着更高层次的管理岗位发展。销售人员的职业轨迹见图 1-1-1。

图 1-1-1　销售人员的职业轨迹

（五）销售人员与销售管理人员的岗位职责

1. 销售人员的主要职责

销售人员（以销售代表为例）的主要工作内容是开展各类销售活动，开拓和维护客户资源，完成客户的销售任务。销售人员的主要职责包括以下几点。

（1）负责收集产品市场信息，寻找潜在客户。

（2）负责制订本人的市场开拓计划，完成销售目标。

（3）代表公司与客户进行商务谈判并签订销售合同。

（4）负责合同执行与协调工作，并按规定催交合同款项。

（5）负责做好客户的信用等级、经销能力等方面的评价工作。

（6）监理所负责客户的档案，并根据客户的具体情况制定销售对策。

（7）定期进行客户满意度调查，及时了解客户需求并反馈至相关部门。

（8）完成领导交办的其他事情。

2. 销售管理人员的主要职责

销售管理者（以销售经理为例）的主要工作内容是根据企业销售战略制订销售计划，并据此组织各销售单位开展各项销售工作，带领人员开拓市场，维护客户关系，提高销售业绩和销售收入。销售管理者的主要工作职责包括以下几点。

（1）销售计划管理。这一职责包括参与制订销售计划、销售政策及销售发展策略，编制本部门和销售单位的年度、季度、月度销售计划，组织实施销售计划。

（2）销售费用管理。将销售预算分配到具体的单位产品、区域或销售人员，根据销售规划及市场状况，确定年度、季度、月度销售费用预算，控制销售过程中各项费用的支出。

（3）销售队伍管理。负责销售团队的建设与培养，制订有激励作用的激励方案并组织实施，对销售主管进行考核。

（4）销售过程管理。这一职责包括及时掌握销售工作进度，监督检查销售工作的执行情况，及时发现销售过程中存在的问题，并进行解决，负责审核各种销售合同和销售方案；组织人员开拓并维护销售渠道，检查并督促对应收账款的核算、催收，确保销售回款及时。

（5）客户关系管理。组织建立并完善客户关系，对客户的信用等级进行分级管理，指导并监督销售人员维护与客户的良好合作关系，防止客户流失。

二、能力实训

案例分析

宏达公司是一家处于快速发展中的民营企业，王峰是公司的总经理，企业的产品质量在同行业里是最好的，但是销售一直不如竞争对手。三个月前，他把原来的销售管理者换掉，把销售业绩第一的员工张某提拔为销售管理者，希望他能把销售部业务抓上去。可是三个月下来，情况却让他大失所望。尽管张某个人的销售业绩不断提升，但公司总的销售额却在整体下滑。几位销售骨干向他反映，张某只顾自己多拿奖金，不想办法帮大家提升业绩。他找张某谈过话，张某也感到很委屈。他说自己努力地拼业绩，但大家都在冷眼旁观，他也不知问题出在哪里。

问题：

（1）王经理为什么把销售业绩第一的张某提拔为销售管理者？

（2）张某上任后他的个人销售业绩依然在提升，但销售团队的销售业绩却在下滑，这是为什么？

（3）针对解决上述问题，提出你的建议。

三、知识拓展

从管理推销到领导推销的销售管理发展趋势

许多公司的销售组织都是一个官僚式、等级制的金字塔形结构，各级别销售管理者直接监督下一级，同时对上一级管理层直接负责，这样来实现管理控制。销售管理者作为"老板"管理着销售人员，销售人员要向他们汇报，对他们负责。他们对销售人员实施程度不同的控制，以使销售人员实现预期的销售成果。

这种方式在非常稳定的市场环境中可能会很好地发挥作用，但是，许多销售组织认为这种方式在一个迅速变化的环境中使得他们很难负起责任。于是，他们开始寻求对销售组织的改革，目标是尽量使销售组织的层级结构"扁平化"。扁平形的销售组织授予销售人员在现场进行更多决策的权力，这就改变了销售管理者的角色和他们与销售人员的关系。对于一个销售管理者来说，基本的趋势是"领导得多而管理得少"。

一项研究表明，销售管理者通过强调以下几个方面正在发挥更多的领导作用。

（1）合作而不是控制。

（2）指导而不是批评。

（3）向销售人员授权而不是进行统治。

（4）共享信息而不是控制信息。

（5）对销售人员进行个别指导而不是"一刀切"。

对于"领导"的重视意味着一个销售管理者的任务，应是评价销售人员及帮助销售人员做好工作而不是过多地对销售人员进行控制。一个对 900 名销售人员的调查研究表明，销售人员最需要从其销售管理者那里学到的是很好的沟通技巧、激励能力和聆听技巧。另一项研究表明，销售人员跳槽的主要原因是他们对销售管理者不满意。同样的结果在其他有关研究中也得到了证明，即销售人员很少对公司提出中肯的建议，因为他们担心销售管理者的领导能力。另外，一项对 130 家全球性公司的研究报告认为，"领导"是销售管理者最重要的品质。那些只知道发送文件，坐在办公室里作预算，或者只有必要时才与销售人员谈话的经理是不受欢迎的。

销售管理者的工作是一项具有挑战性的工作，他们承担着为公司创造销售收入的责任，同时还负责方方面面的工作和任务，因此这也是一项需要天赋的工作。他们首先应该是一个领导者，对于一个销售管理者来说，最重要的品质是他应该具有领导能力。有些人可以成为伟大的销售代表，但是他们却没有领导的天赋。一个领导者不仅意味着发号施令，他还必须有远见，能预见到组织的前进方向，能鼓励自己的员工向着这个方向努力，尽管这个方向并不符合每一个人的利益。

销售管理者出于对工作和对人际关系的考虑，其领导风格可分为四种：指挥式、说服式、参与式、授权式（图 1-1-2）。

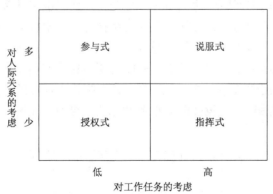

图 1-1-2 销售管理者的领导风格

第一种风格：指挥式。销售管理者做出所有的决策，对工作任务考虑较多，对人际关系考虑较少，不能发挥销售人员的主观能动性和创造性，无法创造性地开展工作。

第二种风格：说服式。销售管理者制定决策，并向销售人员解释需要做些什么，并说服销售人员执行这个决定。如果充分地说服了销售人员，其销售效果可想可期，但如果说而不服，留给销售人员的只有服从，其积极性可想而知。

第三种风格：参与式。销售管理者与销售人员共同制定决策，对人际关系的考虑较多。销售人员受到了尊重，有了参与决策的机会，工作积极性较高。

第四种风格：授权式。销售管理者授权销售人员制定决策，只问结果不问过程，也很少给予销售人员具体的指导和支持。他们经常说的一句话是："你自己处理吧，这是你的职责。"销售人员得到了充分的决策权，有了施展自己才华的充分空间，但也希望得到销售经理的指导与帮助。

不同的领导风格适用不同的销售人员及市场情况，不同的领导风格有不同的适用范围。

任务二　弄清销售管理者的能力与道德规范

一、知识基础

（一）销售管理者能力要求

作为企业上级领导与基层销售人员的桥梁，销售管理者要激励、协调、监督销售人员按照企业要求去开展销售工作，也要向上级领导反馈销售工作的结果和成效、营销过程中存在着哪些需要改进的问题；同时还要解决销售人员不能解决的客户的问题，满足客户的需要。因此，销售管理者的工作非常复杂，其技能也多种多样，总体来说可以归纳为三种基本能力：感知与决策技能、人际关系技能、技术技能。作为销售管理者，虽然所处层次不同（如销售管理者与销售总经理不同），他们的能力要求也不完全一样，但他们也需要上述三种基本能力，只是三种能力所占比重有所不同。在一个组织中，管理层次越低，技术技能的重要性越高。随着个人在组织中地位的上升，技术技能的重要性与人际关系技能和感知与决策技能的重要性相比，会有所下降。图 1-2-1 为不同管理层次各种技能关系图。

图 1-2-1　不同管理层次各种技能关系图

感知与决策技能是指综观销售活动全局，把握关键，认真思考，扎实谋事的能力。具体来说，就是了解销售环境、客户需求，能制订科学的销售规划；清楚自己团队的职责，能处理好企业内、外部相关组织的关系，为完成销售任务创造条件；熟悉组织成员特点，能发挥销售人员的特长，领导团队开展销售活动。

人际关系技能是指把握与处理人际关系的有关技能，即理解、动员、激励他人并与他人共事的能力。要成为一个好的销售管理者，离不开良好的人际关系，包括同上级、下属、同行、他人的关系等，即在管理活动中调节人际关系的艺术，其中主要是协调同上级的关系、协调同级关系和协调与下属的关系，包括其他方面的公共关系。

技术技能是指销售管理者应该掌握销售知识与技能，以指导和管理销售人员的销售过程；掌握收集与分析信息的技能和分析解决销售问题方法。技术技能对基层销售管理者来说尤为重要，因为他们的大部分时间都是指导、训练、帮助下属人员或回答下属人员的有关问题，因而必须熟悉下属人员所做的各种工作；具备技术技能，方能更好地指导下属工作，更好地培养下属，成为受下级成员尊重的有效管理者。

（二）销售管理者职业道德规范

职业道德是指人们在职业生活中所应遵循的基本行为准则和一系列职业道德规范。它涵盖了职业人员与服务对象、职业人员与领导、职业人员与同行、职业人员与社会等多重关系的处理和调整，是在职业生活中普遍存在的一种社会道德现象。

具体到销售职业的道德，就是指销售人员和销售管理者在各自职业活动中所应遵循的基本行为准则和一系列职业道德规范。销售人员和销售管理者在职业生涯中要依据本行业的行为准则和道德规范处理好多重社会关系。

1. 销售管理者的道德问题

销售管理者可能出现的不道德行为比销售人员要多。销售管理者除了进行一般性的销售活动之外，还承担着管理销售人员的责任。在销售管理者这个职责范围之内也可能存在着大量的不道德行为。销售管理者除了存在销售人员可能出现的道德问题之外，还存在对销售人员任务分配、销售业绩考核不公平，承诺不兑现；不尊重、不关心销售人员，甚至性骚扰销售人员；随意终止与下属的雇佣合同等。

2. 销售管理者的道德规范

芝加哥大学在对销售道德规范进行了数年研究之后，总结出以下七条帮助管理层建立道德规范的方法，目前已有 1700 万人发现其行之有效："真理高于一切"是处理所有人际关系的原则；对陌生的下属要首先赋予充分信任；对于那些值得信赖的人则更要充分信赖；要从无私的角度指导下属工作；对于新的销售和市场创意要抱着开放心态，不要去追究其来源；在企业利益和个人利益之间选择前者；任何时间、任何地点不要染指任何不诚实的钱财。在我国，作为销售管理者，除了要遵守销售人员所要遵守的诚实、守信、负责和公平的道德规范，在处理他们和销售人员的关系时还要遵守公正、信任和关爱这三个重要的道德规范。

　　1）公正

　　在管理销售人员时，销售管理者们都知道，公正是最基本的要求，也是最重要的要求。即使你给销售人员较高的报酬，如果你对下属不公正，他们也有可能带着重要的客户离开公司；如果你对他们是一致性地公平公正，即使你从不与他们建立感情，惩罚时采取比较苛刻的方式，他们反过来可能因为你的公平公正而留在公司。

　　销售管理者的公正行为可以从三个方面实行：分配公正、惩罚公正和补偿公正。分配公正是指分配给销售人员的利益和责任要公正。当然，每一个销售人员的所得利益不一定要相当，但是具体到某一个销售人员，他所得的利益应该与他所承担的责任是对等的，即承担的责任越大所得的利益就应该越大。惩罚公正是指对错误行为的惩罚和处罚要公正。亚里士多德认为，一个人对其行为应负有责任，除非他的行为是受强迫的，或者他不知道其行为会产生不利后果。销售管理者要做到，无论销售人员的业绩有多出色，在他犯错误时，不能有"将功补过"的观念，功是功，过是过。有功劳，就要给予相应的奖励；有过错，就应该给予相应的惩罚。补偿公正涉及的是对错误行为的受害方的补偿。在销售活动中，销售人员"窜货"，造成其他销售人员的损失时，销售管理者应该出面公正地解决"窜货"问题，要对受害方给予一定的补偿。

　　2）信任

　　销售人员出差在外的时间远远多于在公司的时间，销售人员与顾客打交道的时间也远远多于与经理们沟通的时间。销售管理者要信任销售人员。信任可以降低管理成本，可以激发销售人员的才能、斗志和忠诚，可以增强销售团队的凝聚力。但信任的建立需要经历一定的过程，需要相互了解，理解认知，甚至需要通过不同层面和不同方式方法相互检验，才能慢慢建立，否则就要遭受到盲目信任带来的巨大危害。

　　3）关爱

　　销售人员经常孤身一人出差在外，并且面临顾客的百般挑剔和重重挫折，经常是身心疲惫。他们有可能获得比较优厚的物质待遇，但他们的内心往往感到很孤独，甚至在某些情况下，如他们得不到公司的某些支持时，往往有种"被公司抛弃"的感觉。他们有家庭，有自己的亲人，但是相聚的时间却很少。因此，销售人员相对于其他职业的员工来说，更需要得到销售管理者和公司的关爱。

（三）销售人员向销售管理者的转变

　　销售人员与销售管理者在角色上、要求的能力上是不一样的。因此，要完成从销售人员到销售管理者角色的转变，需要充分了解这种角色变换后所发生的变化，增加对这一变化的适应能力，适应新的工作岗位。从销售人员成为销售管理者之后可能发生的变化包括以下几方面。

　　（1）责任的变化。销售人员的职责是完成个人任务，而销售管理者的职责是完成组织任务。因此，销售管理者在完成自己的销售任务的同时，要监督、协助和指导其他销售人员完成任务，要对自己的下属加以管理，并为他们的工作创造条件。

（2）工作关系的变化。成为销售管理者后，其与同事、上级、下属关系不同，角色定位也不一样，要和以前的同事、其他管理者及新的上级领导建立良好的工作关系。

（3）能力要求的变化。销售管理者除了实践操作能力外，还要学会沟通、谈判、制订计划、激励员工、培训员工等方面的技能。

（4）观念的变化。普通销售人员只需要集中精力，把现有的工作做好。但是对于销售管理者来说，应从企业全局和长远着眼，要有战略思维，要有整体观念，要考虑计划和决策对企业目标、市场战略和整体竞争的影响。

要完成从销售人员向销售管理者的角色转变，需要在思想观念、管理技能和人际沟通方面提升自己的素质，使自己具备从事管理工作的能力。其中，顺利实现角色转变的关键是要树立学习的态度，不断学习，调整自己，适应新的环境。要意识到管理是一种特殊的技能，销售天才不一定就能成为好的管理者，但管理能力是可以通过学习来获得的。

【资料链接】

岗位名称	主要职责及任职要求
销售管理（者）	**主要职责：** （1）组织编制年度、季度、月度销售计划及销售费用预算，并监督其实施 （2）组织对企业产品和竞争对手产品在市场上销售情况的调查，分析调查结果，综合客户反馈信息，并撰写调查报告 （3）编制与销售直接相关的广告宣传计划 （4）组织下属人员做好销售合同的签订、履行和管理工作，监督销售人员做好应收账款的催收工作 （5）制定本部门相关的管理制度并监督检查下属人员的执行情况 （6）组织提供对企业客户的销售服务，与技术部门加强联络以取得必要的支持 （7）对下属人员进行业务指导和工作考核 （8）组织建立销售情况统计台账，定期报送财务统计部 **任职资格：** （1）具有较强的市场分析、营销、推广能力，以及丰富的营销网络及销售成本管控经验 （2）具有丰富的客户关系和客户资源，业绩优秀 （3）具有良好的人际沟通、谈判能力，以及分析和解决问题的能力 （4）工作严谨，坦诚正直，工作计划性强并具有战略性思维 （5）有较强的事业心，具备一定的领导能力

（四）成为合格的销售管理者应注意的问题

销售管理者执行销售管理的六项基本职能为计划、组织、培训、指导、激励与评估，运用组织的资源以实现高水平的绩效。要做到这些，需要销售管理者具备感知与决策、人际关系、技术等方面的技能。但对于一个没有从事过销售管理工作的人员来说，要做到这一点并非易事，需要做好充分的准备，培养自己的优秀品质。

1. 尽快适应角色的变化

从一名销售人员晋升为销售管理者，他不可能一夜之间就能适应这个变化，他的思维方式、行为方式不可能在转瞬之间从一个普通的销售人员转变为一个销售管理者。在这种角色变化中，他需要一个适应过程。

一般而言，从销售人员到销售管理者需要经历七个阶段。

第一阶段：不知所措。一个人面对新的变化的时候，往往不知所措，无所适从。刚晋升的销售管理者通常的表现就是思维无头绪，行为无规律，工作无重点，忙于应付。

第二阶段：怀疑。面对新的人事变化、新的工作挑战，当人心力交瘁的时候，就开始怀疑自己。刚晋升的销售管理者通常怀疑自己能否胜任销售管理者这一职位。

第三阶段：调整。经过一段时间的思考，一个人会真正认识到自己必须面对新的挑战，必须对自己已经形成的生活习惯、社会关系等方面进行全面调整，尽快适应新的职位。

第四阶段：接受现实。销售管理者开始以乐观的态度接受现实，心甘情愿地放弃对过去的留恋，逐渐适应新的岗位。

第五阶段：磨炼。销售管理者开始尝试新的思维方式、行为方式，克服自己，战胜自我，主动适应新的环境。

第六阶段：寻找价值。销售管理者的注意力开始转向如何在新的岗位上做出自己的贡献，如何提高销售组织的绩效目标，找到实现自己价值的有效途径。

第七阶段：内化。销售管理者真正地进入了角色，把新的价值观念融入自己的日常工作之中。

这一适应的过程，有的人需要的时间短，有的人需要的时间会长一些，也有的人因不能适应而被淘汰。

2. 勇敢面对挑战

对大多数新的销售管理者来说，最大的问题是他们对销售管理者一职缺乏足够的准备，其遇到的主要问题集中在技能转变、公司期望、群体变化上。

首先是技能问题。销售人员成为销售管理者，往往是因为其出色的销售业绩。但是成功的销售人员所具备的技能与作为销售管理者所需要的技能有着很大的区别。因此，为了成功地管理他人，一个销售管理者必须有新的态度、行为和技能。

其次是公司的期望问题。公司往往希望新提拔的销售管理者能够马上进入角色，像一名合格的管理人员那样有条不紊地开展工作，即使没有给他们足够的帮助和支持。例如，要求他们提供正规的培训计划，要求销售业绩有一个大的提升等。这对一个新的销售管理者无疑是一次挑战。

最后是交流群体的变化问题。作为一个新的管理人员，他不可能马上找到能够与之交流的群体。因为，以前的同事已不再把他看成"我们中的一员"，沟通与交流的角度发生了变化；在他向别人完全展示作为一名管理者所具有的思维和行为能力之前，其他经理也不可能马上接受他的到来，会与其保持一定的距离。在他最需要他人帮助和支持的时候，却发现找不到自己的位置。

3. 在实践中不断学习

对一名刚上任的销售管理者来说，要成功地适应新岗位，关键的就是两个字：学习。学会新的技能，学会处理新的人际关系，学会与人沟通，必要的时候寻求他人的帮助。

新的管理者必须把原有的工作习惯完全抛在脑后，与新的同事、下级和上级领导共同合作，从头开始。这意味着他们需要了解新的岗位即将赋予他们的新责任，而不仅仅是原有工作的持续和延伸。当然，这需要艰苦的努力，要更多地倾听他人的声音，只有这样才能赢得他人的信任和支持。同时，注意避免过于激烈的调整和改变，过快的变化很可能会导致同事和部下的反感。

一个新的管理者要不断地提醒自己，他们本身并没有什么变化，不过承担了一个新的角色而已。需要做出调整的是自己，而不是部下和周围的环境。

4. 培养优秀品质

合格的销售管理者的优秀品质主要包括：勇气、意志、远见。管理是一门科学，也是一门艺术。要成为一名合格的销售管理者，需要学习销售管理课程，更需要系统地接受销售管理培训，接受销售管理课程的学习和培训，可以帮助其成为一名合格的销售管理者，并对未来可能遇到的各种挑战做好充分的准备。通过销售管理课程的学习和培训，可以获得很多有价值的信息资料，这些资料是其他途径无法得到的。

但是，课堂上学到的只能是关于管理的一般知识、一般规范和一般规律，就像打球一样，场下教练讲的都听懂了，就以为自己会打球了，那就错了。当自己认为已经知道其中奥妙的时候，其实仍一无所知。销售管理者还需要在管理的实践中不断学习，不断开发自己的领导潜能，培养自己的意志品质，不断完善自己。一名合格的销售管理者应具备三个优秀品质：勇气、意志和远见。勇气，就是要有否定自己的勇气，向别人学习。没有自我的否定，就不会有自我的发展。意志，就是要有克服困难，战胜自我的意志品质。没有今天的失败，就不会有明天的成功。远见，就是要有长远的眼光，放眼未来，对自己充满信心。眼光看多远，路才能走多远。

二、能力实训

（一）思考题

填写如下由学校毕业进入销售岗位成长为销售管理者的个人发展规划表。

职位	需要的时间	需要储备的知识	需要掌握的技能	需要取得的成绩	备注
销售实习生					
销售人员					
分区经理					
地区经理					
……					

（二）案例分析

某化妆品公司市级分公司销售情况一直不是很理想，究其原因，主要是缺少一个优秀的领军人物，这导致市场管理混乱，业绩不佳，于是公司总部不惜重金挖来一位新的销售管理者。

该经理为营销专业科班出身，又在市场一线打拼多年，刚来公司没几天就找到了影响公司业绩的几大因素：第一，销售部与其他部门沟通有问题，造成资源整合不利、信息反馈不及时、销售部门孤军奋战；第二，市场开发与管理混乱，所有业务人员像无头苍蝇一样没有目标地工作；第三，人才流失给企业进一步扩大市场份额带来一定的压力。

在实地考察时该经理发现，销售部十几个人在市场上东扎一头，西撞一下，没有明确的市场划分，结果不但影响整个团队的销售业绩，而且不利于团队团结。经常发生因客户冲突起内部纠纷的情况。一名销售主管每天忙着协调、分单、报表，基本上无暇顾及市场的考察与监督。长期混乱的工作状态让业务精英一点工作热情都没有，有的正在寻找合适的跳槽机会。面对这种形势，为了尽快解决销售部的问题，他果断实行了内部改革。

问题：

（1）针对公司不理想的销售情况，新来的销售管理者发现了哪些问题，为什么他能发现这些问题？

（2）如果你是新来的销售管理者，你将怎样改变这一切？

三、知识拓展

美国市场营销协会的道德规范

美国市场营销协会（American Marketing Association，AMA）的所有会员均须遵照职业道德规定行事。所有成员共同遵守涵盖以下各个方面的道德规范。

1. 营销人员的职责

营销人员必须为自己的行为举止所造成的后果负责，并尽一切努力确保自己的决策、建议、行动能够从顾客出发，服务顾客，满足他们的需要。顾客包括消费者、组织和社会。

营销人员的职业行为必须遵从以下几点。

（1）职业道德的基本原则是：绝不故意做出任何损害顾客的行为。

（2）严格遵守一切实行的法律和规章制度。

（3）对自己所受的教育、所受的培训和工作经历情况决不弄虚作假。

（4）积极支持、实施和推行本道德规范。

诚实、公正的营销人员应该支持并倡导营销职业的诚实、信誉和尊严，并做到以下几点。

（1）在向顾客、代理人、雇员、供应商、分销商和公众提供服务时要诚实笃信。

（2）在没有事前通知有关各方的情况下，不得引起利益冲突。

（3）在营销活动中建立公平的费用制度，包括因营销交易而产生的普遍的、标准的和法定补偿金额的收支。

2. 在营销交易过程中各方的权利和义务

营销交易过程的参与者必须做到以下几点。

（1）所提供的产品和服务是安全的并且适合其预期用途的。

（2）所提供的有关产品及服务的信息没有欺骗性。

（3）所有各方应本着诚信原则履行义务，不论是财务的还是其他方面的。

（4）要制定合适的内部措施，以处理顾客对购买提出的申诉，并给予公正的调整和赔偿。

营销人员应该了解上述几点所包括的以下各方面的责任，但又不仅仅局限在产品开发和管理方面。

（1）披露所有与产品或服务用途有关的实质危险。

（2）说明可能会严重改变产品或影响购买者购买决策的产品零部件替换。

（3）说明由增加特征导致的额外成本。

在产品促销方面要做到以下几点。

（1）避免欺骗性的和误导性的广告宣传。

（2）拒绝使用高压操纵或误导销售的手段。

（3）避免采用欺骗性的或操纵性的促销手段。

在产品分销方面要做到以下几点。

（1）不能为谋求暴利而操纵产品的供给。

（2）在销售渠道中不能使用高压手段。

（3）不能在销售中介机构选择经销的产品时施加任何不正当的影响和干预。

在产品定价方面要做到以下几点。

（1）不能设定固定价格。

（2）不能采用掠夺性定价体系。

（3）公布任何交易中达成的价格。

在市场调研方面要做到以下几点。

（1）禁止以市场调查的名义而行推销或筹措资金之实。

（2）保持调研的诚实，避免代表不当和省略相关调研数据。

（3）公平对待外部的顾客和供应商。

3. 处理组织内的各种关系

营销人员应清楚意识到自己的行为对组织内其他成员行为的影响或冲击。在与雇员、供应商和顾客打交道时，他们不应该要求、鼓励和威逼他人进行不道德的活动。

（1）在职业交往中对特殊信息要保密并隐去信息提供者的名字。

（2）按时履行合同和双方协议中规定的义务及责任。

（3）避免部分或完全占有其他人的工作成果，避免在未获他人同意的情况下，将他人的工作成果视为己出或直接从中获利，而不对他人进行补偿的行为。

（4）避免在损害他人公司利益的情况下，为获得最大的个人利益而有操纵、利用事态发展的不公正行为。

任何美国市场营销协会的成员如被发现有违反该组织上述道德规范条款的行为发生，将暂时取消或永久取消其会员资格。

【角色转换】

如果你是一名中职院校的教师，你将如何让你的学生了解、热爱销售管理工作，引导他们做好职业发展规划，为他们将来向这个方面发展打下基础？讲授这部分内容，请思考以下问题：

1. 如何展开本项目的课堂教学？

2. 在本项目的课堂教学中，你认为应该如何指导学生正确理解销售管理的内容？

3. 在本项目的课堂教学中，你认为应该如何指导学生正确掌握销售管理者的技能？

项目二

制订销售计划与销售分区开发规划

【学习目标与任务分解】

➤ 知识目标

1. 熟悉销售计划的内容及工作程序
2. 弄清制订销售计划的基本原则
3. 掌握分析销售环境及确定销售目标的方法
4. 掌握分配销售任务及制定销售预算的原则与方法
5. 熟悉制定销售策略的内容与方法
6. 明确掌握划分销售区域的原则，掌握划分销售区域的方法

➤ 能力目标

1. 能够分析销售环境并确定销售目标
2. 能够分配销售任务并制定销售预算
3. 能够制定销售策略
4. 能够划分销售区域及分区市场开发路线

➤ 任务分解

任务一　认识销售计划的内容及工作步骤
任务二　分析销售环境确定销售目标
任务三　分配销售任务确定销售预算
任务四　制定销售政策
任务五　划分销售区域

➤ 案例导入

　　西南市场是中国西部大开发的重要阵地，很多企业毫不犹豫地选择了在这里发展的机会。维肌泉化妆品也在考虑打开西南市场。但是该品牌的销售管理人员认识到，该产品在西南地区知名度不高，很多消费者都没有购买使用过，因此，定价在90~300元的面膜产品，如果没有好的销售渠道、没有好的包装和质量效果、没有制定完善的销售策略，是很难打开销售局面的。在产品进入市场之前，该企业需要对市场进行具体分析，再根据产品特点和消费市场制定相匹配的销售策略，方可减小销售投入风险，确保占有一席之地。为此，企业认为必须做好如下工作。

　　第一，了解营销环境。西南地区气候潮湿，面膜产品不是消费者护肤过程中的必需品，选择的销售对象应该是对自己皮肤要求完美、进行科学护理保养且拥有一定消费能力的消费者，一般来说，这类消费者大部分生活在一级城市和重要的二级城市、部分三级城市。所以，需针对这类消费群体来制定销售策略和渠道。

第二，针对消费群体来制定渠道策略。零售网络重点开发西南地区的一级城市和三级城市中对化妆品有相当影响力的化妆品专卖店、商场、美容美体护理店，选择的销售渠道最好是化妆品销售的连锁店等。另外，利用渠道进行推广也容易提升产品的购买力和影响力。四川绵阳的美乐、乐山的蓝天时尚、泸州的金甲虫、成都的三商、贵州的广明日化、兴义的顾氏日化，以及云南的佳佳美妆、昆明的艳丽日化等应是该化妆品企业的重点谈判对象。因为这些化妆品连锁店是该企业的重要销售突破口，更是高端消费者经常光顾的场所。

第三，选择代理商。选择代理商要考虑以下几点：一是代理商要对以上销售网络有一定兴趣和客情关系；二是代理商应具有一定的资金实力；三是代理商应具有良好的品牌推广意识，因为它们要想在西南地区将还不知名的面膜产品打开销路，必须投入一定的精力来进行产品推广；四是代理商必须具有一支销售团队和培训教育团队，因为维肌泉在销售过程中需要进行系统的销售培训和产品推广教育；五是代理商应具有诚信经营理念和长期的经营打算。选择好了代理商就等于成功了一半。

资料来源：孙燎原. 某国际知名面膜品牌西南地区销售计划. http://www.mkt.com.cn/article/296/29699.html[20l0-06-06]

思考题：1. 根据上述案例，维肌泉化妆品要打开西南市场存在哪些不利之处？

2. 为了顺利开发西南市场该企业做了哪些前期分析？

任务一　认识销售计划的内容及工作步骤

一、知识基础

在市场竞争激烈、销售难做的今天，销售工作需要有计划进行，在一个销售团队中，制订一个合理且务实的销售计划是保证销售工作有条不紊地进行的基础，也是所有企业销售工作的开始。有了计划，工作就有了明确的目标和具体的步骤，就可以协调大家的行动，增强工作的主动性，减少盲目性，使工作有条不紊地进行。同时计划本身又是对工作进度和质量的考核标准，对行动者有较强的约束和督促作用。

一些企业常常采用无计划的经营方式，或打一枪换一个地方的游击方法，认为这样可以随机应变。这在经济形势比较景气、需求比较旺盛的时候，在小企业中或许还可以行得通，但对有一定规模的大中型企业而言，这种方式则有百害而无一利，从长远看是行不通的。所以，一个企业要想生存和发展，其管理工作必须要有计划，销售管理也不例外。

（一）销售计划的种类

销售计划是企业为取得销售收入而进行的一系列销售工作的安排，包括确定销售目标、销售预测、分配销售配额和编制销售预算等。

销售计划是一个总称。不同的企业，由于经营产品不同，组织机构的形式不同，以及贯彻销售观念的程度不同，销售计划的形式也多种多样。它可以按时间、对象、组织职能等不同的层面再进行细分。从时间方面看，它可以分成长期计划、短期计划；从对象方面看，它可以分为企业销售总计划、专项计划、每项产品销售计划、每项销售组合因素的活动计划、个别销售活动计划（如广告宣传、市场试验等）、风险应急计划等；从企业的组织职能方面看，它可以分为公司计划、职能部门计划等。

1. 按时间分类

1）长期计划

各企业长期计划的期限不尽相同，有 3 年的、5 年的、10 年的甚至 20 年的，其中以 5 年计划居多。企业的长期销售计划多数采用"滚动式"的编制方法，习惯上称为"走一步，向前看几步"。也就是根据市场调查和发展部门的资料及成果，企业先制订出长期计划，然后根据企业每年对市场调查与预测所掌握的情报，每年对长期计划作一次调整、修改和补充，以适应企业外部环境的变化。其基本要求为：首先，制订的长期计划必须符合国家的长远规划；其次，长期计划涉及的内容覆盖面要广；最后，长期计划必须具有方向性和前瞻性。企业制订的在 3 年以下 1 年以上的计划一般称为中期计划，中期计划较之于长期计划要更具体，要更有可操作性。

2）短期计划

短期计划以年度计划为主，一般期限为半年至 1 年。制订短期计划主要采用下列三种方法。

（1）自上而下的方法，即由高层管理者给所属低层管理者规定任务、下达计划，下层则只执行与服从上层管理者制订的计划。此方法的理论基础是美国社会心理学家道格拉斯·麦格雷戈提出的关于人们工作原动力的 X 理论。具有上述管理思想的管理者，必须采取"命令与统一""权威与服从"的管理方式，在制订计划时，则采取自上而下的方法。

（2）自下而上的方法，即由各低层管理者根据自己的设想与可能性制订计划，然后上报至高层管理者。具有上述管理思想的管理者主张广大员工参与管理，在制订计划方面采取自下而上的方法。

（3）上下结合的方法，即由高层管理者根据企业的销售机会与必要条件制订企业年计划，低层管理者根据下达的目标编制计划，以保证企业年度计划的实施。

对短期计划的基本要求是必须处理好与长期计划的矛盾。因为短期计划的实现是长计划得以实现的有力保证，而短期计划的更改又影响长期计划是否要调整、修改和补充。同时，长期计划又为短期计划的变化指明了发展的方向。也就是说，短期计划的变化不改变长期计划的方向，除非有不可抗力。

2. 按对象分类

1）企业销售总计划

它包括一般的目标，如销售量增长、企业利润增加、产品发展多样化等。这些目标建立在对企业外部环境分析的基础上。其基本要求是必须处理好销售总计划与企业生产计划、财务计划的关系。

2）专项计划

专项计划是解决某种特殊问题或销售某一产品的特定计划。这项计划在一个特定时期内可能是企业的主要任务，但这项计划一经完成，往往就不再继续。其基本要求是必须专项计划的完成情况控制在短期计划内，尽可能地减小对长期计划的影响。

3）每项产品销售计划

这是由产品经理为企业销售部门负责人建立和提供的计划。其基本要求是保证生产量与生产条件的平衡、销售额与资金的平衡、销售额与目标利润的平衡。

4）每个销售组合因素的活动计划

这是指每一产品的销售组合因素计划。例如，企业广告负责人明确提出年度广告活动程序计划，如广告主题、媒体的选择，以及在不同的媒体刊登的计划。又如，销售计划负责人确定雇用职工、培训销售人员等活动计划。对制订这类销售计划的基本要求是控制好销售费用。

5）个别销售活动计划

这是指市场销售总策略的个别因素计划，如销售策略计划、分销策略计划、广告策略计划、市场试验策略计划等。对制订这类计划的基本要求是必须符合企业整体营销的要求。

6）风险应急计划

这类计划是企业在开发新产品和进入新市场的过程中遭遇到紧急情况时使用的。企业在市场发生急剧变化或遇到激烈的竞争时，由一个特殊部门或者由应对风险的委员会来制订计划并领导实施。其基本要求是反应及时、措施有力、处理得当，并尽量避免短期计划的影响。

3. 按企业的组织职能分类

1）公司计划

公司计划是指整个企业的销售计划。它规定了公司在一定时期内的任务、目标、增长策略和经营产品类别。它不包括各个职能部门的活动细节。这种计划可以是年度的，也可以是长期的。对制订这一计划的基本要求是制订的计划可供各职能部门加以实施。

2）职能部门计划

职能部门计划是指企业内各个职能部门根据公司销售目标编制的部门计划。每一个职能部门的下属职能单位也要编制本单位的计划，如销售部门所属的广告、营业推广、营销调研等单位也必须制订自己的计划。其基本要求是协调好各职能部门计划之间的平衡关系。

4. 销售目标实施途径计划

许多公司的销售目标的实现是通过任务分解，要落实到具体销售团队计划并实施。为此，就形成了分任务销售计划。

（1）产品线销售计划。即制定产品线的销售目标、战略和战术，一般由产品线经理编制。

（2）产品销售计划。即制定某一产品的销售目标、战略和战术，一般由产品经理编制。

（3）品牌销售计划。即制定某一品牌产品的销售目标、战略和战术，由品牌经理编制。

（4）细分市场销售计划。即制订某一细分市场经营和发展的计划，说明需要在某一细分市场达到的目标及运用的战略和战术，一般由市场经理编制。

（5）产品-市场销售计划。这是向某一区域市场销售某一种或某一类产品的计划，它规定这种或这类产品在该特定市场的销售目标及达到这个目标的战略和战术。

（二）销售计划的工作步骤与内容

销售计划（工作）是指在进行销售预测的基础上，设定销售目标额，进而为具体地实现该目标而实施销售任务的分配，编制销售预算，来支持未来一定期间内的销售配额的达成。

1. 制订销售计划的工作步骤

制订销售计划的工作步骤主要包括销售环境分析、销售预测、确定销售目标、分解销售目标、编制销售预算、制定销售策略、制订实施计划、监督与控制过程等八个步骤，见图 2-1-1。

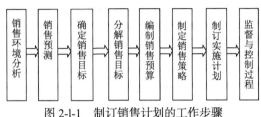

图 2-1-1　制订销售计划的工作步骤

2. 制订销售计划各步骤的主要工作内容

1）销售环境分析

企业所处的销售环境是指对企业销售工作形成影响的因素，包括社会经济发展状况、行业发展动态、市场总体需求状况、消费者需求状况、竞争对手状况、销售渠道状况、销售促进工作及企业销售历史等。

A. 社会经济发展状况

社会经济发展状况关乎整个经济的命运，当然也关乎企业的命运。由美国次贷危机引发的金融危机对我国的经济造成了很大的影响，它使得一些以出口国际市场为主要经营模式的企业的销售工作无法正常和顺利进行，进而导致企业的销售目标难以实现。进行社会经济发展状况分析需要使用 PEST 分析法。PEST 是四个英文单词首字母的组合，P 代表政治法律层面，E 代表经济走势层面，S 代表社会文化层面，T 代表技术革新层面。具体如图 2-1-2 所示。

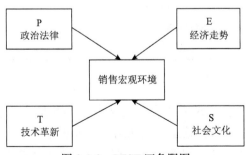

图 2-1-2　PEST 四象限图

如表 2-1-1 所示，宏观环境的 PEST 扫描不仅可以帮助销售管理者预测未来几年的销售趋势，设定未来销售目标，制订未来销售计划和竞争策略，更可以帮助其预判可能存在的潜在危机，捕捉容易被忽视的市场机会。

表 2-1-1　宏观环境扫描 PEST 法

四大层面	主要关注事项
政治法律层面	相关全国性法律出台对销售趋势的影响
	相关地方政策出台对销售趋势的影响
	政府出台行业限制、转移政策对销售趋势的影响
	政府出台行业鼓励、扶持、补贴政策对销售趋势的影响
	政府稳定和政府换届
	政府对行业内国有企业的政策扶持和特殊保护
	区域内产业结构调整等对销售趋势的影响
	行业进入门槛设定
	其他
经济走势层面	经济增长趋势和经济周期对销售前景的影响
	经济景气指数和客户上游产业的景气指数
	居民收入、就业难度和用人成本对销售管理的影响
	经济预期和经济乐观程度
	其他
社会文化层面	社会稳定对行业直接或间接的影响
	用户生活方式和客户生产方式改变
	产品的质量意识和服务意识
	社会分层和品牌意识
	社会的整体教育水平和行业的受教育程度
	不同年代生人的价值观差异
	舆论监督和媒体影响
	其他
技术革新层面	政府对本行业科研投入
	区域内相关高校的技术力量和专家的立场
	产品研发和更新换代速度
	产品的技术和知识产权保护程度
	政府对进口产品的进入壁垒
	其他

B. 行业发展动态

行业发展动态包括行业发展的水平、科技含量与技术进步的速度、行业的发展前景、各企业市场行为的规范程度等。这里可以从两个方面进行思考：第一，要考察企业的战略定位，有些在行业发展中处于领先地位，则需要不断地研制新的技术产品，销售工作也要不断地创新；有些企业在行业中处于跟随型状态，企业的销售工作则无须更多地创新，因为销售的产品是消费者或用户所熟悉的。第二，要分析行业的未来状况，如果是朝阳产业，未来的市场状况会有利于企业的发展，如果是夕阳产业，则企业还要思考今后的战略转型问题。

C. 市场总体需求状况

市场总体需求状况（含供给）和行业发展动态紧密相连。一方面，行业的发展水平直接在市场中体现；另一方面，市场总体需求状况直接影响并制约着行业的发展。企业以市场总体需求状况来评定产品的市场价值，市场总体需求状况好，企业实现的销售利益就大；如果市场总体需求萎缩，企业的销售状况就会受到直接的影响。

D. 消费者需求状况

对于消费品而言，消费者才是销售成功与否的评判者。因此，销售计划尤其要考虑消费者的需求特点，以及购买影响因素。近年来消费者对日常生活用品常常认牌购买，因此，企业对品牌的培育有助于销售工作的开展。对耐用消费品，除了注重品牌，还要考虑品牌的个性特征、技术水平、服务能力等。因此，企业的销售工作就要全面考虑对消费者销售方案的解决。对特殊品，消费者由于珍爱或有特殊意义，希望能与销售人员面对面地沟通，获得更多的行业信息和企业信息，因此，双向的沟通和信息的及时反馈是销售工作所必须思考的问题。

E. 竞争对手状况

分析这一因素，主要分析竞争对手的市场竞争战略、市场与品牌地位、营销现状，分析竞争对手的产品研发能力、新产品市场推广及整体营销能力，分析竞争对手的未来发展规划。分析竞争对手需要使用比较法、SWOT 分析法等，比较本企业与竞争对手的优势和劣势，找到本企业发展的机会和可能面对的威胁，并据此制订赶超竞争对手并争取市场优势的销售工作方案。

F. 销售渠道状况

分析销售渠道状况，既要分析目前的渠道模式，更要分析渠道中的成员——中间商。中间商是企业销售工作的合作伙伴，是经销本企业产品的下游企业。一般情况下，渠道中间商的供应商都不止一家、两家，而是多家。也就是说，本企业与本企业的竞争者都应是经营产品的供应商。这说明选择、争取渠道中间商与本企业的更好合作就是在进行市场竞争，其中包含销售政策、销售手段的竞争，也有渠道关系的竞争等。

G. 销售促进工作

分析销售促进工作，既要分析常用的销售促进工作方法及其适应性，还要考虑其所需要的预算额，以便结合企业自身情况、预期目标，以及环境特点确定具体的促销策略，选择传播方式与传播媒介。

H. 企业销售历史

企业的销售历史主要是指历年企业的销售状况，包括销售额、销售量、销售结构（不同产品大类的销售比例）、销售成本、市场覆盖、销售利润及销售变化趋势等。这些指标是企业制订新一年和新一轮（中期 3~5 年）销售计划的重要参考依据，也是企业制订未来发展规划的依据。

企业销售计划最终往往是以销售计划书的形式呈现的。销售计划书一般分为年度销售计划书和中期销售计划书，其中以年度计划书最为重要，它是计划年度开展销售工作的依据，同时在执行过程中还会有一些补充与修订。

2）销售预测

分析环境的目的在于通过对环境内涵的把握来预测未来的市场状况，包括政府的经济政策对未来市场形成的影响及未来可能的政策导向、企业所在行业的市场现状与未来走势、消费者需求的变化方向、行业中竞争格局可能的演变等。对这些内容的分析可通过 SWOT 分析法。这些因素决定了企业可能的销售状况、可能实现的销售额与利润额、市场占有率、市场覆盖状况等。这些指标均是销售计划中所必须确定的指标。

3）确定销售目标

销售目标是企业销售工作的期望，也是销售部门的工作任务，还是企业得以发展的必要条件。在制订销售计划时，销售部门要总结前一计划期的执行情况、近五年销售指标的实现情况，再根据前述对销售环境的分析和对市场未来走势的预测，把各个方面的情况结合起来，进行科学的计算与推断，由此提出下一计划期切实可行的销售目标。

4）分解销售目标

分解销售目标是指企业将计划年度实现销售目标进行分解并分配到具体的销售部门（团队）或销售人员的过程。销售目标也被称为销售定额或销售配额。分解销售目标不仅要考虑销售人员（团队）的销售能力差异，还要考虑市场容量、竞争状况、需求差异，以及宏观环境的不同影响。总体上说，分解销售目标可以按时间类别、部门类别、地区类别、产品类别、客户类别、人员类别等要素进行分解。

5）编制销售预算

销售预算是指为开展销售工作及参与对市场销售工作起积极作用的社会活动所计划支付的费用。在编制销售预算时，要参考销售收入目标额、销售配额、历史上近五年的年销售费用及市场投入额、企业的市场规模、未来的市场潜力等。同时，在制定销售预算时最好能留有一定的余地，以防意外情况下需要增加投入。

6）制定销售策略

销售目标的实现需要依靠销售工作的开展，而销售工作的开展需要有销售思路与销售手段的配合。所以，确定了销售目标，还要各个部门协同商讨销售过程中可供选择的销售方案与销售策略，如以何种方式或模式进入市场，进入哪些市场，如何确定目标群体，如何影响目标群体，信息如何传播，与客户怎样进行双向的信息沟通，以何种方式保证顾客利益的满足等。

7）制订实施计划

这是销售计划的执行问题，也是销售计划能否执行得更好的问题。销售计划一经制订，就要由各个部门贯彻执行，以实现销售目标。在实施销售计划的过程中，企业要明确各个部门、各个小组及每一个人的具体职责与任务，保证销售目标能层层得以贯彻落实。

8）监督与控制过程

在计划的执行过程中，要有监督与控制的手段，并形成具体的评价和反馈意见，这就需要一系列制度的支撑。在制度的执行过程中，销售管理者要承担起对销售过程的监督与控制职责，通过销售日报、销售周报、销售月报、销售季报及月度总结和季度总结实施监督工作。如果有意外事故或情况发生，销售管理者要及时汇报、及时处理；如果有环境和其他因素的变化，也要及时做出修改或调整销售计划，以适应新的情况，保证销售工作不受影响。

（三）制订销售计划需考虑的因素

企业制订销售计划要考虑如下因素。

（1）社会经济发展现状。社会经济发展现状是企业一切活动的经济背景，企业在制订销售计划时必须予以密切关注。经济背景包括国家的经济方针和政策、利率水平、社会购买力、经济增长率、市场动态等资料和数据。

（2）行业发展现状及动态。行业是由生产同类产品的企业构成的，与企业处于同一行业中的其他企业都是该企业的竞争者。因此，企业必须关注行业发展现状及趋势，包括行业的生产规模和结构及行业所处的市场的规模和结构，以及主要竞争对手的市场占有率、竞争策略、行业的发展前景、技术水平等，并据此制订销售计划。

（3）企业的总体计划。企业的计划从时间上可分为长期计划、中期计划和短期计划，从内容上可分为财务计划、生产计划、产品开发计划等。销售计划必须与其他计划相协调，并以此作为制订时的依据。

（4）企业的销售管理能力。企业在制订销售计划时，应使计划与企业的销售管理能力相配合，做到人尽其才，物尽其用。因此，企业在制订销售计划时必须考虑销售人员的数量、销售业绩和销售能力、销售业务培训等因素。

（5）企业的促销方案。企业的促销方案会影响企业的销售量。企业在制订销售计划时，还必须考虑整体促销方案及具体的促销手段和措施。

（6）企业销售历史。企业历年的销售情况是企业制订销售计划的重要参考和依据，因此还要考虑企业近年的销售额、销售成本、销售利润等变化的情况和趋势。

（四）制订销售计划的方式

企业销售计划的制订一般有两种方式：一种为领导制订，分配执行；另一种则由最基层销售人员申报，由上级机关汇总、备案，并最终核实与考查。

第一种情况由上级领导机构制定销售目标，并把定额向下一层分配份额。其运行思路是：企业最高决策层按照企业的发展战略规划和历年企业的市场销售状况制定出企业总体的销售目标，然后将销售目标分解为各事业部所应承担的任务，最后由各事业部向各销售部门分配，并落实到组、人。我们称这种方式为"下行"方式，也叫"分配方式"。具体见图 2-1-3。

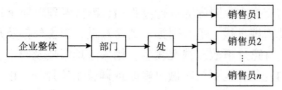

图 2-1-3　销售计划的"下行"分配方式

第二种情况则是由最基层人员或小组确定自己或本小组能够完成的销售目标，然后逐层向上一级汇报。各个事业部将自己事业部的销售目标汇总、统计完之后，向公司总部作汇报，由此形成公司总的销售目标并以此做计划。此后，各销售管理层的工作就是监督计划的执行情况，发现问题及时解决。这是一种由上至下的"上行"方式，也叫"汇总方式"。具体见图 2-1-4。

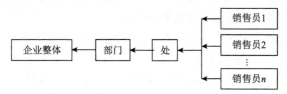

图 2-1-4　销售计划的"上行"汇总方式

两种制订、运行销售计划的方式，其方向是相反的，前一种计划的起点是后一种计划的终点，后一种计划的起点是前一种计划的终点。由于两种计划方式的互逆性，它们的优、缺点也具有反向性。这里我们很难判断哪一种方案较好，哪一种方案较差。

"分配方式"是一种权力型模式，它按照最高领导层的旨意建立销售计划目标体系。如果权力机构对市场状况的分析、判断正确，对竞争对手了解，对未来市场的走势能够准确地把握，就能够保证销售计划制订得科学、可行。但如果权力机构只是将自己期望的结果转变成销售目标，而不是经过科学的分析、预测，就可能导致销售目标和销售计划远离实际的市场状况，导致销售计划无法实现。同时，身处市场第一线的销售人员缺乏对计划制订的参与感，不易将上级所决定的计划和目标转化为自己内心所愿意承担的计划，还可能会影响市场销售人员的情绪，进而导致销售工作的积极性受挫。

"汇总方式"是一种民主型模式，它由销售人员或最基层的销售小组自己决定自己的销售计划和销售目标。销售人员身处市场的前线，对市场的竞争状况深有感触，对竞争对手的特征容易掌握，对渠道情况了如指掌，对顾客的需求把握得住。因此，这种方式较前一种方式更容易贯彻落实，更能够保证销售目标的实现。

（五）书面销售计划书主要内容

这一阶段是将企业销售计划的各个方面以书面文件的形式具体表现出来。撰写完书面计划之后，呈送企业上层主管审批和修改，最后成为企业正式下发的市场销售计划。在拟订企业综合销售计划的基础上，各部门应拟订各种专项辅助计划，从而形成企业的总体市场销售计划。这些计划同样须呈报上层主管审核批准后执行，它是企业销售计划的有机组成部分。具体来说，由负责销售的副总经理负责把各部门制订的计划汇集在一起，经过统一协调，编制每一种产品包括销售量、定价、广告、渠道等策略的计划。扼要地综合每一种产品的销售计划，从而形成公司的总体市场销售计划。

一个完整的销售计划书包括以下内容。

（1）计划综述。简要概述销售计划的内容，便于阅读者对计划有个总体上的了解。

（2）销售环境及企业现状。包括企业目前的市场环境、顾客需求情况、竞争对手情况等。

（3）SWOT分析。对企业的优势、劣势、机会、威胁进行分析。

（4）销售目标。包括销售量目标、财务目标、销售活动目标或综合目标。

（5）实施策略。提出实现目标的战略和战术。

（6）具体行动计划。一般采取STAR模式，即策略（strategy）、时间（timetable）、具体行动（action）和相关资源（resources）。

（7）计划预算。提出实施销售计划所需要的财务支持。

（8）跟踪和控制系统。制订计划是为了执行计划，需要建立相应的信息系统并定期进行检查，以确保该计划的实施。

【资料链接】

某公司 2008 年销售计划

根据公司 2007 年度北京地区总销售额 1 亿元，销量总量 5 万套的销售业绩及公司 2008 年度的销售政策，特制订 2008 年的工作计划。

1. 市场分析

空调市场已经有连续几年的价格战，启动了三级市场的低端需求，同时城市建设和人民生活水平的不断提高，以及产品更新换代时期的到来，带动了一级市场的持续增长，从而带动了整体市场容量的扩张。2007 年度行业销售总量达到 1950 万套，较 2006 年度增长了 11.4%，2008 年度预计可达到 2500 万～3000 万套。根据区域市场份额容量的划分，北京空调市场的容量为 40 万套左右，5 万套的销售业绩约占市场份额的 12.5%。

行业数据显示，近几年空调市场一直处于"洗牌"阶段，品牌市场占有率将形成高度的集中化。2000 年中国空调品牌约有 400 个，到 2003 年下降到 140 个左右，年均淘汰率 30%，2014 年在格力、美的、海尔等一线品牌的"围剿"下，中国空调市场活跃的品牌不足 50 个，淘汰率高达 60%。在这种情况下，本公司的×牌空调在北京市场出现强势增长的趋势，但公司在北京市场基础比较薄弱，团队还比较年轻，品牌影响力还需要进一步巩固与拓展。根据以上情况作以下工作规划。

2. 工作规划

2008 年度，北京地区应着力做好以下六个方面的工作。

1）销售业绩

根据市场具体情况将公司下达的年销售任务、月销售任务进行分解，分解到每月、每周、每日，再将每月、每周、每日的销售目标分解到各个系统及各个门店，完成各个时段的销售任务，并在完成任务的基础上，提高销售业绩。主要手段是：提高团队素质，加强团队管理，开展各种促销活动，制定奖罚制度及激励方案（根据市场情况及各时间段的实际情况进行）。在销售旺季针对国美、苏宁等专业家电系统实施力度较大的销售促进活动，强力推进大型终端。

2）K/A、代理商管理及关系维护

针对现有的 K/A（key account，是指在自身产品的销售中占据重要份额的少数零售客户）、代理商或潜在的 K/A 及代理商进行有效管理及关系维护，对各个 K/A 及代理商建立客户档案，了解前期销售情况及实力情况，进行公司的企业文化传播和公司 2008 年度的新产品传播。此项工作在 8 月末完成。在旺季结束后和旺季来临前不定时地进行传播。了解各 K/A 及代理商负责人的基本情况，定期拜访，进行有效沟通。

3）品牌及产品推广

地区的品牌及产品推广将执行公司的定期品牌宣传及产品推广活动，并策划一些投入成本较低的公共关系宣传活动，提升品牌形象，如×空调健康、环保，爱我家等公益活动。在有可能的情况下与各个 K/A 联合进行推广，不但可以扩大影响力，还可以建立良好的客户关系。

4）终端布置

根据公司 2008 年度的销售目标，渠道网点还会大量增加，根据此种情况随时、随地积极配合营销部门的工作，积极配合店中店、园中园、店中柜的形象建设。此项工作根据公司的营销部门的需要开展。布置标准严格按照公司的统一标准（特殊情况再适时调整）。

5）促销活动的策划与执行

促销活动的策划及执行主要在 2008 年 4～8 月销售旺季进行，一要严格执行公司的销售促进活动，二要根据届时的市场情况和竞争对手的销售促进活动，灵活策划一些销售促进活动。针对竞争对手，营销策划的主题思路为避其优势，攻其劣势，根据公司的产品优势及资源优势，突出重点进行策划与执行。

6）团队建设、管理与培训

团队工作分以下三个阶段进行。

第一阶段：2 月。对主力团队进行系统的强化培训；配合公司的品牌及产品的推广活动，并协助营销部门进行网点扩张，积极进行终端布置建设，保持与原有终端的有效沟通，维护好终端关系。

第二阶段：3 月。用一周的时间根据网点数量的需求招聘销售人员，利用 10 天的时间对新入职人员进行系统培训、考核、筛选。对合格人员进行卖场安排，试用一周后对所有人员再次进行考核，最后定岗定人，保证在 4 月 1 日之前所有的终端岗位有人。

第三阶段：4 月 1 日～7 月 31 日。全面启动整个北京市场，所有工作重心都向提高销售业绩倾斜。第一，跟进货源，保证货源充足，比例协调，达到库存最优化，尽量避免断货或缺货现象；第二，招聘、培训临时促销员，以便做促销活动，全力打造在各个环节强有力的团队；第三，严格执行公司的销售政策及促销活动，并策划执行销售促进活动，拉动市场，提升销量；第四，跟进促销赠品及赠品的合理化分配；第五，进行布点建设，提升品牌形象，随访辅导，执行督导；第六，每月进行量化考核；第七，对每月的任务进行分队管理，严格控制团队，保证团队的稳定性；第八，时时进行市场调研、市场动态分析及信息反馈，做好企业与市场的信息传递，全力打造一个快速反应的机制；第九，协调好代理商及经销商等各环节的关系，提供技术与人员支持，全力以赴完成终端任务。

3. 构建销售组织

销售计划固然非常重要，但任何一项销售计划都不可能由一个人去实施，需要进行人员配备，构建一支高素质的销售团队。构建销售组织，也就是以顾客为中心、以实现企业利润为目标建设销售团队。其中包括销售人员的招聘、选用，并为他们提供必要的资源，以保证其较高的工作效率。聘用多少员工及聘用哪些类型的员工是销售管理者的重要工作内容，对企业至关重要。

二、能力实训

根据项目导入案例，请回答如下问题：

（1）为了顺利开发西南市场，该企业制定了哪些销售管理策略？还有哪些策略需要进行安排？

（2）如何对西南市场进行分区开发？

三、知识拓展

（一）销售区域市场分析三维图

销售管理者必定是一名前线指挥官，应指导销售团队攻城拔寨，攻坚克难。但销售管理者更需要成为一名战略家，能审视区域内的销售环境，做到运筹帷幄之中，决胜千里之外。正所谓高屋建瓴才能势如破竹。

销售管理者需要对所负责销售区域进行全景式环境扫描，具体可分为三个维度，如图 2-1-5 所示。

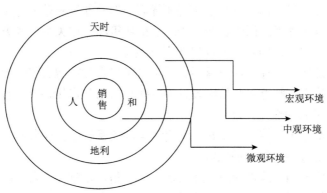

图 2-1-5　销售环境分析三维图

"天时-宏观环境"维度：销售管理者需要分析区域内宏观环境趋势的变化及这些变化对未来销售业绩的影响，也可形象地称之为"国情分析"。

"地利-中观竞争格局"维度：销售管理者需要分析区域内中观竞争格局的变化，预测竞争者可能的动态及产生的影响，也可形象地称之为"行情分析"。

"人和-微观客户关系"维度：销售管理者需要分析区域内微观客户关系的变化，评估客户群延伸、客户关系深挖和客户关系突破的可能途径，也可形象地称之为"客情分析"。

（二）销售区域四大竞争角色策略布局

在对销售区域进行宏观环境扫描之后，销售管理者就需要分析销售区域内的中观环境，即"地利分析"或"行情分析"，也就是指销售区域内的竞争格局和动态分析。销售区域竞争分析直接影响整体销售目标的预测和设定，竞争白热化此消彼长明显的行业尤其如此。

在区域市场中，根据竞争者的市场份额和行业地位，可以分成四大竞争角色，即领导者、挑战者、追随者和捡漏者（图 2-1-6）。市场领导者往往凭借来自品牌、产品、销售网络和企业实力等方面的优势奠定了绝对的市场领导地位，在一个区域中可以是一家独大，或者是双头领导。

图 2-1-6　区域竞争四大角色图

市场挑战者在市场份额上落后于市场领导者，但并非绝对落后。在特定的时间点或特定情况下，市场挑战者总试图在产品创新、市场策略、攻关手段等方面提高标准，抢占领导者的重点客户或薄弱客户，挑战其领导地位。

市场追随者的实力和地位明显落后，无法对领导者和挑战者发起攻击，因此追随者的策略是复制和模仿，努力在产品和服务等方面把自己和市场领导者混淆在一起，以希望赢得小部分市场和一部分客户。

市场捡漏者则是个"特色"专家，利用特定的关系、独特的服务、独到的产品，获得区域市场中一部分特定客户的认可。

在特定市场区域内，销售管理者运用四大竞争角色模型，首先可以诊断自己和主要对手分别处于怎样的竞争地位，分别属于怎样的竞争角色，而后分析和推演未来对手的竞争行动及所引发的竞争动态。市场领导者、市场挑战者、市场追随者及市场捡漏者都会制定和选择贴合自身市场地位的竞争战术及策略（表2-1-2）。

表 2-1-2 行业竞争四大角色的策略和战术布局

竞争地位	攻防策略	核心战略与策略
市场领导者	防御战	扩大市场份额，产生规模效应 做强品牌和质量标准，设定更高进入门槛 巩固核心客户建立进入壁垒 扩大现有客户使用量 提供新产品、新选择
市场挑战者	进攻战	通过特殊的营销政策和特色产品与服务争夺领导者客户 发现市场领导者的营销漏洞进行攻击 高刺激的销售奖励和高频率客户攻关 在价格、服务、质量等各方面提升标准，攻击对手 蚕食追随者和捡漏者防御薄弱的市场 巩固现有客户关系，进行深度合作
市场追随者	侧翼战	全面模仿和复制市场领导者，蚕食对手薄弱市场 建立区域与局部优势，巩固自己的核心客户 在价格、服务、品质、功效等方面进行创新，吸引客户
市场捡漏者	游击战	服务和巩固特定区域市场 服务和巩固特定需求客户 提供定制化和个性化产品与服务 拥有和建立特殊销售渠道

防御战：处于区域市场领导者地位的销售团队管理者，需要预判和提前应对挑战者可能的进攻战，因为挑战者一定会通过新产品、新市场策略及新营销攻势来抢夺市场。而市场领导者则可以用防御战来应对挑战者的进攻战。市场领导者的防御战主要是覆盖新客户和扩大现有客户使用份额，并且通过提高进入壁垒和与客户深度合作来达到提升销售量和防御对手的双重目的。

进攻战：处于区域内挑战者地位的销售团队管理者，则需要针对市场领导者的薄弱市场和非深度合作客户，展开攻坚战和蚕食战。销售管理者需要针对市场领导者的价格、服务、质量等薄弱项目制定超越对手的更高标准，或者推出特色产品、特色服务和特色政策来吸引市场领导者的非忠实客户。与此同时，在销售团队管理上需要设计强有力的奖励刺激政策驱动销售人员进行高频率的拜访和高密度的攻关。

侧翼战：处于区域内追随者地位的销售团队管理者，则需要在产品、服务、营销政策等方面全面复制和模仿领导者的做法，以混淆客户的判断，占领一定市场份额。对销售区域内自己的核心客户，需要强化客情关系和强化服务以巩固防御壁垒，并尽量通过产品、服务、品质等方面的创新吸引一部分愿意尝试的新客户。

游击战：处于区域内捡漏者地位的销售团队管理者，则需要进一步巩固自己的特色优势，让自己的客户关系差异化、产品特色差异化、销售渠道差异化、服务内容差异化变得更加明显，建立特殊领域的进入壁垒。

竞争四大角色的策略分析可以帮助销售管理者在设定未来销售目标时更加精确和更为周密，并且可以通过对竞争对手行动的预判进行提前部署，先发制人，使自己的销售计划更具前瞻性、针对性和变化性。

（三）客户渗透三大路径

销售管理者除了宏观国情分析和中观行情诊断，更需要聚焦于与销售结果密切关联的微观客情分析，即要把眼光落在客户群的延伸、客户关系维护及客户价值深挖上。站在销售区域全局角度，微观层面的客户渗透可以聚焦在三大路径，即客户下沉、客户深挖和客户攻坚。客户下沉是指对市场进一步细分并对区域内中小客户深度覆盖，以提升市场开发的密度；客户深挖是指现有客户的深度开发和价值再挖掘；而客户攻坚是指对于陷入销售僵局无法突破的"钉子户型"客户实施闪电战和攻坚战（图 2-1-7）。

图 2-1-7　客户渗透三大路径图

如表 2-1-3 所示，对客户渗透三大路径的分析为销售管理者在微观层面制定行动战略和战术指明了方向，也为销售增长潜力的挖掘提供了多种可能选项。"客户下沉"能帮助销售管理者发现和开发那些之前忽视及轻视的客户，从而提升市场份额和市场覆盖。"客户深挖"能帮助销售管理者发现和深挖已有客户的价值及潜力，通过交叉销售提升自己产品、服务占客户采购总预算的比重，即"口袋份额"。而"客户攻坚"则能帮助销售管理者分析那些"钉子户型"客户陷入销售僵局的真正原因，设计更具攻击性的政策和攻关策略。一旦这类客户通过全力攻关被成功纳入合作客户版图，则会对销售业绩增长产生突破性贡献，也就意味着能大幅度提升销售业绩的"增长份额"。

表 2-1-3　微观层面客户渗透三大路径

渗透路径	提升份额	主要策略和方法
客户下沉	区域市场份额	区域市场进一步切割细分，客户群进一步细分 开发规模更小、价值更低的客户群 开发比较分散且采购量较少的客户群

续表

渗透路径	提升份额	主要策略和方法
客户深挖	客户口袋份额	通过加深合作，提升自身产品在客户采购中的比重 通过交叉销售，向现有客户销售更多的产品品种和服务项 通过战略合作，建立排他性伙伴关系，树立标杆客户
客户攻坚	销售增长份额	对销售进程陷入僵局的客户实施针对性攻坚政策和突破策略 对于"钉子户型"的客户，从销售人员个人努力的单一拜访升级为调动各种资源的组合攻关

任务二　分析销售环境确定销售目标

一、知识基础

销售目标是销售工作的方向。制订销售计划首先要制定销售目标。销售目标在销售计划中居于核心地位，销售目标是要与公司总体营销目标相配合的，销售目标的制定有利于实现企业的经营方针、经营目标和发展计划。同时销售目标还可以指导销售行为、激励销售人员、降低销售成本、提高销售管理效率。

（一）销售目标主要类型

企业销售目标是一个符合企业总体营销目标的销售目标体系。在销售目标下有销售区域目标、销售小组目标、销售人员目标层次。

销售目标还可以按照销售工作方向具体化，销售目标的表现形式有财务配额和非财务配额两大类。财务目标主要包括销售额目标、销售利润目标、销售费用约定等。非财务目标主要包括销售量目标、销售活动目标等。具体内容见表 2-2-1。

表 2-2-1　销售目标类型及内容表

目标类别		目标内容
财务目标	*销售额目标	部门、地区、区域销售额，销售产品的数量，销售收入，市场份额等
	销售费用约定	差旅费、运输费、招待费、费用率、各种损失等
	销售利润目标	每位销售人员创造的利润、区域利润、产品利润等
非财务目标	销售活动目标	访问新客户的数量、营业推广活动、售后服务活动、访问客户的总量、商务洽谈
	*销售量目标	销售件数、销售台数、销售个数、销售吨数等

*是最常用的销售目标

（二）销售目标确定基础

要制定科学的销售目标，就要了解未来的销售环境，尤其是未来的销售可能，即对未来的销售做出准确的预测。因此，制定销售目标应当从收集销售环境信息开始。具体见图 2-2-1。

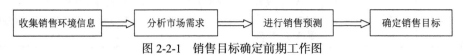

图 2-2-1　销售目标确定前期工作图

1. 收集销售环境信息

1）销售环境信息内容

由图 2-2-1 可见，要确定销售团队的销售目标，就必须搜集销售区域中影响市场需求的环境信息。由于市场需求取决于购买者购买意愿与购买能力，而购买意愿与购买能力受多种环境因素的影响，这些环境因素归纳起来主要包括：经济环境、社会文化环境、自然环境、政治环境、技术环境因素等宏观因素，以及竞争环境、销售辅助部门（如物流）、生产资料供应情况等微观环境因素。因此，要分析市场需求，需掌握这些环境因素变化的信息。

2）销售环境信息搜集方法

销售环境信息搜集可以由本企业调研人员来承担，也可以委托调研公司收集。调研方法主要有文案调查法（二手资料调查）和实地调查法（一手资料调查）两种。

文案调查法主要是指通过各种媒体以及信息传输平台来间接地获取二手信息。由于这些信息获取便捷、成本低廉，应给予足够重视。但由于二手信息针对性不强，时效性较差，不能完全满足分析市场需求的需要。对此，可以通过实地调查的方式收集相关信息。

实地调查是指通过直接调查信息源来获取信息的方法。由于具体的实地调查方法的不同，实地调查法又可分为观察法，访问法、实验法等三种方法。

对于销售环境的分析要在以往环境整体了解的基础上，重点关注对销售影响较大的销售环境的变动因素，尤其是那些对销售的机会威胁因素信息的搜集与掌握。

2. 分析市场需求

市场需求分析是进行销售预测的重要基础。对市场需求的分析既要分析总的需求情况，也要分析需求主体及其需求内容的变动情况，为预测该区域销售总额、不同消费群体销售额及不同产品销售额，进而为确定企业销售目标奠定基础。

分析市场需求的重要依据是上述影响市场需求的销售环境。例如，对我国进行房地产需求分析就要充分了解国家房地产政策、银行房地产信贷政策、个人收入及婚龄人口变动情况等。如果国家放宽房地产政策，银行放宽房地产信贷政策，个人可支配收入又明显增加，而且赶上婚龄人口快速增长期，那么房地产需求就会明显提高。

对于需求主体的分析，既要分析原有需求主体的需求变动，更要关注新加入的需求主体,这是需求的新的增长点。同时还要关注原有及新加入的消费群体的需求变化趋势,这些是进行详细的销售预测,确定企业具体的销售目标的基础。因为企业的销售目标一定要落实在某类目标群体的某类产品上。

3. 进行销售预测

销售预测是大多数企业计划（确定目标的）工作的基础,销售预测一旦完成,就成为整个企业全部运作规划的关键因素,人事、财务以及其他所有部门都要根据销售预测编制下一个时期的工作计划和工作要求。销售预测在制订销售计划中发挥着重要作用,可以帮助销售管理者确定部门预算,并对销售指标和销售人员的报酬产生影响。如果预测不准确,在此基础上制订的计划也会出现错误。显而易见,有效的销售预测在企业的成功经营中起着重要的作用。

1）销售预测的基本方法

销售预测的方法主要包括定性预测和定量预测两种。定性预测方法不需要太多数学和统计学的分析工具,主要根据经验判断。定量预测方法是借助数学和统计学的分析工具,通过对以往的销售记录的分析,做出对未来的预测。到底采取哪种方式应视实际情况而定,没有统一的标准。

A. 定性预测法

定性预测法中较为常用的方法有经理意见法、销售人员意见汇总法、购买者意见调查法、专家预测法等四种。

第一种方法是经理意见法。这一种方法是最古老、最简单的预测方法之一,是指依据经理人员的经验与直觉,利用多个人或所有参与者的意见得出销售预测值。此方法的优点是简单快捷,不需要经过精确的设计即可简单迅速地预测。所以,当预测资料不足而预测者的经验相当丰富的时候,这是一种最适宜的方法。经理意见法在中小企业中特别常用。

这种方法也有不足之处。首先,由于此法是以个人的经验为基础的,不如统计数字那样令人信服,因此,其获得的预测值也就难免令人质疑;其次,采用经理意见法往往需要多位经理通过讨论来得出结果,会耗费太多的精力和时间;最后,高层经理和情绪激动的管理人员可能比更了解产品的管理人员对最终预测产生更大的影响。尽管如此,经理意见法依然有它存在的价值。当无法依循时间系列分析预测未来时,这种预测方法确实可以利用丰富的经验和敏锐的知觉,从而弥补统计资料不足的遗憾。

第二种方法是销售人员意见汇总法。这一方法是因为销售人员最接近消费者和用户,对商品是畅销还是滞销,以及其花色、品种、规格、式样的需求等都比较了解,所以,许多企业都通过听取销售人员的意见来推测市场需求。这种方法是先让每个参与预测的销售人员对下年度销售的最高值、最可能值、最低值分别进行预测,算出一个概率值,最后按不同人员的概率值求出平均销售预测值。具体预测计算方法如表 2-2-2 所示。

表 2-2-2　某企业三个销售人员销售意见预测表

销售人员	预测项目	销量/吨	出现概率	（销量×概率）/吨
甲	最高销售量	1000	0.3	300
	最可能销售量	800	0.5	400
	最低销售量	500	0.2	100
	期望值			800
乙	最高销售量	1000	0.2	200
	最可能销售量	700	0.5	350
	最低销售量	400	0.3	120
	期望值			670
丙	最高销售量	900	0.2	180
	最可能销售量	600	0.6	360
	最低销售量	400	0.2	80
	期望值			620

如果企业对三位销售人员意见的信赖程度是一样的，那么平均预测值为（800+670+620）/3=696.7（吨）。

这种预测方法的优点是：①简单明了，比较容易进行。②销售人员经常接近购买者，对购买者意向有较全面深刻的了解，对市场比其他人有更敏锐的洞察力。得到的预测值可靠性较高，风险较小。③适应范围广，无论是大型企还是中、小型企业，是工业品经营还是农产品经营，都可以应用。④销售人员直接参与企业预测，从而对上级下达的销售定额目标有较大的信心去完成。⑤运用这种方法，也可以获得按产品、区域、客户或销售人员来划分的各种销售预测值。

但是，这种预测方法也有一些缺点：①销售人员可能对宏观经济形势及企业的总体规划缺乏了解。②销售人员受知识、能力或兴趣的影响，其判断往往会有某种偏差，有时受情绪的影响，也可能过于乐观或过于悲观。③有些销售人员为了超额完成下年度的销售定额指标，获得奖励或升迁的机会，可能会故意压低预测数字。

这种方法虽然有一些不足之处，但还是被企业经常运用。因为销售人员过高或过低的预测偏差可能会相互抵消，预测总值仍可能比较理想。另外，有些预测偏差可以预先识别并及时得到纠正。

第三种方法是购买者意见调查法。这种预测方法是通过征询客户的潜在需求或未来购买商品计划的意见，了解客户购买商品活动的变化及特征等，然后在收集消费者意见的基础上，分析市场变化，预测未来市场需求。

运用这种方法不仅发挥了预测组织人员的积极性，而且征询了消费者的意见，预测的客观程度大大提高。这种方法主要用于预测市场需求情况和企业商品销售情况。

这种预测方法有多种形式，如可以在商品销售现场直接向消费者询问商品需求情况，了解他们准备购买商品的数量、时间，某类商品需求占总需求的比重等；也可以通过电话询问、邮寄调查意见表等途径，提出问题请客户回答，将回收的意见进行整理、分类、总结，再按照典型情况推算整个市场未来需求的趋势；还可以采取直接访问的方式，到居民区或用户单位，询问他们对商品需求的要求，近期购买商品的计划，购买商品的数量、规格等。具体采用何种方式调查，要依调查对象的数量而定。如果调查对象数量较少，可以采用发征询意见表的方式进行全面调查；如果调查对象数量较多，可以采用随机抽样或选取典型的方式进行调查。

在预测实践中，这种方法常用于产业用品、中高档耐用消费品的销售预测。在调查预测时，应注意取得被调查者的合作，要创造条件，打消调查对象的疑虑，使其能够真实地反映商品需求情况。要使这种调查预测比较有效，必须具备两个条件：①购买者的意向明确清晰；②购买意向真实可靠。

这种预测法一般准确率较高，但如需预测两年以上的需求量，其可靠程度比短期预测要差一些。因为时间长，市场变化的可能性大，消费者不一定都按较长的购买商品计划安排，所以，可将预测结果与其他方法预测得出的结果对比，并进行修正，使预测更为精确。

第四种方法是专家预测法。专家预测法是根据专家意见做出销售预测的方法。专家既可以是经销商，也可以是科技人员或大学教授。一般来说，对某方面有研究的专家，他们的专业知识较强，分析问题较全面，对一些经济现象可能导致的结果，能从更深层面上进行挖掘与阐释，对市场趋势进行的分析比非专家要更透彻。专家意见既可能是对市场进行调查的结果，也可能是分析过去统计资料所得出的结论，还可能是对各种影响因素综合考虑之后而对市场趋势预测的把握。管理人员的估计有时会难免过于乐观或悲观，因此，一些企业可能借助于外部力量，即请专家做出销售预测。

有时候有些企业会聘请外界科技人员、大学教授等来评定将来的市场需求情况。一些商业信息机构也常发行或出售长短期商业情况的定期预测，企业可以将这些预测作为专家意见来采纳或利用。因为商业信息机构就是专门进行商业信息分析的单位，这其中融入了专家意见，其准确度较高，可信性较强。

专家意见法的优点具体如下。

第一，预测速度较快。专家们在预测时，事先已经对各种相关问题有很深的见解，预测只是将此前研究的结果予以确立。

第二，节约费用。一般情况下，专家对某方面未来市场的预测是不收费的；如果通过大众传媒倾听专家的意见，则可以免费获取信息。

第三，专家们有着丰富的专业知识，考虑问题周全，并能引证且协调各种不同的观点。

第四，如果基本资料较少，运用其他方法可能找不到答案，求教于专家是最好的方法。

专家意见法也会存在如下缺点。

第一，专家意见有时不具有说服力，因为它毕竟不是客观事实，所以可能会让人难以信服。

第二，责任分散，如果一个具体的预测有多位专家参与，不能说明哪个具体专家预测准确度高，也不能说明哪个具体专家预测的准确度不高。这其中预测的好与坏难估计。

第三，运用这一方法所得的地区、顾客、产品分类等预测数，没有总预测数那样可靠。

因此，专家预测法适于从全局的角度进行把握，不适于进行具体的预测。

B. 定量预测法

定量预测法主要是运用统计技术来进行销售预测。常用的方法有时间序列分析法和回归分析法。

第一种是时间序列分析法。时间序列是指一系列统计数字按时间先后顺序排列而成的数列。时间序列分析法，就是将经济发展、购买力增长、销售量变化等同一变量的一组观察值，按时间顺序加以排列，构成统计值的时间序列，然后运用一定的数学方法将其向外延伸，预计市场未来的发展变化趋势，确定市场预测值。因此，时间序列分析法也叫历史延伸法或外推法。

运用时间序列分析法进行预测，必须以准确、完整的时间序列数据为前提。为了让时间序列中的各个数值正确地反映研究预测对象的发展规律，各数值间具有可比性，编制时间序列要做到：总体范围一致；代表的时间单位长短一致；统计数字的计算方法和计量单位一致。市场的时间序列每个观察值的大小，实际上是影响市场变化的各种不同因素在既定时刻发生作用的综合结果。从这些影响因素发生作用的大小和方向变化的时间特性来看，这些因素造成的时间序列数据的变动可分为四种类型。

（1）长期变动趋势（T）。它表示时间序列中数据的变动不是意外的冲击因素引起的，而是随着时间的推移而逐渐发生的。它描述了一定期间经济关系或市场活动中持续的潜在稳定性，即反映观察目标（预测目标）的基本增长趋向、基本下降趋向或平稳发展趋向的模式。

（2）季节性变动（S）。季节性变动归因于一年内的特殊季节和节假日。它反映了在一年中，经济活动和市场活动或多或少具有规律性的变化。例如，我国每年春节所在的月份，商品零售额达到最大值；冷饮销售最高峰出现在每年夏季。这就是说，季节性变动基本上是每年重复出现的周期性变动。

（3）周期变动（C）。周期变动也称随机变动。它表现为整个市场经济活动水平的不断的周期性的但是非定期的变动。由于竞争，市场会出现一个扩张期，紧接着是一个收缩期，再接下来又是一个扩张期等变化，这种变化通常会在同一时期内影响到大多数经济部门，如住宅建筑、汽车业的发展。此外，在时间序列中，影响周期变动的也可能是货币政策和政府政策的改变。

（4）不规则变动（I）。不规则变动也称随机变动，是指时间序列数据在短期内由随机事件引起的忽大忽小的变动，例如，战争、自然灾害、政治的或社会的动乱等所导致的不规则变动。在上述各类影响因素的作用下，历史的时间序列数据的变化，有的具有规律性，如长期趋势变动和季节性变动；有的则不具有规律性，如不规则变动（偶然变动）；还有的是循环变动（从较长时间来观察也有一定的规律性，但短期内的变动又是不规律的）。时间序列分析法，就是运用统计方法和数学方法，把时间序列数据作为

随机变量 X_j（$j=1,2,\cdots,n$）分解为 T，S，C，I 四种变动值，也就是说，T，S，C，I 四种变动的综合作用构成时间序列 X。综合作用一般有两种计算方式：乘法模型方式，即 $X=T\times S\times C\times I$；加法模型方式，即 $X=T+S+C+I$。一般情况下，按乘法模型方式或加法模型方式求得的预测值只是过去历史发展规律的结果。由于尚未找到一种可供使用的定量分析方法来精确分析循环变动和不规则变动值，而只能通过定性分析来作估计，对季节变动和长期趋势变动作调整，因此，实践中将时间序列分析法定量预测的乘法模型方式和加法模型方式分别采用简化形式，即

$$X=T\times S$$

$$X=T+S$$

运用时间序列分析法进行市场预测，首先，应绘制历史数据曲线图，确定其趋势变动类型；其次，根据历史资料的趋势变动类型以及预测的目的与期限，选定具体的预测方法，并进行模拟、运算；最后，将量的分析与质的分析相结合，确定市场未来发展趋势的预测值。

第二种是回归分析法。许多事物彼此之间往往存在直接或间接的因果关系，同样，销售量亦随某种变量的变化而变化。当销售量与时间之外的其他事物存在相关性时，回归和相关分析（regression and correlation analyses）对于销售预测是非常有用的。

相关分析在决定销售量是否与某种或某些变量相关时是有用的，这种关系的程度可以通过相关系数（r）来衡量。例如，人口数一旦增加，社会商品零售额必然增加；汽车数量一旦增加，轮胎的销售量也会随之增加。相关分析，正是依靠掌握与销售量（或需求量）之间存有重要因果关系的某种变量，通过统计方法，寻求二者间的关系，并借此计算未来预测值的方法。此种预测方法与回归分析法相同。

相关分析在决定销售是否与某种或某些变量相关时，主要是寻找影响销售的因素及其影响程度，这种关系的程度可以通过相关系数（r）来衡量。

相关系数的值域范围为 $-1\sim1$，符号表示销售量与另一变量之间关系的方向，具体数值表示相关程度。负的相关系数表示销售量与另一变量呈反方向变动。例如，如果分析新房地产开工数与利率的关系，那么，得到的将是负的相关系数，即当利率上升时，新房地产开工数会下降。正的相关系数表示两个变量同方向变动。例如，当收入上升时，家具的购买量将会增长，因此，这两个变量之间有正的相关系数。

相关关系的强度是通过相关系数的值来表示的，计算出的相关系数越接近于 1，表示变量之间的相关关系越强；相关系数为 0，表示两变量之间没有相关关系。

回归分析试图判断在因变量（销售量）和一个或多个自变量之间是否存在某种偶然的关系，如果发现了某种关系，那么，因变量（销售量）的值可以根据自变量的特定的值来加以预测。回归分析有多种形式，但最简单的是线性回归。在这里，自变量（z）与因变量（销售量，以 y 表示）的关系被假定为线性关系。与相关分析一样，回归分析也是强有力的预测方法，但要注意确保被分析的关系正在起作用，且这种关系将在整个预测期内持续。

一般而言，相关分析法多用于行业需求量的预测，另外，亦可用于业界销售量的预测，但是，如果发现企业对市场缺乏影响力，就必须以时间序列分析法为主体来预测销售量。因此，若欲得知整个业界（包括大小企业）需求量的预测值，宜同时运用时间序列分析法与相关分析法。

2）销售预测的过程

销售预测的过程主要包括确定预测目标、初步预测、选择预测方法、依据可控和不可控因素调整预测、比较预测和目标、检查和评价等六个步骤。具体如图 2-2-2 所示。

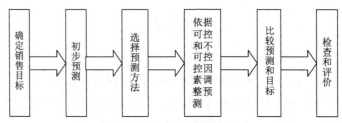

图 2-2-2　销售预测步骤图

第一步，确定预测目标。①预测目的是什么？②将被如何使用？③是否用于计划开发的新市场？④是否用于个人销售配额的设定？

第二步，初步预测。初步预测未来的销量。

第三步，选择预测方法。这一步骤主要决定采用什么方法来进行预测，比如，是选择定性分析法；还是选择定量分析法；在这两大类方法中具体选择哪一种或哪几种预测方法。

第四步，依据可控因素和不可控因素调整预测。

依据内部可控因素调整预测值需要考虑的内部因素主要有：与过去相比，预测期内的工作将有何变化？整个营销战略是否会改变？有无新产品推出？价格策略有无变化？促销费用如何安排？销售渠道有无变化？等等。如果在这些因素中有一些变化，就要看具体是什么因素，以及其变化的方向和对未来市场的影响程度。如果变化的方向有利于本企业市场的发展，如有新产品上市、促销费用有所增加、原有的渠道在拓宽并增加了新的销售渠道，等等，这时可以适度增加销售预测值，反之则需要减少销售预测值。

依据外部不可控因素调整预测值要考虑的因素包括：经济环境的变化、有重要的竞争对手加入、竞争对手的营销政策发生了变化等。如果经济环境发生了变化，如政策支持、需求量增加、国际市场状况良好等，可适度增加预测值，反之则需要减少预测值。竞争对手的加入，使原本竞争已经很激烈的市场愈加激烈，势必会影响到本企业的市场，从而使本企业的销售量下降。如果竞争对手的营销政策发生了变化，如竞争对手的新产品上市、增加了市场投入的力度、有渠道拓宽的迹象等，这些都会影响到本企业的市场稳定和发展。

第五步，比较预测和目标。进行预测与目标的对比主要看预测与目标是否一致，当预测不能满足目标时，是降低目标值，还是进一步采取措施实现原来的目标？当预测超过了目标时，还要看预测目标是否能实现。进行预测与目标的比较，其目的主要是看预测目标能在多大程度上实现，如果实现的可能性大，如把握程度在 80% 以上，就说明这样的预测是能够实现的，如果把握程度很低，如在 50% 以下，则需要重回预测目标进行思考。

第六步，检查和评价。检查与评价主要做以下两个方面的工作。

（1）做出的销售预测不是一成不变的，随着环境的变化会调整目标，或采取积极的措施实现原来预定的销售目标。

（2）必须有一个反馈机制，使一些重大的变化能够在销售预测和决策中反映出来。

这两项工作主要是在执行过程中进行的，目的在于发现问题并能够及时解决。

3）提高预测准确度的措施

预测差异是不可避免的。无论工作人员多么努力，预测与实际销售量之间都会存在差异。如果预测小于实际销售量，就可能满足不了客户需求，造成客户服务效果较差或需付出相当高的成本来应对顾客需求；如果预测大于实际销售量，就会造成产品积压，导致大量的资源浪费。

既然预测差异必然存在，那么关键就是如何消除或尽量减少预测差异带来的影响。虽然"预测零差异"在现实生活中很难实现，但有很多措施可以减少预测差异，提高预测的准确度。

A. 选择合适的预测方法

对一些产品和市场而言，某些预测方法要优于其他方法。选用最合适的方法直接关系到预测的准确度。例如，对于产业市场而言，客户比较集中，可以让销售人员广泛深入地参与产品的销售预测工作，因为他们清楚地了解客户方面的所有变化。而对于消费者市场而言，由于客户多而且分散，销售人员不可能深入了解所有客户。在这种情况下，企业可以主要依靠模型和趋势分析来进行预测，而销售人员的主要工作就是提供和核对分析所用的信息。在选择预测方法的时候，决策的逻辑性是非常重要的，但这也不是绝对的，各企业可以根据自己的实际情况来确定。

B. 不断调整计划

预测的错误来自两个方面：有些预测超过实际需求而有些预测小于实际需求。大家往往只反映超出预测的信息，而一个好的计划体系同时也要反映小于预测的信息，只有计划体系同时对两个方面做出反应，执行人员才有机会及时处理。

C. 制定应急预案

许多客户的需求在最后一刻发生变化，企业往往措手不及。一种比较好的办法是制定应急预案并预留一部分能力来处理应急事务。

D. 提高灵活性

一些企业以交叉培训、建立小型工作单元、模块化产品设计或利用迅速切换型设备等方式来提高灵活性，这些都是在低成本情况下增强响应能力的措施。

E. 压缩运转周期

缩短响应时间，便可缩短"预测屏蔽期"，加速对市场的反应，使预测准确度得以提高。实行"持续改进"与"即时生产"是缩短周期的正确方法，企业可以使用这类技术来加快订单录入、采购、计划安排、制造、开票、发运的速度，这样可以大大降低成本，提高客户满意度。

F. 加强供应链管理

供应链指的是相关供应商、制造商、配送中心、经销商、零售商、消费者之间的联系，每一级供应链都会产生下一级需求，客户将未来需求通知制造商，制造商将制造计划通知其供应商。客户也逐渐意识到与供应商分享需求计划可以帮助供应商提高预测准确度。有了来自客户的更可靠的信息，供应商可以更有效地进行各项管理，不断改善对客户的服务，在客户与供应商之间建立起相互信赖的合作伙伴关系，双方信任并努力帮助对方，必然会给双方带来巨大的回报，这在技术上可以通过电子数据交换（electronic data interchange，EDI）方式实现。

（三）确定销售目标的方法

制订销售计划时，首先要根据销售预测数据确定销售目标，销售目标在销售计划中居于中心地位。企业的销售目标反映了企业的经营意识，是企业市场地位的象征，也是企业经营好坏的重要标志。下面介绍确定销售目标的主要方法。

1. 根据销售成长率确定

销售成长率是指企业本年度的销售实绩与上一年度销售实绩增长的比率，用公式可表示为

销售成长率=（本年度销售实绩−上一年度的销售实绩）/上一年度的销售实绩×100%

下一年度销售收入目标值=本年度销售实绩×（1+销售成长率）

例：某企业今年完成销售额 2000 万元，去年的销售额为 1500 万元，请预测明年的销售目标额。

根据上述公式计算，明年的销售目标值为=2000 × [1 + (2000−1500) ÷ 1500 × 100%]=2666.67（万元）。

企业的销售成长率不仅受市场需求及企业市场占有率的影响，还受到竞争者的影响，所以销售成长率往往与企业愿望有一定的差距。要想得到比较准确的销售成长率，需要综合考虑过去几年的销售成长情况，求出平均销售成长率。平均销售成长率的确定公式为

$$平均销售增长率 = \sqrt[n]{\dfrac{本年度销售实绩}{基准年销售实绩}} \times 100\%$$

公式中的 n 值是以基准年为 0 年，然后计算出当年是基准年的第 n 年，如果是第 3 年，则 n 为 3，如果是第 5 年，则 n 为 5。

例：某企业 2012～2014 年实现销售分别为 90 亿元、102 亿元、110 亿元，则企业 2012～2014 年的平均销售增长率为

$$\sqrt[2]{110/90} \times 100\% = 110.6\%$$

2015 年的销售目标值为

$$110 \times 110.6\% = 121.66（亿元）$$

在实际的使用中，有时也可用经济增长率或业界增长率指标来替代销售增长率，从而确定企业的销售目标。成熟的企业可选择这两项指标之一。因为根据这两项指标计算企业的销售目标，可以保证企业能够达到经济整体或同业的同等销售增长水平，与同业共同分享市场需求扩大带来的好处。同时，企业也可以这两项指标作为参考，确定略高于同业的销售增长比率，以保证企业在市场中争取到相对比较高的市场份额。

2. 根据市场占有率确定

市场占有率是一定时期、一定市场范围内企业实现的销售额（量）占业界总销售额（量）的比率。市场占有率也是分析企业竞争能力和企业信誉高低的一项重要指标。市场占有率高，说明企业的产品在市场上受到消费者的欢迎。这一指标与企业产品的品质、技术水平相关。在产品品质和技术水平不分伯仲的情况下，品牌的价值和企业的理念就是企业争取市场的关键。

$$市场占有率 = \frac{企业实现销售额（量）}{业界同类产品销售额（量）} \times 100\%$$

$$销售目标值 = 业界销售预测值 \times 企业市场占有率目标值$$

一般来说，成长性比较好、销售能力比较强的企业，市场占有率会有逐年不断扩大的趋势。但在市场竞争不断加剧的环境中，市场占有率的瓜分是极其残酷的，很多企业就是在争取市场占有率中败下阵来的。有远见和有能力的企业，通过不断创新来争取更新、更大的市场。

3. 根据市场占有率比率确定

市场占有率比率是企业计划年度的市场占有率与前一年市场占有率的比值。这是根据企业对其产品和品牌在市场中的地位不断扩大的期望来决定销售目标的方法。同时企业市场占有率的增长也说明企业在市场中的实力，企业的品牌在市场中处于一种健康的态势。

$$市场占有率比率 = \frac{计划年企业市场占有率}{前一年企业市场占有率} \times 100\%$$

4. 根据销售盈亏平衡点确定销售目标

销售盈亏平衡点是指当销售收入等于销售成本时的交叉点，在这一点上，销售的损益值为 0，即不盈不亏，只有销售收入超过这一点时企业才有盈利。一般来说，销售收入由总成本和总利润构成，总成本又分为固定成本和变动成本。盈亏平衡时的销售收入（X）等于固定成本（F）加上变动成本（V）（图 2-2-3），即

$$X=F+V$$

公式可转化为

$$X-V=F$$

其中，变动成本随销售收入的增减而变动，所以可通过变动成本率来计算每单位销售收入变动成本的增减率。

$$变动成本率（V_X）=\frac{变动成本（V）}{销售成本（X）}$$

$$销售收入=变动成本率×销售收入+固定成本$$

公式可演变为

$$固定成本=销售收入-变动成本率×销售收入=销售收入×（1-变动成本率）$$

即

$$F=X-V_X \cdot X$$

$$F=X(1-V_X)$$

盈亏平衡点上的销售收入目标值（X_o）为

$$销售收入目标值=\frac{固定成本}{1-变动成本率}$$

即

$$X_o=F/(1-V_X)$$

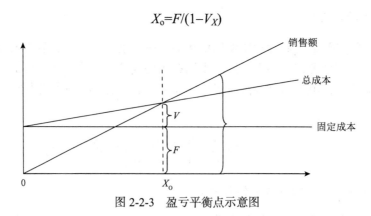

图 2-2-3　盈亏平衡点示意图

盈亏平衡点上的销售收入额确定了之后，企业可确定一个纯收益目标值，在盈亏平衡点上的销售收入目标值的基础上，再加上这个纯收益目标值，就是计划期的销售目标值。

5. 根据经费预算确定销售目标

在企业的正常经营活动中，必须有各项经费的开支，如销售费用、人事费用、折旧费用等。这些费用的开支均需要在销售毛利中扣除。根据经费预算确定销售目标，就是要使企业通过销售实现的销售毛利足以抵偿各种费用的开支。

$$企业销售毛利率 = \frac{销售毛利}{销售收入} \times 100\%$$

$$= \frac{销售收入 - 销售成本}{销售收入} \times 100\%$$

$$= 1 - 销售成本率$$

那么：

$$销售收入目标值 = 销售毛利 \times 销售毛利率 = \frac{销售毛利}{1 - 销售成本率}$$

6. 根据消费者购买力确定

根据消费者购买力确定销售目标，是通过估计企业服务范围内的消费者购买力状况来预测企业的销售额，这种方法适合于零售企业和部分生产快速消费品、供应区域市场的生产企业。其基本程序如下。

（1）设定企业的服务范围，并调查这一范围内的人口数、户数、收入额及消费支出额。

（2）调查企业服务范围内商店的数目及其平均销售能力。

（3）估计各商店的销售收入。

（4）确定企业的销售收入目标值。

7. 根据销售人员的申报确定

这是根据企业一线销售人员的申报，逐级累计，最后求得企业销售收入目标的一种方法。由于一线销售人员熟悉市场状况，清楚自己的销售能力，积累了一定的市场运行经验，具有对下一年度市场运行的基本思路，所以根据他们的估计而申报上来的销售收入能够反映当前企业的销售状况，而且这种方法最能保证销售目标的实现。这时，如果一线销售人员对自己的销售预期与管理者的预测值一致，会导致双方对制定出的销售目标均满意。如果出现不一致，首先看差距的大小，然后寻求解决问题的途径。如果差距不大，对目标值进行适度调整即可；如果差距很大，一般是销售人员自己确定的销售目标没有达到管理者所期望的目标值，这时，要找出出现差距的原因，以利于对问题的解决。解决存在差距的方式可以是增加销售人员人数，可以是增加每位销售人员的定额，还可以是通过培训提高销售人员的销售能力等。企业最好通过后两种方式的同时选择，来保证销售目标的制定达到管理者的期望目标。只有在当企业的销售目标增加幅度很大时，才适宜选择第一种方式。

根据销售人员的申报确定销售目标时，需要注意以下三点。

（1）申报时尽量避免过分保守或夸大。预估销售收入时，走极端的情况经常发生，因此销售人员应依据自己的能力来申报"可能"实现的销售收入量（值）。

（2）检查申报内容。一线销售管理者须对销售人员申报的内容进行检查，看其是否符合自己的能力和市场的趋势。

（3）协调上下目标。申报走的是"由下至上的汇总式"，为防止过于保守或过于夸张的后果出现，销售管理者还要采用"从上至下的分配式"模式来进行调整，做好上下的协调工作。

二、能力实训

乐万家超市的中秋节成功销售

乐万家超市位于珠三角地区的大旺镇，经过钟老板多年的悉心经营，已经成为当地最大的超市之一。目前公司已有三家门店，其中 2007 年开业的旗舰店建筑面积近 8000 平方米，该店不仅生鲜、食品和生活用品一应俱全，还增加了服装销售专柜。新店的开业进一步巩固了乐万家在大旺镇的领先地位。一年一度的中秋促销即将进入准备阶段，张总丝毫不敢掉以轻心。

1. 仰观俯察，拟订方案

在制订方案之前，他抽空带领公司采购部经理和各门店店长到某知名跨国卖场参观学习，让大家对标杆企业有一个感性认识。随后，张总派出的市场调查人员深入一线展开市场调研。调研结果显示：①由于人民币升值，进口月饼的价格下降，竞争力相对增强，市场需求也相应增大。②由于担心产品积压，月饼制造商 2008 年普遍比较谨慎，这可能造成中秋促销中后期备货不足（特别是进口月饼）。③2008 年的中秋节时值 9 月中旬，气温相对较高，根据以往的经验，月饼销量可能会有所下降。④月饼的销售渠道呈现出多样化趋势，酒店、面包店、邮局、小摊贩纷纷加入，极大地分割了月饼市场。

针对调研结果，张总拟定了《2008 中秋营销工作进度表》。从中秋节倒推 45 天，不仅每天的工作计划和进度非常清晰；还明确指定了各部门的工作内容和相关工作的责任人。

张总经过与钟老板、各门店采购、店长反复磋商，最终敲定了 2008 年中秋节月饼的销售目标：销售收入 205 万元，毛利率 14.61%，团购 55 万元，采购费用 15 万元。争取将国产月饼退货率控制在 10%以内，进口月饼的积压率控制在 0.3%以内。

仅有销量指标是不够的，还必须进一步细化、量化，落实到人。为此，张总不仅亲自拟定了详细的考核方案，还要求营运部出台《中秋销售预算每日跟踪报道》，门店和采购部门每日对照计划表，分析销售状况，若未能达标，必须及时调整货源和陈列。同时，张总还责令采购部制订了《2008 年月饼品牌销售预算及利润计划表》，并责令其在中秋促销期间每 3 天向他汇报一次。

2. 大获全胜，"战绩"辉煌

忙碌的中秋促销很快结束。令张总和钟老板感到欣慰的是，尽管 2008 年乐万家卖场仅引进了 28 个月饼品牌，比 2007 年少了 11 个。但乐万家旗下的三家店却实现月饼销售收入 221 万元，超过原计划的 8%。其中，主推品牌"港琪"的销售额远远将"安琪"抛在后面，成为贡献最大的一个品牌。另一个非主推知名品牌"华美"也表现出色，销售收入超过 13 万元，成为一匹"黑马"。

事实证明，控制品牌数量有利于提升促销效果，也有利于增强卖场与供应商谈判过程中的议价能力。2009 年中秋节，张总计划在现有基础上再减少 4~5 个月饼品牌，进一步集中资源，取得供应商更大的支持。

3. 总结经验，着眼未来

一次成功的节日营销应该做到以下几点：及早进行市场分析，收集和挖掘往年的销售数据，展开市场调研并认真分析结果，控制品牌数量，集中营销资源；制定合理价格，避免直接竞争，获取合理利润；减少库存，制定详细的业绩考核指标和相关奖惩办法，制订详尽的营运计划并强化执行力。

资料来源：王山. 中秋这一仗. http://www.emkt.com.cn/article/395/39565.html[2008-12-15]

问题：

乐万家超市中秋的这一仗打得非常漂亮，主要的原因是合理的销售计划。它是怎样制订销售计划的？

三、知识拓展

（一）月销售目标的编制

（1）收集过去 3 年间月别销售实绩，并将各年度、月别销售额认真地记录，如表 2-2-3 所示。

（2）月别销售实绩合计。将过去 3 个年度的月别销售实绩进行总计。

（3）确定过去 3 个年度的月别销售比重。计算月别销售比重，就是计算某个月的 3 年合计销售实绩占全部 3 年合计实绩的百分比。因季节因素的影响，每月销售情况会有所不同。

（4）确定月销售计划目标。就是将过去 3 年间月别销售比重乘以企业销售目标总额。

表 2-2-3　月别销售目标表

月别	去年实绩	前 1 年实绩	前 2 年实绩	前 3 年合计	月别比重（%）=前 3 年月合计÷前 3 年合计	月别销售目标=月别比重×企业销售总额
1						
2						

月别	去年实绩	前1年实绩	前2年实绩	前3年合计	月别比重（%）=前3年月合计÷前3年合计	月别销售目标=月别比重×企业销售总额
3						
4						
5						
6						
7						
8						
9						
10						
11						
12						
合计						

（二）销售人员月别行动计划表

月别行动计划就是指销售人员在明确本月销售目标的基础上，如何在商品销售、客户开发与维护方面采取相应的行动。表 2-2-4 为销售人员行动计划表。

表 2-2-4　销售人员行动计划表

姓名：

日期：

本月销售目标描述

商品销售		客户维护与挖掘		新客户开发	
序号	主要工作内容	序号	主要工作内容	序号	主要工作内容
1		1		1	
2		2		2	
3		3		3	
……		……		……	

任务三 分配销售任务确定销售预算

一、知识基础

分配销售任务就是把销售团队总的销售目标进行分解，并落实到具体的销售人员来完成的工作，也就是销售管理人员常说的销售定额的分配（或销售配额）。

（一）销售配额类型与确定依据

1. 销售配额的类型

企业使用的销售配额通常有两大类型：财务配额和非财务配额。财务配额主要包括毛利配额、利润配额、费用配额等。非财务配额主要包括销售量配额、销售活动配额、综合配额等。任何一个具体的销售工作都可以选择那些与工作密切相关的配额。表 2-3-1 为销售配额类型表。

表 2-3-1 销售配额类型表

序号	财务配额	非财务配额		
		销售量配额	销售活动配额	综合配额
1	销售总费用	总销售额（量）	访问客户次数	行为规范程度
2	分部门销售费用	分区销售额（量）	新客户开发数（获得订单）	销售创新程度
3	分区域销售费用	分部门销售额（量）	新准客户数	产品、市场及相关知识
4	总毛利	分小组销售额（量）	市场调研	销售计划执行
5	分区域毛利	产品类型配额	参加会议和培训	销售效果（销售额与利润额）
6	分部门毛利	客户类型配额	展览展销活动次数	客户评价
7	利润额	……	服务活动（电话、上门）	……
8	……		工作总结与汇报	
9			投诉、抱怨处理	
10			培养新的销售人员	
11			……	

1）财务配额

财务配额强调企业应更重视利润而不是销售量。财务配额有助于改变销售人员不顾利润而尽可能多推销的自然倾向。如果销售人员在盈利少、容易卖的产品上花费太多的时间和精力，就会大大降低企业的盈利能力。例如，销售人员往往乐于把精力花在易销售的产品和老客户身上，但是，这些产品和客户往往利润率很低，而费用与那些难销的产品或新客户却是一样的。因此，财务配额可以激励销售人员开发更有效益的客户，销售更有效益的产品。财务配额主要包括以下三种。

A. 费用配额

提高利润率的关键在于对销售费用的控制。费用配额总是与销售量配额一起使用，其目的是控制销售人员的费用水平。费用配额通常被表示为销售量的百分比。

在设置费用配额时一定要注意：一方面，设置费用配额是为了控制过多的费用，而销售人员往往高估他们的费用；另一方面，销售管理者必须保证销售人员有足够的资源来有效地配合客户的需要。俗话说："要想多赚钱就要多花钱。"如果一个销售人员每月有 3000 元的费用预算，应尽量在销售活动中花掉。如果他的花费少于这个数并不一定是好现象，或许会为节省费用而耽误工作。因此，对费用的控制应该是适度的。

销售管理者通常希望通过经济手段激励销售人员控制费用。费用配额和销售配额都可以与薪金计划连接起来，销售津贴则可以付给那些费用水平保持稳定的销售人员。

用销售额百分比法设置销售费用配额也存在一些问题。费用并不总是随销售额的改变而改变的。

B. 毛利配额

企业的产品多，实现的利润不同，可以采用毛利配额。有时，企业用这些指标来替代销售配额，强调利润、毛利额的重要性。

毛利配额可以帮助说明销售任务的完成状况。如销售人员甲完成销售额 50 万元，而销售人员乙完成了 40 万元。仅从销售额上看销售人员甲完成得比较好，但甲的费用为 10 万元，乙的费用为 7 万元，从毛利角度来看，乙的毛利高，业绩要好一些。

而且，设置毛利配额，可以使销售人员努力提高毛利。然而毛利是很难控制的，因为销售人员通常不负责给产品定价，无法控制生产成本，在这种情况下，销售人员无法完全对销售毛利负责。有些企业对销售人员公开生产费用信息，并用一定的手段让销售人员随时了解费用状况。

C. 利润配额

很多经理认为利润配额是体现目标的最好形式。利润等于毛利减去费用，利润配额与管理的基本目标直接相连。

利润配额也有一些缺点：销售人员无法控制影响利润的因素，因此无法完全对自己的业绩负责。以利润为指标评价销售人员的工作是不公平的。合理地计算销售人员产生的净利润往往是非常困难的。销售人员的净利润取决于所出售的产品、每种产品的毛利、出售这些产品所花费的费用，这些项目的计算需要大量资料，而且取得这些资料需要大量的时间，因此在这种情况下，要控制业绩就很困难。

2）销售量配额

销售量配额是最常用、最重要的配额，一般用销售量来表示，用销售量单位数表示的情况比较少。因为前者是衡量生产活动的常用指标，而且容易为销售人员和管理者所理解。

最容易、最经常使用的设置销售量配额的方法是：以该地区过去的销售量为基础，以市场应该增长的百分比来确定当年的配额。如果当年期望的市场增长率为10%，每个销售人员的配额就是上年的配额加上10%，即为上年配额的110%。

销售管理者在设置销售配额时必须考虑以下因素：①区域内总的市场状况。②竞争者的地位。③现有市场占有率。④市场涵盖的质量（一般取决于该市场销售人员的主观评价）。⑤该地区过去的业绩。对过去的数据进行调整以适合人员、区域及企业政策的要求。⑥新产品推出的效果、价格调整及预期的经济条件。

依据上述因素，销售管理者要具体设置出销售区域的销售量配额，并将配额层层分解落实到区域内的各个销售组织和销售人员。具体见表 2-3-2。

表 2-3-2　某企业销售区域的销售量配额及其执行情况表　　　　单位：件

销售量配额	实际销售量	客户类型配额	产品类型配额		产品实际销售
甲销售员配额：900	900	重要客户配额：500	A 产品：300	B 产品：200	300 200
		一般客户配额：400	A 产品：250	B 产品：150	250 150
乙销售员配额：400	330	重要客户配额：250	A 产品：150	B 产品：100	150 30
		一般客户配额：150	A 产品：100	B 产品：50	100 50
丙销售员配额：700	700	重要客户配额：400	A 产品：250	B 产品：150	250 150
		一般客户配额：300	A 产品：200	B 产品：100	200 100

从表 2-3-2 中可以看出，乙销售员没有完成重要客户的 B 类产品的销售量配额，差额为 70 件。销售管理者应对这一情况进行调查，找出具体的原因，并帮助乙销售员分析问题所在，提出改进的具体措施。

3）销售活动配额

有些销售工作不是完全能以销售业绩来衡量的，利用销售活动配额可以避免对销售额的过分依赖。在设置合适的销售活动配额时，销售管理者必须首先决定销售人员的最重要的活动，这些活动主要包括：①日常性拜访；②吸引新客户，获得新客户的订单；③产品展示；④宣传企业及产品的活动；⑤为消费者提供服务、帮助和建议；⑥培养新的销售人员。

设立和控制适当的活动指标可以大大促进销售工作，这种指标对宣传性销售人员特别有用。建立销售活动配额可以让销售人员对他们的日常活动和活动路线做出更好的计划，从而更加有效地利用他们的时间。销售活动配额也使得销售管理者便于控制销售人员的时间使用，即在不同销售活动中的工作分配。

使用销售活动配额时也会遇到一些问题，如员工参与人数多，信息必须从销售人员报告中获得，而销售人员在使用这些报告时可能偏重数量、忽视质量。另外，由于无法直接实现销售收入，很难对销售人员产生激励。通常情况下，销售活动配额与销售配额一起使用并配以一定的津贴奖励，可以提高销售人员的积极性，有效地完成销售活动定额。表2-3-3为某地区销售活动定额完成情况表。

表 2-3-3　某地区销售活动定额完成情况表

销售人员	拜访次数/ （次/2 年）	订单数量/份	订单数/ 拜访数	实际销售额/ 十万元	每单平均销售额/百元
李	1 900	1 140	60%	5 792	5 081
张	1 500	1 000	67%	4 842	4 842
王	1 400	700	50%	6 046	8 637
赵	1 030	279	27%	4 334	15 534
合计	5 830	3 119	53%	21 014	6 737

4）综合配额

综合配额是对销售量配额、财务配额、销售活动配额进行综合而得出的配额。综合配额以多项指标为基础，因此更加合理。综合配额的设置远比销售目标的设置复杂，因为要用到权重这个概念。权重表示对管理而言各配额的重要性。

综合配额在销售管理者讨论销售人员的业绩时，可以全面地反映销售工作的状况。具体见表2-3-4。

表 2-3-4　销售人员综合配额比较表

项目	权重	销售配额/元	实际完成销售额/元	实际完成百分比/%	实际完成百分比×权重
销售人员：	李明				
销售额	50	200 000	180 000	90	45
净利润	30	100 000	70 000	70	21
新客户	20	20	10	50	10
合计					76
销售人员：	王强				
销售额	50	300 000	270 000	90	45
净利润	30	150 000	120 000	80	24
新客户	20	20	12	60	12
合计					81

表 2-3-4 给出一个例子：销售管理者赋予销售额、净利润和新客户的权重分别是 50、30、20，总和是 100。两位销售人员在销售额的表现上水平相当，但是，由于王强在净利润和新客户这两项指标上表现得比较突出，所以，以 81 分的成绩超过李明的 76 分。

2. 确定销售配额的依据

在以上所有销售配额中，销售量配额应用得最为广泛。在此，我们主要讨论确定销售量配额的基础，其他配额的确定方法基本相同。总体来说，确定销售量配额主要有以下几种方式。

1）根据区域销售潜力确定

销售潜力是企业期望在特定区域内取得的在行业预计总销售额中所占的比重。对很多企业而言，销售预测常常是把各个区域的估计值加总的结果。比如，假设区域 A 的销售潜力是 100 万元，或者占企业总潜力的 10%，那么，管理层就可以把此数额作为指标分配给区域的销售人员。所有销售区域销售指标的总和应该等于企业的销售潜力。

但是，在有些情况下，企业不可能直接把销售潜力作为指标分配给销售人员，而是需要进行调整。

首先，对于年龄比较大而且在企业工作了很长时间的销售人员，或者刚刚加入企业的新的销售人员，分配给他们的配额应该小于销售潜力，这样可以让他们更好地适应周围的环境，树立自信心，保持高昂的士气。

其次，对大部分销售人员而言，管理层下达的配额应该略高于区域的销售潜力，而且通过有效工作很可能实现甚至超越。这样可以激发销售人员的积极性，鼓励他们努力开拓市场，创造奇迹。但是，配额也不能定得太高，如果高出销售潜力太多，销售人员会感到泄气甚至绝望，根本不会采取什么努力措施。

2）根据历史经验确定

在过去一定期间销售的基础上，管理层依据主观判断的增长比例来确定销售人员的销售配额。这种方法的优点是计算简便、成本低廉。如果企业使用这种方法，至少应该用前几年的平均销售量，而不是以前一年的销售量作为配额设定的基础。如果仅仅以一年的销售量为基础，偶发事件或者突发事件将会对销售配额产生很大的影响。

但是，仅仅依靠历史经验确定销售配额有一定的局限，因为它没有注意到销售区域的销售潜力会发生变化，如经济衰退、消费者观念发生变化、新的竞争对手加入等。所以，应该在以往经验的基础上，多考虑一些区域市场可能发生的变化。

3）根据经理人员的判断确定

有些经理简单地以企业的销售预测为基数，如企业预测的结果是提高 5% 的销售量，则对每一个员工都分配 5% 的销售量增长。这种方法虽然简单、费用低、易管理、易理解，但是忽略了地域状况及销售人员的能力差别。像有的新建区域尽管销售量小，但其销售增长率要比一些已成熟的销售区域的销售增长率大得多，因此新的销售区域提高 5% 的销售量往往很容易，而成熟区域要提高 5% 的销售量则是很困难的。

使用这种方法隐含着这样的假设：前期设置的销售配额是完全合理的。但实际上，前期的配额可能过高或过低。用这种方法设置配额可能影响士气，销售人员会认为这样的定额不公平合理，甚至会隐瞒订单，把它放到下一个销售期。

另外，在制定销售配额时一定要考虑区域的销售潜力。销售潜力可以反映企业销售额的成长机会，但销售潜力的预测费用高、时间长，并且具有主观性。

（二）销售配额的确定方法

销售配额是销售管理者分配给销售人员在一定时间内完成的销售的任务。是销售人员努力实现的销售目标。因此，它是分割后的最小单位销售目标。销售定额也是销售管理者计划销售工作的最有力的措施之一，有助于销售管理者规划每个计划期的销售量及利润，安排销售人员的工作。销售定额可以作为衡量销售人员、销售小组或整个销售区域任务完成状况的一把尺子，如果运用得当，可以有效地激励每个销售人员更好地完成任务。总之，销售定额的设置有利于销售管理者及销售人员有效地计划、控制、激励销售活动，以达成整个企业的销售目标。

销售管理者可以采用销售目标六个分解法，即按照时间、部门、区域、产品、客户和销售人员等六个方面将销售目标进行分解。

1. 时间别分配法

时间别分配法是指将年度目标销售额平均分配到一年的 12 个月或 4 个季度中。时间别分配法的缺点在于忽略了销售人员所在地区的大小以及客户的多寡，只注重目标销售额的完成，因而无法调动销售人员的积极性。其优点在于简单易行，容易操作，目前有许多企业比较喜欢采取这种方法。如果能将时间别分配法与产品别分配法、地区别分配法和客户别分配法结合起来，则效果会更好。

2. 部门别分配法

部门别分配法是指以某一营业单位（事业部）为目标来分配销售额的方法。部门是一个销售团队，销售人员彼此都很了解，因此，这种方法的优点是，强调销售团队合作，能够利用销售团队的整体力量来实现目标销售额；缺点是过于重视单位目标的达成，容易造成部门之间的屏障，同时也忽略了销售人员个人的存在。因此，当企业将销售额分配到各个销售单位时，应该考虑这个单位所辖地区的特性，如销售区域的大小，市场的成长性、竞争对手的情况、潜在客户的多少。

3. 地区别分配法

地区别分配法是指根据销售人员所在地区的大小与客户的购买能力来分配目标销售额。这种方法的优点在于可以对区域市场进行充分的挖掘，使产品在当地市场的占有率逐渐提高，因此，比较容易为销售人员所接受。其缺点在于很难判断某地区所需商品的实际数量，以及该地区潜在的消费能力。所以，在分配目标销售额时，必须考虑各个地区的经济发展水平、人口数量、生活水平、消费习惯等因素。

4. 产品别分配法

产品别分配法是指根据销售人员销售的商品类别来分配目标销售额。采用这种方法的前提是：培养尽可能多的忠诚客户。因为，如果消费者经常改变消费需求，变换所消费的产品，就很难判断某种商品的消费者大体上有多少人，产品别分配法也就失去了意义。所以，必须进行市场调查，及时准确地了解消费者需求的变动情况，从而采取一系列措施来满足消费者的需求，创造一大批铁杆品牌忠诚者。这样，产品别分配法也就有据可依了。

5. 客户别分配法

客户别分配法是指根据销售人员所面对的客户的特点和数量的多少来分配目标销售额。这种方法充分体现了"以客户为导向"的思想，可以使销售人员把重点放在客户身上，有利于客户的深度开发和忠诚客户的培育。但是，该方法会使销售人员为了业绩而只注重老客户的维护，忽视新客户和准客户的开发。

6. 人员别分配法

人员别分配法是指根据销售人员能力的大小来分配目标销售额。这样做有利于激励能力强的销售人员继续努力，鼓励能力比较差的销售人员提高其销售能力。但是，也容易使销售人员队伍产生等级之分，使能力强的销售人员产生自满情绪，能力不够的销售人员产生自卑感，从而产生内部矛盾。在实践中，应该尽量将两种或两种以上的方法结合起来使用，以便扬长避短、优势互补。

（三）销售定额的分配程序

在销售定额的分配过程中，定额指标必须得到下属及销售人员的理解与合作，所以要求销售管理者和销售人员必须面对面地坐在一起，有效沟通。分配销售定额的工作程序如图 2-3-1 所示。

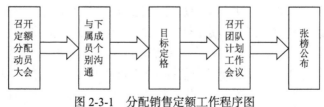

图 2-3-1　分配销售定额工作程序图

1. 召开定额分配动员大会

销售管理者首先依据企业下达的销售任务以及配合任务完成的激励方案，按照年、季、月、周将整个团队的任务分解细化，并根据每位销售人员的销售能力，对其可能的销售业绩进行初步估算。然后，召开一次全体员工会议，向他们介绍企业制定的销售目标体系，公布企业为完成销售任务而制订的激励方案，尤其强调销售目标对个人所具有的重要意义。

　　经理介绍完任务后，应该给员工留有提问和讨论的时间。之后，销售管理者要求每一位销售人员填报自己的销售定额目标作为分配销售定额的参考依据。销售定额目标自我建议表如表 2-3-5 所示。

表 2-3-5　销售定额目标自我建议表

姓　　　名：＿＿＿＿＿＿＿＿

年　　　度：＿＿＿＿＿＿＿＿

负责区域：＿＿＿＿＿＿＿＿

序号	主要目标	预期结果			
		最悲观的结果	比较现实的结果	最乐观的结果	实际结果
1	月销售额				
2	月费用额				
3	月毛利润额				
4	日均访问次数				
5	开发新客户数				
6	失去客户数				
7	客户流失率				
8	月回款数额				
9	月回款率				
10	其他				

2. 与下属成员个别沟通

　　销售人员填好表格后，销售管理者要与每位下属成员进行个别沟通，帮助下属成员分析其个人目前的工作状况、达成激励方案的条件以及在公司未来发展的空间，引导下属成员对销售任务和未来发展进行全面思考，激发员工的进取心，树立他们的自信心和责任心。也就是说，应将完成销售定额与个人的职业生涯规划相结合。

　　具体地说，销售管理者要与销售人员就销售区域、客户管理、销售访问及自我管理等方面进行讨论与沟通。首先，要求他们提出对目标定额的看法和意见；接着，在对未来前景进行分析的同时，与他们共同回顾前阶段的工作；然后，与他们现实、客观地讨论下一阶段的目标；最后，在对销售人员的看法表示理解的同时，表明自己的观点。

　　在讨论中，经常涉及三种类型的目标，即常规性目标、问题解决性目标和创新性目标。销售人员常常会把自己定位在常规性目标层次上，这时销售管理者应该适时地给他们提出挑战，激励他们向更高层次的目标冲击，在订单金额、客户管理、销售访问和自我管理等方面对自己提出更高的要求，最大限度地为销售人员制定可以接受的挑战性目标，从而尽可能地发挥其个人的潜能。

3. 目标定格

销售管理者经过与每一位成员的个别讨论后，把双方达成一致意见的目标定格，并形成书面材料，一式两份，双方各执一份备案。这时，销售管理者应该向销售人员表示祝贺，祝贺他们有了一个新的起点、一个新的目标、一个新的前景。同时，销售人员也清醒地认识到了自己下一阶段的目标和任务：应该完成哪些工作；可以获得哪些资源和帮助；自己的工作权限和需要向上司报告的事项；如何进行自我管理等。

4. 召开团队计划工作会议

召开团队计划工作会议的目的，是通过会议制定团队的目标销售定额。会上每一个销售人员要向团队汇报自己本年度或本季度的定额目标及目标的完成情况，进而制定下一年度或下一季度的目标，以及对下一年度或季度目标的看法。通过会议成员达成共识，形成集体目标。

5. 张榜公布

计划工作会议之后，应张榜公布整个团队的目标定额、定额分解、个人目标以及各期（年度、季度、月度、周）定额分配方案。目的在于强化团队成员对定额分配方案的理解及其在公司的发展前景等，促使每一位团队成员充分挖掘自身的潜能，加强自我管理，将团队的销售目标变成每位成员的自觉行动，始终以计划指导工作，始终以计划检查工作。

销售定额的分配，是销售管理者与销售人员共同制定目标、明确主要责任并就最终结果达成一致意见的过程。整个过程可以为销售人员的日常工作提供指南，并可衡量每一名销售人员对集体做出的贡献。在销售定额的制定和分配过程中，销售管理者和销售人员的相互理解是基本前提。如果销售人员能够参与销售定额的制定和分配过程，他们会更加努力地去实现或者超越自己的目标。与此同时，应强调销售管理者对销售人员的资源支持与帮助，使销售人员树立信心，精神饱满地投入下一阶段的工作。

（四）分配销售定额时应注意的问题

对销售管理者而言，每年都令人头疼的一个问题就是销售定额的分配。因为各区域经理、销售人员无一不想少接任务、多接费用，从而会精心准备当地市场的困难和问题，拼命夸大竞争对手的规模和实力，如竞争对手投放了多少导购员，投放了多少促销品，上了多少新产品，客情关系如何如何好，等等。所以，在销售定额的分配工作中，一定要注意以下问题。

1. 突出重点，切忌平均分配

（1）突出市场重点，切忌销售定额在各区域之间的平均分摊。有的销售管理者在分解销售定额时，因为涉及的产品和区域较多，本着哪个区域都要分一点、哪个区域都不能少的原则，最后形成了销售定额在各区域的均摊局面。然而，这种分解，表面上看有理有据，但很容易失去企业的战略意图，导致重点市场不突出，资源不能集中，让企业陷入"撒胡椒面"的陷阱之中。

（2）突出资源在销售旺季的集中利用，切忌在 12 个月中的平均分摊。区域层面的任务分配完了，接下来区域经理就该把每个区域的任务按月分解。然而，很多区域经理往往把定额总量除以 12，便得到每月的定额指标。这种做法很简单，但却是非常错误的做法。因为，对不同的产品来讲，销售的淡旺季、货品囤仓与消化的时间规律及其他相关因素是不同的，对每月的定额要求也应是不同的。如果不考虑这些问题，就很容易陷入"旺难热、淡难卖"的尴尬境地。

2. 着眼于全局，着手于局部，把定额分配工作做细、做透

（1）做好宣传发动工作，以良好的沟通说服人。在销售定额的分配过程中，销售管理者一定要对定额的来龙去脉讲清楚，让销售人员明白企业的战略重点是什么，明年销售目标的来历是什么，要达到这个目标重点要做哪些事情，做这些事情的质量标准是什么，做好这些事情需要多少资源的支持。

（2）解决好"自上而下"与"自下而上"的矛盾。在目标的制定过程中，有一个自下而上的申报过程。如果仅以销售人员上报的目标销量为依据分配定额，结果肯定会出现少、漏问题。因为他们的心态是恨不得不卖产品就能拿薪水，多报岂不是自作自受？另外，销售人员没有足够的市场研究，他们无法认清市场的真正走势，他们所看见的只是"树木"，甚至是"树叶"，而不是"森林"。所以，目标的制定还有一个"自上而下"的过程，需要企业在分析市场环境和竞争环境的基础上来确定整体的战略目标。在此过程中，销售人员的意见只能作为参考而不能作为依据。

（3）设计三个层面的目标：保底目标、标准目标和挑战目标。保底目标是在做得最差的情况下也要完成的目标，是红色警报线；标准目标是没有特殊情况下必须完成的目标；挑战目标则是超额完成的目标，为绿色警报线。如果某销售区域或销售人员每月的销量低于红色警报线或高于绿色警报线，企业就要研究其原因并采取措施，以便目标的进一步调整及年度总体目标的顺利完成。

（4）责权利同时分配。例如，如果完成了定额目标，费用标准是多少，还会有什么奖励，享有哪些权利；如果没有完成定额，会有什么处罚，等等。把责、权、利同时分配，并签订责任状，下属成员就会明白自己该干什么，也会明白为什么这么干。否则，销售人员不会轻易接受你的目标，即使你硬着头皮分下去，他也会说："我只能接受，但不能保证完成。"

3. 把握好定额目标粗与细的度

我们经常说的一句话是"计划没有变化快"。具体的实际情况当然无法完全预料，但是对于计划的制订、销售定额的分配，它不是与实际相比，而是同竞争对手相比。也就是说，只要计划做得比竞争对手精细，比竞争对手完成的概率大，那么销售计划就有

实际意义。如果计划做得足够精细，那么在全面调配企业资源和管理控制销售队伍时，就能产生一个力矩，销售管理者就能抓住这个着力点来掌控整个销售工作。如果计划定得不够精细，没有按照时间、区域、客户群、产品进行细分，销售队伍就会经常出现前松后紧的情况，即人们经常说的"月初的时候逛西湖，月底的时候才去打老虎"。

例如，销售管理者粗略地给某个销售人员下达了半年完成300万元的定额指标，但是对计划并没有进一步细分，那么该销售人员就容易犯前松后紧的毛病：觉得半年时间还早，于是1、2月的时候忙着过春节，3月晃晃悠悠也过去了，到4月的时候开始着急了，到5月必须拿下"老虎"了，但是月底的时候能不能打着老虎还是问号呢。这时他就非常被动，而销售管理者到了4月底、5月初时，一看销售业绩才完成了一点点，于是也跟着着急，这样做就很被动。

4. 对于销售定额实施计划还要制定补救对策

倘若目标落后，离预期产生一定缺口，销售管理者可以根据目标的分解，设计切实有效的补救措施及快速见效的应急政策。表2-3-6为销售目标分解基础上的进度检查及应对措施表。

表 2-3-6 销售目标分解基础上的进度检查及应对措施表

序号	销售目标五种分解法	进度检查与对策分析
1	按时间划分	目标进展在时间进度上是否正常？是否需要实施短期的闪电战和攻坚战加速目标的推进
2	按销售人员划分	各销售人员在目标推进和执行中的总体状况如何？是否要进行销售团队规模调整或结构优化？对于目标执行落后的销售人员，是否需要进行突击技能培训与心态激励
3	按客户类型划分	销售目标分解到各类客户上的进度如何？新老客户在销售额贡献上的比重是否符合预期？新客户的开发与业绩贡献是否滞后？现有客户的需求深挖和交叉销售是否有突破
4	按产品划分	各产品的销售目标进展是否正常？主打产品的销售进展是否符合预期？新产品的推广是否遇到阻力？各产品销售额的占比是否偏离了计划？是否需要针对某个产品采取特别刺激政策和促销行动
5	按区域划分	各销售区域的目标进展是否正常？区域划分是否合理？落后区域如何扭转颓势？是否需要对区域进行再度细分，以实现精耕

（五）编制销售预算

企业一经确定销售目标，接着就要编制为完成销售任务所需要的销售预算。销售预算是为完成公司销售计划的每个目标所需要的费用的估算。它把费用和销售目标的实现联系起来，以保证公司销售利润的实现。

1. 销售预算的基础

销售费用是以企业可能实现利润为基础的，因此销售费用被限制在一定的限度以内。因此为使销售预算制定得科学、客观和合理，必须清楚一定时间内企业的销售收入、销售费用及销售利润的关系。销售预算由销售净额预算、销售成本预算、销售毛利预算、营业费用预算、经营净利预算、应收账款的回收预算与存货预算等构成。

1）销售净额预算

$$销售净额=销售收入-销售退回与折让$$

销售收入往往不能反映企业销售的实际状况，在企业确定销售预算时必须以销售净额为基础，为确定销售净额，应对退货与折让进行估算，设立退货预算与折让的预算。退货预算的计算以前一年的退货数值和销售收入（或前几年的加权平均数）得出退货率。

2）销售成本预算

在大公司的制造部门和销售部门往往实行内部核算，产品的转账价格即为销售部门的进货成本，再加上其他一些构成因素即为销售部门的销售成本，以此为基础计算销售部门的业绩，这就是销售成本预算。

3）销售毛利预算

$$销售毛利预算=销售收入预算-销售成本预算$$

在毛利预算决定之前，应检查销售毛利是否能够补偿费用支出。并且应制定产品别、销售地区别销售毛利预算以求各产品、各销售区域对企业毛利贡献程度。

4）营业费用预算

营业费用是根据为达到企业的销售目标所必须进行的销售活动内容而估算出来的。

广义的营业费用是指企业市场营销成本，而狭义的营业费用则是指销售部门的费用。营业费用中具有代表性的项目有以下几个。

第一，销售条件费用。这是交易时所发生的费用，它随销售收入的增减而变化，如销售折旧、以旧换新、扣除利息等。销售条件费用可根据费用占销售收入的比率来确定。在销售目标确定和分析同行动向后，本企业的销售条件费用即可估算出来。

第二，销售人佣金提成。根据其销售收入的多少确定其佣金提成的多少。佣金提成的决定方式有两种，即根据销售数量佣金提成和根据销售金额佣金提成。

第三，运费。多以汽油费用、过路过桥费等变动为主。

第四，广告费。为配合企业的销售管理活动的开展进行广告宣传活动，而支付给各种广告媒介的费用。

第五，促销费用。企业进行促销活动而印制产品目录、赠送样品等费用。

第六，人事费。推销人员基本工资等费用。

第七，折旧费用。固定资产使用过程中的费用。

第八，其他营业费用。如公关费、差旅费、水电费、保险费、税费等。

5）经营净利预算

$$经营净利=销售毛利-营业费用$$

企业在得出销售毛利预算和营业费用预算后，就可以明确本年度经营净利润的预算额度，观察其是否与企业预定的目标一致。根据不同产品、不同销售区域分别掌握营业净利，使不同产品、不同地区对企业经营净利贡献程度一目了然，与销售毛利贡献度一样有利于对产品和不同销售地区进行考核和评价。

6）应收账款的回收预算与存货预算

销售收入预算中必须包括应收账款的回收预算。收回应收账款属于销售部门的工作职责。与中间商协商确定了付款条件后，即可与月别销售预算相配合，订立相应的应收款的回收预算。

2. 销售费用预算管理的作用

1）计划指导

销售费用预算是销售管理过程中有效的管理工具。对销售管理工作中不同项目的费用提供具体的数字化的指导，促使销售人员在一定的费用条件下完成本职工作，以确保企业经营目标的完成。因此，销售预算管理具有计划指导作用。

2）协调配合

企业运用销售预算来协调销售部门各个方面各个环节的活动。合理使用有限的销售活动经费，以保证其发挥最大的效用。

3）控制评价

销售预算明确销售人员的的工作职责，并衡量销售部门任务完成的数量和质量，进行客观公正的评价。

4）激励

通过销售预算使销售人员不仅注重销售量，还比以往更注重利润，设计合理销售预算使这两者的重要性都得以体现，使企业目标和销售人员的目标更加紧密地联系在一起，真正体现工作激励。

3. 销售费用水平确定方法

在许多大中型公司，销售部门可能是唯一取得收入的部门，其收入的多少、效益的好坏直接影响着企业其他部门的活动和整个企业生产经营的正常进行，所以，销售部门的预算在企业中常常具有优先权，一般情况下，只有当销售预算确定后，整个企业的营销活动的具体内容才可以逐步确定下来。企业为了比较正确地确定销售预算水平，有时往往采用多种方法结合起来使用，这里主要介绍几种常用的方法。

1）销售百分比法

用这种方法确定销售预算时，最常用的做法有两种：一是采用去年的数据，即去年本公司总的销售费用占销售总额的百分比，再结合今年的销售总额预测数量来确定今年的销售预算额；另一种做法是把最近几年的销售费用占销售总额的百分比加权平均，得出的结果作为今年的销售预算水平。

这种销售预算水平的确定方法，其优点很明显，即简便易行，有历史数据作为参考，从静态角度看还是比较合理的。但其缺点也十分明显，这种做法往往忽视了公司的长期目标，销售工作是一种动态的活动，盯牢历史数据往往不利于公司销售部门大胆地开拓市场。把注意力集中在短期目标即静态的费用控制上，人为设置费用额界限，这样就有可能使公司处在为减少费用而导致销售量下降，费用下降、销售量进一步下降的恶性循环中，最终导致企业经营的失败。例如，公司为增加销售额而需要增加新的开支，如销售人员的增加导致工资支出的增加、广告投入的增加导致广告费用的上升，但这些措施可能在短期内销售增加的效果不太明显，而费用占销售额的比例却是实实在在地上升了，为了不影响短期业绩，许多公司可能会尽量不增加销售人员数量，减少或保持广告支出费水平。但从一个较长时期来看，增加销售人员可能提高销售量，增加广告投入可能提高企业产品的社会知名度、扩大占有率，反而有可能降低费用占销售总额百分比水平。

2）目标任务法

目标任务法要求销售管理人员通过确立企业整体的销售目标，明确为实现目标而要采取的步骤和完成的任务，以及估算为完成任务需要多少费用，以此来确定企业的促销预算。目标任务法确定销售预算步骤如下：首先，明确企业要达到的市场份额目标；其次，确立销售活动要达到的范围；再次，确定销售活动要达到的目标；最后，确定销售活动效果的评价标准。

3）同等竞争法

很多人认为企业销售工作成功与否，取决于企业在市场上竞争能力，企业竞争能力的强弱是由企业投入销售费用的多少决定，只要在销售中与竞争者的花费占各自销售量的比重相等，那么就会保持原有的市场份额。

同等竞争法是以行业内主要竞争对手的销售费用为基础来制定本公司的销售预算水平的，"知己知彼，百战不殆"，与对手处在同一起跑线上，在同等销售费用水平条件下与主要竞争对手展开竞争。采用这种方法首先必须对行业内主要竞争对手情况有充分的掌握，及时取得大量的本行业主要竞争对手的商业秘密，但在通常情况下，要取得这些资料是很困难的，比较容易得到的资料往往不是最新的，可能是以前的资料，所以用同等竞争法来分配销售预算，有时不能达到同等竞争的目的。即使能够得到竞争对手的资料也没有什么理由认为竞争者比自己更清楚应在促销上花多少钱，因为每个企业的内部资源、市场机会以及经营目标有很大的差别，所以不能以其他企业的销售预算作为指导。

4）边际收益法

边际收益是在原有销售规模的基础上每增加一位销售人员所能增加的收益。这是经济学原理中边际收益理论在销售管理中的具体运用。

由于市场上销售增长的潜力的存在，而每个销售人员所需的费用是大致一定的。企业随着销售人员的增加，其销售开始时收益会同步增加，之后会逐渐减少，因此在理论上存在着这样一个点，在这个点上新增加的一名销售人员，其所取得的收益与所花费的费用相等，如继续再增加销售人员，其支出的费用反而比收益要大，得不偿失。边际收益法要求销售人员的边际收益大于零，以此作为是否增加销售人员的依据，这样才能使企业总收益逐步上升。用边际收益法来确定销售人员数量在理论上是可行的，但在实际工作中要确定销售人员的边际收益是很困难的，甚至是不可能的。

5）零基预算法

A. 零基预算法的含义

在每个预算年度开始时，将所有销售管理活动都看作重新开始的，即以零为基础。根据企业目标，重新审查销售管理的每项活动对企业目标的实现的作用，公司销售管理者首先提出销售管理活动必需的花费。运用费用-效益分析法对销售管理各项活动进行分析，根据销售管理各项活动对实现企业目标贡献的大小进行前后排序。然后将企业的资金和其他资源按照这个序列进行分配。表2-3-7为零基预算法例表。

表 2-3-7　零基预算法例表

销售任务	在销售中的作用度 A	市场代表贡献度 B	市场代表总贡献度 $A \times B = C$
1. 市场开拓			
巩固原有市场	10%	50%	5%
开发潜在市场	4%	50%	2%
产品广告	4%	30%	1.2%
企业形象广告	4%	40%	1.6%
消费者培育	3%	20%	0.6%
合计	25%		
2. 促销			
电视广告	7%	10%	0.7%
报纸广告	8%	10%	0.8%
现场促销	10%	80%	8%
商店销售	15%	40%	6%
合计	40%		
3. 销售服务			
送货上门	6%	50%	3%
投诉处理	9%	60%	5.4%
商誉	5%	40%	2%
合计	20%		
4. 市场信息			
市场调查	5%	60%	3%
趋势预测	4%	30%	1.2%
竞争分析	6%	40%	2.4%
合计	15%		
总计	100%		42.9%

因此，零基预算法又被称为"日落法"，每年年终，各部门工作像太阳下山一样将宣告结束；当新的一年开始时，各部门工作像"旭日东升"那样重新开始。

B. 零基预算法的程序

第一步，在开始审查销售预算前，销售管理者首先应明确企业的目标，以及企业的长期目标和短期目标、定量目标和非定量化目标之间的关系，并建立起一套可供考核检查的目标体系。

第二步，在开始审查销售预算时，将所有过去的销售管理活动当作重新开始。如某项销售管理活动在下一年度还将继续进行，那么必须提交该项销售管理活动计划完成情况的报告，所有要继续进行的销售管理活动的项目，都必须向专门的审核机构证明确实有继续进行的必要；凡是新增加的销售管理活动项目都必须提交可行性分析报告；所有申请预算的销售管理活动项目都必须提交下一年度的计划，并详细说明各项开支预期达到的目标和效益。

第三步，在明确哪些销售管理活动项目是实现企业目标所真正必需之后，根据已定出的目标体系各项活动的先后次序重新排列。

第四步，将企业的资金和其他资源按销售管理各项活动重新排出的先后次序来进行分配。尽可能保证满足排在前面的销售管理活动项目的需要，如果企业的资金和其他资源分配到最后，已无多少剩余的资金可供分配，那么对于一些不是必须进行的销售管理活动，最好的办法是将这些活动暂时放弃。

举例：

首先在编制销售预算之前必须明确以下几个问题。

第一，本公司的目标是什么？

第二，通过某项销售管理活动要达到的目标是什么？

第三，能从此项销售管理活动中获取什么效益？

第四，该项销售管理活动是否必要，不开展行不行？

第五，该项销售管理活动可供选择的方案有哪些？

第六，该项销售管理活动最优方案是哪一个？

第七，销售管理各项活动的重要性次序怎么样？

第八，为达到销售管理各项活动目标需要资金和其他资源的数量是多少？

零基预算法在销售预算管理中有很多优点，如有利于对整个企业的销售管理活动作全面的审核，有利于克服机构臃肿和各种随意性的支出，有利于上层主管集中精力与时间于战略性的重大问题，有利于提高企业的预算与决策的水平，有利于把企业的长期目标和短期目标有机地结合起来等。但是零基预算法不可避免还存在着种种缺点，如企业所投入的人力、物力较多，每年对预算计划的审查极其繁重，在安排销售管理活动项目次序上难免主观性，对企业不大适合等。销售预算管理采用零基预算法应注意以下几个问题。

（1）决策者必须亲身参加对销售管理活动的各个项目的评价过程，真正负起责任来。

（2）主持该项工作的人必须了解企业目标，由此判断哪些是必须进行的。

（3）必须有创新精神。一切从零开始。

4. 销售费用编制的方式和图表

1）销售预算编制的方式

销售预算编制的方式一般有三种：自上而下的方式、自下而上的方式、目标下达—计划上报方式。

（1）自上而下的方式。由销售各管理高层为所有较低层建立销售预算目标和计划，往下逐级分配销售预算的方式，此种方法属于分配式的方法。这种模式适用于军队，将军制订计划和下属加以执行，在企业中它源自 X 理论（即认为雇员们不喜欢负责和宁愿受人指挥）。自上而下制定销售预算时，主管人员在考虑公司目标和进行销售预测以后，对可供使用的费用额根据要实现的目标和要进行的活动，草拟预算，分配给各个部门。分配方式的缺点是第一线的销售人员缺乏对销售预算管理的参与感，对上级的决定不易接受。

（2）自下而上的方式。上行方式是先由第一线的销售人员估计各自的销售预算，然后层层汇总、层层上报，属于归纳式的方法。其基础是 Y 理论，即认为雇员们愿意负责，如果他们参与了企业的销售预算的管理工作，就会增强他们的创造性和责任感。在自下而上制定销售预算过程中，销售人员根据上一年度的预算执行情况，再结合今年的销售目标任务，计算出达到的最佳目标和计划需要的销售预算，并送交较高层次的管理者批准。上行方式的缺点在于下属的预计数，不一定与企业整体目标相适应，故往往被否决。

（3）目标下达—计划上报方式。大多数的企业常常采用目标下达—计划上报的销售预算管理方法，高层管理者在充分了解企业的市场机会和消费者需求后，确立企业的年度目标和为达到这些目标所需要的销售预算，层层分解到企业销售部门各单位，作为正式的年度销售预算计划。

企业究竟采用何种销售预算编制方式，应视企业内部情况而定。如果企业高层对销售第一线情况了如指掌，并且第一线销售人员深深信赖上级的话，宜采用自上而下的分配方式，执行分配方式必须彻底，如果发现地区经理缺乏完成销售目标的能力，就应换人负责。如果地区经理能以公司的立场，分析自己所属区域，而且销售预算水平在企业的许可范围内，则适宜采用自下而上方式。

无论采用何种销售预算管理方式，在订立销售预算时，需要有运行良好的企业管理体制作为保障：一方面，最高管理层应十分清楚企业的销售目标；另一方面，也要注意销售人员对销售目标的反应。编制销售预算时处在中间位置的区域销售管理者地位十分重要，应对上级的销售预算草案与下级所呈报的销售预算，加以比较、分析和协调，因为地区销售管理者不仅详知销售管理活动的实际情况，也深知高层管理者的意愿，所以最适宜于调节上级销售预算草案与下级销售预算草案之间的差异。这样的销售预算折中了高层管理者与销售人员的意愿，并拟定切实可行的销售预算草案，从而提高销价销售人员对销售预算管理的参与感和士气。

2）销售预算表

用表格的形式展现销售预算的具体内容，较直观清楚，是销售管理人员常用的方式。

表 2-3-8 是某公司销售预算计划表。

表 2-3-8　某公司销售预算计划表

科目			年度合计		1 月		2 月		3 月		……
			金额	销售比重/%	金额	销售比重/%	金额	销售比重/%	金额	销售比重/%	……
销售预算合计	销售变动费用	1. 销售佣金									
		2. 运费									
		3. 包装费									
		4. 保管费									
		5. 燃料费									
		6. 促销费									
		7. 广告宣传费									
		8. 消耗品费									
		9. 其他费用									
		小计									
	销售固定费用	销售人员费	1. 工资								
			2. 奖金								
			3. 福利费								
			4. 劳保费								
			5. 其他费用								
			小计								
		销售固定经费	1. 交通费								
			2. 交际费								
			3. 通信费								
			4. 折旧费								
			5. 修缮费								
			6. 保险费								
			7. 利息费用								
			8. 其他费用								
			小计								
		合计									
	总计										

二、能力实训

（一）思考题

作为销售主管你会怎样分配销售定额以有利于销售任务的完成?

（二）案例分析

费用管理的难题

A 公司是某国有啤酒集团的区域销售机构，年销售额 6000 万元，进行独立核算。集团公司每年给 A 公司总经理王峰下达两个考核指标：利润和销量。而王峰最头疼的是销售费用。

（1）市场复杂，预算变成一纸空文。由于某些总体运作上的原因，A 公司所在市场没有得到来自总部的媒介与广告支持，而此时，强势的对手已经开始大力度的市场促销策略。这迫使 A 企业不得不加大市场投入，年初的预算在执行中不断"改进"。

（2）灵活性导致费用爬升。王峰的竞争策略是：既然在规模上无法与对手抗衡，那就看灵活性。但这种灵活性却也带来了另一个问题：办事处经理与业务员伙同客户向公司讨价还价，大量的销售费用进入客户和业务员口袋。公司至少有 40% 的销售投入属于无效或低效。

（3）一个形同虚设的预算，导致了形同虚设的"预算控制"。关于销售费用，公司内部缺乏制度性约束。公司只有月度财务报表，这仅能够提供当月经营状况，而且时间上是滞后的。虽然王峰坚持由市场部和自己进行销售费用审批，但很多时候是"跟着感觉走"。什么时候该投入，该投入多少，往往是由办事处主任提出，然后王峰签字而已。

（4）由于客户规模小，销售政策灵活，A 公司费用集中"井喷"。如销售人员承诺年末或年初的返利、运费补贴、瓶盖有奖等，支出时"感情用事"，而这些承诺出去的利益，可能又超出了预算范围。

（5）重要职能部门各管一块，部门分割严重。财务部门不懂市场，市场部只管市场和销量，他们之间又不能进行有效沟通，不能提出市场、费用兼顾的方案，造成王峰有了销量但利润却得不到保证。

对于上述问题应从何处入手才能很好地解决？

资料来源：冷高峰. 破解区域销售机构的费用管理难题. http://www.mie168.com/manage/2005-07/287280.htm[2012-06-08]

三、知识拓展

计划先行，让销售目标在可控中实现

下个月给了你 10 万元的销售任务，但按照往常的情况，你大大小小的客户加起来也只能完成 7 万元，剩下的 3 万元又从哪里弄出来呢？在销售实战过程中很多一线的销售人员都会碰到类似的问题——销量完成的路在何方？

1. 制订计划，数据先行

除了用来应付领导的花架子以外，真正的销售计划首先应该立足于真实的销售数据。从销售历史来说，往年的这个月销量是多少，今年的增长率基本上是在哪个幅度，

从实际情况来说，那些销量较大的客户的库存还有多少，谁的回款能力和销售能力可以在必要的时候作为压货的对象，在自己管辖的区域里如果要开发新的客户，目标对象又是谁，公司在近阶段会不会有新的优惠政策，等等，所有这些都是销售人员在制订自己下月度计划时必须考虑的因素，只有充分掌握了第一手真实的资料，才能做到自己下个月的销量在计划中稳步实现。

2. 统筹规划，落实销量完成的切入点

1）新客户开发

新客户开发对于销量的完成是一个不错的选择，市场占有率还不高的可以再开发更多的客户，利用新客户的进货来增加自己的销量；市场占有率高的可以想办法开发新销售渠道，如寻求将自己产品作为其他单位用作礼品、促销赠品的可能性从而实现变相销售的目的。

2）现有销售终端的能力提升

销售任务的最终实现决定于终端的销量，而终端销量的提升主要决定于两个因素。一是终端售货员销售技能的提升，比如，以前有 20 个顾客进店但售货员只能成交 10 个，现在销售技能提升以后能成交 15 个，这明显就比以前增长了 50%。而要做到这一点，销售人员就必须提前做好给售货员培训的计划并编好实用的培训教材。将消费引导、费比模式、标准营销、体验营销、对比销售等方法植入售货员的脑袋中并力求让他们熟练运用。当然还得加强和售货员的感情联系，让终端售货员不但有能力帮你推销产品，而且很乐意帮你推销产品。二是通过终端形象的提升来增强对消费者的吸引力从而增加销量。哪些客户只搞一些卖点广告（point of purchase，POP）就行了，哪些客户上展板或堆头的效果会好一点，哪些客户如果在其店里搞展柜或店中店进行销售展示会使销量有很大的提升，等等，这些对业绩有着重要影响的因素都必须纳入自己的销售计划中，并将各销售网点的形象展示方式、时间进度按计划落实到位。

3）蹲点销售

能开发的客户已经开发了，乐意推荐自己的产品的客户也已经尽力了，还有几个客户销量很大，但他主推的是竞争对手的产品，在这种情况下，销售人员应该制造一种形势让这些客户主推自己的产品，对销量的提升肯定能起到立竿见影的效果。那么，在什么情况下这种客户会主推自己的产品呢？如果你没有其他的好法处给这种客户，利用人有对面之情的心态到他店里向消费者推销自己的产品也是一个值得尝试的好办法——当着你的面，他们总不好意思去主推竞争者的产品吧。因此，对于无新客户开发的销售人员来说，将可以通过蹲点销售提升销量的目标对象及蹲点时间纳入自己的销售计划也是一个不错的选择。

4）感情压货

人是感情动物，销售人员在平时的业务过程中一般都有几个和自己感情较好的客户，在销售任务还有点小差距的时候，平时的感情就可以派上用场了。哪个客户和自己关系较好且实力较强，哪个客户库存较少已经接近安全库存可以现在拿货也可以过一段

时间再拿货，如果需要向这些顾客压货，他们能接受的数量又是多少。销售人员在制订自己销售计划的时候也可以将这些可以实现的销量作为后备军以备急用。

5）对部分客户的合理促销

我们一般都把合理促销纳入销售计划中的补救措施这个环节里面。很多时候新客户开发和形象建设未能达到计划目标时，针对渠道商或是消费者搞一次小型的促销也是销售人员完成当月任务的一种好办法。但是，要搞一个促销并不是件容易的事，第一要上级领导同意，第二不能因促销带来价格战等市场问题，第三要达到既完成当月任务又不能给以后的销量造成太大影响的目的。因此，销售人员在做这种补救计划时还要从促销的力度、促销的对象等方面深入考虑，在促销力度和手段上要考虑领导是否认同，在促销对象上要考虑客户的现有库存、资金实力、消化能力。这样，充分考虑到各种因素做出的计划才能真正具有可行性。

任务四　制定销售政策

一、知识基础

销售政策是一项引导性、激励性销售措施。它的目的就是促进销售，给销售带来保障和轻松。销售政策是销售活动中至关重要的策略与措施。销售政策的制定也就成了销售管理者们必修的课题。

销售政策是一项促进销售的措施。折扣、返利、补偿、津贴、优惠、奖励……这些日常销售活动中，经销商与厂家谈得最多的字眼、争论最多的问题，就是常说的销售政策的一个方面。销售政策是一项引导性、激励性销售措施。它的目的就是促进销售，给销售带来保障和顺畅。所谓保障，就是通过给出一定的条件来激励、约束经销商与销售人员的行为，为完成销售目标服务；所谓顺畅，就是充分发挥激励政策中的吸引力，促使客户与销售人员产生内驱力，自动地去完成销售目标，从而给销售带来一些便利与顺畅。

销售政策是销售活动中至关重要的策略与措施，甚至可以说是起决定性作用的措施。销售政策包括对内的销售人员激励政策和对外的中间商激励政策两大类。

（一）销售人员激励政策

1. 销售人员激励的必要性

企业要实现销售目标，离不开销售人员积极努力的工作，销售人员工作积极性越高、精神状态越饱满,他们取得的销售业绩也就更好。虽然有些销售人员有极强的敬业精神,没有销售管理者的任何指导也会尽心竭力去工作,但是大多数销售人员却需要销售管理者经常鼓励和特别刺激,才能达到最佳工作状态,取得良好的工作业绩。这是很正常的,其原因如下。

1)人的本性

追求舒适安逸的工作和生活,尽可能回避艰辛的工作和劳动,这是绝大多数人的本性。人们只有受到特别的刺激,才能克服与生俱来的惰性,积极努力地向困难挑战,以高昂的士气投入工作。特别的刺激可以是物质上的激励,如金钱的获得,或精神上的激励,如社会的赏识等。

2)销售工作的性质

销售工作要求销售人员常常离家在外独立工作,这使得销售人员在长期奔波中脱离企业、同事和家人,极易产生孤独感;他们的工作时间没有规律,在一定程度上影响他们的身体和心绪,会对销售工作不利;销售人员会经常受到顾客的拒绝,有时经过巨大的艰苦努力依然不能得到订单,经常受到挫折和失败,会使销售人员失去自信心,缺乏工作热情;销售工作竞争性很强,销售人员在工作中不可避免地要和对手进行竞争,尤其当对手有着进取心和很强的竞争意识时,取得竞争胜利更是不易;不仅如此,销售人员在和顾客进行业务洽谈时,处于不利地位,特别是和顾客群体接触时,销售人员有势单力薄之感,容易产生一定的心理压力。因此,销售工作的特殊性质要求销售管理者不断地激励销售人员,才会使销售人员保持旺盛的工作热情。

3)销售人员的个人问题

销售人员常年外出,不能很好地照顾家庭,会出现很多家庭问题。比如,家中有人生病不能很好地伺候,老人和小孩不能很好地照顾,长期不归家也容易导致婚姻不和谐,引起家庭矛盾和危机。另外,销售人员还会受到身体健康状况或债务等多方面的问题困扰。总之,各种各样的个人、家庭问题会使销售人员不能集中全身心的力量投入到销售工作之中,使销售效率降低,这也需要销售管理者运用科学的方法和手段激励销售人员达到最佳工作水平。

西方有关专家对销售人员的激励问题进行研究,得出以下激励模式(图 2-4-1)。

图 2-4-1　销售人员激励模式图

从这一模式中可以看出,对销售人员的激励越大,销售人员做出的工作努力越大;更大的努力会产生更好的销售成绩;更好的销售成绩会得到更多的奖赏;更多的奖赏将会产生更大的满足感;而更大的满足感将产生更大的激励作用。通过这种不断激励产生良性循环,使得销售人员不断战胜自我,克服自身的弱点,以饱满的精神和高昂的士气积极主动地从事销售工作,取得极大的工作绩效,产生工作的成就感和满足感。

【资料链接】

激励理论中的效力法则

激励是影响他人去做我们认为值得的事情或帮助我们实现预期目标的企图。销售管理者需要掌握一些基本的激励理论，以便设计有效的激励方案。效力法则（law of effect）是激励中的首要概念。该法则认为，人们试图重复受到表彰的行为，即"人们具有一种倾向性，愿意重复带来理想后果的行为，而避免重复那些伴随不良后果的行为"。

当我们试图激励一个人时，首先要明确我们究竟希望他做些什么，然后在他行动后给予报酬；反之，如果他做的与我们期望的相反，就不给他报酬。因此，效力法则隐含了准确传播什么是我们希望他人做的，以及建立奖励"好"行为、不奖励"坏"行为的制度的需要。

2. 销售人员激励的原则

通过激励调动销售人员的工作积极性是以制定科学、合理的激励措施为前提的，否则只能称之为无效激励。无效激励非但不能鼓舞销售人员的工作热情，甚至还会挫伤原有的工作积极性。科学的激励要考虑到不同的企业、不同的产品、不同的销售地区、不同的环境、不同的销售人员等情况，制订出有效的激励方案。

一般说来，销售管理者进行激励时应遵循以下原则。

1）公平合理

销售激励是对达到某一目标的销售人员给予奖赏刺激，目标和奖赏必须公平合理。若没有考虑不同的销售区域的状况而规定所有的销售人员都要达到同一目标，就有失公平；若目标定得过高或过低，就有失合理，缺乏驱动力。对于奖赏也是如此。只有公平合理的目标和奖赏，才使激励有可能达到预期效果。

2）知晓了解

公平合理的目标和奖赏能否产生销售管理部门所期望的效果，还要看目标和奖赏规定被销售人员所知晓了解的程度。销售人员充分了解激励的具体内容和措施，才会更加努力地工作。

3）及时兑现

激励作为一种管理制度要长期保持，但对于个人应是短期的，以利于销售人员继续努力。期限一到，要及时按目标的实现情况兑现许诺，使达到和超过目标者得到规定的奖赏，如果开出的只是空头支票，激励的效果只能相反，会严重挫伤销售人员的工作热情。

3. 销售人员的激励因素

销售人员的激励因素多种多样，一般可概括为两大类：物质激励因素和精神激励因素。

1）物质激励因素

（1）报酬。报酬是一般企业常用的激励因素，如果报酬制度合理，可以获得十分有效的刺激效果。

（2）销售定额。企业为销售人员确定销售定额，规定他们一年内应销售的数量，并按产品分类确定，报酬和定额的完成情况相联系。以销售定额作为激励因素属于压力激励，通过向销售人员施以一定程度的压力即销售定额，促使销售人员竭尽全力去工作。企业先预测整个企业的销售指标，然后为各地区确定销售定额，但销售定额总和一般高于预测销售指标。这样即使有些销售人员完不成定额，企业仍可完成销售预测这一目标。运用销售定额进行激励，要求定额的确定要合理，给销售人员施加适当的压力，才能使销售人员做出积极的反应。

（3）辅助激励因素。许多企业用一些辅助的激励因素来激发销售人员努力工作。如一段时间的休假、度假或疗养，给销售人员一次摆脱日常工作的休息和身体养护，有时也能收到良好的激励效果。

2）精神激励因素

精神激励因素属于一种较高层次的刺激，有时比物质激励效果更好。精神激励因素主要有提升、个人的发展和成就感、满足感，这类因素对销售人员的激励很强烈；另外，表扬、好感和尊敬、安全感也可以使销售人员产生一定的积极反应，但这类激励因素较弱。

销售管理者在选择激励因素时要估测出不同因素的激励价值大小。激励因素价值的大小还和销售人员有关，如年龄较大、工龄较长及家庭人口较多的销售人员对物质奖励尤其是金钱奖励最为重视，而未婚或家庭人口少及受到较多正式教育的年轻销售人员对精神奖励更为看重，销售管理者要灵活运用。

4. 销售人员激励的主要类别

1）按照销售人员激励方法来分

销售人员激励的方法有以下几种。

（1）目标激励法。合理的目标可以激励销售人员努力工作，没有目标，销售人员就失去工作责任感，也就缺少积极苦干的动力。不过要使目标真正成为有效的激励工具，还要和报酬紧密联系并及时兑现。目标激励的好处在于将企业的目标转化为销售人员自觉的行动，使他们体会到自己的价值和责任，有一定的成就感和满足感。

（2）强化激励法。强化激励法有两种方式：一是正强化，对销售人员的成绩及时给予肯定和奖赏；二是负强化，对不积极工作的销售人员给予否定和惩罚。通过赏勤罚懒促使销售人员取得更好的销售业绩。

（3）反馈激励法。销售管理者把一定阶段各项销售指标的完成情况和考核成绩及时反馈给销售人员，以此增强他们的工作信心和成就感，激发他们的进取心。

（4）销售竞赛法。销售竞赛可以激励销售人员付出比平常更大的努力去积极工作，销售管理者常用这种方法。采用这种方法时竞赛的奖励面应适度，如果只有少数人能得奖或几乎每个人都能得奖，都会失去激励的作用。销售竞赛的日期也不应预先通知，不然一些销售人员会把一些销售推迟到销售竞赛的初期进行。此外，不仅要看竞赛期间的合同订货数，还要考察合同交货数，以防止虚报销售成绩的行为发生。

2）按照激励实施效果来分

销售人员的激励可以分为三个层次：短期激励（月度）、中期激励（季度）、长期激励（年度）。

A. 短期激励——基本岗位待遇

无论是从人性化角度，还是劳动法角度出发，基本工资待遇低是销售岗位的共性。当然，在某些特殊行业，基本待遇会非常高。但普遍的情况是基本工资只是游走在法定最低工资的边缘。

（1）基本岗位工资。对于一家新成立的公司，资本金也不算宽裕，故也只能与当地最低工资持平。而且，从另一个角度讲，新成立公司的主要战略是加大力度拓展市场，因此"低底薪、高提成"也不失为吸引合适的人才、降低运营风险的一种有效选择。

（2）经验工资。对于有着丰富经验的员工，应该给予一定数量的经验补贴（本书称为"经验工资"）。一来可以吸引经验丰富的员工，不至于让他们感到失落；二来也是对经验不足员工的一种鞭策——你必须好好干，否则收入永远不可能超过"老员工"。如此，既吸引了优秀的人才，也形成了一定的内部良性竞争机制。不过，经验工资最多会在6个月后予以取消。一是"淘汰"只想躺在以前功劳簿、不思进取的员工，二是激励更多的员工要不断奋进、努力开拓（注：笔者此套体系中设计的"淘汰"机制其实包括调岗、调薪等内容，不是一刀切、粗鲁地予以开除）。

（3）通信补助。销售人员拓展市场，电话是必不可少的，尤其是手机通信。既要鼓励销售人员以很高的效率，多与客户沟通，维护客情关系，但也不能滋长销售人员以公肥私。可以参照其他行业及同行，每人每月给予一定的话费补助。

（4）交通补助。要与众多传统的商户打交道，地毯式拜访在前期市场拓展时期尤为重要。要求销售人员合理规划每日拜访路线，以最合理的交通工具出行，包括公交、地铁等。

（5）午餐补助。从人性关怀的角度出发，考虑到销售人员每天会有大量的时间在外，拜访众多的商户，因此应制定一定的午餐补助。

B. 中期激励——绩效工资

销售人员的待遇与绩效挂钩，这是毋庸置疑的。只不过，绩效的设定却大有文章。

（1）商家开拓数量。指以开拓的合作商家的数量为标准提成。但要有一整套筛选合作商家的标准，坚决杜绝以次充好、滥竽充数的现象。

（2）商家有效会员数量。商家需要发展一定的会员，既为平台，更为商家自己精准锁定忠实的消费人群。每位有效会员（指产生消费的会员）按一定的标准计提提成。这就要求销售人员要维护好客情关系，鼓励商家积极主动地发展会员。目前许多商业机构拥有大量的注册会员，但很多都不活跃、不消费，价值其实不高。设计这个制度，就是为了有效激活会员，实现多方共赢。

（3）会员消费额度。为了更大程度地激发销售人员，还可以根据商家会员消费额度，给予一定提成，比率为消费额的 0.01%（即万分之一）。同样，会员消费要达到一定的标准，才可计提。不仅要有消费会员，更重要的是，需要锁定优质的消费会员。

（4）全勤奖。在很大程度上，销售人员的态度会决定他的绩效。因此，除了硬性的经济考核指标外，还要根据销售人员的考勤情况，给予全勤奖。奖优罚劣，以奖为主，罚为辅。

（5）考核奖。销售业绩不佳，很大程度上是考核不能落地，不能产生有效的激励。要求销售人员每日撰写销售拜访日志，整理商户资料，写销售心得等，目的是促使销售人员快速成长和进步，更有效率和章法。以一定的额度（如 500 元/月）作为考核奖，只奖励前三名；对考核不合格者，不作经济处分，但要求作口头上和书面上的两种方式的培训和教育。

（6）突出贡献奖。此奖金是颁发给带领同事共同进步，并对销售有卓越贡献者；可以以现金形式发放。既要认同脚踏实地、刻苦拼搏的做法，也要鼓励积极创新、事半功倍的新方法。一旦企业形成了自主创新的风气和氛围，企业也就有了核心竞争力。任凭竞争对手如此挑战，也难撼动其领导地位。

（7）月度优秀员工奖。通过评选月度优秀员工奖，最大程度上激发全体销售人员向先进同事看齐。为了加大力度，将此奖项的额度设置较高些（如 2000 元），而且每月评选。重赏之下必有勇夫，相信销售人员会充分展示自我才华，为自己创造价值的同时，也给企业带来更大的效益。

（8）年度优秀员工奖。为了规避短期行为，鼓励坚持长期抗战，再接再厉，还可以增设一个年度优秀奖。也许，某个月你绩效落后了，但不必灰心，你还有机会。每位销售人员都是公平的，大家同台竞技。毕竟，年度优秀奖不是短跑而是一场马拉松，都有一年的时间，完全能够证明自己真正优秀。

（9）其他福利。包括销售培训、生日蛋糕、户外拓展、月度聚餐等。

C. 长期激励——自我价值实现

这一激励是为留住优秀人才、实现企业长治久安。

（1）个人职业成长。每位销售人员都要进行培养，都是担任未来大区、省、市经理的首要人选。公司的成长需要人才，人才的发展离不开好的平台。构建销售人员的职业发展计划，是一个双赢的决策。

（2）优秀员工期权计划。如果员工始终认为自己是在为别人打工，而且是永远为别人打工，归属感便很难产生。真正优秀的员工可能看不到自己的未来，也许几年后会离你而去，并可能带走难得的资源。我们看到，太多的老板讲得非常好听、许诺非常美好，可始终不见给优秀员工兑现一丝真正有价值的承诺。因此，给予优秀员工一定的期权激励，是给予归属感、留住他们的利器。老板不一定要 100%拥有一家企业，相反，更需要大家共同把蛋糕做大，自己才会拥有更多。大家真正登上了同一条船，才可能万众一心、共同做大事业。初步设定的期权兑现时间为 3 年，分配比例根据一套标准执行，且因人而异。心无敌，则无敌于天下。老板的思维观念，决定了他的事业的高度，以及最终能走多远。

（3）个人价值提升计划。人类是一个复杂的结合体，既要物质的享受，更看重精神的追求。对于一些有潜质的帅才，会提供国内顶级商学院学习机会，帮他们培养未来担任高级管理者的各项能力。

（4）企业文化熏陶计划。一家没有理想的企业是走不远的；一家没有愿景的企业是难成大事的。真正有效的管理，其实不在于制度设计得多么完善，企业管理的最高境界在于"文化管理"。通过这样的软管理，来自发、自动引导员工。要努力营造一种优良的企业文化，不断传递一种坚定的信念：我们正在创造一个伟大的历史！我们为我们有幸参与这段历史的创造倍感自豪！

（二）中间商激励政策

中间商激励是制造商通过持续的激励措施来刺激中间商，以激发其销售热情、提高销售效率的行为。

1. 中间商激励的作用

中间商激励是渠道管理的重要内容之一，是企业与渠道成员之间良好合作的"润滑剂"。企业只有充分、准确地认识中间商激励的重要性，才能制订出科学的、可执行的中间商激励计划。

中间商激励的作用主要体现在以下几方面。

（1）稳定销售业绩，完成企业销售目标。企业销售目标的达成不仅需要依靠自身销售团队的努力，更需要渠道成员的努力。因此，企业对渠道成员进行及时、有效的物质激励和精神激励，有利于激发和保持渠道成员的产品销售热情，从而协助企业稳定销售业绩、达成销售目标。

（2）推动新产品上市，树立企业形象。渠道成员的紧密配合，对企业新产品能够顺利上市，能够成功大卖起着至关重要的作用。企业与渠道成员在各方面都需要密切配合，大到经销商购进新产品，小到新产品终端陈列，只有这样才能使其市场效果最大化，企业品牌形象才能逐渐在市场中树立起来。因此，企业制定合理的中间商激励措施，在某种程度上能确保新产品的成功上市及品牌形象的树立。

（3）建立分销渠道，获取渠道优势。目前我国商品市场已逐渐进入"渠道为王"的时代，尤其是快速消费品行业和家电行业，商品供应相对过剩，企业实际可选择的渠道成员与渠道利用空间有限。因此，合理的中间商激励计划与方式有利于企业占领和巩固有限的渠道资源，对竞争对手形成渠道壁垒，从而帮助企业建立分销渠道排他性，获取渠道竞争优势。

（4）减少窜货现象，稳定商品价格。一些渠道成员在经济利益的驱使下，往往会以低于市场正常价的价格侵占其他区域市场，从而使企业产品价格系统和渠道网络系统趋于混乱，严重损害合法渠道商及企业的经济利益。企业对渠道成员展开合理、科学的激励，努力平衡各方利益，有助于遏制和减少窜货现象的发生，保持商品价格系统的稳定。

（5）收集市场信息，了解消费者新需求。随着社会经济的发展和人们生活水平的提高，消费者对商品的需求日益丰富化与个性化，而且这种需求变化的速度越来越快。渠道成员（尤其是大型零售商）拥有的终端市场最接近消费者，有能力收集、分析消费者购买行为的相关信息并能把握这种市场变化。因此，企业制订相应的中间商激励计划，及时获取相关市场信息，把握消费者新需求，并调动一切资源去满足这种新需求，可以获得竞争优势。

（6）加快渠道回款，优化资本利用。目前，渠道资源竞争激烈，某些大渠道商（大型零售商）凭借渠道优势，有意延长回款时间。此类渠道成员占用企业巨额资金，其回款质量与速度影响企业的资本利用率。而那些实力不强的渠道成员则面临无力还款的破产风险。因此，企业对渠道成员开展有效的回款激励措施，有助于加快渠道成员回款速度并提高其资本利用率。

（7）提高铺货速率，加大铺货密度。新产品若想尽快成功传递到消费者手中，先于竞争对手抢占市场制高点，需要渠道成员在铺货速度与铺货密度上的充分配合。市场终端执行力的强弱会影响企业是否能够迅速适应市场变化以抓住市场机会。企业制定相关的激励措施，有助于渠道成员提高终端铺货速度，并在条件成熟时加大商品铺货密度，从而帮助企业获取更多的市场机会。

（8）应对商业危机，减少不利影响。企业危机（如由产品质量问题引发的舆论危机等）会损害企业形象利益和经济利益，而处于市场终端前沿渠道成员的反应态度与行为直接影响企业危机处理效果。企业的相关中间商激励计划有助于渠道成员在企业面临危机时，能够在市场终端迅速做出反应，减少危机产生的消极影响，维护企业原有的正面社会形象。

总之，企业制订并及时实施合理的中间商激励计划，能够激励、规范渠道成员的合作行为，提高企业产品销量及扩大品牌知名度，在某种程度上还能够降低双方之间的沟通成本，减少经济与情感消耗，确保双方长期良好的合作关系。

2. 中间商激励政策的主要内容

一份完整的销售政策主要包括结算、折扣、市场管理、新产品销售奖励和特殊激励（评优）五部分。

1）结算

结算主要包括：现款现货、赊欠、铺货、承兑汇票期限等。

在制定的过程中要充分发挥政策的引导性作用，给货物和货款带来保障，给货款结算带来便利。

（1）在结算条款中要引导经销商实行现款现货，同时辅以折扣支持这一措施，会收到显著效果。很多公司在货款回收方面很头痛，很多销售代表在回款指标完成率方面表现不如人意，其主要原因是没有充分发挥销售政策的引导性作用。笔者曾目睹与参与几家公司制定销售政策，在条款中明确规定现款现货，否则没有折扣。通过宣导与沟通，在短短一年之内98%以上实现了现款现货，给销售带来很大的保障与轻松。销售人员不再将主要精力花在追收货款上，而将主要精力花在市场开发与客户管理上面。

（2）在赊欠与铺底要明确规定授权的范围与期限标准，否则将造成应收账款偏大。

2）折扣

折扣也就是厂家给予经销商的销售返利、销售奖赏，是经销商应得的额外劳务费用。

从营销渠道的功能而言，所有的职能都应由生产商承担，若将其中一项或多项职能分给其他成员（如经销商），就得为此支付一定的费用，经销商承担相应的职能，赚取劳务费用。严格讲，经销商经营产品靠价差来获取利润，不需要额外的折扣。但是生产厂家充分利用政策的激励性，来引导、激励经销商多销售自己的产品。

以前的折扣政策只有一项，就是按经销商销售本公司产品的净销售额的 $x\%$ 作为奖赏。折扣分为现金折扣和实物折扣（通常是货物），每一年兑现一次。随着市场环境的变化，竞争的加剧，厂家对经销商的期望提高了，对经销商的要求也随之增加，这些要求怎样才能在市场中得到实施与落实？厂家只有拿出更多的折扣。现在的折扣已经分成许多单项折扣，如现款折扣、专营折扣、销售增长折扣、市场秩序折扣……

A. 现款折扣

现款折扣是对结算的保障，按净销售额的 $x\%$ 作为标准。在一家公司，这种折扣对所有客户是一样的，是双方合作的基本条件。

B. 销售增长折扣

销售增长折扣是市场竞争加剧，商品供过于求局面下，企业为了得到更多的市场份额而产生的一种折扣。一般都是销售增长 $y\%$，按净销售额的 $x\%$ 给予返利。

市场消费量这个"蛋糕"的扩大速度是有限的，市场供应量的增长速度是高速的，因为每个厂家都在想：市场消费量那么大，只要我们多销售、多生产，我们获得的市场份额就大一些，竞争力就强一些，赚钱会更多一些。这样市场供给量增加，暂时出现供过于求，只有从销售上找出路。生产商将销量压力转嫁给销售中心，销售中心将压力分解给每个办事处、每个经销商。凭空怎么要求经销商增加销量，需要运用销售增长折扣来激励经销商努力销售，共同完成销售目标。

所以销售中心会根据每个经销商的销售情况、市场情况、目标压力，制定每个经销商的销售增长目标及返利额度。通常返利的 $x\%$ 是确定的，每个经销商的增长 $y\%$ 是不一样的，至少分为几个档次。

C. 专营折扣

市场防御策略有一条是渠道封锁，封锁方法之一就是签订排他性协议，具体就是专营。市场操作中，有许多经销商不愿意专营，理由很简单：风险大，销售受影响，可提供给自己的客户选择的产品有限。厂家怎么办？给出专营折扣。专营，就享受该折扣；不专营，就不享受该折扣。同时专营折扣也对培养经销商的忠诚度有很大帮助。

D. 市场秩序折扣

市场秩序是现在所有厂家、商家头痛的事情。市场上经常出现倒货、窜货，低价倾销，价格倒挂的事情，厂家经常查不出结果。市场价格混乱，货物流通不正常，这是销售的一大忌。

商家的特点是：只要有一家的货物开始低价销售，马上所有经销商都会低价销售。将问题抛给厂家，不解决，他们的利润下降，丧失继续进货销售的信心。商家是以利润为中心的，只有保证价格稳定和合理的价差，经销商才有利可图，厂商合作才会持久。所以，专门为此设了一项折扣来引导经销商共同遵守、维护市场秩序。有的是具体数目，有的是净销售额的百分比。遵守就有，违规就没有。

3）市场管理

销售政策中市场管理主要是市场秩序管理，包括价格稳定管理和市场秩序管理措施。

价格稳定管理是保证产品市场价格稳定，并有合理的价差。通常厂家要对畅销品种、销量大的品种规定一级商、二级商的出货价底价（批出去的价格），经销商不得以低于规定的底价销售产品，若查实按市场管理措施处罚。规定出货价底价的好处，一是保证经销商获得合理价差，对经营产品有信心，也愿意投入人力、物力开发市场销售产品；二是规范市场秩序，有利于货物正常流通，整个市场稳定发展。

市场秩序管理措施通常包括：罚款、提价、限量供应、销售支持、取消经销资格、终止解除合同等。有的公司对倒货进行罚款、扣折扣；有的公司对低价倾销的品种提价；有的公司对窜货的品种限量供应；有的公司对违规的经销商取消几个月或全年的销售支持，如促销支持、广告支持、人员支持等。处罚是手段，不是目的。目的是共同建立、遵守、维护一个公平竞争的市场秩序，以有利于货物销售，大家一起赚钱。

4）新产品销售奖励

注重产品开发与产品组合的公司，经常会推出新产品，多给经销商提供一些赚钱的机会，多给市场提供一些"武器"。但经销商认识不一样，有的愿意销售新产品，认为赚钱多；有的不愿意销售新产品，认为销量小、有风险，卖力不讨好。这个矛盾怎么解决？激励！让经销商见利眼开，就可以借经销商之力销售新产品了。

新产品有销售奖励后，毛利水平通常是畅销产品、大众化产品毛利的3～5倍。这样在新产品的推广过程中，经销商、推销员都会大力支持，认识速度会加快，销量会增加。

5）特殊激励（评优）

这是一直流行的一种激励方法。前几年兴"新马泰游""欧洲游"，近来兴"这培训、那讲座"。以前叫"销售冠军奖"，以销量或销售额的大小评出；现在叫"优秀经销商（金牌客户）"，以多个考核因素综合评出，如销量、回款、增长、开发、信息交流、市场秩序、新产品销售等。每年或几年评选一次，选中的经销商不仅可以获得额外的补贴，还有一种成就感。通过这种活动，厂家树典型，共同学习，对经销商的凝聚力增强了。

6）签署销售政策合同

实际销售中，销售政策的表现形式是合同。提到合同，大家都知道：现在人们干什么事，好像都要先谈判再签合同，最后才办事。合同已成为我们日常生活必须接触的一个法律文本。合同纠纷是商业活动中纠纷、调节最多的一种案件。随着我国法制的不断健全，人们的法律意识不断增强。合同在经济交往中越来越规范、标准、完整。

一份完整的销售合同，通常包括合同主要条款、合同附件、客户资料卡、委托书几个部分。

（1）合同主要条款。现在90%的厂家采用的是标准合同，上面需要填写的部分比较少。主要是供方、需方，签订地点、日期，交易品种、数量、单价、总交易额，质量标准，供货要求，一些其他需注意事项。标准合同，也就是所有客户签的基本一样，都是一些共性的约定，没有个性的约定。

（2）合同附件。合同附件是就合同主要条款需要补充的事情的约定，一样具有法律效应。一般包括：销售区域界定，结算，销售目标，市场秩序管理规定，折扣约定，以及双方在业务交往中需要约定的一些事项。

（3）客户资料卡。

（4）委托书。委托书是我国近几年销售交往中完善合同的一部分，是一些公司容易忽视的地方，也是发生纠纷的地方。它主要是业务交往中收货人、付款人、业务负责人等相关人员与商家法人之间的关系的一种说明，法人委托哪些人与厂家进行业务交往，发生的债务、债权等由法人或商家企业、公司承担，这样才使双方的交易完整、公平、合法化。

3. 制定中间商激励政策需考虑的几个因素

（1）公司的目标、战略、策略是中间商激励政策的方向。公司每年有总的战略目标，有工作重点项目，中间商激励政策应遵照公司目标，来引导、激励经销商、销售人员紧紧围绕目标奋斗。例如，公司今年的重点是推广产品，那么中间商激励政策就应向产品倾斜，利用政策将公司资源调整到产品上来。公司今年的重点是守市场，中间商激励政策就应该侧重于市场防御与市场稳定，要重点支持成熟市场、主要客户等。

（2）市场发展存在不均衡，产品销售存在生命周期不同，所以不能用一个指标来约束全国的经销商。要对区域进行划分、对经销商进行分类，针对不同特点制定相应的政策。政策要合理，不能只管大客户、重点客户，不管小客户等。同时合理的政策也有利于价格稳定。

（3）完整、完善是中间商激励政策质量的体现。一份中间商激励政策包括很多方面，有许多条款与措施，相互之间又有一定的关联性，所以中间商激励政策要完整、完善，不能出现什么漏洞，不能产生歧义。

（4）销售目标的实现和经销商、员工对公司忠诚度的提高是中间商激励政策的真正目的。制定政策的根本目的是目标的实现，目标实现情况是检验政策作用的唯一标准。同时培养忠诚度、美誉度。

4. 中间商激励方案的主要内容

中间商激励方案没有固定的格式，但有一个大体的思维框架。具体激励方案框架如下。

1）背景分析

背景分析是制定促销策略的依据，主要从以下几方面考虑。

（1）从市场层面寻找问题点和机会点。

（2）从客户层面选择是全部客户还是部分客户，代理商还是分销商，核心客户还是普通客户，客户的库存问题还是信心问题。

（3）从产品层面判断是新产品上市问题、老产品滞销问题还是产品结构问题。

（4）从渠道层面分析是渠道秩序问题、渠道结构问题还是渠道运营（盈利率、产出率、终端绩效、导购、渠道质量）问题。

（5）分析竞争对手的干扰，有哪些竞争品牌及产品会对企业造成何种影响。

（6）根据上述分析，综合分析自己的SWOT。

2）激励目标

不同的激励策略与激励方法，对应的可衡量的目标不一样。目标一定是具体的、量化的、可衡量的，便于进行投入产出分析和评估促销效果。中间商激励最常见的目标包括：销售完成率、同比增长率、市场占有率、库存结构、零售完成率、投入产出比、经销商盈利率等。一个促销方案可以有一个目标，或者一个主要目标与若干个次要目标。

3）激励对象

激励要确定激励对象，比如，是哪类产品、哪类渠道、哪类客户（代理、直供、分销，核心客户、普通客户）、哪类市场。激励对象也可以是最终消费者，通过节假日、店庆日、开业等促销活动，将激励措施落实到消费者。

4）激励策略

激励策略是解决问题、达成目标的方法，是对激励方法的概括。激励策略要确定主题。主题一般是一句能够概括激励策略的话。如果是针对消费者的激励活动，那么这句话就是传播的焦点，应当体现在所有的传播手段中。

5）激励方式

根据上述分析选择一种或多种激励方式加以运用。

【案例阅读】

限期提货奖励与台阶返利捆绑

1. 市场背景

9月，市场旺季态势初步形成，某企业办事处销售任务较上月递增20%，能否顺利地完成销售任务，将对经销商及业务团队在年底销售冲刺的信心产生重大影响；8月进货时段的奖励政策对渠道良好进货习惯的形成有一定积极作用，但对客户超额完成任务基本无激励作用。

2. 促销目的

巩固8月的激励效果，促进渠道养成良好进货习惯；给予渠道进一步激励，加强对经销商资金向竞争产品分散的防御，保障办事处任务目标的达成。

3. 促销对象

××办事处所属区域直供家居建材（或家电等）客户、家居产品代理商及代理商下线客户（代理商下线客户返利由代理商依此返利政策执行并与办事处同期兑现）。

4. 促销时间

9月1日～9月30日。

5. 促销主题

9月家居产品"进货时段奖励+销量达成梯度返利"组合促销方案。

6. 促销方式

（1）家居产品"进货时段奖励"，见表2-4-1。

表2-4-1 进货时段奖励表

返利计算时间	任务完成率（z）	返利点数/%
9月1日～9月15日（含15日）	$z \geqslant 50\%$	2
9月16日～9月25日（含25日）	$z \geqslant 90\%$	1
9月26日～9月30日（含30日）	$z \geqslant 100\%$	0.5

注：9月15日、25日、30日为返利计算日，每次返利仅计算该时段销量，不可累加

（2）家居产品"销量达成梯度返利"，见表2-4-2。

表2-4-2 销量达成梯度返利表

序号	返利梯度（家居产品销量为z）	返利点数/%
1	$z \geqslant 20$ 万元	2.5
2	10 万元 $\leqslant z <$ 20 万元	2.0
3	5 万元 $\leqslant z <$ 10 万元	1.5
4	3 万元 $\leqslant z <$ 5 万元	1.0

（3）销售完成进度奖。在当月20日前月度任务完成率≥60%、月度完成率≥100%的情况下，追加月实际销售额的1%作为返利。

7. 活动费用预算和效果预测

预计销售额见表2-4-3。

表2-4-3 预计销售额表

时段	返利点数/%	预计销售额/万元	占办事处销售比/%	预计返利费用/万元
9月1日～9月15日（含15日）	2	384.5	50	7.69
9月16日～9月25日（含25日）	1	307.6	40	3.08
9月26日～9月30日（含30日）	0.5	76.9	10	0.38
预计销售额合计		769		11.15

资料来源：盛斌子，吴小林，冯海. 中间商激励：中国企业营销制胜的核心利器. 北京：企业管理出版社，2010

5. 中间商激励典型问题分析

企业在对中间商激励过程中经常会出现如下问题。

1）激励的针对性不强

企业在进行中间商激励的时候，最容易犯的错误就是针对性不强。往往单纯地陷入发多少货、给多少返点奖励的传统思维当中，而不是在"深入了解经销商的基本状况甚至每个经销商的特性"的基础上给出针对性强、目的明确的中间商激励。其实，中间商激励的本质还是为了解决销售中阶段性存在的主要问题（促销是短期的、战术性工具，不可能解决企业销售中的所有问题）。比如，经销商要完成销售可能面临各种不同的问题：库存较大、老产品过多、新产品出样较差、终端陈列较差、零售绩效较差、终端价格混乱、经销商积极性低，还有某些品类的促销模式未结合该产品的流通特性等。总之，一定时间内在诸多问题中一定会存在一个或两个主要矛盾，中间商激励的目的就是要有针对性地去解决这些主要矛盾，主要矛盾解决了，次要矛盾也会慢慢解决的。

2）激励方法不当

中间商激励的最终目的一定是达成销售，这是毋庸置疑的。但是达成这个目的的手段可以丰富多样。当然，丰富多样不是中间商激励追求的根本，而是面对具体问题具体分析，针对不同的问题，提出不同的改进建议。手段单一与方法多样之间本无优劣之分，促销活动也是一样，真正的促销应当根据具体情况与面临的具体问题，提出具体的中间商激励方法。

很多经销商不用促销也可以完成销量（促销未起作用），或者即使做促销（促销方式方法不当），对经销商意义也不大。促销的丰富多样是建立在所要解决的主要问题的基础上的。比如，针对库存较大、老产品过多、新产品出样较差、终端陈列较差、零售绩效较差、终端价格混乱、经销商积极性低、经销商观念落后等情况，均有不同的解决方法与手段。

3）激励方案的可操作性较差

虽然发现了市场或渠道上面临的问题，也提出了有针对性的解决办法，但很多时候中间商激励方案可操作性一般，比如，规则过于复杂（经销商理解不了，或理解了不易执行），或促销对象之间本身处于信息不透明状态（参赛选手不在同一赛场，不知道对手的进度），或返利轻松易得，或返利不管如何努力都达不到，或游戏规则不公平，或规则的可信度较差等。这就要求企业在制订中间商激励方案、设计台阶返利时，详细了解区域内每个经销商的经营现状，根据经销商的经营现状，包括库存、过往销售业绩等，确定台阶返利的额度、比例与每一销售台阶的标准值，使经销商努力之后有希望兑现奖励，而不是有些轻松易得，有些费尽心思也拿不到。

4）经销商对激励政策抵触

厂商在制订中间商激励方案时，较为普遍的现象是经销商对中间商激励政策并不认可，抵触情绪较为严重。造成这种现象的原因是多方面的，终极原因或许与经销商和厂商之间既存在合作关系又存在竞争关系有关。因为厂商之间虽然有合作，但也有竞争的因素存在。厂商与经销商都面对共同的消费者，都希望从消费者身上获取最大化利益。

厂商希望经销商薄利多销，经销商希望自己每次交易利润最大化；厂商希望增加经销商的库存，以便转移自己的库存风险与资金风险，经销商则反之。由于彼此在利益上的冲突，厂商在设计中间商激励方案的时候会不自觉地为自己考虑，缺乏双赢的思维，因此，中间商激励政策一出台，就不可避免地遭到经销商的抵制。

不可否认的是，在这个"渠道为王，终端制胜"的时代，渠道也是厂商宝贵的资源。因此，厂商在设计中间商激励时，别忘了与经销商之间应该是双赢的关系。所以，在前期筹划中间商激励方案的时候，应收集经销商与业务员的建议，发现市场上亟待解决的主要问题，然后制订有针对性的促销方案。促销方案通过后，应及时做好与经销商的沟通及协调工作。

5）周期过长或频率过快

一般来讲，无论何种形式的促销，均有两个明显的特征：一是时效性，即周期限制，一般以 1～3 个月为限（特殊情况例外），企业有些中间商激励方案会做成跨度半年甚至全年的促销方案，因此时效性不明显；二是战术性，即注重的是具体的对象、具体的内容、具体的时间、具体的责任人、具体的执行步骤，而不是停留在策略层面、理念层面。

中间商激励的周期过长，就会失去促销的灵活性，就不能适应不断变化的市场，不能抵御竞争对手的偷袭。同时，经销商也会觉得促销来日方长，难以鼓舞起积极性。反之，有些厂商的中间商激励过于频繁，令经销商眼花缭乱，容易让经销商失去积极性与敏感度，对促销的热情下降。同时，过多的促销会让经销商认为中间商激励的政策本身是属于经销商的，一旦不做促销了，销售也就停止了。所以很多业务员常唠叨的一句话就是"促销促销，不促不销，有促有销"，一语道尽了中间商激励的优势与局限。

6）中间商激励集中在发货高峰期

很多行业的一个普遍现象是，经销商进货喜欢安排在月末的最后 5 天，某些企业最后 5 天的发货量往往占到其整月发货量的 40%～70%，这就使得中间商激励效果经常由于月底发货有资金无产品而无法完成销售任务，或者勉强为了完成任务进货而听信厂商的话拿些滞销品，造成不良库存，或者是在销售旺季因经销商之间争抢主销产品而造成产能供应不上。因此，厂商的中间商激励最好能结合发货周期，合理避开发货高峰期，避免将经销商进货的高峰期放在月底。这样，经销商进货时，不仅能满足自己进货的品类要求，也便于厂商安排生产。

（三）销售型激励政策的制定

1. 销售型中间商激励的主要方法

企业为了拉动渠道销量、获取更多的市场份额，常常会采取销售型渠道激励。一般来说，销售型渠道激励以完成销售额为唯一目的，以奖励返点为唯一手段，以增大经销商库存为最终结果，短期效果明显。

销售型渠道激励的方法主要有台阶返利、库存补差、销售竞赛、提货返点、限期提货奖励、实物促销、福利促销、会议促销等。

1）台阶返利

台阶返利是企业为达成销售目标，鼓励经销商进货，针对所在区域市场的经销商采取奖励额度随完成量增加而加速增加的激励形式。一般累计提货额度越高，返利率越高。台阶返利促销一般可单独使用，也可与其他渠道激励方法结合使用，还可与渠道终端联动。

A. 台阶返利的时间选择

台阶返利一般选择以下时间进行：元旦，春节，"3·15"消费者权益保护日，五一劳动节，行业的销售旺季，中秋节，周六、周日，开业、试业，周年庆、厂庆，全年（或半年）任务冲刺时，月末最后几天任务冲刺时，新产品推广时。

B. 台阶返利的对象选择

台阶返利的对象以企业的代理商或核心经销商为主。

C. 台阶返利的典型组合方式

台阶返利的典型组合方式有以下几种。

（1）台阶返利与特价品（或老产品、滞销品）捆绑：企业把经销商将享受到的台阶返利用特价品（或老产品或滞销品）冲抵。这样既让经销商享受到了返点，也消化了企业的老产品或滞销品。

（2）台阶返利与畅销产品捆绑：企业把经销商将享受到的台阶返利用畅销产品冲抵。

（3）台阶返利与利润产品捆绑：企业把经销商将享受到的台阶返利用利润产品冲抵。

（4）台阶返利与实物捆绑：企业把经销商将享受到的台阶返利用实物冲抵。实物可根据不同经销商的需求而不同，小至广告物料、传真机，大至笔记本电脑、轿车等。

（5）台阶返利与福利促销捆绑：企业把经销商将享受到的台阶返利用福利促销的形式冲抵，如旅游、出国考察、培训、学习等。

（6）台阶返利与终端促销捆绑：企业把经销商将享受到的台阶返利用对应等级的终端促销的形式冲抵，使渠道资源变成市场资源。终端促销的方式多种多样，如新产品推广、终端标准化、导购员奖励金、区域广告投入、联合促销推广等。

D. 台阶返利的优、缺点

台阶返利的优点：短期内能快速完成销售额。一般而言，经销商提货的积极性会随着返利率（返利率=返利额÷提货额）的升高而提高。在经销商库存压力不大、多品牌经营的情况下，台阶返利能快速占用经销商库存，使其主推本企业品牌。

台阶返利的缺点：单纯的台阶返利对市场的长治久安不利。若经销商库存较大，则台阶返利对其吸引力不强。频繁的促销易引起经销商疲惫，造成不促不销、有促也未必销的局面。

E. 台阶返利的适用条件

台阶返利适合在短期内任务压力大，经销商库存吸纳能力强，且经销商对返利很看重的情况下使用，如在销售旺季鼓励经销商进货时，老产品或滞销品清仓时，提高明星产品销售占比时等。

2）库存补差

库存补差是企业为达成销售目标，优化库存结构，消化老产品或滞销品库存，针对经销商库存产品采取的渠道激励。

A. 库存补差的形式

一般来说，库存补差主要有以下两种形式。

一是政策补差，也就是说企业在相距很近的时间内，如果出现产品降价的政策，使得先进货的经销商比较吃亏，则将两次返利之间的差额补足给先进货的经销商。此形式主要用于推出新产品或快速消化库存产品，但要做好对经销商的说服和解释工作，获得其理解和支持，否则容易引发不满，影响后期工作的开展。

二是消库补差，也就是为了尽快消化库存，要求经销商对库存产品采取返利政策，库存产品消化以后再向经销商补足返利的差额。实施时要协助经销商制定促销政策，并督促其执行。

B. 库存补差的典型组合方式

库存补差的典型组合方式有以下几种。

（1）库存补差与特价品（或老产品、滞销品）捆绑。

（2）库存补差与畅销产品捆绑。

（3）库存补差与利润产品捆绑。

（4）库存补差与终端促销捆绑。

有时，企业出于各种目的，综合评估各种要素，会将台阶返利与上述几种组合方式混合运用。

C. 库存补差的优、缺点

库存补差的优点：短期内能加速优化库存结构，为新产品上市扫清障碍。

库存补差的缺点：容易导致经销商虚报库存，而核实经销商老产品的数量与金额是一件很困难的事情，因为一般企业是无法完全掌握每一个经销商的每一个品类的进销存数据的。现今，虽然有些企业对经销商的产品有进销存的管理，但缺乏科学有效的管理工具与持之以恒的执行力，所以效果并不理想。

D. 库存补差的适用条件

企业要了解市场与客户的库存现状，掌握经销商的库存数据，可以考虑以终端出货数据与进货数据作为补差的依据，明确参与促销的产品范围，注意总量与单品的协调关系。另外，企业要将信息及时发布至参与促销的经销商，做好经销商的宣导工作；促销活动结束后，及时整理资料，做好经销商的核销工作；对促销期间所进货物，除质量因素外，经销商不得以滞销品名义退货；注意经销商为获取返利而采取的低价抛售及窜货行为。

3）销售竞赛

销售竞赛是企业为达成销售目标，鼓励经销商进货，根据市场的实际情况，将经销商分为不同的层级，针对不同的层级设定不同名次的奖励标准与奖励额度。

A. 销售竞赛的典型组合方式

销售竞赛的典型组合方式有以下几种。

（1）销售竞赛与特价品（或老产品、滞销品）捆绑。

（2）销售竞赛与畅销产品捆绑。

（3）销售竞赛与利润产品捆绑。

（4）销售竞赛与实物捆绑。

（5）销售竞赛与福利促销捆绑。

（6）销售竞赛与终端促销捆绑。

B. 销售竞赛的优、缺点

销售竞赛的优点：短期内对于销售目标的完成有很大的益处，在经销商库存压力不大、多品牌经营的情况下，通过销售竞赛，能快速占用经销商库存，使之主推本企业品牌；此外，还能刺激经销商之间相互竞争。

销售竞赛的缺点：在渠道商之间的销售信息不透明的情况下，参赛对象对获奖结果无法预知，故参与度不是很高；单纯的销售竞赛对市场的长期稳定发展不利；渠道商若库存较大，则对其吸引力不强。

C. 销售竞赛的适用条件

销售竞赛适合在短期内任务压力大，渠道商库存吸纳能力强，且渠道商对返利很看重的情况下使用。

4）提货返点

提货返点是企业为达成销售目标，鼓励渠道商进货，针对渠道商采取的即提即返的渠道激励方式。

A. 提货返点的典型组合方式

提货返点的典型组合方式有以下几种。

（1）提货返点与特价品（或老产品、滞销品）捆绑。

（2）提货返点与畅销产品捆绑。

（3）提货返点与利润产品捆绑。

（4）提货返点与实物捆绑。

B. 提货返点的优、缺点

提货返点的优点：短期内对于销售目标的完成有益处，能使经销商感受到即时兑现的承诺。

提货返点的缺点：易造成经销商把返利资源转化成低价抛售行为，从而扰乱市场秩序。

C. 提货返点的适用条件

提货返点适合在短期内任务压力大，渠道商库存吸纳能力强，且渠道商对即时兑现返利很看重的情况，以及市场基础较差，企业在经销商心中诚信度较弱（企业的返利机制使得返利兑现周期过长）的情况下使用。

5）限期提货奖励

限期提货奖励是企业为达成销售目标，合理避开月末（或年末）发货高峰期，减轻企业排产压力，针对经销商采取的奖励方式，即完成进度越快，奖励越高。

A. 限期提货奖励的典型组合方式

限期提货奖励的典型组合方式有以下几种。

（1）限期提货奖励与特价品（或老产品、滞销品）捆绑。

（2）限期提货奖励与畅销产品捆绑。

（3）限期提货奖励与利润产品捆绑。

（4）限期提货奖励与实物捆绑。

（5）限期提货奖励与福利促销捆绑。

（6）限期提货奖励与终端促销捆绑。

B. 限期提货奖励的优、缺点

限期提货奖励的优点：能提高经销商提前进货的积极性，合理避开发货的高峰期，减轻企业排产的压力。

限期提货奖励的缺点：若管理不当，易造成经销商为获取奖励而低价窜货。此外，如果经销商月初资金紧张与库存压力较大，则促销效果不明显。

C. 限期提货奖励的适用条件

限期提货奖励适合在旺季货源（尤其是畅销产品）紧张，企业产能不足，经销商缺货严重，以及月末（或年末）货源紧张时使用。

6）实物促销

实物促销是企业为达成销售目标，针对经销商（或消费者）而采取的以实物奖励为主的促销方式。

A. 实物促销的典型组合方式

实物促销的典型组合方式有以下几种。

（1）实物促销与特价品（或老产品、滞销品）捆绑。

（2）实物促销与终端促销捆绑。

（3）实物促销采取台阶返利的形式。

B. 实物促销的优、缺点

实物促销的优点：好的礼品能引起促销对象的兴趣，使之积极参与设计的促销活动。

实物促销的缺点：礼品的监控与管理难度较大，漏洞较多；有时促销礼品很难满足所有促销对象的需求；促销结束后，销售业绩一般会下滑。因此要注意，终端礼品最好能与产品特性联系起来，从而对产品的推广与品牌的塑造起到正面作用。促销礼品用于渠道激励前一定要做好经销商的意见征询工作，确保物有所值、物有所用。

7）福利促销

福利促销是企业为鼓舞团队士气（营销队伍或经销商）而采取的以福利激励为主的促销方式。

A. 福利促销的方式

福利促销的方式主要有旅游、培训、拓展等。

B. 福利促销的优、缺点

福利促销的优点：鼓舞团队士气，提升团队的凝聚力与战斗力；寓教于乐的促销可以提升团队的专业能力。

福利促销的缺点：短期内销售提升的效果并不明显；单纯的娱乐对团队能力提升的帮助不是很大；监控管理活动的难度大。

C. 福利促销的适用条件

福利促销适合在团队士气低迷，人心涣散，营销人员或经销商团队对公司的政策及理念理解不到位时使用。

8）会议促销

会议促销是企业为贯彻自身的营销政策或思路、解决市场问题而采取的以集中讨论、讲座为主要手段的促销形式，包含培训、拓展、军训等。

A. 会议促销的方式

会议促销的方式主要有抽奖战术、团购促销、促销礼包、现场抽奖等。

B. 会议促销的优、缺点

会议促销的优点：有利于问题的集中反映、归纳、整理、解决，有利于企业营销政策或思路的有效传达，有利于团队凝聚力的提升。

会议促销的缺点：易流于形式，效果与预期适得其反。

C. 会议促销的适用条件

会议促销适合在企业集中传达自己的营销政策或思路，并对市场上遇到的一些问题或客户提出的建议进行归纳、整理，以及提升团队士气或能力时使用。

此外，企业还可以采取：①模糊返利。经销商进货时，企业承诺给予现金或实物返利，但事先并不明确返利的具体形式和比例，到规定的期限后才公布，通常以季度或年度为期。由于未规定具体的返利比例，经销商不敢靠预先降价的方式来冲量，从而降低了窜货及扰乱市场的可能性；同时，有奖励的刺激可以促使经销商将重点放在做好市场基础工作和配合厂商推广上面，从而调动了其促销的积极性。②滞货配额。当某产品滞销时，要求经销商在进畅销货时，必须同时进一定比例的滞销货，以维持公司的整体业绩。此方式只可在旺季使用，且时间要短、配额要小。③新货配额。当有新产品上市时，要求经销商在经销老产品的同时，必须按规定的量进新产品，以促进新产品迅速上市。此方式的使用时机也应当是在老产品的销售旺季。④阶段奖励（季度、年度奖励）。对完成年度销售目标的经销商给予现金或实物返利，最好不明确规定返利的具体比例。对表现出色的经销商提供现金、家电、汽车等重奖，在奖励的同时宣传成功经销商的业绩和推广模式，以刺激其他中间商等措施，激励中间商。

2. 返利政策的设计

企业常常会面临许多问题，例如，如何提升产品的竞争力，如何提高经销商的销量，如何促进经销商完成销售计划，如何提高新产品的销量，如何加速回款，如何让经销商转为专销商以提升其忠诚度，如何让经销商遵守市场秩序等。实践中，企业多采用返利形式奖励经销商，来解决这些问题。因为企业和经销商的关系最重要的就是利益关系，对经销商来说，自身的利益是第一位的。在企业高返利的诱导下，经销商会尽一切努力把销量冲上去，争取拿下高的返利。企业如果把经销商的返利体系做好了，就会大大减轻销售的压力，并达到轻轻松松迅速提高销售额的目的。

1）第一步：确定返利目的

（1）提高产品的竞争力。返利设置方法：使返利比率高于竞争对手。

（2）提高经销商的销量。返利设置方法：依据销量的大小返利，销量越大，则返利越高。这种方法在企业及其产品知名度不高、经销商分布密度不高时采用，可以促进经销商追求高销售额。但是，这种方法容易制造大户经销商，也容易产生窜货、大户吃小户的现象。

（3）促进经销商完成销售计划。返利设置方法：依据经销商完成销售计划的百分比进行返利。例如，某企业返利政策如下：经销商完成80%以下，无返利；完成80%～100%，返利5%；完成100%以上，返利7%。为使经销商每个月都有销售压力和动力，提高经销商的销量，销售总监必须给经销商制订月度销售计划，以便确定月度返利额度。

（4）培养新产品。返利设置方法：提高新产品的返利额度。例如，某企业返利政策如下：正常产品的返利为5%，新产品的返利为10%（新产品的定义为产品从上市当月起的连续6个月内）。另外，如果企业有一些利润高但销量不大的产品，以及库存积压品，也可以采用这种方法。

（5）加速经销商回款。返利设置方法：主要是鼓励经销商现款现货。例如，某企业返利政策如下：现款现货，返利5%；10天内付款，返利3%；30天内付款，返利1%；超过30天付款，无返利。

（6）引导经销商专销和专营。返利设置方法：鼓励经销商全心全意做一家企业的经销商。例如，某企业返利政策如下：一般经销商，返利3%；专营商，返利5%；专销商，返利7%。为尊重经销商的选择，销售总监要在合同上给予经销商选择经销类型的机会，由经销商自己决定是专销还是专营。

（7）维护市场秩序。返利设置方法：将经销商的返利与经销商的违规结合起来。例如，某企业返利政策规定：所有获得返利的前提是，经销商没有违规记录。

2）第二步：确定返利时间

返利通常是滞后兑现的，故从兑现的时间来分，有以下几种。

（1）月返利。月返利是指企业根据经销商月度完成的销售情况，每个月给经销商实现的返利。月返利有利于对经销商进行即时激励，让经销商随时可以看到返利的诱惑。月返利也有一些不利因素，例如，对企业财务核算有比较高的要求；如果月返利金额较小，则对经销商的吸引力不会很大；有时还会导致市场出现大起大落、销售不稳的现象。

（2）季返利。季返利是指企业根据经销商季度完成的销售情况，每个季度给经销商实现的返利。季返利一般是在每一季度结束后的两个月内，由企业选择一定的奖励形式予以兑现。

（3）年返利。年返利是指企业根据经销商年度完成的销售情况，每年给经销商实现的返利。这种返利方法是对经销商完成当年销售任务的肯定和奖励。其兑现时间一般是在次年的第一季度内，由企业选择一定的奖励形式予以兑现。

（4）及时返利。及时返利是指企业根据经销商单次的提货金额，现场给经销商兑现的的返利。其优点是计算方便，缺点是影响市场价格。

3）第三步：确定返利兑现方式

（1）明返利。明返利是指明确告知经销商在某个时间段内累积提货量对应的返点数量，对调动经销商的积极性有较大的作用。其缺点是，由于各经销商事前知道返利的额度，如果企业控制稍微不力，原来制定的价格体系很可能就会因此瓦解。

（2）暗返利。暗返利是指不明确告知经销商，而是按照与经销商签订的合同条款，对经销商的回款给予的不定额奖励。暗返利不公开、不透明，在实施过程中可以向那些诚信、优秀的经销商倾斜和侧重，比较公平。但是，经销商会根据上年自己和其他经销商的模糊奖励的额度，估计自己在下一个销售年度内的返利额度。

4）第四步：确定返利奖励目的

（1）过程返利。为科学地设计返利系统，应根据过程管理的需要综合考虑返利标准，既要重视销量激励，又要重视过程管理。这样既能帮助经销商提高销量，又能防止经销商的不规范运作。奖励范围可以涉及铺货率、售点活性化、全品项进货、安全库存、遵守区域销售、专销、积极配送和守约付款等。

（2）销量返利。经销商在销售时段内（或月、季、年）完成企业规定的销售额，按规定比例及时享受企业支付的返点。

5）第五步：确定返利内容

（1）产品返利。产品返利应包含主销产品、辅销产品、新产品等不同的产品系列返利。企业通过对不同的产品线实现不同的返利标准，可以鼓励经销商积极销售非畅销产品，实现企业产品的均衡发展。例如，某企业设置的产品返利标准如下：珍品返利为 2%，精品返利为 1.5%，佳品返利为 1%。

（2）物流配送补助。对于"物流配送商"型的经销商来说，产品的运输费用是经销商的主要费用开支，这些开支包括车辆折旧费、汽油费、过桥费、司机工资等。如果这些费用不能从产品返利中得到补偿，就会影响经销商销售这些产品的积极性，产品的销量就会下滑。因此，在返利系统中，设置"物流配送补助"项目，有利于经销商积极开展产品的铺市和分销工作。

（3）终端销售补助。终端销售补助主要是对适合终端销售的产品的补助。终端销售环节主要是指需要进场费、陈列费、堆头费、DM 费等各种名目费用的连锁超市、商场等。因此，应设置"终端销售补助"项目，将这些费用折合成比率，返利给经销商，以补偿其所需要支付的费用。

（4）人员费用补贴。为支持经销商在当地开展工作，有些企业会为经销商在当地聘请销售人员。为了充分发挥企业对经销商实现人员支持的效率，经过经销商的申请和企业的审核，企业每月给予经销商所核定的人员工资作为人员支持的费用。

（5）地区差别补偿。由于产品在不同区域的市场基础不一样，产品知名度、美誉度也就不一样。有的区域市场基础好，产品销量自然高；有的区域市场基础差，产品销量自然低。同样的返利标准显然对市场基础差的经销商是不公平的。公平起见，企业应设置"地区差别补偿"项目，以提高市场基础差的经销商的积极性。

（6）经销商团队福利。为把一定区域内一盘散沙的经销商组织起来，企业应组织经销商成立经销商行会、团队或互利会，并给予会员一定的返利作为会员福利，如给予经销商销量的1%作为加入行会的福利。

（7）专销或专营奖励。专销或专营奖励是经销商在合同期内，专门销售本企业的产品，不销售其他企业的产品，在合同结束后，企业根据经销商销量、市场占有情况及合作情况给予的奖励。在合同执行过程中，企业将检查经销商是否执行了专销或专营约定。专销或专营约定由经销商自愿确定，并以文字形式填写在合同文本上。

6）第六步：确定返利兑现形式

返利不仅是一种激励手段，更是一种控制工具。因为返利奖励常常不是当场兑现，而是滞后兑现的。换言之，经销商的部分利润是掌握在企业手中的。如果企业返利用得好，就可使返利成为一种管理、控制经销商的工具。

返利兑现的常用形式包括现金、产品和折扣。企业可根据自身情况选择兑现方式，以起到激励和控制的作用。

二、能力实训

（一）思考题

1. 试述销售人员激励的原则与主要方法。
2. 为什么要激励中间商？
3. 激励销售型中间商主要有哪些方法？
4. 试述具体中间商激励方案的基本框架。

（二）案例分析

百事可乐公司在中国不同发展阶段的中间商激励策略

从1994年至今，四川百事可乐饮料有限公司（简称四川百事）每年的销售额都以平均220%的速度在增长。然而，这样的发展速度却是建立在只生产三个品牌碳酸饮料——百事可乐、七喜、美年达的基础上实现的。四川百事也成为百事可乐公司在亚太地区最大的罐装厂。百事可乐产品通过8年的成功市场运作，到2002年底在四川省的市场占有率已高达57.6%，成为全球范围内仅有的几个蓝色饮料市场份额超过红色饮料市场份额的品牌。百事可乐公司的市场运作如此成功，完全得益于其所创造的一套完善的渠道客户激励政策——折扣管理政策。现今，该政策已被众多饮料厂商所效仿。以下是其入驻中国以来，客户折扣率管理政策的变化。

1. 市场背景分析

1994 年底，百事可乐公司在四川省设立了罐装厂，这意味着百事可乐公司正式开始以厂商的身份在四川省拓展产品市场。

当时面对的是市场占有率极高的健力宝和可口可乐等强势品牌。健力宝在四川省已盘踞了 6 年，其销量雄居四川省碳酸饮料市场第一位。可口可乐在成都市也设有罐装厂。而且，批发商、零售店、消费者普遍认可这两种产品。

2. 激励目标

四川百事在导入期发展阶段的激励目标是迅速启动市场，吸引各级各类经销商快速进入自己的销售队伍。

3. 激励对象

各级各类经销商。

4. 激励策略

折扣采用季扣和年扣相结合的方式。季扣在每年第二季度的第一个月兑现；年扣在第二年第一个月兑现。折扣采用实物形式给予（按实际销量和品种分别计算折扣）。

（1）季扣。一个季度累计销售数量达 500 件即可享受折扣：淡季为 1～3 月和 10～12 月，此阶段的扣率为 2%；旺季为 4～9 月，此阶段的扣率为 1%。

（2）年扣。

全年累计销售数量	扣率
3001～5000 件	1%
5001～10 000 件	1.5%
10 001～30 000 件	2%
30 001～40 000 件	3%

对前 3 个月合作的情况进行反思和总结，相互沟通，共同研究市场情况，且百事可乐公司在每季度后派销售主管对经销商业务代表进行培训指导，帮助经销商落实下一季度销量完成实施办法，增强相互之间的信任，兑现相互之间的承诺。公司规定季度奖励在每一季度结束后的两个月内按进货量的一定比重以产品形式给予。

（3）年终奖励：是对经销商当年完成销售情况的肯定和奖励。年终奖励在次年的第一季度内按进货数的一定比例以产品形式给予。

（4）专卖奖励：是经销商在合同期内，如碳酸饮料中专销百事可乐公司生产的百事可乐、七喜、美年达系列产品，在合同结束后，公司根据经销商销量、市场占有情况及与公司合作情况给予的奖励。在合同执行过程中，公司将检查经销商是否执行了专卖约定，专卖约定由经销商在签订合同之初自愿确定并以文字形式填写在合同文本上。

（5）下年度支持奖励：是对当年合作完成销量目标，次年继续和公司合作且签订次年销售合同的经销商的支持。此奖励在经销商完成次年第一季度销量的前提下，在第二季度的第一个月以产品形式给予。

由上述可知，四川百事为了在竞争激烈的碳酸饮料市场中稳定产品价格、确保经销商经销百事可乐产品有利可图，对自己的折扣管理政策进行了全面细化和深化。为了更有效地激励和约束经销商，四川百事还在合同文本上规定每季度对经销商进行如下项目的考评：①考评期经销商实际销量；②经销商销售区域的市场占有率情况；③经销商是否维护百事可乐产品销售市场及销售价格的稳定；④经销商是否在碳酸饮料中专卖百事可乐系列产品；⑤经销商是否执行厂商的销售政策及策略；⑥季度奖励发放之前经销商必须落实下一季度的销量及实施办法。

通过以上考评项目，每季度根据对不同经销商每次考核评分的高低，确定不同标准的季度奖励、年终奖励、专卖奖励及下年度支持奖励。为防止销售部门弄虚作假，公司规定考评由市场部和计划部抽调人员组成联合小组不定期进行抽查，确保评分结果的准确性、真实性，做到真正奖励到与厂商共同维护市场和拓展市场的经销商。

问题：

1. 入驻中国以来四川百事采取了哪些销售管理政策？

2. 四川百事规定每季度对经销商进行哪些考评和有效的激励措施？

资料来源：http://www.emkt.corn.cn/article/104/10462.html[2008-06-05]

三、知识拓展

（一）中间商激励的三个方向

1. 销售型激励与营销型激励有机结合

真正的营销高手总是根据市场的实际情况活用二者。在市场良性发展的情况下，当以完成任务、增大经销商库存为主要目的时，企业一般会倾向于选择销售型激励。而当市场基础较差，任务压力不大，经销商库存又较大时，企业一般会选择营销型激励。但市场如战场，变化与不可测因素较多，企业对营销人员的要求往往是既要完成任务，又要市场良性发展。所以真正的营销高手在设计中间商激励方案时往往是将销售型激励与营销型激励捆绑在一起。至于二者之间谁主谁次、孰轻孰重，那就看当时的市场环境了，没有一定的量化指标。

2. 结合新产品推广进行促销

在新产品推广的过程中，中间商激励作为一种有效的工具，对新产品的上市推广起着关键的作用。新产品上市可能在渠道上面临以下两个典型问题。

第一，经销商不愿进货，因为新产品的成功销售是有风险的，一不小心就会滞销，占用经销商的资金与库存。厂商新产品上市的第一个环节就是对经销商的说服教育工作。要使经销商进货，无非晓之以理、诱之以利。因此，这个时候进行新产品推广，厂商往往会采取经销商新产品推荐会加销售返利的联动策略。

第二，新产品上市面临着有效的出样率与有效的网点覆盖率两个问题。有效的出样率保障单店绩效，有效的网点覆盖率保障新产品与目标消费者的接触率。因此，新产品中间商激励的政策可以从两方面入手，即通过政策激励分销商在终端网点的有效出样率及出样位置，通过政策激励代理商（批发商）保障新产品的网点覆盖率。

一般来说，厂商最主要的相对利润还是来源于新产品（特别是明星产品），不管是经销商还是厂商，经营新产品的利润总是远高于经营老产品。在新产品投放市场后，厂商可以制定相应的渠道奖励政策以打通渠道与终端的各个环节。例如，制定经销商或导购员新产品销售提成、竞赛、台阶返利、新产品销售贡献奖等；或者赠送畅销产品，即在经销商进货时，按一定比例赠送畅销产品，此目的在于利用经销商对一定时期内市面上畅销产品的关注，来带动新产品的销售，也使经销商能得到意外的收获。

3. 结合库存结构对老产品、滞销品进行促销

一般而言，厂商的新产品销售占比越高，厂商的相对利润空间越大，但厂商不可避免地都会有老产品与滞销品的存在。有老产品并不可怕，只要老产品还是畅销品。但滞销品的存在却占用厂商与经销商的资金和库存，削弱了厂商与经销商的竞争力。

以中间商激励消化老产品、滞销品而采取降价补差的方法是厂商常用的手段。其优点是能加速老产品、滞销品的消化，及时完成资金回笼，加速库存周转。但如果促销设计不合理，终端无法形成最终销售，无形中会增加经销商的库存，占用经销商的资金。

（二）销售总监应掌握的一些返利小技巧

1. 市场秩序越乱，返利间隔应越长

如果市场窜货严重，价格混乱，则可以通过滞后返利的方式，让经销商投鼠忌器。例如，对经销商 2 月的返利可以推迟到 5 月来返，以便确认经销商在 2 月是否有违规行为，如果有违规行为，则根据处罚规定，扣除 2 月的全部或部分返利等。或者采用月结季返制，即按月度计算经销商的返利，但按季度发放经销商的返利。

2. 返利周期越短，经销商压力越大

如果按月度计算返利，则经销商每月都有压力，每年就会有 12 次压力；而如果只按年度进行返利，则经销商每年才有 1 次压力。另外，如果经销商没有月度销售计划，如何按月度考核销售人员的业绩呢？销售人员应如何给经销商压力或动力呢？这些都是销售总监应该经过深思熟虑来解决的。

3. 适当延长返利兑现时间

返利兑现时间越短，市场秩序越难控制。厂商如果每个月都兑现返利，则会失

去管控、制约经销商的手段，经销商没有了自律的基础，会逐渐导致市场价格混乱，窜货横行。

4. 比竞争对手返利越高，经销商就越忠心

当经销商进行横向比较时，若发现所经销产品的厂商的返利比率比其他的厂商要高，则经销商会安心经营该厂商的产品，以获得更多的返利。

任务五　划分销售区域

一、知识基础

销售区域是指在一定时期内分配给销售人员、销售部门、经销商、分销商的一组现有自和潜在的顾客（即"顾客群"）。这个概念强调了销售的受众，即顾客，而不是地理范围的区域。顾客这个概念随着立足点的不同，所特指的对象也不尽相同：站在公司销售部门的角度，顾客是指销售本公司产品的经销商；如果制造商直接将产品销售给大用户，则公司的顾客就是直接的用户（使用者）；站在经销商的角度，批发商和零售商又成为他们的顾客；而零售商的顾客则是最终购买该商品，实现其使用价值的消费者。用一句话来概括，企业的顾客就是接受企业产品和服务的那些对象。

（一）划分销售区域的目的

既然销售区域的概念明确了销售区域并不是特指地理范围，那么销售区域可以有地理界限，也可以没有地理界限，也就是说，销售区域的划定并不是以地理界限为标准的。企业一般将总体市场分为多个细分市场，通过分析企业自身优势，估计各个细分市场的潜力，选择目标市场，进行市场定位。一个销售区域可以被认为是该企业所进入的一个或几个细分市场的进一步细分。建立销售区域是企业加强销售管理的十分重要的一环。事实上，如同亚当·斯密在《国富论》中对分工的讨论一样，划分销售区域无非是将销售部门的工作进行划分，只不过这种划分不是像分工那样对生产的每一个步骤的划分，而是对整个公司目标市场的平面划分。这种划分的最终目的与分工类似，化繁为简，化整为零，便于控制，便于考核，便于熟练度的提高等。具体来讲，建立销售区域的目的可以归纳为以下几点。

1. 落实企业总体销售目标

每一个企业都有其整体的销售管理目标。销售区域划分后，就可以把企业的整体销售目标（销售量、市场开拓、货款回收、利润等）层层分解，为每个销售区域制定具体目标，形成整体目标的子目标，使整个销售系统任务明确。整体目标的实现依赖于各销售区域的正常运作，依赖于各子目标的完成情况。通过销售区域的设置，实施制度管理，可以给每位销售人员规定严格的销售区域，并严禁窜货，促使销售人员更加努力地开发自己的区域市场。

2. 激励销售人员

销售区域的相对独立性给了销售人员发挥主观能动性的更大空间。赫茨伯格双因素理论认为工作本身的属性对员工来说是最为重要的激励因素。自我施展空间的扩展、自主权的增大、责任感的增强，对销售人员都有很强的自我激励作用。当销售区域建立好了之后，销售人员会产生强烈的主人翁意识，会更好地致力于提高工作效率；销售人员会有强烈的动机投身于销售工作之中，提升销售工作的业绩，享受工作本身为自己带来的成就感。这样一来，本销售区域目标的完成便水到渠成了。

3. 提高销售服务质量

这一点类似于"分工论"中提到的分工有利于技术熟练度的提升。销售区域将一群销售人员的工作对象限定在一个较小的范围之内，有利于改善企业的营销管理，提高销售服务质量。我们至少可以从以下三个方面来理解这个论点。

（1）销售区域限定了一个相对较小的范围，这便有利于销售人员更快地掌握销售区域内的环境，更有效地开发新客户，发现更多的销售机会。

（2）销售人员可以更好地了解销售区域内现有顾客的各种情况，通过对现有顾客的深度营销，改善销售服务质量，与顾客保持良好的信息沟通关系，以保持其对本公司产品的忠诚度。

（3）可以更有效地改善区域内的市场服务，及时处理销售过程中的各种问题，使销售工作更加顺利而有效。

4. 建立有效的控制机制

这里的控制对象主要有两个：一是业务控制；二是成本费用控制。

（1）业务控制。企业可以通过比较各区域市场之间的相对指标（如区域市场占有率、区域市场销售增长率、区域市场利润率等），对各区域市场的业务状况进行评估，然后，分析各销售区域的具体情况后，采取具有针对性的营销策略，以提升本企业各区域单元在各自区域市场内的竞争力。可见，科学合理的销售区域划分提高了对各区域单元的评价和控制的效率，从而改善了销售管理的质量。

（2）成本费用控制。由于区域范围相对较小，在广告费用、促销费用的安排上更加合理，更加有针对性，运用更加有效。每个销售区域都由指定的销售人员负责，销售人员能更加合理地设计对客户的访问路线，更加有效地分配对客户的访问时间，可以避免对客户的重复访问，节省销售人员在访问途中的时间，减少旅行和住宿费用等，从而降低销售成本。

5. 便于对销售人员客观科学地考核与评价

企业在不同区域市场中的地位是不一样的,一般情况下,企业面临的区域市场可能会有四种情况:一是市场潜力大,竞争激烈;二是市场潜力大,竞争不激烈;三是市场潜力不大,竞争激烈;四是市场潜力不大,竞争不激烈。如果对所有销售人员采用同一套考核标准进行业业绩评价,可能会出现不公平、不科学、不严谨的状况,所以企业应该根据不同区域市场的竞争现状,制定出不同的对销售人员的业绩评价标准和考核办法。销售人员对于这样的考核比较容易接受,并有动力去改善自身的工作,努力提高工作质量和效率。

销售区域的设计既要遵循一定的设计原则,又要把握好一定的设计方法,以保证销售区域设计的合理、有效,为实现销售目标奠定良好基础。

(二)划分销售区域的依据

划分销售区域,企业常以地理区域、顾客类型、经济贸易区域等为依据。

1. 以地理区域为依据划分

很多企业是按地理区域(省、市、县为单位)来划分销售区域的,依据地理区域划分销售区域的优点很多:第一,地理区域已经存在,不需要再花太多的人力、物力、财力和时间去研究。第二,消费者对很多产品的需求带有很明显的地域色彩,因此许多企业在产品的营销上往往以地理区域为基础。第三,很多产品需要生产厂商提供各种类型的服务。如技术服务、送货服务、促销服务等,按地理区域提供服务就可以减少企业派出技术人员的数量;可以分区设置中转仓库,减少不合理运输,及时为客户送货上门。因此,按地理区域设置销售区域使企业能为客户提供更周到的服务。第四,在我国,区域性的中间商特别多,在某一区域内它们往往占有绝对的竞争优势,作为生产企业必须以区域为单位派出销售人员,以密切与中间商的关系。第五,有利于节省交通费用。由于每个销售人员的销售范围相对较小,交通费用自然也相对较少。

按地理位置划分销售区域,可以按大区划分为东北市场(黑、吉、辽、蒙)、西南市场(云、贵、川、渝)、华东市场(苏、浙、皖、沪)、华南市场(粤、琼、闽、桂)、中南市场(湘、鄂、赣、豫、陕)等。也可以以省、市为单位划分销售区域。目前很多大公司以省、市为单位划分销售区域,一是一些基础资料比较容易得到,如人口、购买力的统计资料,用这些资料来评估销售区域的销售潜力比较可靠,容易把握;二是区域边界明确,理论上不容易产生区域之间的业务摩擦。

按地理位置划分销售区域,还可以按邮政编码划分销售区域。在一些特大型城市(如北京、上海、广州等),如果把它们也作为一个销售区域,由于范围太大、人口太多,在日常销售管理中就不好控制,销售业务也很难开展。在这些特大型城市中以邮政编码划分销售区域,就能体现出它的优势:一是比较方便,简单易行;二是相同邮政编码的区域，往往具有类似的经济特征。

在具体拟定一组销售区域时，不能按行政区域生搬硬套，还要结合实际情况，遵循一些原则来划分。这些原则包括：地区易于管理；销售潜力易于估计；可使出差时间减至最小限度；能为各销售代表提供足够的、相等的工作量和销售潜量。

2. 以顾客类型为依据划分

以顾客类型为依据划分销售区域是指企业将其目标市场按顾客的属性进行分类，不同的销售人员负责向不同类型的顾客进行销售。顾客的分类可依其产业类别、顾客规模、分销渠道等来进行。根据用户类型、用户规模划分销售区域，使用不同的销售人员，使销售人员能够深入了解所接触的顾客的需求及所需解决的问题，以利于在销售活动中有的放矢，提高成功率。但是当同一类型的顾客比较分散时，则会增加销售人员的工作量，加大销售费用，影响销售业绩。因而按顾客划分销售区域通常适用于同类顾客比较集中的产品销售。

3. 以经济贸易区域为依据划分

依据经济贸易区域划分销售区域有两种形式：一是以区域性经济中心来设置销售区域。这是一种经济区域和地理区域兼顾的销售区域设置方式，以考虑经济区域为主。二是以贸易区域划分销售区域。以贸易区域来划分销售区域是很多企业采用的销售区域划分方式，特别是那些依赖大批发商进行销售的生产企业都或多或少采用这种销售区域划分方式。贸易区域的设计是考虑批发商、零售商及消费者的行为而进行的。

依据经济贸易区域划分销售区域，企业可以将消费习惯、消费能力等因素相同的地区予以整合，成立销售分公司，既降低了销售成本，又使企业的销售更具有针对性和实效性。同时，企业可以利用经济贸易区域核心城市的辐射作用，带动周边区域的其他城市联动消费，形成统一的消费习惯，建立同质的消费倾向。

（三）划分销售区域的原则

为了确保销售区域划分有效性，企业设立销售区域时应遵循如下五项基本原则。

1. 全面性原则

全面性是指所有的销售区域一定要覆盖企业所选定的全部目标市场。划分销售区域是完成 STP，即市场细分（ segmenting ）、选择目标市场（ targeting ）和产品定位（ positioning ）之后的工作，随着工作重心转向销售区域划分，很有可能使得前期已经明确了的目标市场轮廓被弱化，从而在划分销售区域时，产生尚未覆盖的盲区。出现市场盲区，就必然会出现市场资源的浪费，为竞争对手留下市场空间，为以后的市场开发工作留下隐患。因此，在设计销售区域时，无论采用什么设计方法，一定要保证市场区域的划分是在选定的目标市场内，最终的销售区域要充满整个目标市场。

2. 可行性原则

销售区域设计的可行性原则包括以下几点：一是市场潜力转化成现实的市场需求的可行性。每个销售区域都要有一定的市场潜力，只有存在市场潜力，区域市场才可能有需要并有必要开发和渗透。销售管理者要了解市场潜力在哪里，有多大，如何利用才能使市场潜力变成销售需求，实现销售收入。二是企业销售能力的可行性，即企业自身拥有足够的能力和资源对划分的每个区域进行市场开发和占领。三是所确定销售区域的目标应具有可行性，即销售区域目标的设定可以让销售人员经过努力在一定时间内实现。

3. 公平合理原则

销售区域设计的重要原则就是要公平合理，每个销售人员都享有大致均等的机会。这一原则的提出有两个要求：一是要求所有的销售区域具有大致相等的市场潜力；二是要求所有销售区域安排基本相同的工作量。只有在市场潜力大致相同时，不同销售区域的销售人员的业绩才有可比性。而所有区域工作量大致相等，则可避免苦乐不均，减少区域优劣之争，提高销售队伍的士气。如果不能保证上述两个条件，就要考虑平衡的问题，即市场竞争激烈程度与市场潜力的平衡、工作量与市场潜力的平衡。表现为市场潜力大会伴随着市场竞争激烈程度的加剧，市场潜力小会与市场竞争不激烈相伴；市场潜力大则工作量也大，市场潜力小则工作量也小。

4. 挑战性原则

销售区域的设置应该具有挑战性，一般应以中高水平销售人员的最好业绩作为衡量标准，使销售人员有充足的工作量，使中高水平的销售人员能够发挥出自己的才干，使一般水平的销售人员必须全力努力，以保证销售目标的实现。在确定销售目标时还要保证每个销售区域要有足够的销售潜力。有挑战的工作对于任何人来讲都是一种强大的内在激励，要实现工作目标，每一个销售人员必须充分发挥自己的聪明才智，具备不屈不挠的精神并为之付出艰苦的努力。

5. 目标具体化原则

销售区域的目标应尽量具体化，指标数字化，一目了然，便于理解。这里的具体化包含两层含义：一是销售区域的界限要明确，销售人员清楚哪些目标群体由自己负责，哪些目标群体由他人或其他部门负责；二是销售指标要明确，如销售额、销售量、销售利润、销售访问率、销售成本等。销售区域管理人员一定要使每个销售人员确切地知道自己要达到的目标，并且做到目标指标化、指标数字化、数字精确化。这既便于考核销售人员的经营业绩，又能使销售人员明确自己的工作方向。

（四）设计销售区域时应考虑的因素

在销售中，销售区域的划分与公司的规模、销售的产品及销售策略密切相关。但销售区域的划分应结合公司的实际，如企业划分销售区域的目标，公司的发展状况、经营状况、人员的配备、资金状况等进行。盲目分区不但不能带来良好的销售业绩，还将大量浪费人力、物力。对于需要划分区域进行销售的销售模式来说，区域划分是否合理直接影响到销售人员的积极性与稳定性，而管理是否得当又直接影响到公司销售的业绩。

（1）销售区域划分目标。销售区域是销售人员获得销售业绩的主战场，是企业的利润来源，因此企业通常为销售区域的设计设置以下目标：便于识别客户、利于明确市场责任、保证区域效率和效益、方便销售业绩评估、利于销售费用控制、利于客户关系管理等。确定销售区域拟实现的目标应具备以下特点：①可行性。要求销售区域市场具有市场开发价值，具有一定的市场潜力，销售区域的目标通过销售人员的销售努力可以在一段时间内实现。②挑战性。销售区域市场潜力应既能够使销售人员通过努力工作而取得合理的收入，又能够激发销售人员的斗志，既保证销售人员的工作量，又有积极努力的开发空间。③具体性。销售区域的目标应明确表述，各类目标尽量数字化，便于理解，使每名销售人员确切掌握自己要达到的目标，能够客观衡量现实与目标的差距。

（2）企业所处的经营周期和经营实力。如销售队伍人力资源状态及计划是否支持划分后的销售区域管理。要充分考虑人员的配备、公司的发展状况、经营状况、资金状况、企业现有市场地位等因素的影响，保证市场资源的有效开发。

（3）销售区域是否具有足够大的销售潜力。有可靠的、具有可信性的、足够大的销售潜力，可以保证销售人员有充足的工作负荷，有可靠的收入来源，并有一定的空间进行进一步市场开发。

（4）市场销售潜力足够大前提下，销售成本是否足够低。市场销售潜力足够大前提下，销售成本足够低使销售人员能够在该区域进行有效的销售活动，同时保证企业的投入产出目标要求能够实现。

（5）销售区域各构成地区之间是否紧凑，区域客户特点及分布情况。紧凑的地区结构、较密集的客户分布，便于销售人员以较低成本进行商务活动，并且保证交通便利性。

（6）各销售区域间是否有大致相等的销售机会，从而能够进行销售资源相对平衡的分配。相对平衡的区域市场资源分配保证各销售人员较平衡的工作量及收入分配。

企业在决定是否采用区域市场管理方式之前，应对以上问题进行调研与分析，或参考行业其他企业是否采用区域管理方式，如果采用了区域管理方式，了解企业现行管理状况。对本企业各方面资源与同业比较，看是否可以借鉴对方经验施行销售区域管理，以此作为参照；如果同业没有采用销售区域管理方式，就需要深入研究背后的原因，是企业自身的原因还是外部环境和资源问题，如果在此前提下本企业要进行销售创新，即开创性地采用销售区域管理的方法，实施前要进行充分的基础调研和科学论证。

实施销售区域管理不是简单的试一下，不行大不了再改回来。区域的分配带动的是企业内部资源及市场客户资源的分配与企业销售管理体系的配合，是"牵一发而动全身"的大事，划分销售区域进而实施销售区域管理是对企业市场及市场资源全局的指引，是真正的"牵一发而动全身"的大事，因此一定要慎重。

（五）销售区域的划分方法

一个销售区域可以被认为是一个细分市场或多个细分市场按照一定的原则组成的集合。好的销售区域由有支付能力，并乐意支付的消费者组成。企业销售区域的设计关键在于顾客，对于很多企业来说，根据行政区划地图，按照地理界限为界限对"顾客群"进行分配，方法简单、费用低廉，便于管理和区分管理责任，是很好的方法，但对于复杂市场的销售区域划分或者细分的销售区域管理目标，还有很多划分方法可以采用。常被企业采用的销售区域划分方法有以下几种。表 2-5-1 为五种区域划分方式的优劣表。

表 2-5-1　五种区域划分方式的优劣

方式	优点	缺点	适用情形
按地理区域	按照区域地理结构划分，简单容易，操作性强，区域内出差成本低	无法针对不同客户提供个性化、专业化的服务	产品不多或产品非常类似，区域地理划分便利
按产品	提供以产品为核心的专业化服务	同一客户由不同的业务人员销售不同的产品，可能引发责任不清和推诿冲突	产品类别差异大，针对不同用户群和不同使用对象
按客户	不同销售人员服务不同类型客户，与客户建立伙伴关系，为客户提供深度服务	出差费用过高，服务客户的成本高	需求集中在某几个行业和数量有限的大客户
按行业	这样做的好处是提高了工作效率，还能使销售人员全力投入区域销售活动，熟悉某一行业	可能发生派多名销售人员拜访同一城市不同行业客户，销售费用较高的问题	如果企业对不同的行业销售不同的产品，则最好根据行业的类别来划分销售区域
综合划分	多种划分方式组合，整合各自优点	沟通和协作内部管理成本高	区域市场需要深度开发和再度细分时

资料来源：蔡利华. 销售管理的关键控制点. 北京：企业管理出版社，2014

综合区域划分是用两个或两个以上划分区域市场方式对区域市场进行划分。该方法对销售区域的划分更细致，或更切合企业销售资源状况或客户的不同需求。企业常用的综合划分方法及适用情形见表 2-5-2。

表 2-5-2　综合区域划分的常见组合表

四种常见矩阵式区域划分	适用情形
地理划分与客户分层并存	销售区域内同时存在按客户类别划分和按照地理区域划分。在地理区域划分的基础上，倘若细分区域内客户资源丰富，客户分层明显（大客户、小客户区分明显），可按客户规模进行再度分割，即资深销售人员专门负责大客户和重点客户，经验稍浅的销售人员专门负责区域的中小客户和散客
地理划分与客户分层交叉	在地理划分与客户分层并存的基础上，倘若某些细分区域内负责中小客户和散客的销售人员没有足够的市场容量和业务量支撑，则可考虑把几个细分区域中的中小客户和散客合并在一起统一由一人负责 举例而言，A、B、C 三个销售区域，大客户和关键客户开发维护分别由三个区域中的关键客户经理负责，而三个区域内的中小客户和散客则由一个业务经理统一负责

续表

四种常见矩阵式区域划分	适用情形
地理划分与客户补差并存	如果销售人员负责的区域特别落后，客户稀少，业务量明显不足，可考虑在地理区域划分基本不变的情况下，把相邻销售地区质量较好的客户群划归他管辖，作为特殊的补贴和支持
地理划分与职能分工并存	如果有些区域的销售人员人际关系能力强，但专业能力偏弱，短期内又无法弥补，则可以考虑地理区域划分加职能类别划分的组合，即多个区域共享一名专业度强的销售技术支持 销售技术支持负责多个区域，和这些区域的销售人员进行协同拜访，并对客户进行专业指导、帮助客户解决问题

（六）划分销售区域的步骤

企业生存的环境是经常变化的，市场潜力、竞争对手、销售人员工作负荷和预计销售前景对公司的区域结构都有影响。因此，企业必须根据环境的变化不断地调整销售区域。销售区域的设计过程一般包括以下几个步骤，如图 2-5-1 所示。

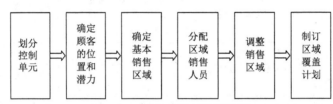

图 2-5-1　建立销售区域的步骤

1. 划分控制单元

设计销售区域的工作开端于划分控制单元，即将 STP 后的目标市场按照某一标准划分控制单元成若干个可控的市场单元。划分控制单元时常用的标准是现有客户数和潜在客户数。利用现有客户数可以很好地估计目前的工作量，而潜在客户数能够预测未来销售发展的潜力。此外，地理面积、工作量等也可以作为划分控制单元的依据。企业还可以根据本企业实际情况设计划分控制单元的标准。

由于控制单元并不是最终的销售区域，而是组成销售区域的更小单位，所以控制单元可以而且应该尽量小一点，以便领导层对其进行全面的把握与监控；小的控制单元有助于管理层对其进行调配和组合；小的控制单元如果出现什么问题也不至于产生关系到全局的影响。

一般来说，控制单元可以按照邮政编码区域单位划分，或者以行政区域划分。典型的销售区域可由几个控制单元组成，如一个销售区域可能由三个市来组成，另外的一个销售区域可能由四个县来组成等。

2. 确定顾客的位置和潜力

划分好控制单元后，自然地就要对单元内部进行具体分析，这种分析主要是针对现有顾客和潜在顾客的位置分布及购买潜力的调查与分析。一般来说，负责销售区域划分的人员首先可以通过手头现有的以往销售资料来识别现有顾客并分析他们的行为习惯，然后通过各种民间组织或咨询机构出具的报告及相关杂志、报纸、电视、互联网的媒体渠道识别潜在客户的分布，并研究他们的行为偏好，最后将现有客户和潜在客户的信息加以汇总，估计出每个客户能够为企业带来的业务量，并按照可以获得利润的大小对客户进行分类。上述工作的最终目的是为确定基本销售区域提供必要而全面的资料。

　　3. 确定基本销售区域

　　确定基本销售区域通常有两种方法，即合成法和分解法。合成法又叫自下而上法，是由小的地理单位合并为大的地理区域。合成法特别适合于消费品厂商或者实行密集分销的公司。分解法又叫作自上而下法，是根据销售潜力把整个市场分解成销售潜力近似相等的细分市场。分解法特别适合于工业品厂商或者实行独家分销的公司。

　　1）合成法

　　把基本控制单元合并成为销售区域需要考虑几个变量，例如，顾客的消费类型、拜访频率、每个控制单元的拜访总数、销售人员的工作负荷能力等。合成法的基本步骤如下。

　　第一，分析目标客户。管理层可以根据以往的销售数据，结合客户不同的需要和特点，把顾客划分为若干类，每一类客户采用不同的销售策略。对客户进行分类，一般采用的方法是客户 ABC 分析法，其分类标准应结合企业实际确定。一般情况下，A 类客户为大客户，虽然数量较少，但其购买量较大，这类客户一旦失掉，对公司销售业绩影响很大，属于企业所要紧密联系的客户，需要采取措施使其形成对本企业的依赖。B 类客户为中客户，数量居中，购买量也居中，属于企业所要保持的客户。C 类客户为小客户，数量虽多，但通常购买量很小，属于企业顺便满足的客户，并不着意保持。但在一些工业商品销售中，或直复营销的销售形式中，一般不对客户分类，而假设客户都是相同的，对所有客户执行相同的销售制度并采取相同的销售策略。

　　第二，确定最佳拜访频率。拜访频率受许多因素的影响，如销售潜力、产品性质、顾客购买习惯、竞争特性和顾客访问成本等。最佳拜访频率的具体数值可以由管理层来判断确定或者建立数学模型计算出来。一般情况下，大客户需要 1 个月访问 1 次，中客户需要 2 个月访问一次，小客户需要一年访问 2 次。

　　第三，确定每个控制单元的拜访总数。每个控制单元的拜访总数等于控制单元中客户的数量乘以对该客户的拜访次数。如果将客户分为大、中、小客户，则先分别计算，然后汇总。

　　第四，确定工作负荷能力。销售人员的有效拜访次数受到一次访问的平均时间和相邻两次访问中间的旅途时间两个因素的影响。销售人员每天拜访的平均次数乘以一年的拜访天数就可以得出这个销售人员的工作负荷能力。

　　第五，初步组合销售区域。依照划分标准将每一个控制单元组合到相应的销售区域之中，初步形成界限清晰的销售区域。如以客户数量为标准，要考虑各区域之间客户数量的平衡，将邻近的控制单元组合到该区域中。销售区域内各控制单元一年中需要拜访客户总数等于一个销售人员所能进行的拜访总数（即为前面所说的工作负荷）。

第六，根据需要调整销售区域。在初步组合销售区域后，各个销售区域依据某一划分标准已经达到平衡，但这种基于一个标准的平衡还是不够理想的，需要在兼顾其他标准的基础上进一步调整，使之达到更高要求。比如，初步组合的销售区域具有大致相等的客户数，但是各销售区域的地理面积却相差悬殊，销售管理者希望各销售区域在客户数基本相等的同时，地理面积也能大致相当，以平衡各区域的工作量。为此，可以从客户规模大的销售区域中，选择一个地广人稀、客户较少的控制单元，将该控制单元重新划分给一个地理面积较小的区域，以达到新的平衡。如果面积大的区域正好与面积小的区域相邻，而且符合条件的客户正好处于两区域的交界处，新的平衡就很容易实现。否则，就可能要同时调整好几个区域才能成功。

2）分解法

分解法适合于独家分销或者是销售工业品的公司。这种方法要求销售管理者首先估计出销售量，然后分解为销售人员配额。具体步骤如下。

第一，确定总的销售量。通过开展市场调查和市场预测，在确定公司经营目标的基础上，进一步确定公司总的预期销售量。

第二，确定每个控制单元的销售量。管理层可以采用层层分解的方法把总的销售量分配到各个控制单元中去，从而得到每个控制单元的销售量。

第三，确定每个销售人员的平均销售量。为了达到营利的目的，管理层必须确定每个销售人员必须完成的销售份额，这就涉及了销售人员的销售经验和成本分析等。

第四，确定销售区域。总销售量除以销售人员的平均销售量可以得到销售区域的人员数量。这一步主要是分解总体市场，按照销售人员都具有平等销售潜力的原则，划分销售区域，使得每个销售人员拥有相等的市场潜力。因为每个区域的控制单元的销售量已经确定，管理层需要做的就是为每个销售人员分配足够数量的相邻单元。在这里，区域潜力应该等于或者大于每个销售人员的销售能力。

第五，根据需要调整销售区域。要保证市场潜力和工作负荷两个指标在所有的销售区域的均衡，对初步设计方案进行调整是非常重要的。

4. 分配区域销售人员

销售人员一旦确定，管理层就可以把单个销售人员分配到各个地区。在任何一个销售队伍中，销售人员的销售能力和工作效率都可能不同，他们在销售经验、技巧、年龄、身体状况、能动性等方方面面都会存在差异。销售管理者应意识到，销售区域有好、中、差之分，销售人员也有好、中、差之分。同时，销售区域及销售人员都有各自的特点，即使两个区域的销售潜力完全一样，一个销售代表可能在一个区域获得成功，但在另一个区域却会遭到失败。要把销售区域与销售人员结合起来，使销售人员发挥最大的作用。

例如，如果一个销售区域覆盖好几所高校，那么知识层次比较高的销售人员相对就会更容易取得良好的业绩；相反，如果一个销售区域的目标顾客为几乎没有接受过教育的人，那么和蔼可亲的销售人员更容易在此销售区域内取得成功。

实际上，对于销售人员的分配，因为其对象是个体素质差异显著的销售人员，故而涉及微妙的管理艺术问题，并不是单纯依靠历史数据和计算模型就能够解决问题的。对于那些有经验、有开拓精神的销售人员，如果被困在一个市场潜力差的销售区域内，他们会因缺乏机会而无法施展才能。如果换个新人来代替他，新销售人员在这里可以得到一个极好的学习机会，而有经验的销售人员可以派往最需要开拓的销售区域。对于市场需求仍在增长的销售区域，如果配置一个满足现状的销售人员，他可能不再会积极地利用市场给予的好机会，最好把他派往成熟的低增长的销售区域，既满足他的需要，又符合公司利益。

在实际应用中，许多企业将销售区域划分为大、中、小三种规模，将小区域分配给缺乏经验的销售人员，中等区域分配给有经验的销售人员，而将大区域分配给经验丰富、技巧成熟的高级销售代表。这样做既可以调节上面所说的销售人员的差异，又可以给管理层管理销售队伍带来便利。需要说明的是，这种做法并不是对销售区域设计方案的否定，同等规模的销售区域仍然有同样的要求，所以在大、中、小规模的区域设计中仍然要用到以上所说的方法。

5. 调整销售区域

随着公司和市场的不断变化，销售区域就有可能会变得不合时宜而需要做出调整。在实际工作中，随着公司规模的扩大，需要大量的销售人员来占有市场。当某区域的市场需求快速增长，大量的潜在客户涌入市场，以至于销售人员只能做表面的维持工作，而不能进一步地开拓市场。例如，在一个销售潜力快速增长的区域里面，某个销售人员的销售额在两年中增长了 45%，表面看是全公司增长水平最高的，但是，实际情况却并非如此，这个销售人员的工作可能做得很糟糕，因为在这两年时间里，该销售区域的销售潜力增长了 100%。由于该销售区域的迅速变大，该公司已经开始失去原先的市场份额。当区域销售人员的增多无法与销售区域的变化同步时，销售人员追求利润指标的完成反而会忽略其他的工作，如宣传工作、寻找新客户工作等。有时候，销售任务也会发生变化，比如，顾客要求要有越来越多的附加值服务，这样销售人员的销售时间就变得少了，原来销售区域的工作量便发生了变化，管理层可以缩小销售区域，并且增加新的销售人员，以便对原来的销售区域做出调整。

当然，销售区域也可能因为变小而需要调整。如果销售区域过小，或许是原来设计的问题，也可能是市场状况的变化或主要客户的重新定位使销售区域变小，这样销售人员为了提高自己的销售业绩，就会越过自己的边界到别人负责的区域里面进行销售，造成区域侵犯的现象，给公司带来很多负面效应，如增加成本、降低效率、降低士气等。当发生区域侵犯的时候，进行区域调整就显得越发重要了。

无论怎样调整区域，销售管理者都应坚持区域设计的合理性原则。在进行区域调整时，既要考虑公司利益，又要重视销售人员的意见，只有将两者结合起来，才能达到区域调整的目的。销售管理者归纳了一些较安全的区域调整方法。

（1）保留地区核心，调整地区外延。原有销售区域核心不变，或在各区域交界处重新划区。

（2）保留绩效核心，将工作不积极的销售人员区域平均成若干等份，重新分配。

（3）保留初始区域，新增区域重新分配。

（4）人员离职，所辖区域部分或全部划分给现任销售人员，以鼓励销售人员忠诚。

6. 制订区域人员覆盖计划

在建立销售区域和配备销售人员后，管理层应该为每个销售人员制订区域人员覆盖计划。

1）为销售人员规划销售路线

销售人员花在旅行上的时间很多，大约 1/4 的时间用在旅行上。旅行时间一般是无效的，而销售人员的时间是宝贵的，所以应该采取措施尽量减少无效时间。

所谓销售路线，是指每天或者每月巡回拜访销售区域内客户的路线。一旦划分销售区域，销售人员必须对自己区域内的客户加以有效管理，依据各个客户重要程度的不同、任务的不同等来安排销售拜访。一个销售人员一般负责多个客户服务。客户散布于销售区域内，设计一条能够经过当天所有的要拜访的客户的访问路线，可以节约时间，降低成本。

为了进行路线规划，销售人员可将所在区域的商业地图备齐，然后绘制出销售人员所在销售区域的地图。再将销售区域内各个当前顾客和潜在顾客一个一个地按照实际地理位置标在图上，并在图上用不同的颜色标出竞争对手的经销店和本企业的经销店，绘制出销售区域的位置图。根据此地图就可以估算出本企业在此销售区域内的市场竞争力的强弱。有了销售区域位置图后，销售人员就可以比较容易地规划出自己的走访路线。

2）确定拜访频率

客户采购人员的工作一般都很忙，过于频繁的拜访可能会浪费他们的时间，影响他们的工作，但过少的接触又可能给竞争对手乘虚而入的机会，因此拜访频率一定要适度。在确定拜访频率时必须考虑如下因素。

（1）是否有工作需要。想要留住客户，最关键的是满足对方的需求，既包括产品质量、交货安排、价格、服务等因素，也包括销售人员恰当的拜访次数，能够满足对方采购工作的需要。

（2）与客户的熟识程度。双方熟识、关系稳固的客户，通过电话联系也能够解决工作上的需要。通过电话接触，既可以节省双方的时间，又可以节约销售人员的交通费用。但销售人员仍然需要主动保持与客户的接触，询问客户是否有销售上或服务上的工作需要协助处理。而且，在间隔一段时间之后，销售人员应该安排时间对客户进行拜访，以维护相互之间的交情。

（3）客户的订货周期。这就需要销售人员与客户建立良好的关系，对客户的生产经营活动有一个比较全面的了解，从而可以准确地判断出客户什么时候会订货等。

企业或高层销售管理者对销售区域进行管理，可从战略层面和实践层面两个方面进行管理。战略层面的管理着眼于未来，实践层面的管理着眼于现实，包括对销售区域的销售路线管理和时间管理。如果两个层面的管理能够很好地衔接，则区域销售管理的系统性和连续性便得到了贯彻落实。

（七）设计销售区域开发路线

1. 设计销售区域开发路线的流程

销售路线设计流程是按照以下四个阶段进行的，其具体内容见图 2-5-2。

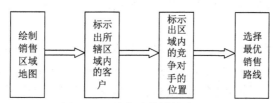

图 2-5-2　销售路线设计流程图

（1）绘制销售区域地图。要求地图绘制得翔实、准确。其具体做法是，先备齐所辖区域的商业地图，根据商业地图绘制出本企业、本部门辖区的"销售责任辖区地图"。

（2）标示出所辖区域内的客户。可按照实际街道地图加以标示，在地图上标示出每一个 A 类客户、B 类客户和 C 类客户的具体位置。不同群体可使用不同颜色加以区分。

（3）标示出区域内的竞争对手的位置。在地图上主要标出"竞争对手的经销店"（用不同的颜色标出不同的竞争对手），根据这样一份地图可以估算出本企业在这一辖区内的市场活动状况与竞争能力的强弱。

（4）选择最优销售路线。销售人员在责任辖区内的销售活动，包括拜访、沟通、送货、收款、服务等，均按照最优路线实施，以保证企业充分利用销售工作的有序和销售效率的提高。这样，长期在一个销售区域内工作的销售人员就会形成一个习惯性的工作路线，在此基础上还可寻求加大经销商密度的工作，以保证企业充分利用区域市场的资源。

2. 销售区域开路线的设计要求

销售路线的设计有如下要求。

（1）帮助建立起客户资料库。通过销售拜访路线，逐户拜访责任辖区内的经销商，建立起客户资料库（包括客户的地址、负责人、信息联络人、销售产品内容、类型、业绩、占地面积、进货接洽人、财务负责人等）。表 2-5-3 为客户信息表。

表 2-5-3　客户信息表

客户 名称	客户的 地址	负责人	信息 联络人	销售产 品内容	类型	业绩	占地 面积	进货 接洽人	财务 负责人
宏达 公司									
龙腾 实业									
……									

（2）分清销售人员的责任辖区。以销售地图为依据，圈出销售人员的责任辖区，将经销商按地址逐一标明。

（3）帮助确定拜访顺序与拜访周期。整理出区域内经销商（客户）的资料，决定拜访顺序和拜访周期。

（4）对客户要照顾周全。每条销售路线的设计以辖区内销售人员能照顾到为原则，销售人员依据所设定的销售路线拜访客户，保证不重复、不遗漏；为顺利完成销售任务和提高销售效率，每一条销售路线规定里程数应有所限制（如销售圈规定在 50 千米以内）；无论销售旅行是一天还是一周，这项设计都应遵循"销售人员在驻地附近会见第一个客户和最后一个客户"的原则；安排日程时，尽可能减少销售人员夜里或周末离家（或离驻地）的情况发生。

（5）及时调整责任区域。销售人员的"责任辖区分配"与"销售路线"不是一成不变的，如果市场发生变化（如客户搬迁、移址、改制、重组、改变经营方向等），或者企业经营战略发生变化（如改制、改变投资方向、领导人更迭等），相应的销售工作也要发生变化，其销售政策、策略、方法、路线等都可能发生变化，因此要及时做出调整。

3. 销售区域开发路线设计中的注意事项

为了提高销售路线设计效果，企业还注意以下问题。

（1）节约时间，减少不必要的浪费，降低销售费用。

（2）分配出更多的时间为有价值的客户提供最佳的服务，以保证高价值客户的稳定性。

（3）掌握每一位经销商、零售商销售量的变化态势，以此作为未来设计销售目标的依据。

（4）通过对经销商的访问，掌握经销商的能力与特点，作为新产品上市、经销点和零售点选择及实施促销活动的依据。

（5）按照销售访问计划的规定，对客户提供定期、定点、定时的服务。

（6）通过对经销商运行资料的掌握，彻底了解经销商和零售商的存货周转速度，从而作为铺货的依据，做到不积压、不断货。

【案例阅读】

湖南某公司市场区域划分和开发

1. 市场区域划分与人员配置

1）市场开发范围

以湖南省 14 个地级行政区域为目标市场。

2）销售区域划分与销售人员配置

公司设立一个销售部并分设八个办事处。设立办事处的好处具体如下。

（1）费用不高（租房、区域内间或出差）。

（2）可持续影响，成功率高。

（3）可以缓解销售代表心理压力，人心稳定、有归属感。

（4）给客户以公司实力强的感觉。

（5）可以稳扎稳打做实一个目标区域市场。

销售部设经理 1 名。直接对营销总监负责。办事处设销售代表，人员配置 1~2 人。2008 年表现优秀的销售代表，可作为 2009 年开发外省市场的省级办事处经理储备。

2. 销售策略与市场定位

（1）销售渠道全部采取零售商直营经销。

（2）充分利用公司过去的客户资源；尽量让销售网络下沉。部分地区可开发乡镇客户。

（3）京广线上城市是重点市场。

（4）公司销售代表要亲自参与各级零售商的营销和市场终端的分销工作。

（5）"做品牌先做销量"策略，前期广告及促销资源重点倾向于零售终端。在经销网络基本完善，出货量相对稳定时，可投入硬广告，开始建设品牌形象。

3. 客户销售政策

（1）价格：全省客户统一折扣价格，统一零售价。

（2）结算：一律实行"款到发货"的现款现货政策。

4. 2008 年各片区销售网点目标和销售任务分配

公司总销售回款目标为 2000 万元。将销售网点按年销售量划分为三个等级。其中，A 类网点年销售额为 10 万元以上；B 类网点年销售额为 5 万元至 10 万元；C 类网点年销售额为 5 万元以下。

5. 客户开拓方法

1）通过媒体广告

在《三湘都市报》和《长沙晚报》及《潇湘晨报》上刊登招商广告。此外，在各个城市的服装批发市场的主要位置，发布大型户外招商广告也能起到良好的招商效果。有可能的话，在各地当地的报纸上发布广告，配合办事处当地招商。

2）招商会

招商会是直接针对目标客户进行招商宣传的最有效的方式，与产品发布会（时装秀）结合往往能起到比较好的效果。区域性的招商采用招商会的形式是很有效的，组织、操作也比较容易，费用也不是很高。

3）人员招商

人员招商直接面对目标客户群体，主要通过人员的有效沟通来说服客户，成本相对也比较低廉，但速度较慢，对人的素质要求也比较高。

资料来源：林江. 湖南某公司 2008 年营销与管理方案. http://www.globrand.com/2008/82370.shtml[2008-03-13]

（八）区域销售地图的合理利用

地图是人们日常生活离不开的工具，我们从事的经济活动中，销售地图是必不可少的销售实战管理工具。一般地，销售地图多采用图表加注记的方式来表达市场相关信息，表示产品区域销售情况、渠道拓展情况、用户满意度、产品的销售量、市场的问题、产品的覆盖、竞争产品的市场分布等情况。销售地图在统计数据之上，用简单的地图平台来直观地表达这些市场信息，帮助用户传达信息，制定决策。一方面，销售地图可以最直观地反映出市场的动态，可以反映出市场的问题，可以帮助我们制定销售战略的决策；另一方面，销售地图也是企业在日常销售、销售管理活动中必需的工具之一。

依据绘制目的不同、反映信息的不同，销售地图可以分为销售分布地图、品牌分布图、销售量地图、竞争对比图、客户满意度指数图等多种。例如，销售分布地图旨在说明公司产品营销范围，主要用来表示产品销售区域、销售门店、售后门店等分布情况，多见于产品介绍、宣传、推广等场合；竞争对比图清晰、直观描述竞争性产品在市场上的占有情况，在地图上对比分析竞争对手和企业自己的销售情况，能够直观地发现企业在市场拓展中的薄弱环节。

那么如何合理、有效地利用销售地图呢？首先要绘制规范的销售地图，然后才能应用于销售实践活动。

1. 销售地图的绘制

销售地图与其他地图一样有有效性、时效性的要求，因此销售地图的绘制首先要定义时间点。销售地图的绘制直接反映企业的市场状况与环境，其中对市场的反映来源于市场调研。市场调研的时间点即销售地图的定义点，因此谈到销售地图一定要明确绘制的地图描述的是哪一个时间点的区域市场销售地图。

（1）将客户进行分类。根据销售区域设计中建立并通过前期大量的调研形成的客户档案资料，将客户进行分类、分级。通常可以将客户分为现实客户和潜在客户两大类，然后按照一定标准和方法对每大类客户进一步细分（分组）。例如，用 ABC 法将现实客户和潜在客户进一步划分为现实客户 A、现实客户 B、现实客户 C、潜在客户 A、潜在客户 B、潜在客户 C 等几类。

（2）划分销售区域的地理位置。可以根据销售额、销售量等销售指标将客户进行排名，然后标在地图的省份、市区甚至街道上。也可以利用制图软件，将现实与潜在客户排名输入制图软件中，根据省份、市区甚至街道来划分销售区域的地理位置。现在比较流行的制图软件生成的城市或省份地图上能形象地显示现实与潜在客户的分布情况。在不熟悉的地区标注客户的地理位置时，这类视觉辅助工具是非常方便的。用不同的符号、颜色记号代表不同类型的客户标记在地图上，一幅直观的市场销售潜力资源图则可清晰地呈现出来。例如，以◆红、◆蓝、◆绿代表现实客户 A、现实客户 B、现实客户 C，以◎红、◎蓝、◎绿代表潜在客户 A、潜在客户 B、潜在客户 C 等。既标明了客户所在地理位置和分布，客户订单大小、销售潜力也一目了然。

　　2. 依据销售地图设计销售人员每日业务走访路线图

　　一旦划分销售责任辖区后，销售业务员必须对所负责辖区内的多个客户服务。客户散布于销售区域内，设计一条从起始点出发经过所有当天要拜访的客户后又回到起始点的访问路线，可以节约时间、降低销售费用。访问路线的设计实际是时间分配的问题，合理地安排访问路线，可以最大限度地利用销售人员的时间。如果销售人员采用分类法管理客户，依据不同客户不同拜访频次要求，客户不同的地理分布，不同客户不同访问时间要求，合理绘制销售人员每天的业务走访路线，即销售路线。

　　所谓销售路线，是指每天或每月巡回拜访辖区内客户的路线，制定科学的销售路线并认真执行可以为客户提供定期、定点、定时的服务；了解经销店、零售店的存货周转；掌握每一经销店、零售店的销售态势与销货量的变化，进而作为设定未来销售目标的依据。

　　设计销售业务人员责任辖区的销售路线，将销售辖区内各个经销商一个一个地照实际地理位置标在图上。同时标出竞争对手的经销店和本公司的经销店，作为销售业务员在责任辖区内的业务活动具体活动路线，使销售拜访、推销、送货、收款、服务等活动有计划地进行。

　　1）选取路线形式

　　（1）直线式：从公司出发，沿途拜访所有客户，然后按原路或其他路线直接返回公司。

　　（2）跳跃式：从离公司最远的客户开始访问。在回公司的途中逐一访问客户。

　　（3）圆圈式：由公司出发按圆周形式拜访客户，结束时正好返回公司。

　　（4）三叶式：与圆圈式相似，只是把销售区域细分成一系列叶片形式，销售人员每次访问一个叶片区域。

　　（5）区域式：区域式不是真正的线路设计技术，而是时间管理技术，可以避免重复访问。

　　路线形式会随市场变化而产生偏差，所以当一个路线形式使用一段时间后，就需要重新检查，调整目标，绘制路线。

　　2）编排以天为单位的拜访路线

　　编排以天为单位的拜访路线，即销售人员根据每日业务走访路线图选定一种路线形式后，就要根据区域内客户的数量和拜访频率，编排业务人员每一天的拜访路线，并绘出每一天的拜访路线图。

3）绘制涵盖全部选定目标客户拜访路线地图

绘制涵盖全部选定目标客户，包括全部现实客户、选定开发的潜在客户的拜访路线地图，每日一页，配合销售走访表，装订成册，形成业务员销售人员业务走访手册。

3. 应用销售地图进行日常销售过程管理

（1）销售人员按照销售拜访路线能逐户拜访销售责任辖区内的经销商，作为销售人员每天活动计划的依据。

（2）按销售地图样式绘出此责任辖区地图，将经销商按地址逐一标明在此地图上，配合表格管理，能够详细描述市场，有利于市场管理，同时可避免因人员变动带来的客户流失、服务断层等问题的发生。

（3）随时更新区域内经销商（客户）的资料，以便随时调整销售活动，配合客户需求的变化。

（4）合理规划拜访线路、时间安排，保证销售业务员能照顾到区域内所有客户，保证顺利完成任务和并具有销售效率。

（5）应根据市场的变化和公司营销战略的变化适时调整销售业务员的责任辖区分配，改进销售路线设计，使其更加合理。

二、能力实训

（一）思考题

1. 作为新上任的销售经理，你发现有必要重新对销售区域进行划分，谈谈你对销售区域划分的工作思路。

2. 试述你对新的分区如何应用销售地图进行日常销售过程管理。

（二）综合训练

销售地图绘制与应用

训练目标：训练销售地图基本绘制方法，掌握基本应用。

角色：你为某区域快速消费品（具体产品自己选择）区域销售管理者。

训练任务：

（1）选择所在城市某行政区域为选定销售区域；进行产品现有客户调研，并建立初步客户资料档案。

（2）于行政地图上标出现有客户所在位置，按照客户经营规模不同分为三类，每类设计不同拜访时间和频率要求。设计一周销售活动，区域全覆盖销售地图。

（3）初步测算某工作日依据销售地图进行客户拜访活动，在途时间与有效销售时间

（客户拜访时间）的比例。

要求：小组作业，5～6人为一个小组，共同完成任务。时间设定为一周。

三、知识拓展

（一）区域销售管理五件事

作为销售执行的中坚力量，区域销售管理层（大区总监和省区经理）应该在销售管理中发挥什么样的作用，如何通过日常工作真正将公司的营销策略和销售计划落到实处？

作为销售管理的主力，区域管理经理应当在目标达成和项目推进指导方面发挥更大更到位的作用。

下面以省区经理为例，简单说明其围绕"目标、计划、行动"应重点做好的日常工作。

具体行动指南如下。

（1）省区经理第一件事：关注省区年度目标的达成；目前的机会够吗？应当采取什么措施调整？主动与大区和公司沟通，争取支持。

（2）省区经理第二件事：协助每个销售员理清年度目标达成计划；该销售员的销售机会够吗？如不够，应如何调整？如够，如何将重点项目往前推进？

（3）省区经理第三件事：帮助销售员明确当前的重点项目；每个月帮助每个销售员理清当月的 Must Win（必须赢）项目，确定工作重点。

（4）省区经理第四件事：为重点项目制订行动计划；计划必须是书面的，有具体的时间表，要细化到每一周的行动内容；每一个25%以上（指客户已经立项）的项目必须有详细的行动计划，大区经理负责督导，营销中心应进行抽查。

（5）省区经理第五件事：每周检查计划执行情况，并进行必要调整；省区经理每周的例会必须检查计划的执行情况，以确保计划的推进，提高对项目的掌控力度。

最简单的就是最高效的。省区经理必须全力做好"目标、计划、行动"三项基本内容让每一个销售人员清晰地知道行动的方向、步骤。

资料来源：http://blog.sina.com.cn/s/blog_47332f1401000b0d.html[2008-07-03]

（二）有效进入区域市场

"势"是一种最佳组合的时机，这种时机难以掌握与控制。因此，需要有超人的智慧、长远的眼光和迅速的行动相配合，才能把既有的资源调配到最有利的施控交会点上。《孙子兵法》中说："势者，因利而制权也。"行销的势，就是在市场竞争中，运用本身的最佳资源组合，掌握竞争优势，赢得最后的胜利。

在选择进入区域潜在市场的策略中，也必须因"势"而行，方能事半功倍，创造市场佳绩。具体来说，行销的"势"包括造势、攻势、强势、弱势、顺势、逆势六种。

1）"造势"进入

"造势"者，善于活用有利的内部资源和外界系统，或有利的竞争因素，如平地惊雷般地先发制人，促使时机与态势早日来临，从而使竞争对手措手不及，甚至毫无招架之力。"娃哈哈"集团在其新品牌"非常可乐"上市之际，也是利用世界杯足球赛期间的高密度广告大造其势，一度形成"未见可乐，先闻其声"的景象，从而一举占领国产可乐市场。借以造势的工具有多种，如企业形象、产品特色、生产成本等内在资源，也可使用广告、促销、公关、价格、渠道、媒体等外在资源。

2）"攻势"进入

"攻势"者，是当市场整体趋势向前迈进时，适时利用竞争优势采取正面攻击策略，占领市场，创造佳绩。采用这种方式进入时，时机的把握非常重要。

采用攻势策略要求企业具有雄厚的实力。有能力组织二次进攻并始终保持优势，否则，一旦对手得以喘息，其强烈的反击会使企业陷入"再而衰，三而竭"的尴尬局面。两届标王"秦池"的遭遇就是一个很好的例子。

3）"强势"进入

"强势"策略是可供强势企业或品牌运用的市场进入策略。强势品牌的强处，在于运用优越的资源，包括市场占有率高、企业规模大、产品知名度高、行销人才众多等武器实施总体作战。用浩大的声势扩大打击范围，采用广域作战的方式，从而一举攻克市场。

4）"弱势"进入

"弱势"策略主要适用于弱势品牌。弱势品牌应当集中火力在优势资源上，展现自己的特性和魅力，极力争取一定的市场份额。

弱势企业是在竞争激烈的环境下寻找市场空隙。因此，应当集中将仅有的资源运用在一点、一个区域，或一个市场上。此时，所谓"集中行销力量"就是发挥最有利的资源调配。弱势品牌的行销策略，应该从区域、商圈、零售点切入。应选择强势品牌较弱的地区或忽略的市场，努力做好区域管理或小市场经营，如此由点连成线，再由线圈成面，一个面完成后，再逐步利用各种推广战略，逐步成为区域强势或蚕食其他品牌的市场，这叫作三角攻击法。在这方面，味全奶粉是一个成功的典型案例。

5）"顺势"进入

当客户普遍欢迎某种产品或品牌时，表示该产品或品牌有较大的潜在市场需求。此时，企业应顺应这种趋势，适时调配现有资源，努力打开市场。如此，"顺势"即为"借势"，借势而为的企业往往只需极低的成本即可获得较高的市场份额，这也是企业进入新市场最有效的办法。但在"顺势"进入时，如果资源调配不当（如品质太差、服务不好或价格昂贵等）则常常会引起客户的抱怨，从而使企业失势。

6）"逆势"进入

独排众议者，虽然可能一时孤独，却因为独具眼光而扭转局势，反败为胜。例如，对于渠道的开拓，传统的方式由上往下逐步拓展，即批发商—中间商—零售商。但最新的渠道开发方式却反其道而行，即在设定新的渠道之前，事先做周密的调查，明确界定目标客户，再选择目标客户最合适的渠道，按零售商—中间商—批发商的顺序逐级而上，如此即能掌握整个市场的真实情况。

资料来源：芮新国. 区域市场——有步骤地开发区域市场. http://www.emkt.com.cn/article/50/5054.html[2001-08-01]

【角色转换】

如果你是一名中职院校的教师，你将如何向学生讲授这部分内容？请思考以下问题：

1. 在本项目的课堂教学中，你认为应该如何让学生更好地理解销售计划制订这项工作？

2. 在本项目的课堂教学中，你将采用什么教学方法让学生对销售定额及销售预算制定问题有更好的理解？

3. 在本项目的课堂教学中，你将如何让学生有效地理解利用销售地图进行销售管理的相关问题？

项目三

构建销售团队

【学习目标与任务分解】

➤ 知识目标

1. 掌握确定销售团队规模的方法
2. 了解销售组织设计需考虑的因素，掌握销售团队的组织类型和构建流程
3. 掌握常见的销售薪酬类型
4. 掌握常用的销售人员招聘途径，掌握销售人员招聘流程

➤ 能力目标

1. 会确定销售团队的规模
2. 能设计销售薪酬制度
3. 能协助完成销售人员面试、测验、培训等工作

➤ 任务分解

任务一　设计销售团队规模与组织
任务二　建立薪酬制度
任务三　招聘与筛选销售人员
任务四　培训销售人员

➤ 案例导入

施乐公司销售队伍的重组

20 世纪 80 年代中期，施乐公司在办公设备市场的主导地位岌岌可危。一方面是来自日本企业的低价竞争，另一方面是电子化的办公技术，在双向的夹击之下，作为施乐龙头产品的普通纸复印机显得黯然失色。

为了应对这种市场变化，施乐公司采取了主动出击的战略，将自己重新定位成办公自动化的先锋。这一战略的一个关键因素就是强调一切从客户出发的指导思想，4000多名销售人员就是这一客户聚集战略的主力军。以前，公司为每一条主要的产品线都配备了一支独立的销售队伍，最大的销售队伍负责销售复印设备，其他几个小的销售队伍负责销售信息处理系统、印刷系统、办公系统和工程系统。结果，许多客户要与多个销售人员打交道。

1985 年，施乐公司根据客户群和地域对销售队伍进行了重组，每个销售团队都要销售全部施乐产品。公司确定了一个细分市场，包括客户系统使用者、标准商业客户、小企业、第三方以及政府和学校之类的机构客户，由一支单独的销售队伍负责在规定的区域内全面销售施乐的产品。重组的好处之一就是提高效率，新的结构也改进了客户服务，因为客户可以与施乐的销售人员进行一对一的交流。

1985 年的重组立即取得了成效,公司的营业额连年稳步攀升。施乐的销售队伍被《销售和营销管理》杂志评为"全美最佳销售队伍",公司也在客户当中赢得了美誉,巩固了现有客户的忠诚度。

施乐公司在整个 20 世纪 90 年代一帆风顺,到 1999 年,股份已经达到 64 美元的历史高点。然而在成功的背后,问题正在滋生。高新技术企业的股份开始回落,竞争对手也在吞噬施乐的市场份额。施乐公司意识到,若想实现快速增长的目标,改革已迫在眉睫。

施乐的管理层决定实施一个新的双线业务战略,一边继续密切关注全球的大客户,一边开发独立的小客户。对于大客户,施乐的战略是帮助其采取新的方法来有效并创造性地使用文件。销售人员的任务是针对特定的行业销售成套的产品,包括复印机、软件、咨询服务和外购的合同。对于小企业,施乐的战略是想办法扩大市场,方法主要是扩大代销网络,如办公用品商店、增值批发商、代理商、电话营销和互联网。这些间接的渠道由于运营费用较低,有利于节约成本。

施乐的 4300 名销售人员在实施这项战略的过程中发挥了重要作用。在 1999 年经过了两次重组后,施乐进一步加大了对全球最大客户的关注力度,针对具体行业的销售团队也步入正轨。第一次重组确定了四个行业:财经服务和卫生保健部门、形象艺术部门、生产部门以及公共部门。几个月后,又增添了两个部门:批发零售部门和专业服务部门。为了协助完成一项交易,产品专家还会根据需要加入到这个队伍中来。间接的销售渠道也发挥了相当大的作用,承揽了许多原来由直接销售队伍负责的中小型客户。

与 1985 年的重组不同的是,1999 年的销售队伍重组一开始并未取得成功,也许是由于那一段时间公司内部气氛紧张,因财务混乱、战略执行失当,公司股价急剧下跌,还有 1400 亿美元的债务,公司一时无法扭转局面。

到了 2001 年中期,施乐公司陷入了一系列的财务困境,濒临破产的边缘。然而,推销员出身的新任首席执行官安妮·麦卡伊对公司的前景非常乐观。她相信,公司能否起死回生,很大程度上取决于销售队伍能否取得成功。

虽然这需要时间,但是安妮对销售队伍的信念并未动摇。2002 年,施乐公司进入了盈利状态;2004 年,在标准普尔 500 指数仅上涨 9%的情况下,施乐的股价上涨了 22%。安妮还希望开发新产品,以此拉动 2005 年的销售额增长,这是 1999 年以来施乐的第一次转型。

施乐公司的例子说明,销售队伍必须面对各种各样的变化带来的压力。从客户的角度来看,销售队伍的组织方式决定了一线销售人员的数量、对客户需求的反应、销售人员对产品以及目标客户的了解程度。从销售队伍的角度来看,销售组织模式决定了他们的职责,包括需要拜访的客户类型、所售产品和服务的范围以及需要参与的活动。

资料来源:科恩 WL,德卡罗 TE. 销售管理.9 版. 刘宝成. 北京:中国人民大学出版社,2010

由上述案例可见,建立完善的销售组织是确保销售业务高效运作的前提。因此,销售部门的组织建设与管理是企业销售管理的重要内容。

任务一　设计销售团队规模与组织

销售管理的重要工作之一是建设一支合格的销售团队。销售人员是公司与客户的纽带，对客户而言，销售人员代表的就是公司，反过来，销售人员又从客户那儿带回公司需要的许多信息。因此，要顺利开展销售部的工作，很大程度上取决于是否有一支高效高素质、能力强的销售团队。

一、知识基础

（一）认识销售团队

销售团队是指企业为了实现销售目标而将具有销售能力的销售人员、产品、资金、设备、信息等各种要素进行整合而构成的有机体。就是将企业生产或经营的商品销售的客户的销售部门的组织。

1. 销售团队的特点

销售团队作为企业组织体系的重要组成部分，具有以下特点。

（1）目标明确。销售团队的目标是通过各种销售活动完成企业销售目标，实现销售利润，提供令顾客满意的售后服务，并努力扩大产品和服务的市场占有率，为企业发展创造条件。

（2）组织规范。销售团队依据企业的产品特征、市场覆盖范围和流通渠道等因素构成不同的组织形式，有区域型组织、产品型组织、客户型组织及复合型组织。

（3）客户导向。销售团的管理，以顾客为导向，对人、财、物、信息等管理资源进行合理组织和充分利用，以客户满意为宗旨。

（4）动态适应。销售团队是一个开放的系统，它与企业的战略和环境保持动态的适应，随着企业发展战略的调整和环境的变化，销售团队也要进行调整和变革，以保证较高的运行效率。

2. 销售团队的功能

销售团队的两个基本功能是对销售人员个体力量的汇集和放大效应。构成企业销售功能的要素有多个，各个要素都有相对的独立性，把分散的各个要素汇集在一起，形成互相依托、互相补充的统一体，正是构建销售团队追求的目标。销售团队是一个多元素组合的系统，它可能出现"1+1=2" "1+1<2" "1+1>2"三种情况。而销售团队设计所追求的是"1+1>2"，即团队力量的放大效应。

（二）确定销售团队规模

销售人员是企业生产效率最高也是成本最昂贵的资产。销售团队规模的大小是设计销售组织结构的基本条件。然而，确定销售人员的数量却是一个两难的问题：扩大销售团队的规模一方面可以创造更多的销售额，另一方面又会增加销售成本。究竟需要多少销售人员才是最理想的数目？这是销售经理必须解决的问题。

一般确定销售团队规模的方法主要有任务分解法、销售百分比法、销售能力法和销售工作量法。

1. 任务分解法

假定企业准确预测销售额是可能的，通过分解预测销售额，即可决定所需销售人员的数量，其计算公式为

$$销售团队规模=预测的销售额÷销售人员完成的平均销售额$$

例如，一家公司预测明年的销售额为 8000 万元，销售人员平均完成的销售额为 200 万元，则该公司所需的销售人员数量为 40 人，即 8000÷200=40（人）。

任务分解法是相对简单的确定销售团队规模的方法。但是这种方法在概念上是有缺陷的。这种方法的基础是销售额决定所需销售人员的数量，本末倒置了，应该说销售人员的数量是决定销售额的重要因素。销售额应建立在既定的销售团队规模的基础上，增加销售人员将增加销售预期，而减少销售人员会降低销售预期。

虽然任务分解法有这样的缺陷，但它仍然是最常用的方法，适用于相对稳定的销售环境，即销售额变化缓慢且可以预测，没有重要的战略调整。

2. 销售百分比法

销售百分比法是指企业根据历史资料计算出销售队伍的各种耗费占各种销售额的百分比以及销售人员的平均成本，然后对未来销售额进行预测，从而确定销售人员规模。当用这种方法来决定销售团队规模时，销售预测要乘以已经确定的百分比，从而得出销售团队可以使用的资金总量。百分比通常来自历史数据和特殊行当的行业标准。表 3-1-1 提供了 19 种主要行业的平均销售队伍费用。就一家提供工业维修的典型企业而言，与销售队伍相关的费用约占销售总额的 6.4%。

表 3-1-1　销售团队总成本占销售额的百分比

项目	销售队伍总成本占销售额的百分比/%	项目	销售队伍总成本占销售额的百分比/%
公司规模/百万美元		公司规模/百万美元	
小于 5	14.7	25~100	7.9
5~25	10.5	100~250	3.5

续表

项目	销售队伍总成本占销售额的百分比/%	项目	销售队伍总成本占销售额的百分比/%
公司规模/百万美元		行业	
超过250	6.8	金属制品	10.8
产品或服务		健康服务	19.9
工业产品	4.1	旅馆住宿	21.4
工业服务	6.4	仪器	2.3
办公用品	9.4	机械	10.1
办公服务	8.1	制造	13.6
消费产品	5.4	办公设备	9.0
消费服务	7.9	造纸及纸制品	6.8
行业		零售	6.1
商业服务	1.7	运输及仓储	12.2
化工	2.9	批发（消费产品）	3.7
信息交流	9.8	批发（工业产品）	9.5
教育服务	47.9	平均	**6.9**
电子	4.2		

资料来源：Sales Force Compensation Survey. Chicago: Dartnell Corp., 1999: 9

　　假设公司经理要对来年销售团队的费用做出决策。他们预测销售定员会达到 1000 万美元，而且了解到制造业企业要在销售上花费 13.6%的收入，则销售团队预算和预算支持的销售人员的数量的计算过程如下。

　　销售预算额=期望销售额×现场销售的费用的百分比（工资、佣金和差旅费）

$$=10\ 000\ 000×13.6\%$$
$$=1\ 360\ 000（美元）$$

　　销售人员所得=销售预算×销售队伍的百分比（15%用于管理）

$$=1\ 360\ 000×0.85$$
$$=1\ 156\ 000（美元）$$

　　销售人员的数量=所得收入÷人均工资和费用=1 156 000÷57 600=20（人）

　　在这个案例中，预期销售预算是 136 万美元，推断出在支付管理费用后还要支付给销售人员 115.6 万美元。如果每年销售人员的平均工资和费用为 5.76 万美元，则公司能负担得起 20 人。

　　这种方法简单易行，但存在一定的局限性。首先，这个销售百分比是根据历史资料计算出来的，随着现代化销售工具和手段的运用，它可能会与以前不一样。所以，用历史数据来指导未来实践可能会有一些偏差。其次，对一家独立的公司来说，它无法保证在销售预算上应用行业百分比会得出最佳结果。表 3-1-1 显示，小公司比大公司更愿意在销售队伍上提供更高比例的资金。另一个缺点是对销售费用的预算分配与销售的变化方向一致，这会导致过早的规模萎缩，结果使数百万美元的销售机会仅停留在桌面上。比如，如果公司丢掉了市场份额，就需要加大销售力度，这要比销售百分比更加合理。因此，企业可依据自身的需要和计划，制定高于或低于行业水平的销售预算，以便对销售百分比水平进行调整。

3. 销售能力法

销售能力是指企业通过测量每个销售人员在范围大小不同、销售潜力不同的区域的销售能力，计算在各种可能的销售人员规模下企业的销售额和投资报酬率，以确定销售团队规模。

销售能力法的分析有以下三个步骤。

第一，测定销售人员在不同的销售潜力。一般来说，销售潜力越大，销售绩效越好。但销售绩效的增加往往跟不上销售潜力增加的步伐。例如，通过调查发现，某企业销售人员在具有全国 1%的销售潜力的区域内，其销售绩效为 10 万元；而在具有全国 5%销售潜力的区域内，其销售绩效为 15 万元。所以，必须通过调查测定各种可能的销售潜力下销售人员的销售能力。

第二，计算在各种可能的销售人员规模下的企业销售额。计算公式为

$$企业销售额=每人平均销售额×销售人员数$$

第三，依据投资回报率确定最佳销售人员规模。根据各种可能的销售人员规模下的企业销售额（即销售收入）以及通过调查得出的各种相应情况下的销售成本和投资，即可计算各种销售人员规模的投资。计算公式为

$$投资回报率=\frac{销售收入-销售成本}{投资额}$$

其中，投资回报率最高的即为最佳销售人员规模。

这种方法比较复杂，要求必须有足够的地区来做相同销售潜力的估计，故运用起来比较困难。另外，分析时忽略了地区客户的组成、地理分散程度及其他因素的影响，将销售潜力作为影响销售绩效的唯一因素。所以，只有当其他因素相同，且各种可能的销售团队规模的销售潜力资料很容易获取时才用此法。

4. 销售工作量法

销售工作量法是指根据企业不同客户的需要，确定总的工作量，从而确定销售团队规模。例如，乐泰北美公司向重型工业企业出售黏合剂及密封材料，为了增加短期利润，乐泰通过人员的自然流动来逐步削减其销售队伍。但是由于扩大了销售区域，乐泰的销售人员不能对现有的客户提供足够的服务。工业黏合剂是一种特殊的应用商品，需要大量的技术支持。乐泰决定临时雇用 30 名合同期为一年的独立销

售人员。增加的开支降低了 6 个月的利润，不过很快，销售又增长了。乐泰增加销售人员的决定体现了计算销售队伍工作量的方法，即通过关注要完成的工作量来决定销售人员的数量。

销售工作量法包括以下五个步骤。

（1）按年度销售量将客户分为若干级别。

（2）确定各级别客户每年所需的访问次数。

（3）每个级别客户的数量×各自所需的访问次数=每年总的访问次数。

（4）确定一个销售人员平均每年可进行的访问次数。在确定每位销售人员每年的平均访问次数时，应考虑客户的地理分布和集中情况、每次访问所需的时间和等待的时间以及其他因素。

（5）年度总访问次数÷每个销售人员的平均年访问次数=销售人员数量。

如表 3-1-2 所示，假若平均每位销售人员每年可完成 900 次访问，则所需销售人员的人数是 49 500÷900=55（人）。

表 3-1-2　工作量法设计表

客户等级	客户数目/人	访问次数/次	总访问次数/次
甲	300	50	15 000
乙	600	30	18 000
丙	900	10	9 000
丁	1 500	5	7 500
合计	3 300	95	49 500

这种方法比较实用，但它没有说明访问次数是如何确定的，也没有把销售队伍规模的扩大当成能为企业带来利润的一种投资。事实上，企业利润与销售团队的规模、预算等是紧密联系在一起的。

（三）设计销售团队组织

销售组织类型结构的选择受到企业人力资源状况、财务状况、产品特性、消费者以及竞争对手等因素的影响。企业应根据自身的实力及发展战略，选择适合自己的销售组织类型，以便用最少的管理成本获得最大的运营效益。

1. 选择销售组织类型

从企业销售管理实践来看，常用的销售组织类型主要有区域型销售组织、产品型销售组织、客户型销售组织、复合型销售组织和大客户销售组织五种。

1）区域型销售组织

它是指企业将目标市场按照地理位置划分为若干小的销售区域，每个销售人员负责一个区域的全部销售业务。区域型销售组织的结构如图 3-1-1 所示。

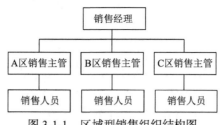

图 3-1-1 区域型销售组织结构图

我国地域辽阔，各地区差别较大，所以大部分企业都采用区域型销售团队，由各区域主管负责该地区所有企业产品的销售业务。从组织基层开始，经销商向销售人员负责，销售人员向区域主管负责。它具有以下特点。

（1）区域主管权力相对集中，决策速度快。

（2）有利于调动销售人员的积极性。由于一个地区仅有一位销售人员，其职责清晰、任务明确。这样能激励销售人员努力工作，完成甚至超额完成所规定的工作任务。

（3）有利于销售人员与客户建立长期关系。由于每一位销售人员的销售范围固定，与客户的关系如何将直接影响销售效果。因此，销售人员会自觉地关心客户的需要，与客户建立良好的关系，追求销售的长期效果。

（4）有利于节约交通费用。由于每个销售人员的销售范围较小，所以交通费用也相对较少。

（5）由于销售人员要从事所有的销售活动，技术上可能不够专业，所以该销售组织类型不适应种类多、技术含量高的产品。

在确定一组销售区域时，不一定是按照行政区域，而是根据某些原则来划分的。这些原则包括：这些地区易于管理；其销售潜力易于估计；这样划分可使出差时间减至最少；能为各位销售人员提供足够的、相等的工作量和销售潜量。

按地理位置划分销售区域，需要决定销售区域的大小和形状。销售区域可根据销售潜量相等或销售工作量相等的原则来划分。

根据销售潜量相等的投影划分销售区域，为销售人员提供了创造同样销售收入的机会。如果某区域在销售量上持续出现差异，则可认为该区域销售人员在能力与努力方面存在差异。但由于不同地区客户的密度不同，销售潜量相等的地区的范围大小是不一样的，所以分配到客户密度小的地区的销售人员需要付出更多的努力才能获得同样大的销售量。解决方法是给予该地区的销售人员额外的工作报酬，或作为一种奖励把工作能力强、资历较深的销售人员分配到客户密度大的地区。

根据销售工作量相等的原则划分销售区域，每个销售人员可很好地完成其区域的销售工作任务，但这样会使各地区的销售潜量出现差异。解决方法是对销售潜量较低的地区的销售人员给予适当补偿，或者把销售潜量较大的地区分配给表现较好的销售人员负责。

2）产品型销售组织

它是指企业将产品分成若干类，以一个或几个销售人员为一组，负责销售其中的一种或几种产品。产品型销售组织的结构如图 3-1-2 所示。

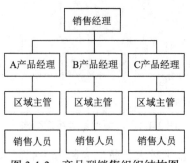

图 3-1-2　产品型销售组织结构图

这种类型适用于产品技术复杂、产品种类较多或产品间无关联的情况下的产品销售。在产品技术含量高、生产工艺复杂的情况下，不同产品线的销售人员应有专门知识。相互关联的产品应由同一销售人员同时销售，以便于客户购买。例如，乐凯公司就为它的普通胶卷产品和工业用胶卷及医用胶卷配备了不同的销售队伍，普通胶卷销售队伍负责密集分销的简单产品，工业用和医用胶卷销售队伍则负责那些需了解一定技术的产业用品。

当企业的产品种类繁多，相互间并无关联的产品被相同的客户购买时，这种形式就会暴露出极大的不足。如美国庄臣公司设有几个产品分部，每个分部都配备各自的销售人员。这样，该公司不同产品部门的几位销售人员有可能在同一天去拜访同一个医院，这显然是不经济的。

【资料链接】

宝洁公司首创品牌经理制

美国宝洁公司于 1927 年首创品牌经理制。当时，新推出的"佳美"牌香皂销量不好，于是企业任命了一位年轻的产品经理麦克埃尔洛埃专门负责这一产品的销售工作，这位年轻经理后来成为宝洁首席执行官。因为他的成功，宝洁立即增设了其他产品经理。此后，许多企业尤其是食品、化妆品和化学药品等行业都建立了产品型销售组织。

3）客户型销售组织

它是指企业将其目标市场按客户的属性进行分类，不同的销售人员负责向不同类型的客户进行销售。例如，一家计算机厂商，可以将其客户按其所处的行业（运输行业、金融行业、电信行业等）来加以划分。客户型销售组织的结构如图 3-1-3 所示。

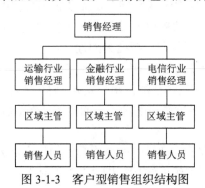

图 3-1-3　客户型销售组织结构图

　　对客户可依其产业类别、客户规模、分销途径等进行分类。很多国内外企业如施乐、惠普、通用电气公司等，都按客户类型或客户规模来划分销售区域，使用不同的销售人员。这种形式的优点是销售人员易于深入了解所接触的客户的特定需求及所需解决的问题，有利于在销售活动中有的放矢，提高成功率；有时还能降低销售人员费用，更能减少渠道摩擦，为新产品开发提供新思路。

　　其缺点是当同一类型的客户比较分散时，会增加销售人员的工作量，从而增加销售费用，影响销售绩效。因此，它适用于同类客户比较集中时的产品销售。

【案例阅读】

IBM 公司销售队伍的重组

　　当电脑成为日用品的时候，IBM 公司按照行业专业化的原则对销售队伍进行了重组。鉴于个人电脑日益成为大众化的日用品，商用电脑市场的利润源正在发生变化，流向了个人电脑的支持服务。商用电脑本身只占成本的 18%，其他 82%的成本来自服务，如技术支持、网络设备支持和管理。在这种环境下，仅靠提供优质的产品还不足以获得客户的忠诚，所以必须组合这些服务来降低客户拥有和使用产品的总成本。于是，IBM 公司决定把重心转移到向商用人士提供这些服务项目上。为此，IBM 必须比原来仅仅出售电脑硬件更深入地了解客户的需求。为了使销售人员成为"客户专家"，IBM 按照行业重组了销售队伍，重点突出专业化程度。IBM 相信，这种改变会增强其发现销售机会和提高客户满意度的能力。然而，更重要的是，销售队伍的绩效和其他绩效驱动力之间有很大的联系，如市场增长、新产品的开发和行业竞争等。

　　4）复合型销售组织

　　它是指当企业的产品类别多、客户类别多且较分散时，综合考虑地区、产品和客户因素，按地区—产品、地区—客户、产品—客户或者地区—产品—客户来分派销售人员的形式。在这种情况下，一个销售人员可能要同时对一个或多个产品线经理和部门经理负责。

　　在实践中，不同的企业可分别采用不同的销售组织。如施乐公司开始是采用产品型销售组织，一个主要的部门负责销售影印和复印机设备，其他部门分别负责销售打字机、印刷设备、办公设备等。后来为了避免各个销售部门的销售人员同时访问同一个客户的情况，施乐公司改用客户型销售组织，将销售人员分为四级：①大客户经理，以分散在各个地点的机构为较大的客户服务；②主要客户经理，在该地区为主要的客户服务；③客户代表，为具有 5000～10 000 美元销售潜量的标准商业客户服务；④销售代表，为其他客户服务。每个销售人员都需要学会如何向客户介绍、销售施乐公司的全部产品。

　　5）大客户型销售组织

　　它是指以客户的规模和复杂性为划分依据的市场专业化销售团队，企业设专门的机构和人员来负责大客户的销售业务。大客户是指购买数目大且购买情况较复杂的客户。企业的大部分销售额来自少数的大客户，企业在设计销售团队时需予以特别关注。大客户型销售组织的结构如图 3-1-4 所示。

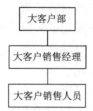

图 3-1-4　大客户型销售组织结构图

对于大客户销售业务的管理，企业通常实行销售人员负责制。建立一支独立的大客户销售队伍，由专门的销售人员负责对大客户的销售和服务，给大客户提供一些特殊的关照。每位大客户销售人员通常负责一个或多个大客户，并且负责协调企业与大客户的关系。

2. 销售团队设计原则

不同的组织由于其目标、环境及构成要素之间的不同，其形式也不相同，但是其建立的基本原则是一样的。根据销售管理的需要和销售团队的目标特征，在设计销售团队时要遵循以下原则。

（1）客户导向原则。在设计销售团队时，管理者必须首先关注市场，考虑满足市场需求，服务消费者。然后以此为基础，建立一支面向市场的销售队伍。

（2）精简与高效的原则。提高效率是销售团队设计的目的，而要提高组织的运行效率，就必须精简机构。具体地说，精简与高效包含三层意思：一是销售团队应具备较高素质的人和合理的人才结构，使人力资源得到合理而又充分利用；二是要因职设人而不能因人设职，销售团队中不能有游手好闲之人；三是销售团队结构应有利于形成群体的合力，减少内耗。

（3）管理幅度合理的原则。管理幅度是指一个上级直接管理的下属人数。管理幅度是否合理，取决于下属人员工作的性质，以及上级和下属人员的工作能力。正常情况下，管理幅度尽量小一些，一般应以 6～8 人为宜。随着企业组织结构的变革，出现了组织结构扁平化的趋势，即要求管理层次少而管理幅度大。

（4）稳定而有弹性的原则。销售团队应当保持员工队伍的相对稳定，这对增强组织的凝聚力和提高员工的士气是非常必要的，这就像每一棵树都应有牢固的根系。同时，销售团队又要具有一定的弹性，以保证不会被强风折断。销售团队的弹性，短期而言，是指因经济的波动性或业务的季节性而保持的员工队伍的流动性。

【资料链接】

销售团队岗位工作职责

1）销售部经理的岗位职责

销售部经理主要负责全面主持企业销售工作的指挥、指导、协调、监督以及管理等工作,并承担执行公司规程及工作指令的义务。销售部经理的岗位职责如表 3-1-3 所示。

表 3-1-3　销售部经理的岗位职责

职责要项		具体职责
1.销售计划管理		（1）参与制订企业销售计划、销售政策及销售发展策略
		（2）编制企业和各销售单位的年度、季度、月度销售计划
		（3）组织实施销售计划
2.销售过程管理		（1）及时掌握销售进度,监督检查销售计划的执行情况
		（2）及时发现销售过程中存在的问题,并进行解决
		（3）负责审核各种销售合同和销售方案
		（4）组织人员开拓并维护销售渠道
		（5）检查并督促对应收账款的核算、催收,确保销售回款及时
3.销售费用控制		（1）根据销售计划及市场状况,确定年度、季度、月度销售费用预算
		（2）将销售预算分解到具体的单位产品、区域
		（3）控制销售过程中各项费用的支出,尽量控制销售成本
4.客户关系管理		（1）组织建立并完善客户关系
		（2）对客户的信用等级进行分级管理
		（3）指导并监督销售人员维护与客户的良好合作关系,防止客户流失
5.销售团队管理		（1）负责销售团队的建设、培养
		（2）制订富有激励作用的销售提成方案,并组织实施
		（3）对销售主管进行考核
KPI 指标	财务类	销售收入增长率、销售利润率、销售费用增长率
	内部运营类	销售计划完成率、合同谈判成功率
	客户类	客户满意度、客户流失率
	学习发展类	部门中员工综合考核评分、核心员工流失率

2）销售代表的岗位职责

销售代表的主要工作是积极开展各类销售活动,开拓和维护客户资源,完成公司的销售任务。销售代表的岗位职责见表 3-1-4。

表 3-1-4　销售代表的岗位职责

工作内容	绩效标准
（1）负责收集产品市场信息,寻找潜在客户	潜在客户开发数量达到_____个
（2）负责制订本人的市场开拓计划,完成销售目标	市场开拓计划及时合理

续表

工作内容	绩效标准
（3）代表公司与客户进行商务谈判并签订销售合同	谈判成功率达到_____%
（4）完成合同的执行与协调工作，并按规定催缴合同款项	回款率达到_____%
（5）负责做好客户的信用等级、经销能力等评价	评价合理
（6）建立所负责客户的档案，并根据客户具体情况制定销售对策	客户档案完整率达到_____%
（7）定期进行客户满意度调查，及时了解客户需求并反馈至公司相关部门	信息反馈及时
（8）完成领导交办的其他事项	工作完成及时有效

3. 销售团队设计考虑的因素

一般来说，影响组织设计的因素主要有环境、战略、技术和组织结构，这些因素也同样影响着企业销售团队的构建。

A. 企业战略

美国企业史学家艾尔弗雷德·钱德勒，在对美国 100 家大公司的发展进行了深入考察之后，得出了这样一个结论：公司的战略变化在于公司的组织结构变化。具体地说就是，简单的战略通常只要求一种简单、松散的组织结构，也因此可以采取一种集权式的管理体制；当公司成长壮大后，战略随之改变，变得更有雄心，组织结构也因此而变得壮大，大多采取分权管理。所以，在构建销售团队时必须考虑企业的战略，企业战略是影响销售团队设计的重要因素。

B. 组织规模

组织规模主要是指组织的人数。组织的规模越大，组织结构就越趋于复杂和规范化。因为：第一，随着组织规模的扩大，在管理者的管理幅度的约束下不可避免地需要分层，因此会形成多层次的组织结构；第二，随着组织规模的扩大，组织关系更加复杂，协作更加困难，因此需要对员工进行部分划分，形成多部门结构。

C. 技术

任何组织的生存与发展都离不开一定的技术，因为组织总是需要将某些投入转变为产出，该过程需要一定的技术。

考察技术因素对组织结构的影响，需要对技术进行分类。查尔斯·佩罗认为，现代技术的分类标准有两个，一是任务的可变性程度，二是问题的可分析性。佩罗将这两种因素进行结合，划分出对组织设计有影响的四种技术，如表 3-1-5 所示。

表 3-1-5　影响组织设计的四种技术

例外情况可分析性	少量例外	大量例外
确定	常规技术	工程技术
不确定	手工技术	非常规技术

在常规技术下，组织结构可以高度规范，如生产钢铁和汽车的企业等大多属于这一类。

在工程技术下，一般要用理性、系统的知识来处理大量例外的事务，所以建立的组织应具有一定的灵活性，如建筑公司等大多属于这一类。

在手工技术下，问题具有较大的不确定性，但是例外的问题较少，组织应当有恰当的分权，保持较高的灵活性。

在非常规技术下，由于问题具有较大的不确定性，而且要处理的例外问题较多，对组织的灵活性要求很高，组织应当具有高度的分权化，并要保持较低程度的正规化。销售团队就属于第四种类型。

D. 环境

这里的环境主要是指社会环境。一个组织结构必须与其所处的社会环境相适应，特别是应当与其所在地的文化价值观相适应。下面分析几个国家不同的文化环境对企业组织结构产生的影响。

（1）美国企业的组织机构带有明显的阶层制特色，规范化程度高，权责清楚。

（2）英国和意大利企业的组织机构中有许多的横向交流，但是上下级之间的纵向交流则比较少。

（3）在挪威的企业中，最基层的人员可以直接向组织的最高层领导反映情况。

（4）在阿拉伯国家中，企业组织结构中的人际交流极少。

在我国，文化对组织结构设计的影响也是比较明显的。一方面，我国文化中权力集中化倾向比较大，易形成集权式组织结构；另一方面，制度又规定员工可以参加，因此在组织设计中必须反映这一规定。此外，中国传统文化讲究人和，不希望组织内部存在明显冲突，内部竞争一般也不受欢迎，至少不是公开受到鼓励。这样在组织结构设计中，机械式组织比较常见。此外，在构建销售团队时，还要考虑产品特点、客户类型、销售方式和销售范围等因素的影响。

4. 销售团队设计考虑的因素与程序

构建销售组织是一个过程，是指根据组织的目标，在考虑组织内外部环境的基础上建立和协调组织结构的过程。这个过程的一般步骤为分析客户与市场；确定工作类型；确定工作任务；设计工作内容；建立组织结构。销售团队的构建过程如图3-1-5所示。

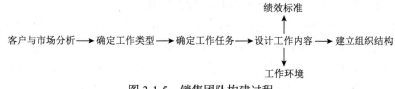

图 3-1-5　销售团队构建过程

1）客户与市场分析

销售人员一般在消费者市场和组织市场同时开展工作。每个市场具有不同的特征，消费者市场是为了消费而购买的个人和家庭，购买者的数量大，购买的规模小、品种多、频率高。组织市场是指为了生产、转卖或公共消费而购买产品的各种组织机构、制造商、中间商、政府等，购买者的数量少，但购买的规模较大，多为专家购买。这些特征意味着在不同市场上从事销售活动的销售人员扮演的角色不同，销售人员必须深刻理解这些市场的具体特征，只有这样，才能明确销售团队应发挥的作用，合理地设计销售团队。

　　2）确定工作类型

　　对销售工作进行分类的一种比较好的方法，是分析它们在销售过程中遇到了什么样的问题，问题的数量有多少，问题的难度有多大，这些因素决定了销售工作的难易程度，并据此可以将销售工作分为以下几种类型。

　　（1）开发性销售。开发性销售人员是企业销售收入的主要创造者，他们接收客户订单，也创造客户订单。他们所面临的工作难度是最大的，他们必须向新客户说明和展示企业的产品和服务，说服老客户购买更多的企业产品，或者激励老客户购买新产品。这项工作非常具有挑战性，为了从竞争对手那里争取更多的客户，他们必须为客户所面临的问题提供更好的解决方案，这无疑需要销售人员具有较高的解决问题的技巧及较强的创新精神。

　　（2）支持性销售。支持性销售人员为实际销售人员所进行的销售活动提供支持。他们所从事的主要工作包括进行促销及对客户进行培训和教育。在大多数情况下，支持性销售人员是销售队伍中不可或缺的组成部分，虽然它们并不负责具体的销售，其工作核心是提供技术帮助和信息服务，并解决顾客所面临的问题，从而满足顾客需要，达到争取新顾客和维系老顾客的目的。

　　（3）维护性销售。维护性销售人员是对客户订单进行处理及负责产品运输等后勤服务与保障人员，有时将他们称为司机销售人员或订单处理人员。如：可口可乐公司的销售代表的职责就是将产品送到零售商或连锁店。至于销售及销售后所出现的问题，他们不负责任，全部交给组织中更高一级的全国性客户管理人员来处理，地方性销售代表的工作就是保证货架面积和促销工作到位。

　　以上三类销售人员都是企业销售团队的重要成员，在构建销售团队时，需要考虑不同类型销售人员的规模及比例。

　　3）确定工作任务

　　在实际工作中，虽然不同类型的销售人员之间有着明确的职责分工，但也相互结合或转化，目标只有一个，就是以顾客为中心提升销售效率。

　　（1）接收订单。在销售类型的划分中，开发性销售人员和支持性销售人员都是订单的接收者，他们大部分的工作内容都是接收来自客户的订单。尽管在工作中，为增加销售额而提供各种附加服务，也需要销售人员做出一定努力，但很少有人是真正地进行创造性的销售，使原本没有购买欲望的顾客做出购买决定。许多销售业务几乎不需要销售人员做出任何努力便可成交。

　　（2）创造订单。开发性销售人员是订单的主要创造者，不仅需要赢得顾客，留住顾客，还要在这个基础上增加顾客的订货数量。他们运用创造性的销售战略和具有说服力的销售技能不断赢得新的订单，增加新的顾客。因此，他们的工作与支持性销售人员和维护性销售人员相比，难度更大。从某种程度上说，只有订单创造者才称得上是真正的销售人员，这也正是这类销售人员的薪酬远远高于其他销售人员的主要原因。

这些销售人员在工作中会同时遇到两类问题：首先，销售人员必须让潜在顾客对他们业已习惯的产品和服务感到有所不满；其次，销售人员经常需要克服巨大阻力，如潜在顾客可能从来没有听说过这种产品和服务，因此在开始的时候根本不会有任何购买意向，甚至会有偏见。

此外，顾客可能需要产品，但是对现在产品往往会采取很苛刻态度，在很多情况下顾客会认为产品的价格过高。在这种情况下成功地进行销售，就需要创造性思维的销售技能。

（3）维护客户关系。一个令人振奋的现象是，越来越多的销售人员不再单纯依赖价格赢得顾客。他们的内在个性以及他们在销售过程中所采取的方法具有一种预见性的能力，可使他们不再把大量的时间浪费在毫无效果的访问上或者片面地创造销售成功纪录方面，而是与现在顾客保持良好的关系。其关键在于他们与顾客之间建立了一种相互信赖的关系。他们知道顾客也需要被人倾听、被人理解，他们已经厌倦了无休无止的推销和千篇一律的产品。尽管价格是一个重要的因素，但是一个好的销售人员必须做出自己的判断，他们需要了解顾客的承受能力以及他们所需要的服务。他们首先要让顾客感到一种亲和力，然后在此基础上判断顾客是否具有真正的购买倾向。

在这个过程中，销售人员不是简单地把产品塞给顾客，而是与他们进行交流，更多的时间是在倾听顾客的心声，而不是夸夸其谈。因此，他们能够真正地了解顾客心理以及他们的需求。他们会向顾客提出一些友善的问题并进行记录。只有在他们感到时机已经成熟的情况下，才会根据顾客的真正需求适时地向他们推荐产品。他们清楚地意识到，被顾客拒绝是销售过程一个不可缺少的部分，因而他们会把拒绝作为延续话题的一个机会。

由于订单创造者在说服和争取潜在顾客方面更具有技巧性，因此他们的销售拜访往往更有效率。他们从来不去尝试缺乏准备的、冷冰冰的、缺乏人性的拜访。相反，他们会积极寻求现有关系网络的支持，通过现在客户的关系和推介作用扩大产品的影响力。他们在遵循现有销售方式的同时积极开拓新的客户关系。

此外，他们在销售过程中坚持因人而异的原则，因此他们为每一次销售访问都做好了充分的准备。在他们的心目中有一个信条：尊重顾客。因此，他们在收集信息和拜访顾客的过程中始终坚持这一信条。每完成一笔交易，他们会对顾客需求的变化进行认真的评价并做出适当的反馈，从而加深与顾客之间的友好关系。他们从不忘记与顾客保持适当的联系，因为他们清楚地意识到，未来的销售将来自现有的顾客和他们对产品潜移默化的推广作用。因此，售后跟踪服务对于保持和增加未来的销售具有重要的作用。

通过这些分析，我们可以看到，与过去单纯地接收订单相比，今天的销售人员在职业素质方面已经达到了一个新的水准。他们经过良好的培训，并在实践中磨炼和完善自己的技能。他们与自己的顾客以及那些可能对销售产生积极影响和群体之间建立起了牢不可破的关系。他们不仅了解自己的产品，同时也了解自己的顾客。反过来，顾客不仅把他们当作可以信赖的顾问，更把他们当作自己不可缺少的伙伴和朋友。

4）设计工作内容

销售人员的具体工作内容在各个公司之间有所不同，具体取决于所出售产品的性质、市场特征及顾客的地理位置。销售人员的工作，不单是向顾客展示产品，面对面抵销，他们更应该是销售区域（根据地理分布形成的一定数量的顾客群体）的管理者。具体地说，销售人员的工作包括以下内容。

（1）解决顾客提出的问题。顾客很可能无法通过购买商品和服务满足自己的需要，或者解决相应的问题。在这种情况下，销售人员需要了解顾客现有的和潜在的需求以及出现的各种问题，并向顾客说明如何通过购买他们所提供的产品和服务满足这种需求和解决这些问题。

（2）向顾客提供服务。销售人员可以向顾客提供大量的服务，包括处理投诉、返还缺损商品、展示样品、购买建议以及帮助顾客对已购买产品进行升级换代。此外，制造商可以安排针对分销商的销售人员，在向分销商进行推销的过程中，可以协助分销商的销售人员进行销售，并向其提供所需要的支持性服务。

（3）针对老顾客和新顾客进行销售。新顾客对于一个企业来说就是新的血液，他们可以为公司带来新的收入。如果一名销售人员要增加所辖区域的销售额或扩大自己的销售区域，就必须不断地获得新顾客。尽管赢得新顾客如此重要，但是销售人员也不能忘记，他们可以通过鼓励老客户购买同类产品的其他型号或新产品来增加现有的销售额。

（4）帮助自己的顾客进行销售。对于销售人员来说，很多销售工作的一个重要内容是帮助零售商或批发商销售他们所采购的产品。销售人员可以帮助批发商向零售商销售产品，再帮助零售商向最终顾客销售产品。

（5）帮助顾客正确使用产品。达成交易并不意味着销售人员工作的结束，销售人员常常需要指导顾客如何正确地使用产品，从而使顾客能够充分享受产品带来的便利。例如，在顾客购买了 IBM 计算机之后，IBM 的销售人员通常会帮助顾客学习如何操作和使用计算机。

（6）与顾客建立良好的关系。销售工作的原则是以人为本，它需要与顾客进行面对面的交流。在某种程度上，很多销售工作是建立在友谊和信任基础之上的。对于每一名能够对最后购买决策施加影响的人，销售人员都需要与他们在互惠互利的基础上建立友好的个人关系。这是一名销售人员工作不可或缺的一部分，它要求销售人员在满足顾客需求的过程中真诚地为顾客着想。

（7）为公司提供市场信息。销售人员可以为公司提供有关竞争对手活动、顾客对新产品和原有产品或销售政策的意见、市场中的风险和机遇以及自身工作等方面的信息。由于这些信息对于公司来讲是很重要的, 销售人员是企业信息反馈系统中一个非常关键的环节。

如果销售人员能够把上述七项工作合理地结合在一起并加以实施, 那么他就完全有可能取得良好的业绩。可以说, 销售人员每一天的工作都离不开这七项。

二、能力实训

（一）思考题

如果你是销售主管, 你怎样确定你的销售团队规模, 构建销售团队组织结构？

（二）分析计算

一家计算机软件研发公司有 5250 家中型规模的客户, 平均每年有 5 次为时 2 小时的拜访时间（包括旅程时间）。如果每位销售人员在一年内可控的销售时间是 1500 小时, 请确定该销售队伍的规模。

（三）校内外实训

企业销售团队规模和岗位职责调查

实训目的：对现实企业的销售团队规模及其销售人员岗位职责有一个初步和感性的认识；能够根据所学知识对实际情况进行分析, 发现问题, 并提出解决方案。

实训方法：访谈调查、问卷调查、资料搜集。

实训组织：组成学习小组, 每组 3～5 人。每组深入一家企业走访调查, 完成调查报告。

实训成果：每小组提交访谈报告, 并在课堂进行交流。

三、知识拓展

（一）如何判定企业的销售队伍规模是否合适？

下列情况下, 企业的销售队伍规模可能不够：

（1）核心客户不知道企业的销售代表在哪里。

（2）现有的客户想要更换供应商。

（3）对新客户的开发速度下降。

（4）销售人员认为自己在超负荷工作, 但成本看起来还是可控的。

（5）销售人员没有足够的时间来确定客户需求怎样发生变化, 或无暇提供相应的解决方法。

下列情况下，企业的销售队伍规模可能过大：

（1）企业最主要的客户问道：我不是刚见过你吗？

（2）总体来看，客户已经得到足够多的关心了。

（3）销售人员看起来有足够多的空闲时间。

（4）销售人员看起来没有得到足够的激励。

（5）财务部门注意到销售费用已经超出了正常的行业标准。

（二）功能专业化的销售团队

在组建销售队伍方面，没有最佳的模式而言。各个公司为了在竞争中生存，纷纷尝试不同的组织类型。公司应该了解自己的客户，然后从客户的角度出发，审视自己的组织模式。研究证明，当需要高超的推销手段时，某种专业化的组织模式效果最佳。当销售人员专注于某项具体的职能或销售活动时，工作效率提高。

（1）新客户专员（new customer specialists）。这些人负责为公司开发新的客户。人们普遍认为，开发潜在客户与服务现有客户需要完全不同的技能。美国运通公司和吉列公司就是从这种模式中获利的典型。这种销售模式也保证了公司为获得新客户配备适当的销售资源。

（2）客户巩固专员（retention specialists）。公司 80%～90%的年收入来自现有的客户。留住现有的客户，更重要的是实现收入增长，这是公司盈利的关键。布朗宁-费里斯实业公司（Browning-Ferris Industries）是一家大型垃圾处理企业，最近这家公司在企业内部设立了一个新的职位，叫作"核心客户巩固专员"，专门负责从现有客户中维持现有的收入源泉。

（3）终端客户专员（end-user specialists）。如何在终端客户当中创造需求，这是通过分销商销售产品的企业面对的一项挑战。利盟国际（Lexmark International）是一家生产键盘、打印机和相关办公设备的企业。该公司发现，它需要将更多的资源投向终端客户，而不是一味地围绕分销商做工作。为了确保大部分销售资源能用于终端客户的销售，利盟国际设立了一个新的销售岗位，专门负责针对终端客户的销售。通过这种方式，公司将 85%的销售力量直接投放于终端客户。

（4）销售工程师（sales engineers）。在有些高科技企业，如 3M 公司，销售工程师这个新岗位正在兴起。这些人负责在现有客户的业务中开发产品的新用途。例如，3M公司销售工程师可能与设计工程师合作，为原来的客户开发新一代的驱动器。所以，这种销售工程师更多地关注于技术问题，其工作职能超出了以往的销售人员。

（5）销售顾问（service consultants）。让销售人员 15%～30%的工作时间花在与服务有关的事情上是很少见的，如了解订购的情况、回答产品的运输问题、解决程序上的不合理等。要增加销售时间，这些事情就应该交由专门人员负责。销售顾问就是来帮助解决此类销售代表不很熟悉的问题，以增加客户价值。

总体来讲，应用专业化销售模式能增加公司营销的有效性，但是过度的专业化也会降低效率，因此最佳的销售组织模式应该是在两者之间取得适当的平衡。

任务二　建立薪酬制度

一、知识基础

销售薪酬制度的建立，是销售队伍建设中的关键。销售人员薪酬管理是销售管理工作之"纲"，一方面影响销售团队的稳定性，另一方面影响销售管理的效率，进而影响企业销售目标的达成。

销售人员的薪酬是销售人员通过从事销售活动而取得的利益回报，既包括企业支付给销售人员的经济性劳动报酬，如工资、奖金、佣金、津贴、福利、保险等货币报酬，也包括根据绩效给予的精神奖励，如证书、称号、培训、晋升机会等。

【案例阅读】

销售提成是万能的吗？

某电子产品企业的销售部门按行政区将全国划分成不同的销售区域，每年年初向销售区域经理下达其所辖销售区域的年度销售计划。销售区域奖金总额根据该销售区域的年度销售总额按一定比例提取。每个业务人员的奖金也与其所负责区域的销售额挂钩。如果销售区域完不成计划，无论什么原因，销售区域所有人员的奖金都会受到很大影响。

为了提高自己的销售量，销售人员在向批发商推销产品的时候，往往向客户承诺一些难以实现的优惠条件，如批发商进货达到一定量时给予高额返利，向批发商或者专卖店提供进行统一形象装修的补贴等。同时，为了扩大自己的销售额，除了开拓自己负责的区域以外，许多销售区还向相邻销售区域的经销商以优惠条件批发产品，以至于最后各销售区域之间互相抢占对方地盘。

刚开始时，这种做法的确提高了企业的销售额，企业也因此在一些地方的市场占有率大幅度提高，销售区经理和业务人员的奖金收入在业内达到了中高水平。但是两三年后，这种做法的弊端就开始暴露出来。一方面，许多经销商发现该企业的业务人员不守信用，令他们蒙受了很大损失，纷纷停止从这家企业进货；另一方面，各销售区域之间相互窜货愈演愈烈，严重影响了企业的整体市场策略。最后，企业的整体销售开始下滑。

资料来源：佚名.如何合理激励销售人员. http:l//women.sohu.com/20041027/n222717440.shtml[2014-10-27]

不可否认，在销售活动中销量仍是衡量销售人员业绩的最主要的指标，但这家企业在销售人员的薪酬制度、激励政策上出现了问题，它单纯地将销量与收入挂钩，当然容易产生一些销售人员的短期投机行为。为了避免本案例情况的发生，需要采用合适的薪酬制度。

（一）认识销售薪酬

1. 销售薪酬的组成

销售薪酬是指销售人员通过从事销售工作而取得的利益回报。企业销售人员的薪酬通常包括以下几个部分。

（1）基础工资。基础工资是相对稳定的薪酬部分，通常由职务、岗位及工作年限决定，它是销售薪酬的基础，是确定退休金的主要依据。

（2）津贴。津贴是工资的政策性补充部分，如对销售人员给予的职称津贴、岗位津贴、工龄津贴、地区补贴、国家规定的价格补贴等。

（3）佣金。佣金又称为销售提成，是根据销售人员的销售业绩给予的薪酬。对销售人员来讲，佣金一般是销售薪酬的主体。

（4）福利。福利通常是指销售人员均能享受，与其贡献关系不太大的利益，如企业的文化体育设施、托儿所、食堂、医疗保险、优惠住房等。福利一般根据国家政策给予。

（5）保险。保险是指企业在销售人员受到意外损失或失去劳动能力以及失业时为其提供的补助，包括工伤保险、医疗保险、失业保险等。

（6）奖金。奖金是指根据销售人员的业绩贡献或根据企业经济效益状况给予的奖励，有超额奖、节约奖、合理化建议奖、销售竞赛奖、年终综合奖和荣誉奖等。

由此可见，销售人员的薪酬不仅限于薪金，还包括其他方面的回报。企业销售薪酬的实施对其销售竞争优势有长远的影响。

2. 销售薪酬的主要类型

【资料链接】

薪酬方案的应用

目前，最常见的薪酬方案是基本工资加一些奖励的组合方式，如表3-2-1所示，大约63%的公司对中层销售人员采用的就是这种组合方式。这种方式的一个优点是可以利用奖励的比例来影响销售人员的行为，如使其重点关注某一客户群或某条产品线。对于试图利用奖励来控制销售行为的公司，业内的经验就是保证奖励占全部薪酬的15%～30%。

表3-2-1　薪酬方案

项目	公司应用的比例/%
直接工资	18
直接提成	19

续表

项目	公司应用的比例/%
组合方案（63%）	
工资加奖金	24
工资加提成	20
工资加奖金和提成	18
提成加奖金	1
总计	100

资料来源：Sales Force Compensation Survey. Chicago: Dartnell Corporation, 1999: 43

1）纯薪金制度

无论销售人员的销售额多少，均可于一定的工作时间之内获得一种定额的薪酬，即计时制。固定薪酬的调整主要依照评价销售人员表现及其成果。其他如配合竞争的需要、年资等因素，一般为次要因素。

此类薪金制度适用于需集体努力的销售工作，或多用于销售文秘兼内勤。

该制度的优点是：易于了解，计算简单；销售人员收入有保障，使其有安全感；当销售人员所负责的地区需重新调整时，可以减少敌意。该制度的缺点是：缺乏鼓励作用，不能继续增加成果；就报酬多寡而言，有薄待工作业绩优良者及厚待工作业绩不佳者之嫌。

2）纯佣金制度

该报酬制度是与一定期间的销售工作成果或销售数量直接挂钩的，即按一定比例给予佣金。这样做的主旨是给销售人员以鼓励，其实质是奖金制度的一种。

该类型的报酬制度适用于企业的产品刚上市，需要迅速开拓市场，雇用的销售人员为开拓型时，或销售人员为"推销型"人员时，它可以最大限度地激发销售人员的工作热情。

佣金计算的基础是销售金额（如毛收入或净收入）；其计算可以基于总销量，也可以基于超过定额的销量，或定额的若干百分比。佣金也可以根据销售人员的销售对企业利润的贡献来定。另一种较难计算的公式是根据销售人员的活动或表现来确定，这种方法较公平，但却较难实行。支付佣金的比例可以是固定的，也可以是累进的，即销售量（或利润贡献等基准）越大，其佣金比例越高；也可以是递减的，即销售量越大，其佣金比例越低。确定佣金比例也应考虑产品性质、客户、地区特性、计单大小、毛利量、业务状况的变动等。

该制度的优点是：有利于促进工作的独立性，提供最大可能的激励；销售人员可以获得较高的薪酬；控制销售成本较容易。该制度的缺点是：有销售波动的情况下不易适应，如季节性波动及循环波动；销售人员的收入欠稳定；增加了管理方面的困难，销售经理难以控制领取纯佣金的销售人员，而且很可能导致销售的辅助工作无人问津。

3）薪金加佣金制度

纯薪金制缺乏弹性，对销售人员的激励作用不足；而纯佣金制又使销售人员的收入波动较大，销售人员易缺乏安全感。而薪金加佣金制度则能弥补这两者的不足。

薪金加佣金制度是以单位销售额或总销售额的较少百分比作为佣金，每月连同薪金支付，或年终时累积支付。许多公司根据产品的销售额和收益率，设置不同的佣金比例。例如，销售人员如果在一个月内的销售额达到 2 万美元，就会得到 4% 的佣金；之后如果再增加 1.5 万美元，又会得到这 1.5 万美元的 5% 的佣金；如果销售额继续增加，对于超出这 3.5 万美元的部分，佣金比例就会上升到 6%。当需要销售工作格外付出努力时，这种累进的佣金比例会产生明显的效果。

该制度的优点是：第一，与奖金制度相类似，既有稳定的收入，又可获得随销售额增加的佣金，并且可以通过调整佣金比例来促进个别产品的销售或者加大对某个市场的推销力度。第二，佣金通常按月支付，以便及时兑现对销售人员业绩的奖励。在一段时间内分期支付佣金，也有利于防止销售人员在一个大型销售项目完之后立刻离开公司。

该制度的缺点是：佣金如果太少，则激励作用效果不明显；佣金如果较高，则成本就较高。有研究表明，薪金加佣金模式支付的酬劳平均最高，要高于薪金加奖金的模式。

4）薪金加奖金制度

即销售人员除了有稳定的薪金，还可获得较多的奖金。奖金的支付是为了酬劳销售人员对企业完成的具有贡献的工作，如销售宣传、销售新产品、增加新客户、减少销售费用等。

当企业的产品已进入成熟期，市场需要维护和管理时，企业所雇用的销售人员多为管理型人员时，可以考虑采用这种报酬制度。

该制度的优点是：可鼓励销售人员兼做若干涉及销售管理的工作；平衡了控制销售成本与鼓励销售业绩之间的矛盾。当大量产品已经通过广告预先售出时，再在工资的基础上增加提成来鼓励销售人员争取更多的销量就没有意义了。在这种情况下，薪金加上适度的奖金就足以保证他们完成任务了。另一个优点是有助于降低销售人员的流动率。

该制度的缺点是：不重视销售额的多少；难以处理业绩与奖励的关系。奖金一般按年度发放，从而降低了激励的效果。

【案例阅读】

IBM 公司的薪酬制度

在旧的薪酬制度下，IBM 销售人员是在每年的第四季度，即商用计算机交货的时候，得到大部分的佣金。佣金制度规定，通过分销商销售的产品，销售人员获得的佣金较少，因此他们就设法绕开分销商这一重要的渠道。在旧的薪酬制度下，销售人员严重信赖销售竞赛，于是他们的全部努力就是千方百计地完成销售任务，而不是为客户寻求适合的解决方案。最严重的问题是，为了保证设备正确安装，需要分布在不同的州和国家的销售人员通力合作，但对于这些工作，销售人员却没有额外奖励。IBM 原有的薪酬制度在确定薪酬方面采用了多达 25 项考核标准，销售人员不可能全部了解。

而新的薪酬制度则较简单，只有 10 项考核标准。而且，佣金结构也发生了变化，销售人员通过分销商销售，能够获得比以前更多的佣金。如今，IBM 对每月发放的销售竞赛奖设置了最高限额，不得超过全部薪酬的 20%，另有 20% 是不同地理区域间的团队合作奖。奖励部分中剩下的 60% 则与个人表现有关，如销售增长率、为客户解决问题、与渠道开展合作以及对利润的贡献率等，公司规定每季度发放一次。方案中的奖金部分基于公司的利润情况和客户的满意度，每年发放一次。IBM 公司还以旅游和津贴的形式，设立了表彰奖，相当于给销售人员提供了额外的收入。

这个实例表明，虽然薪金加佣金加奖金制度，采取了更多的办法奖励销售人员，但仍需要定期修正，以确保与公司的目标保持同步。

5）薪金加特别奖励制度

运用此项制度，销售人员除了有一定的薪金，还可获得特别奖励。特别奖励是规定报酬以外的奖励，即额外给予的奖励。

这种额外奖励分为物质奖励及非物质奖励两种。物质奖励包括直接增加薪金或佣金或间接的福利，如假期加薪、保险制度、退休金制度等。非物质奖励的方式很多，比如，通过销售竞赛给予销售人员一定的荣誉，如记功、颁发奖章及纪念品等。

该制度的优点是：销售人员有一定的稳定收入，鼓励作用更为广泛有力，常常可以促进滞销产品的销售。缺点是奖励标准或基础不够可靠，容易引起销售人员之间的矛盾及管理困扰。

（二）建立薪酬制度需考虑的因素与依据

1. 确定薪酬水准应考虑的因素

薪酬制度不仅影响销售人员的工作意愿和流动倾向，也关系着企业的利润及竞争的强弱。因此，薪酬制度的拟定和调整常要同时考虑许多相关的因素。主要包括以下几方面。

1）企业因素

（1）产品特征。在考虑薪酬制度时，首先要了解企业产品的特性、行业销售方式、成本构成以及未来的发展方向等。

（2）企业的经营政策和目标。在拟定薪酬时，要根据不同时机及发展状况考虑企业的经营目标层次及优先次序。比如，追求合理稳定的企业利润；促使业绩快速成长；增加销售人员等。而在调整薪酬时要考虑：时机及景气状况；其他同业竞争者状况；销售是在上升还是下降；销售费用和企业利润的变动情况；人员流动是否太频繁；销售人员对现行制度有何意见或抱怨。

（3）企业财务及成本方面的考虑。现行薪酬是否合理、是否太高或太低、企业能否负担得起、分期付款及现金销售对企业收益及奖金周转的影响，两者组合比例应为多少；

有无支付不同或相同的佣金。

通常来说，企业在创始期，受支付能力的限制，更倾向于采用纯佣金制，将企业风险转移到销售人员身上；随着企业不断发展扩大，实力和支付能力不断提高，则更倾向于采用薪金加佣金制，以降低和规避销售人员风险；企业的支付能力充裕后，则综合考虑企业人事战略、吸引和保留什么样素质的销售人员等因素，综合确定。

（4）管理方面的考虑。现行薪酬对于新人是否具有足够的吸引力；底薪是否重要；能否保证生活费用的支出；能否留住优秀人才；是否具有刺激挑战作用；收入是否有保障；能否要求为客户提供更好的服务；对不同年资、层级、职位的人员，是否能根据职责不同给予不同的待遇及奖励；管理者的来源是否欠缺；是否应鼓励业务人员向管理者层次发展。

（5）其他因素的考虑。是否只有高薪酬才能吸引人；企业知名度是否吸引人才加入；销售技巧是否重要，是否易学或需要很多训练与培训；产品知识的重要程度；培训的难易程度；广告促销花费的变动情况和薪酬制度的配合状况，是否有必要共同考虑；是定额支付薪酬还是超额加发，或阶梯式加发；开发新客户是否要支付特别薪酬；对新的销售观念及技巧是否要予以奖励；对提供市场情报是否要给予特殊奖励。

2）市场因素

市场是影响企业薪酬制度设计的重要因素，具体包括以下三个方面。

（1）稀缺程度。如果企业所需要的销售人员在市场上较难招聘到，则企业应该提高销售人员的固定工资，相反则应提高销售人员佣金的比例。

（2）市场薪酬水平。市场薪酬水平基本决定了企业该职位的薪酬水平。

（3）竞争对手行为。竞争对手薪酬水平如何？竞争对手如何设定薪酬各组成部分的比例？竞争对手有没有采取非正常的薪酬制度？这时，企业应设计具有竞争力的薪酬制度，以稳定员工队伍。

3）客户因素

一般包括客户爱好、交易行为、管理水平和客户期望等因素。如不同的交易行为要求不同素质、不同层次的销售人员，而不同素质、不同层次的销售人员的市场薪酬价位是不同的。

4）员工因素

员工因素主要考虑：①员工期望。企业应了解销售人员对自己薪酬的期望值。如果达不到其期望值，销售人员的积极性肯定会有所欠缺，不利于企业长期发展。②员工绩效。销售人员的薪酬一定要与其业绩相结合，也只有这样才能体现"多劳多得"原则。

2. 确定薪酬水准的直接依据

1）工作评价

工作是一种系统的方法，用来确定一个组织内各种工作的重要性及其相对价值或比较价值。工作评价旨在研究各种工作的组成部分，而不是判断各项工作的成效如何。工作评价是建立一种公平合理的薪酬制度的基础，而由工作分析所得到的工作说明书又是工作评价的基础。

2）同行业薪酬水平

如果薪酬水准比同行业类似工作的薪酬水准低，则难以吸引或留住优秀销售人员。如果薪酬水准比同行业类似工作的薪酬水准高，则必将增加销售成本，导致售价提高，从而可能减少销售量。但参考同行业水准是有一定困难的，主要是因为同行业间各种销售工作仍有较大差异，而且可靠的资料不易获得。

3）企业内其他工作薪酬

确定薪酬水准也要注意配合企业内其他工作的薪酬水准。如果有失公平，则容易影响员工的工作情绪和积极性，特别要注意的是销售部门内各种工作薪酬的一致性。有时能干的销售人员的薪金加上佣金或奖金，可能比地区销售经理或销售总经理的薪酬还高，常常使上下级关系显得比较尴尬。

（三）建立销售薪酬制度的原则

在销售薪酬方式的安排上，应该结合行业特点，建立具有特色的薪酬制度。另外，随着市场环境的不断变化，企业现行的薪酬制度也需要进行相应的改变。也就是说，目前令人满意的薪酬制度，经过一段时间后可能不再适应企业的发展，变得效率低下。但如果企业经常调整薪酬制度，不但会增加企业运营成本，还会让销售人员产生不安全感。因此，一个理想的销售人员薪酬制度应体现以下原则。

1. 现实性原则

现实性原则，也称实用性原则，即薪酬应制定在比较现实的水平上，只有这样，才能使销售费用保持在既切合实际又较低的水平上。

2. 公平性原则

销售人员薪酬制度应建立在比较客观的基础之上，使销售人员感到他们所获得的薪酬公平合理，而企业的销售成本也不至于过大。也就是说，既不让销售人员感觉到企业吝啬，又要不给企业造成浪费。只有这样才能使销售费用保持在既现实又节省的程度上。销售人员薪酬制度要使销售人员的薪酬与其本人的能力相称，并且能够维持一种合理的生活水准。此外，销售人员的薪酬必须与企业内其他人员的薪酬适当相称，不能有任何歧视之嫌。

3. 激励性原则

销售人员薪酬制度必须能给销售人员一种强烈的激励作用，以促使其取得最佳销售业绩；同时又能引导销售人员尽可能地努力工作，对公司各项工作的开展起到积极作用。当销售表现良好时，销售人员期望获得特别的薪酬。企业赋予销售人员稳定的岗位收入以外，还要善于依据其贡献大小在总体薪酬上进行区分，并给予不同数额的额外薪酬，这是销售人员薪酬制度真正实现激励作用的关键。当然，至于额外薪酬的多少，要依据综合因素进行评定，绝不能采取简单化的做法，认为奖励越高，激励也就越大。激励性原则还表现在销售人员的薪酬制度必须富有竞争性，给予的薪酬要高于竞争对手的规定，这样才能吸引最佳的销售人员加入本企业的销售组织。

4. 灵活性原则

销售人员薪酬制度的建立应该既能满足各种销售工作的需要，又能比较灵活地加以运用。也就是说，理想的销售人员薪酬制度应该具有变通性，能结合不同的情况进行调整。实际上，不同企业的组织文化、经营状况、期望水平、市场风险存在很大的差异，这种差异导致了不同行业或企业之间薪酬要求的不同。因此，企业在具体薪酬方式的选择上，应对各种相关因素进行综合评估，并进行科学的决策。

5. 稳定性原则

稳定性原则表现在两个方面：一是良好的薪酬制度能够保证销售人员有稳定的收入，这样才不至于影响其正常的工作和生活，使其能够努力工作。因为销售量常常会受到一些外界因素的影响，销售人员通常期望自己的收入不会因这些因素的变动而下降至低于维持生计的水平，所以企业要尽可能解决销售人员的后顾之忧。除了正常的福利，企业应为销售人员提供一笔稳定的收入，而这笔收入主要与销售人员的销售岗位有关，而与其销售业绩没有直接联系。二是薪酬制度在时间上要相对稳定。虽然随着时间和环境的变化，薪酬制度应做出相应的调整，但是薪酬制度一旦确定，在一定时间内（至少一年）应当相对稳定。

6. 控制性原则

销售人员的薪酬制度应体现工作的倾向性，并能对销售人员的工作指引方向，能使销售人员发挥潜能，提高其工作效率。同时，薪酬制度的设立应能体现企业对销售人员的有效制度。企业所确立的销售人员薪酬制度，不能以牺牲必要的控制能力为代价，这是企业保持销售队伍稳定性并最终占有市场的关键。为了实现这一点，企业必须承担必要的投入风险，而不能把绝大部分的风险转嫁给销售人员。

【资料链接】

华为：待遇坚定不移地向优秀员工倾斜，以贡献定报酬，凭责任定待遇。

华为的工资分配实行基于能力主义的职能工资制；奖金的分配与部门和个人的绩效改进挂钩；安全退休金等福利的分配，依据工作态度的考评结果而定；医疗保险按贡献大小，对高级管理者和资深专业人员与一般员工实行差别待遇，高级管理者和资深专业人员除享受医疗保险外，还享受健康保养待遇。

（四）建立销售薪酬制度的程序与方法

1. 建立销售薪酬制度的程序

建立销售人员薪酬制度需从实际出发，且应遵循一定的程序。

（1）明确薪酬设计的目标、策略。为此首先要确定企业销售队伍的目标和计划，即根据公司的销售目标决定需要多少销售人员，设立什么样的销售组织，完成多少销售任务。接着是确定销售薪酬制度要达到什么目标，采用什么战略与策略。

（2）分析影响销售薪酬的主要因素。即分析工资水平、工资结构、销售人员的要求和管理程序等主要因素对销售薪酬制度的影响。

（3）选择适当的薪酬方式。长期的薪酬包括工资和福利，如基本工资、退休金、养老金和医疗保险等；短期的薪酬包括红利和奖金。薪酬制度制定后要与销售人员进行沟通与宣传。

（4）建立相关的销售奖励体系。即工资的升降、相关的奖励政策等。

（5）试验此项薪酬制度。测定销售组织、个人和团队的工作绩效，即了解这样的薪酬制度是否有利于销售工作绩效的提高。

（6）评价与反馈。即通过销售工作绩效的测定，观察现行的薪酬制度是否有效，分析其存在的问题与不足，提出改进建议。

2. 构建销售薪酬制度的方法

企业在构建薪酬制度时，可以借用经济学的边际效用的观点，即看每增加一元薪酬，销售人员带来的销售额增加有多少。从销售人员的角度来看，每增加一元薪金与增加一元佣金或奖金，其边际效用往往是不同的。因为两者的收入稳定性不同。佣金或奖金占整个薪酬的比例可高可低，企业应根据销售人员不同的工作性质和不同的实际情况来决定。

此外，销售管理者也要注意在各种薪酬制度、不同收入水平之下，企业获得的边际收入情况如何。从管理者的角度来看，每种方法支付一元薪酬所产生的边际收入必须与边际成本相等。如果多付一元奖金所增加的收入大于减少一元薪酬所降低的收入，则奖金的比例可增加。但在此情况下，奖金对收入的影响仍比薪金对收入的影响要大。

再者，固定薪金与奖金（提成）的比例对销售人员的工作有很大的影响。因此，销售管理者应掌握决定奖金（提成）比例的依据。决定奖金（提成）比例的依据大致可参考表 3-2-2。

表 3-2-2　销售人员奖金（提成）比例的决定

情况	奖金（提成）占全部薪酬的比例	
	较高	较低
销售人员所属企业在购买者心目中的形象	一般	很好
企业对各种促销活动的信赖程度	小	大

续表

情况	奖金（提成）占全部薪酬的比例	
	较高	较低
企业产品质量与价格的竞争力	一般	强
提供客户服务的重要性	一般	强
技术或集体推销的影响范围	小	大
销售人员个人技能在推销中的重要性	强	一般
经济前景（整个市场环境）	一般	好
其他销售人员不可控制的影响销售因素	少	多

（五）销售薪酬制度的试行与考察

1. 薪酬制度试行

通常薪酬制度一经确定，便应向全体销售人员详细说明，并确保他们明了，以免产生误解。凡薪酬中有固定薪金的，必须先行规定各销售人员的薪金高低，其高低标准应尽量依据企业所制定的一般薪金制度，不可有歧视或不公平的地方。

2. 薪酬制度试行情况考察

考察薪酬制度的目的是检验经过试行的制度或固有的制度是否有效。任何新制定或修正的薪酬制度经过一年或一定支付期间试行后，都必须详细分析并考察该制度所产生的结果，以确定是否可以正式实施或有无修正、调整的必要。考察的标准包括以下几方面。

（1）销售人员的绩效如何。薪酬制度不同，销售人员的绩效自然有显著的差异。

（2）预算、销售费用比例及毛利情况。将拟定薪酬制度时的预计数字与实际发生值加以比较。

（3）对客户的影响。如果薪酬制度不是很合理，则常常会出现销售人员怠慢客户的情况。

（六）建立销售薪酬制度时应注意的问题

建立销售薪酬制度时，应注意避免出现以下问题。

1. 薪酬体系缺乏战略性

薪酬体系的建立以及管理必须围绕企业战略和远景目标进行，并促进企业文化建设，帮助企业实现战略目标和远景规划。

2. 薪酬体系的建立和管理不科学

很多企业的薪酬体系建立具有较大的随意性，这种随意性表现在以下三个方面。

（1）薪酬体系由老板定夺。老板凭借自己的行政权威和管理经验，硬性规定企业销售人员的薪酬，缺乏民主性。

（2）缺乏系统的薪酬调查和分析。有的公司在制定销售人员薪酬时闭门造车，或者照搬、照套理论模型，或者盲目模仿其他企业的薪酬方案，不对本行业、本地区和相类似的企业进行调查，不具体分析本企业的特点，具有很大盲目性和教条性，缺乏自身特点和适用性。

（3）薪酬管理过于死板，不注意适时调整。市场经济瞬息万变，企业管理的各个方面，包括薪酬管理，都要积极去适应内外环境的变化，做出相应的调整。比如，行业整体不景气可能会迫使企业调低薪酬水平；同时，企业也是不断向前发展的，新产品的问世、新市场的开拓等，都要求销售人员的薪酬体系"与时俱进"。否则，企业必将在经营上出现问题。20 世纪 90 年代，松下根据员工不同年龄段的生存要求，特别设立了年龄工资，以保证员工的基本生活需要，稳定其终身雇用制。随着社会的发展，产业结构、技术水平和职工的观念都发生了巨大的变化，多年形成的年功序列工资体系下过高的人工费用支出给松下造成沉重负担，再加上管理上的其他问题，导致 2001 年松下出现了 80 多年来的首次全社亏损，松下的薪酬制度不得不进行调整。

3. 薪酬体系缺乏应有的职位评估和绩效考核管理

职业评估、绩效考核和薪酬管理这三大管理系统被称为人力资源管理的 3P 模型。职业评估系统通过对员工职位价值的衡量，为制定员工薪酬奠定基础；绩效考核评估结果是给员工支付薪酬的基本依据；薪酬与职位评估和绩效考核挂钩，才能体现其科学性、合理性。但事实上，许多企业对销售人员的薪酬管理并未与职位评估和绩效考核相结合。

4. 薪酬的效率性与公平性处理不当

（1）对销售骨干的激励乏力。许多企业的传统薪酬制度一直把收入分配的公平性作为首要目标，有时甚至以牺牲企业效率为代价。事实上，对企业而言效率是第一位的，以牺牲效率为代价换来的公平不可能长久。企业中 80%的销售任务是由 20%的销售骨干完成的，但是大多数企业并未在薪酬分配上贯彻这一法则。因为收入拉不开档次，销售骨干的满意度普遍较低。企业并未认识到，让那些真正给企业创造价值的人满意，才是最重要的，因为企业无法让所有的人都满意。

（2）在薪酬上对特殊员工的倾斜不够，人文关怀较差。首先，企业一般对新进销售人员采用和原有人员一样的薪酬制度。这样，在底薪较低、市场推广较难的情况下容易打击新进员工的积极性。另外，为企业服务多年、有家庭负担的已婚销售人员，往往学历较低，在部分一味追求学历完美的企业，他们的薪酬势必给自身带来不公平感。例如，有些企业规定，刚毕业的市场营销专业的大学生销售人员的基本月薪比非本专业的中专生销售人员要高出很多，而后者往往是有丰富营销经验、给企业带来更大利润的销售骨干。

二、能力实训

（一）思考题

在竞争激励的市场环境下，企业应建立怎样的薪酬制度来达到销售人员和企业的双赢？

（二）案例分析

A 公司是一家以生产绿色食品为主的中型民营企业。和其他公司一样，A 公司对销售人员也采用了基本工资加业务提成的薪酬模式，其基本工资根据销售人员的学历设计了若干等级。

（1）刚出校门的学习市场营销专业的大专学历销售人员，基本月薪 800 元。

（2）有相关工作经验的非市场营销专业的大专学历销售人员，基本月薪 700 元。

（3）有一定工作经验的中专学历销售人员，基本月薪 500 元。

此外，销售人员的业务提成为业务量的 2%。

公司整体业绩还不错，老板和员工关系也很好，但令人费解的是跳槽现象却时有发生。其中有刚招进来的新人，也有公司的销售骨干，很多本来销售业绩做得很好的销售人员说走就走了。公司人员的频繁流动使得销售业绩不断下滑，很多销售计划也因人员的流动而搁浅或被迫中断，公司人力资源部门不得不经常奔波于人才市场和学校招聘会之间。

问题：

（1）A 公司的薪酬制度合理吗？为什么？

（2）请分析销售人员频繁跳槽的原因。

（3）对于解决上述问题提出你的建议。

（三）校内外实训

（1）制定销售薪酬训练。

训练目的：通过销售薪酬理论的学习，掌握销售工作中几种常用的销售薪酬方式。

训练方法：企业走访、课堂讨论、案例分析。

训练组织：组成学习小组，每组 3～5 人，推选一位组长。走访企业，调研不同企业（至少 2 家不同地区、类型企业）的薪酬制度，实地了解企业在销售工作中常用的薪酬方式，并分析该企业现行薪酬制度的优弊性。

训练成果：小组成员交流体会，每组完成一份调查报告，并派代表课堂发言。

（2）搜集销售人员招聘广告，分析其招聘要求和甄选方式，为学习任务三做好准备。

三、知识拓展

（一）福特汽车公司员工薪酬管理

福特汽车公司管理人员的年度薪酬包括工资和奖金。基本工资根据职务的级别和岗位工作的性质设立不同的标准，一般岗位越重要、工作难度越大薪酬越高，对于生产、财务、销售等不同部门采用不同的基本工资加上不同的奖金方案，以便更好地实现激励效果，做到外部竞争性和内部公平性。关于奖金的部分，根据年度内各项具体的业绩目标的完成情况，年度激励薪酬方案对薪酬计划的参与者发放一定数量的现金奖励。

（1）设立年度薪酬，绩效周期比较短。根据各年业绩目标完成情况，设定薪酬方案，这种奖励方案有一定的优势，由于目标比较近，员工增强了信心，从而使员工更关注绩效完成进度，增加员工责任感、使命感。

（2）奖励的浮动比较灵活。可以低于也可以高于目标奖金额，最终的奖金数目要视具体业绩而定。

（3）规定了上限，可以很好地控制成本。根据股东大会通过的薪酬方案，任何一个记名管理人员在任何一年内一次性接受的奖金数额不得高于 1000 万美元。

（4）奖励具有针对性，激励更有效。管理人员的奖励标准与普通员工分开，薪酬委员会根据公司每一个普通管理人员的责任水平也设立了相应的目标奖励。

（5）综合不同指标完成情况多维度进行奖励。薪酬委员会认为，福特汽车公司在税前收入、汽车销售税后收益、汽车公司信贷公司股权收益率上都已经达到或超过了预定目标，但是在质量目标上，完成得还不够。因此，薪酬委员会决定普通管理人员只能得到 92% 的目标奖励。

（6）奖励额依业绩调整。薪酬委员会根据个人业绩状况，对那些不属于记名的高级管理人员的奖金额进行适当的调整。

（7）员工分红计划（股票期权）。所有员工都有资格参与员工分红，分享公司盈利。据相关资料记载，公司每年提供税前利润的 4.9% 及税后盈余的 0.1% 作为员工红利，使员工在付出的同时，亦得以分享公司营运绩效的成果。特别是在股票期权、股票奖励方面，有较大的收益。只不过，通过股票期权获得收益的主要是公司管理人员，尤其是高层管理人员。

对于短期薪酬，福特公司实行了利润分享计划，以组织的绩效目标的衡量结果来向员工支付报酬。薪酬委员会根据业绩目标设定了一个奖金公式，员工根据公司整体业绩获得年终奖或股票，以现金的形式支付红利。该利润分享计划属于现代的利润分享计划，表现在该公司实行利润分享计划与退休计划联系在一起（长期绩效奖励计划中的选择性退休计划）。

（8）福特公司薪酬管理的缺陷。在规模较大、属于传统产业、发展较为成熟的福特汽车公司中，股票期权制度主要对管理人员尤其是高层管人员具有较强的激励作用，对于一般员工作用有限。因此，它反映的主要是中高层以上员工的智力资本的价值和努力程度。作为衡量公司全部智力资本的价值的手段，还需要进一步改进和完善，如引进股指期权和虚利期权、采用多重支付标准、将股票期权延伸到股基薪酬等。

（二）销售薪酬制度的实施

尽管设计一套新的销售薪酬方案需精心斟酌，然而，真正困难的是如何将其付诸实施。毕竟，薪酬制度牵动着销售人员的心，任何改变都可能受到抵制。销售经理需要花费大量的时间与销售人员沟通交流，让销售人员尽早知道薪酬的变化，向他们详细解释新方案背后的道理，这将有利于新方案的接受。如果时间允许，为新方案设置一个过渡期也是一个打消顾虑的好办法。

例如，联合信号公司改变了销售队伍的薪酬制度，但是给了销售人员很长的时间去适应这一新的方案。新方案的实施划分为四个阶段，用两年时间全面铺开。在开始的六个月（第一阶段）里，销售人员的收入与以前相比并没有变化，但薪酬说明指出了在新方案下销售人员的酬劳。如果销售人员的在新方案下比以前挣得少，公司还会将那部分差额给予补偿，以促使其接受新方案。在随后的六个月（第二阶段），公司开始实施新方案。但是，在这段时间，如果销售人员在新方案下比以前挣得少了，那么公司将以贷款的形式为他们补上这些差额，而且该差额是提前支付的。在第三阶段，销售人员的工资还是按以前的方案全额支付，但公司会与销售人员共同商议，如果表现欠佳，他们将如何偿还公司的贷款，以此来保证在新方案推出后的财务平衡。最后一个阶段是全面实施阶段，这种工作方法虽然耗时较长，但推行起来从容有度。对于那些没有时间完成类似过程的公司而言，起码应该正式告诉销售人员为什么以及如何实施新的薪酬方案。

任务三　招聘与筛选销售人员

一、知识基础

销售人员是公司收入的直接创造者，同时，公司收入的80%是由20%优秀销售人员创造的，所以招聘和筛选销售人员对公司至关重要。

（一）销售人员招聘的原则

销售活动较为复杂，会遇到形形色色的客户，经常面临拒绝，遭遇失败。招聘优秀销售人才要看他是否喜欢销售工作，拥有端正品行，足够自信，并能奋进向上。

1. 喜欢销售工作

招聘优秀销售人员的第一原则是他是否喜欢销售行业、对销售工作感兴趣。俗话说，爱一行干一行。只有喜欢销售的人，才会在销售这一行业发挥出自己的潜能，取得较好业绩。

怎样判断一个人是否喜欢销售行业？在面试时，很多考官都会问："你喜欢销售工作吗？""你为什么来公司应聘？"也可以多问一些关键词如"兴奋""业绩"这类问题。当他谈到兴奋时他会夸夸其谈，眼睛发亮，越说越投入。

2. 拥有端正品行

品行端正者可使企业蒸蒸日上，而品行不端者则可能违反企业制度、损害企业利益，甚至致使企业关门倒闭。对销售人员来说，不道德的销售行为或许在一次交易中能侥幸得逞，但要建立真正的合作伙伴关系则需要百分百的诚实和真挚。

3. 足够自信

销售工作面临许多困难和挫折，要与各种不同类型的客户打交道，这就需要销售人员具有充分的自信。

一个人是否自信，可以从与他交流的话题、回答问题、处理意外事件时的表现和举动加以判断。最重要的是观察对方的眼神，自信的人敢于面对考官，与考官有眼神交流和互动。

4. 奋进向上

销售人员应具有坚忍不拔、积极向上的奋进精神，因为激烈的市场竞争造成了不进则退的局面。一方面，销售人员在业务上要有不断开拓进取的意识和勇气，不断开拓新市场，建立新的客户群，形成新的业务类型；另一方面，销售人员应认识到时代、环境在不断发生变化，要不断学习新知识、新技术，了解新信息。

【案例阅读】

宝洁公司销售人员招聘条件

宝洁公司一般认为，不管是零售覆盖，还是郊县拓展，销售代表应具备一些最基本的条件：积极进取，踏实肯干，吃苦耐劳，身体健康，学历原则上要求高中毕业或以上，年龄在 18～30 岁，同时具有良好的沟通技巧。以上几点是考虑到销售工作本身的艰苦性、挑战性，同时也考虑到接受培训时人员接受能力及发展潜力而制定的。

（二）招聘销售人员确定应聘者人数与招聘途径

1. 确定应聘者人数

招聘的目的是寻找和吸引最胜任销售岗位的应聘者。符合岗位要求的应聘者要多于岗位需要雇用的人数，但不是所有应聘者都符合岗位要求、具备岗位资格，也不是所有收到聘用通知的应聘者最终都会接受应聘的岗位。所需应聘者人数可以根据公司过去的招聘经验，用下列公式来确定：

$$R = H/ (S \times A)$$

式中，R 为应聘者人数；H 为需要雇用的人数；S 为录用人数的百分比；A 为最终接受职位人数的百分比。

所以，如果 Y 公司需要招聘 10 名员工，期望在应聘者中录用 15% 的人选，最终有 50% 的人会接受应聘的岗位。那么，应聘者人数 R=10/（15%×50%）=133（人）。若想减少所需应聘者人数 H，既可以提高录用者比例 S，也可提高最终接受职位人数的比例 A。

2. 选择招聘途径

销售人员的来源主要有两个：一是从企业内部招聘，选拔业务能力强、素质高的员工充实到销售部门；二是从企业外部招聘，尤其是当企业处于创业期、快速发展期或需要特殊人才时，就必须借助外部招聘。通常，从企业外部招聘主要有以下几种途径。

（1）校园招聘。这是招收应届毕业生的主要途径，可为企业的长期发展提供人才储备。具体招聘方式有校园招贴招聘广告、召开招聘会、毕业实习、学校推荐等。

（2）人才招聘会。因为参加单位很多，所以规模和针对性都较强，而且时间短，见效快。但有效性较低。因此，参加人才招聘会之前一定要精心准备，并选择参加对招聘职位有价值的人才招聘会。

（3）人才中介机构。将招聘任务委托给职业介绍所、中介机构来完成，使企业的招聘工作简单化，能为企业节省时间和成本。人才中介机构负责刊登广告、挑选简历、面试应聘者，然后向雇主提供合格的人选。在这些前期工作完成后，销售经理才从候选人当中挑选理想人选，以备进一步面试。

（4）广告招聘。最常见的招聘广告为报纸的分类广告，可吸引众多的应聘者，但合格者比例较低。如果详细限定申请人的资格，则申请人数会大大减少，合格者的比例会提高，因而可节约招聘费用。另一种广告刊登在各类专业杂志上，一般效果较好，能招聘到高级销售人员。还有电视招聘广告，大中型企业可利用这一途径招聘到优秀销售人员。

（5）员工举荐招聘。许多规模较大、员工众多的企业都定期让内部员工动员自己的亲属、朋友、同学、熟人加入企业的销售队伍。根据调查研究，在所有外部招聘方法中，该方法的有效性名列第一位。优点：由于被介绍者已对工作及企业性质有相当了解，工作时可以减少由生疏带来的不安和恐惧，从而降低离职率。而且因新加入者与内部员工比较熟悉，彼此有要把工作做好的责任感，相互容易沟通，能提高团队作战的效率。

（6）业务接触。企业在开展业务的过程中，会接触到客户、供应商、非竞争同行及其他各类人员，这些人员都是未来的销售人员。

（7）猎头招聘。猎头公司专门为企业招聘高级人才，优点是能给企业招到在大众人力资源市场上很难招到的高级营销人才，同时招聘过程也较隐蔽，但成本较高。

（8）网络招聘。随着互联网的发展，越来越多的企业通过网络招聘。其优点是成本低、便捷、不易被竞争对手发现。企业可用两种方式网络招聘：一是在企业网站上建立一个招聘渠道，由企业自己进行求职者资料的获取和筛选；二是委托专业招聘网站进行招聘，最后进行验证测试即可。但是，利用网络招聘并不是所有的招聘流程都是在网上进行，通常企业利用互联网完成简历收集、筛选工作，而面试、测验等程序还是在网下进行。

【案例阅读】

宝洁公司销售代表招聘途径

宝洁公司一般通过下列途径进行招聘。

（1）通过报纸、电视台、电台刊登招聘广告。它的特点是传播覆盖面较广，能吸引众多的应聘者，其中报纸招聘是最常见也较容易的一种途径，适合大规模招聘时，如当地刚建经营部，需要大店、小店等各种销售人员。它目前存在的主要问题是：①费用较高。②位置不醒目，篇幅内容千篇一律。③招聘来源数量不稳定。为了解决以上问题，提高效率，宝洁公司选择刊登媒体尽量选择当地发行量大的报纸。版面位置及大小：招聘广告一般刊登在分类广告版，其他版面效果较差，所以尽量不选在其他版面，除非刊登在特殊的显著版面，那费用就要更高了。刊出日期一般在周五、周六、周日效果较好。因为国内报纸的周末版知识性、趣味性较强，而且在双休日，读者有更多闲暇时间阅读。

（2）当地定期招聘会或人才交流会。参加这种招聘会，宝洁认为应注意以下几点：要尽量安排醒目的招聘台，同时要准备较充分的公司宣传材料，安排人员接待，解答应聘者问题。

（3）大中专院校及职高、技校。这是招应届毕业生人才的主要途径，这对于分销商定期补充人才有很大帮助。宝洁分销商可以有选择地去某校物色人才，派人与学校召开招聘会，为鼓励学生到企业中工作，应向学生详细介绍企业情况及工作性质和要求。但需注意分销商是否有能力解决应届毕业生当地生源的户口、档案接洽落实等工作。

（4）内部同事和朋友。宝洁内部职员既可自行申请适当位置，又可推荐其他人。比如，将小店中优秀者提升为批发或大店人员，这样做既可以调动员工工作积极性，又可以降低招聘费用。但是要注意有严格的标准，以免营私舞弊，将来裙带关系引起纠纷。

（5）其他。通过业务接触，工作中接触到的顾客供应商、非竞争同行及其他各类人员都可以成为宝洁公司销售人员的潜在来源。

（三）甄选应聘者的步骤

在美国，一项对 500 多家企业调查的结果表明，27% 的销售人员创造了 52% 的销售额。除了销售效率上的差别，选用不当的销售人员还会造成巨大浪费。甄选销售人员的程序因企业而异。甄选程序一般包括以下步骤：填写申请表→初试（笔试或面试）→复试（笔试＋面试一次或多次）→资格审查→体检→正式录用。一个步骤通过后才能进入下一个步骤，以确保选出优秀的销售人员，把好第一道关。

1. 应聘者填写申请表

收集个人历史资料的一种普遍方式是让应聘者填写申请表。这样的信息与简历不同，是以标准格式呈现的，因而不会占用招聘人员太多的时间予以审核。目的是：①通过标准化的方式收集有助于甄选的信息，可据此初步断定申请人是否具备工作所需的一般条件或资格；②可以此作为面试时提问的导向；③防止明显不合格的人员仍继续参加以后各阶段的选拔，以节省筛选的时间和费用，提高效率。

申请表由求职者通过网络填写或在招聘现场填写，一般包括个人基本资料、教育背景、工作经历、兴趣爱好、求职意向等，要求申请人据实填写，必要时须出示有关证件资料。

申请人填完申请表后，负责招聘的人可根据申请表的资料进行初步筛选。衡量时，可用一些必备条件（如年龄、学历、工作经验等），必备条件缺乏者即予淘汰，必备条件具备者再综合考虑。具体可建立一种记分制度，分数高者优先。

【资料链接】

Y 公司求职申请表

求职岗位：　　　　　　　填表日期：　　　　　　　编号：

本表格所填内容应当准确真实，若内容不实将不被录用，若已录用也将被辞退。

姓名		性别		年龄		婚姻状况		照片
政治面貌		民族		身份证号码				
现居住地址		邮编		联系电话				
最高学历	___年___月毕（肄）业于_____学校					职称		
	_____专业，学制_____年，获_____学位					职称评审年月		
现工作或学习单位		部门及职务				电话		
	地址		邮编			目前是否可与你单位联系：可□　不可□		
目前就业状况	在职□　下岗□　协保□　退休□　待业□　其他_____							

健康状况	目前健康状况： □良好 □一般 □差	1. 以往重大病史（传染病、精神病、心脏病、癌症或其他慢性疾病）	□有，请说明： □无	其他
		2. 三年内有无手术史	□有，请说明： □无	
		3. 有无家族遗传病史	□有，请说明： □无	

期望收入	元/月	其他要求	

技能	外语	计算机	其他
	优秀□ 良好□ 一般□ 较差□	优秀□ 良好□ 一般□ 较差□	

本人特长	

教育及培训经历：

_____

主要工作经历（从开始起，包括学生时代的兼职情况）：

_____

获奖及各类证书：

_____

受过何种处罚及处罚原因：

_____

是否有亲属在 Y 公司体系范围内任职？若有，请说明姓名、所在公司及担任职务	

签字之前请仔细阅读以下内容：

1. 以上填写内容必须真实有效。

2. 如果不被公司录用，公司承诺，将为您的资料保密，并存入公司人力资源库。

3. 如果被公司录用，本人承诺如下：将严格遵守公司的有关规章制度，服从公司具体工作安排或工作地点变更的安排。

求职者签名： 日期：

2. 面试

1）面试的作用

面试在销售人员招聘过程中的作用主要有：进一步核对申请表上的信息，询问更多相关情况；对企业及应聘岗位作介绍，使应聘者对其有更详细了解；听取应聘者对工作的设想和见解。例如，要求应聘者回答"假设我现在面对客户，我将这样推介商品……"，现场观察应聘者的表现，判断其未来实际工作的情形。

2）面试的主要阶段

面试是甄选过程的关键，一般分为两个阶段。第一轮面试主要是向应聘者介绍岗位要求，确定是否有"淘汰因素"。淘汰因素是指足以将应聘者排除在进一步考虑范围之外的某些特征，如身体缺陷、言辞迟钝或缺乏必要的成熟度等。初试之后的第二轮是主要的面试，面试官要在通过第一轮面试的应聘者中仔细挑选，看谁最符合应聘岗位的要求。此时，销售经理、应聘岗位的直接主管通常都会在场。如史克必成公司采用了团队面试的方式，在这个过程中，应聘者需要与包括主管销售经理、服务经理、销售主任、技术主任等在内的一组经理面谈。

3）面试的方法

（1）结构化面试。结构化面试是指面试内容、形式、程序、评分标准及结果分析等要素按统一标准和要求进行的面试。以这种方式，销售经理向每一位应聘者提出一组问题，并将他们的反应记录在表格中。当多名面试官参与甄选时，结构化面试的优点是可以帮助他们对应聘者进行比较。如果对每一位应聘者提问不同的问题，那么，比较是基于对他们的印象，而不是基于记录下的相关信息。如果面试官在评价应聘者方面缺乏经验，结构化面试是一个很好的选择。

（2）半结构化面试。半结构化面试是指只对面试的部分因素有统一要求，如规定有统一的面试程序和评价标准，但面试题目可以根据面试对象随意变化。

（3）现场观察。如将应聘者带至销售现场，观察其一天的实际销售工作；应聘者和销售人员一起工作，拜访常规客户。优点是应聘者可以接受言传身教，了解工作细节。如果他们发现自己不适合应对这些挑战，会在被录用前自动放弃。

4）面试的评估

面试主持人应对面试结果作明确评估，以便决定是否淘汰。评估方法多利用面试评估表，就表内各项内容加以评分，最后做出全面评价。

【资料链接】

Y公司面试评估表

姓名		性别		年龄		最高学历	
应聘部门				应聘职位			

面试

评价要素	评定等级				
	1（差）	2（较差）	3（一般）	4（较好）	5（好）

专业程度

专业知识					
对职位了解					
专业经验					
笔试成绩					

适合程度

求职动机				
个人修养				
沟通能力				
表达能力				
应变能力				

初试成绩：	复试成绩：
评语：（面试人填写）	评语：（面试人填写）
签名：　　　　　　日期：	签名：　　　　　　日期：

初试意见	□ 建议复试　　□ 淘汰	复试意见	□建议录用　　□备用　　□淘汰
初试面试人：		复试面试人：	
签名：　　　　　　日期：		签名：　　　　　　日期：	

集团 CHO：
签名：　　　　　　日期：

人 事 部 门 记 录

可到岗时间			
拟录用单位			
拟录用部门、岗位			
劳动手册	□ 有　　□ 无	说明	
备注（请说明）			

3. 测验

在招聘素质较高的销售人员时，往往采用测验这一形式。测验能以更客观的方式，了解应聘者的个性及能力，并以定量的方式，分出各应聘者在各种特性上的高低，便于比较衡量。

1）测验的类别

按测验的内容来分，主要有以下几类。

（1）专业知识测试。主要是对应聘者进行销售知识方面的测验，旨在衡量应聘者是否具备所需的销售基本知识。可笔试，也可口试。

（2）心理素质测验。主要是对应聘者进行智力、个性、兴趣等心理特征的测验。这些心理特征对销售工作具有重要影响，有时关系到销售工作的成败。心理素质测验又包括智力测验、个性测验、兴趣测验及素质测验，具体详见表 3-3-1。

表 3-3-1 心理素质测验内容

测验内容	说明
智力测验	主要测定应聘者的智商，如记忆、思考、理解、判断、辩论等方面的能力
个性测验	主要测定应聘者的脾气、适应力、推动力、感情稳定性等方面的个性
兴趣测验	主要测定应聘者学习或工作方面的兴趣所在，以便在录用后指派工作时能尽量满足其意愿
素质测验	主要测定应聘者在销售才能、社交才能等方面的潜在素质，以便在安排职位时作为参考

（3）环境模拟测验。主要是采取模拟工作环境的各种情况的办法，看应聘者在各种销售环境工作压力之下如何做出反应；同时，应聘者也可由此推测自己能否适应这种工作环境。主要方法有销售实习法、挫折处置法、实地试验法，详见表 3-3-2。

表 3-3-2 环境模拟测验方式

测验方法	说明
销售实习法	给应聘者提供一切有关资料，要求应聘者表演如何向购买者进行销售，然后由主持测验人做出评判
挫折处置法	由面试人员利用批评、阻碍或者表示应聘者已经落选等方式，给出一种挫折的情形，就如同销售人员在销售工作中遇到挫折一样，观察应聘者如何应对和处理
实地试验法	让应聘者随同销售人员一起工作，使其能了解实地工作环境，面对真正的客户。由此，销售人员可以看出应聘者接待客户的能力及对待工作的兴趣与态度等

2）进行测验时应注意的问题

（1）测验只是筛选程序中的一环，并不能因此而减少其他筛选工作环节。

（2）测验工作必须由测验设计、管理及分析的专门人才来执行与指导。

（3）测验管理必须标准化。每次执行的程序及环境都必须相同，否则，测验成绩可能会发生较大差异，不具有可比性。

（4）对测验的结果须加以审慎鉴定。测验成绩可视为对应聘者的客观、定量的衡量，但要注意测验的各种限制，其结果有时不完全可靠。统计结果显示，测验成绩与工作效果的相关系数最高只能达到 0.70。

4. 资格审查

面试和测验合格后，可对应聘者提供的资料进行审核，以便确定资料的真实性。

1）查核的内容

（1）品行。通过咨询应聘者的老师、同学、前同事，来查证应聘者的人品。

（2）工作经历。通过咨询应聘者以前的工作单位或客户，以获取应聘者过去工作的真实情况。

（3）信用。通过咨询当地信用调查机构或其他企业的同类人员，以考核应聘者的信用及经济状况。

2）查核的方式

查核方式包括：拜访咨询人、电话查核、信函查核。

5. 正式录用

在运用各种方法对应聘者进行几轮选拔后，即可得到其是否胜任的信息，根据这些信息对胜任者做出是否正式录用的决定。

【案例阅读】

宝洁公司招聘

宝洁公司先阅读简历，通过年龄、性别、体格、教育状况淘汰一批。接着是面试，是整个挑选过程的核心部分。其目的是进一步相互了解情况。首先可以根据简历上所述资料询问更多相关情况。对简历的资料有不明的或可疑之处，通过面试可以证实和加以讨论。此外，透过应聘者的表现可以判断他未来实际工作情形。

宝洁招聘合格的应聘者还有重要的一项：实地工作。耳听为虚，眼见为实，与通过面试的应聘者到商店，让他们每人做一个简单的销售访问，这样可以进一步观察他们的主动精神、言语表达能力及发展潜力。同时，也让应聘人员对他即将承担的工作有一个感性的认识，让他在一个真实的基础上做出抉择。

一旦录用就要开始履行下列手续：由分销商发录用函，由分销商与录用者讨论工资待遇，由分销商和应聘者签订劳动合同，办好机关人事行政、工资关系、办理有关各类保险。最后录取的工作也不可忽视。因为从这一步开始，分销商要履行对应聘人员工资、福利等各项待遇的责任。若不能准确到位，很可能造成接受率低或流失率很高。特别是要注意按照中国合同有关劳动用工政策办事，尽量劝说分销商给录用者办理相应保险，如各种保险、人身意外伤害保险、养老保险及挂靠关系等。

二、能力实训

（一）思考题

1. 如何确定招聘者人数？

2. 简述招聘流程。

3. 若你是销售经理，经常会在招聘现场担任面试官，请分析并回答下列问题：

（1）丰富的面试经验是否能帮助面试官做出更准确的判断？

（2）当面试多位应聘者时，面试官是否可倾向于将先应聘者的表现当作与后面应聘者的表现进行比较的一个标准？

（3）对于应聘者而言，外表给面试官留下的良好印象能弥补其履历的不足吗？

（4）简短的面试结束后，在没有任何记录的情况下，面试官能记住多少现场信息？

（二）案例分析

案例 1

B 公司是国内知名的化妆品、洗涤品制造商，自成立以来始终以"清洁、美丽、健康"为宗旨，拓宽市场领域，开发新产品，现已拥有覆盖全国的销售网络。因业务发展需要，现聘用若干销售代表。

1. 销售代表的主要工作职责

（1）按照公司的销售政策与指定的重要客户建立并发展良好的合作关系，提高客户的满意度。

（2）全面开展销售工作，及时收集、分析市场信息并加以有效利用，完成销售、利润和回款指标。

2. 销售代表的条件

（1）年龄 22～30 岁，大专以上学历。

（2）拥有出色的分析判断、人际沟通能力及谈判技巧，熟悉办公软件的操作。

（3）1～2 年消费品行业销售工作经验，有跨国公司相关经验者优先考虑。

（4）具有独立工作能力，能承受工作压力，具有高度的敬业精神。

3. 面试问题设计

公司通过招聘网站刊登招聘广告。一星期后，公司人力资源部收到 10 份简历，其中 6 份基本符合招聘要求。但以往简历中存在虚假信息，而且在面试中应聘者为了获得工作，往往会隐瞒一些真实信息。故公司成立了专门的招聘小组，要求他们设计能有效区分应聘者的面试问题。

招聘小组认为，要解决这一问题，公司一方面要加强对应聘者背景的调查，另一方面要加强面试中问题的设计以获取应聘者的真实信息。

根据销售人员的职责，作为销售代表的面试问题应侧重于沟通、劝说、谈判、顾客服务、适应性等方面。招聘小组为此设计了以下问题清单。

1）适应性方面的问题

（1）请你谈一谈当你与客户合作的一个重要项目发生变化时，你应该如何做？

（2）当组织、部门或团队发生变化时，你是如何调整自己的？这些变化对你有哪些影响？

（3）有时我们不得不在我们不赞同的新政策下工作，你会如何做？为什么？

（4）你通常经过多长时间对你的新客户感到习惯和舒服，你会采取什么行动？

2）沟通方面的问题

（1）请设定一个情境：你成功地和一个客户沟通，并取得满意的效果。

（2）你曾经有过沟通失败并导致业务受到影响的情况吗？请说一说你是如何解决的。

3）顾客服务方面的问题

（1）举例说明你是如何令内部和外部客户都满意的。

（2）请描述你独自解决客户问题的情景。

（3）你是如何发现客户不满意的？

4）谈判方面的问题

（1）你曾经参与过何种类型的谈判？请描述最近一次的情景，你担任何种角色？结果如何？

（2）举一个你所经历的谈判失败的例子，并说明失败的原因。

（3）请描述一下你认为供应商或零售商是错的，或你不赞成他们的情景。

5）劝说或销售技巧方面的问题

（1）描述一下当希望赢得大订单却失败的情景。

（2）请描述一下你成功说明自己的产品或服务与众不同的竞争性的情景。

（3）描述你曾经遇到的最大客户，你们的良好关系取决于什么？

6）基于简历的问题

请说明在你的职业发展过程中最令你满意和最不满意的事情。

问题：

你觉得案例中包含的这些内容能反映对销售代表工作的要求吗？招聘小组设计的这些是否妥当？如果让你来设计，你会怎么做？

案例 2　Y 公司销售人员招聘案例

1. 案例人物

求职者 A、面试官 B、面试官 C、面试官 D。

2. 案例背景

求职者 A 从网络招聘网站上看到 Y 公司招聘销售人员的信息，积极投递简历、等待回信。公司人事助理查看后，电话邀约其于×月×日×时参与公司初试，同时准备纸质版简历三份。

3. 招聘过程

求职者 A 于指定时间、着正装到达公司面试地点，并在等候室等候。轮到求职者 A 面试，求职者 A 敲门询问面试官是否可以进入，得到确定后进入面试场，同时将三份简历递送给面试官。递送时简历文字方向应以方便面试官查看为准，面试官请求职者入座。

面试官 B：请简单做自我介绍，时间控制在 3 分钟内。

求职者 A：各位主考官好，我叫××，是今年应届毕业生，我所学专业是市场营销。在校期间，我学习认真努力，是学院三好学生，两次获得三等奖学金，取得了大学英语四级证书、全国计算机考试二级证书。除了积极学习之外，我也很注重个人的社会实践能力，大一时在联通公司做过促销，也曾做过手机促销，一天销售了两部手机。大二在学校图书馆兼职，此外，我还在××单位实习过。我的优点是做事认真负责，思维灵活。我今天应聘的职位是置业顾问，我对这个职位非常感兴趣。贵公司是房地产营销代理公司的翘楚，正处于飞速成长的时期，未来的发展空间相当大。我相信如果能顺利应聘成功，该公司肯定会给我提供一个很好好的发展平台。我很期待贵公司能够给我一次机会，让我能与贵公司共同携手以创造更大的价值。以上是我的自我介绍，谢谢！

面试官 B：你觉得你个性方面最大的优点和缺点是什么？

求职者 A：沉着冷静、条理清楚、立场坚定、顽强向上、乐于助人和关心他人、适应能力强、有幽默感、乐观和友爱。我相信经过一到两年的培训及项目实战，我会更适合这份工作。缺点是性格太要强，不管是工作还是生活上，我都苛求做到尽善尽美，争取做第一，从不做第二。

面试官 C：谈谈你对加班的看法。

求职者 A：如果是工作需要我会义不容辞加班。我现在单身，没有任何家庭负担，可以全身心地投入工作。但同时，我也会提高工作效率，减少不必要的加班。

面试官 D：假设应聘成功，进入公司后，你能为公司带来什么效益？

求职者 A：我可以开发大量的新客户，同时对老客户提供更全面周到的服务，开发老客户的新需求和消费。

面试官 D：那就谈谈你在销售过程中，与老客户打交道和与新客户交流，你更喜欢哪项工作？为什么？

求职者 A：我个人更倾向与老客户交流，因为相对新客户而言，我与老客户更加熟悉彼此，熟悉的人更容易沟通和交流，而且做好房产行业老客户的维护也能给自己带来新客户，从而促成交易。但同时我也会积极开拓新客户，和每一位新客户做朋友。

面试官 C：如果通过这次面试我们单位录用了你，但工作一段时间却发现你根本不适合这个职位，你怎么办？

求职者 A：一段时间后发现工作不适合我，那我会仔细考虑原因。如果是我确实热爱这个职业，但是暂时还未能完全掌握置业顾问工作的要领，那我就会更加努力学习，虚心向领导和同事学习业务知识与处事经验，了解这个职业的精神内涵和职业要求，力争减少差距。但如果是我真的不适合置业顾问这个岗位，那我会向公司提交辞职报告，去寻找更适合自己的工作岗位，那样有利于我个人的发展前途。对贵单位而言，既可以节约成本，也可以及时换血补充。

面试官 C：作为被面试者，请给我做一下评价。

求职者 A：好的。第一，我觉得您很有亲和力，每次提问时都是面带微笑，在我回答完毕后会点头示意。第二，您提问的技巧和方法让人听着舒服，让人愿意回答。第三，提问时您总能问到关键点，直接说明主题观点。第四，您的问题前后连贯性强，且非常到位和全面。

面试官 B：你工作经验欠缺，如何能胜任这项工作？

求职者 A：作为应届毕业生，在工作经验方面我的确有所欠缺，因此在学校期间我一直利用各种机会在房地产行业里做兼职。我也发现，实际工作远比书本知识丰富、复杂。但我有较强的责任心、适应能力和学习能力，而且比较勤奋，所以在兼职中均能圆满完成各项工作，同时从中获取的经验也令我受益匪浅。请贵公司放心，学校所学及兼职工作经验使我一定能胜任这个职位。

面试官 B：你认为你在学校属于好学生吗？

求职者 A：是的，我的成绩很好，所有的成绩都很优异。当然，判断一个学生是不是好学生有很多标准，在学校期间我认为成绩是重要的，其他方面包括思想道德、实践经验、团队精神、沟通能力也都是很重要的，我在这些方面也做得很好，应该说我是一个全面发展的学生。我认为是不是一个好学生的标准是多元化的，我的学习成绩还可以，在其他方面我的表现也很突出，比如，我去很多地方实习过，我很喜欢在快节奏和压力下工作，我在学生会组织过××活动，锻炼了我的团队合作精神和组织能力。

面试官 C：你有问题或疑问吗，可以提出来？

求职者 A：因为我是新人进入房地产行业，所以我想请问一下入职后贵公司是否有新人带教工作？

面试官 C：我公司拥有完备的培训体系，新人入职后会有专业带教师傅进行带教，一对一辅导直至你能完全上岗接待客户。另外，公司还拥有自己内部的培训学习平台，要求每一位员工在线学习与交流。

求职者 A：好的，谢谢您详细的讲解，我明白了。

面试官 C：好的，那你先回去等候通知。

求职者和面试官互相道别，面试过程结束。

问题：

1. 如果你是销售经理，担任此次面试官，请分析点评应聘者 A 在面试过程中的表现。

2. 如果你也是应聘者，你会如何表现？

（三）校内外实训

销售人员招聘模拟实训

分小组分角色扮演，模拟销售人员招聘。

（1）学生分组，通过搜集相关资料，自行选择需要招聘的单位和相应的销售职位。

（2）角色安排：招聘方、应聘方。

（3）学生准备：①招聘广告准备。要求每组学生（招聘方）设计一份精美、内容明确的招聘广告。②简历准备。要求每组学生（应聘方）每人根据自身情况设计一份个人简历。③面试问题准备。设计招聘方面试问题；设计应聘方回答问题。

（4）模拟实训。招聘方提问要求以单位、职位为标准，要能为单位招聘到合适的销售人员；应聘方要求以能够被录用的标准回答问题。

（5）学生互评与教师总结。

三、知识拓展

（一）西门子：依据岗位素质模型选聘员工

西门子是全球最大的电气和电子公司之一。为便于员工管理，西门子公司建立了岗位素质模型，也称为胜任力模型。针对每一个职位，定义出职位的关键能力，也就是招聘条件。主动性、学习能力、战略导向、客户导向、创造性、沟通技巧、变革导向等17种能力是定义西门子所有职位的基础。

招聘销售人员之前，西门子首先会根据公司的胜任力模型，确定对销售职位的主要要求，包括主动性、沟通能力、成果导向思维、团队全队合作精神等。

面试环节必须根据定义的方向设计，每一步都要有观察者给应聘者打分。例如，英文演讲主要考察应聘者的英文流利程度和表达自己观点的能力；角色扮演主要考察应聘者如何跟客户打交道、与客户沟通、怎么解决客户的问题；小组讨论可以考察应聘者更多的能力，如有些应聘者可以带领整个团队进行讨论，能够清晰讨论的主题是什么，需要解决什么问题，能够达到什么效果。

最终，西门子公司会平均从 20 个应聘者中招聘 5 个人，这些人必须是所有环节中表现最好、综合素质最高者，且都获得了观察者的一致认可。

（二）区域销售经理招聘要求及甄选方式

1. 岗位名称

区域（客户）经理。

2. 工作职责

（1）挖掘客户信息，进行有效过滤。
（2）与客户沟通，建立客户关系。
（3）创造活动（创造营销机会）。
（4）组织活动（创造活动氛围）。
（5）对有意向客户进行跟踪，完成营销任务定额。
（6）合同执行过程中认真跟进，同实施部门及研发中心进行有效信息沟通，随时了解合同完成的进度及效果，以求为客户提供优质服务，并保证合同完成后的回款。
（7）区域经理作为区域业务的核心，承担区域业务稳定及营销任务的主要责任。
（8）及时录入"内部销售系统"的相关内容。

3. 招聘要求及甄选方式

1）要求一：职业形象
简要概述：销售人员应当"色艺双全"，其中的"色"是与客户交往中展现的形象、谈吐、举止等。"艺"则是对产品的理解、销售技巧的掌握。销售人员应该给客户留下谈吐得体、举止端庄的"第一印象"。
甄选技巧：面试中仔细观察应聘人员的每个细节，包括举手投足甚至一个眼神。含糊其辞、缩手缩脚的应聘人员不予考虑。另外，推销需要的是脑力的全力开动以及精力的全力冲刺，所以销售人员一定是精力充沛的。面试过程中精神萎靡倦怠的应聘人员都属淘汰之列。

2）要求二：亲和力

简要概述："见面熟"是一种才干，这种人天生对别人感兴趣，喜欢与人交往，容易发现他人的优点，富有同情心，待人真诚。实际上，以客户需求为出发点，站到客户立场上为对方着想可以消除客户的对立意识。这种才干有利于在销售活动中迅速推进客户关系、发展内线并获取重要信息。

甄选技巧：与应聘人员接触是否有一见如故的感觉？对方是否有意而主动地拉近你们双方的距离？你能否清晰地感受到他的真诚？

3）要求三：沟通能力

简要概述：友好地与客户进行清晰、简洁的语言或书面交流是一名销售人员的必备素质。

甄选技巧：面试交谈中可了解应聘人员语言表达是否清晰流畅。沟通好手会注重身体语言的运用，如身体前倾、频频点头、报以微笑、目光接触等。

4）要求四：专业知识、行业背景、销售经验

简要概述：具备专业知识和行业背景意味着较高的起点，可减少岗位培训的成本投入。以往成功的销售经验是对应聘人员销售素质的最好验证，如此可降低招聘选拔的风险。

甄选技巧：不要只看对方简历上所写的签单个数和签单额，可按下列方式判明真伪，去掉水分。采用结构化面试方式，对于销售人员的应聘应灵活使用追问技巧。如你去年一年的销售业绩怎样？基于对方回复，重点跟进（此处是追问）其中一至几个项目，客户是如何挖掘的（签单信息的获得）？如何推进客户关系？怎样判断"关键人物"？如何设置内线？整个项目跟进过程中都有谁参与？你在跟进过程中是什么角色？为判明真伪再深入（又是追问），你在这个角色中做了哪些工作？工作中遇到哪些问题？这些问题你是如何处理的？报价是如何产生的？在项目推进过程中，你是如何调配公司内外部资源的？

5）要求五：自信、有勇气和韧性

简要概述：受到冷遇、遭到拒绝、长时期不开单都是销售人员常见的境况，如果不能跨越这一障碍很难有所收获。我们在以往交流销售人员应具备的素质时开玩笑地提到了"不要脸""不怕死""死缠烂打"，实际上就是百折不挠、越挫越勇。经得起孤独、耐得住寂寞方能等到最后的"天道酬勤"。

甄选技巧：询问对方经历中对待压力和挫折是如何处理的，举出具体事例。

6）要求六：关注细节

简要概述：推进客户关系过程中关注细节相当于捕捉对方动情点，可拉近与客户的心理距离。比如，客户的子女入学、过生日、企业厂庆之日打一个电话、送上一份小礼物等。

甄选技巧：要求应聘人员描述以往工作中关注细节的具体实例。

7）其他要求

一个合格的区域经理，还需具备进取心、说服力、感染力、应变能力、判断能力、把

握原则（不能无原则地妥协）、团队合作精神等。但就目前积累，甄选识别的难度很大。

以判断力为例，对判断力进行定义：能够抓住他人容易忽视的复杂问题和事物，能从不同角度思考问题，并能冷静、客观地分析问题。在利用智慧和经验进行决策前，能够对信息进行批判性的研究和分析。能够对传统假设和做法提出疑问，并能提出自己的原始想法和改革措施。

任务四　　培训销售人员

一、知识基础

（一）销售人员培训的作用和内容

1. 销售人员培训的作用

1）培训有利于提高销售人员的自信心和职业执行能力

进入 21 世纪以来，各种职位对工作人员的要求越来越高、越来越新，对销售人员智力素质、非智力素质的要求都在迅速提高。尤其是销售人员，他们大部分远离公司，独自去完成销售拜访，独自面对不时的拒绝和失败。他们时常会受到很多困扰，一些销售人员甚至会陷入恐惧感和自卑感之中，销售培训的任务是给予他们支持和鼓励，培养他们的自信心和职业态度、专业知识和技能，提高销售人员的专业执行能力：增进对产品、公司、竞争者和销售技巧的了解，引导新销售人员更快地进入工作状态，降低销售成本，帮助销售人员成为更好的市场管理者。

2）通过培训调动员工的积极性，提高创造力

对企业而言，培训进行得越充分，对员工越具吸引力，越能激发员工持久的工作动力和创造力。经过培训，不仅提高了销售人员的素质和能力，也改善了他们的工作动机和工作态度，为企业创造更多的效益。

3）通过培训改善销售人员的销售技巧

随着各行各业外部市场环境的飞速变化，没有任何企业和个人可以运用一套成功的经验去应对现在和未来市场的所有挑战，一切应对方法还有赖于企业广大销售人员在面对实际问题的过程中不断创造和实施。因此，企业需要不断地培训员工相关的专业知识，学习制订销售计划、巧妙控制时间的技巧，掌握销售管理的能力，是他们的个人素质和能力跟得上市场环境变化的要求，符合客户对服务的要求，保证企业销售目标的顺利实现。

4）培训有利于建立优秀的组织文化，提高员工忠诚度，提高客户满意度

在激烈的市场竞争中，企业文化的力量越来越为企业家所认识。企业文化带来的精神力量和信念是培训的重要环节和内容。企业在培训过程中宣讲企业文化、传播企业文化、强化企业文化，使员工对企业产生认同感，同时培训使他们具备信心，增长专业知识、专业能力和工作热情，既提高士气，又提升销售业绩和收入，从而降低销售人员流动欲望，延长销售人员的企业留守期限；同时稳定并具有高超市场营销能力的员工队伍必能给予客户良好的服务印象，有利于建立良好的客户关系，提高客户满意度。

【名人名言】

做好培训工作，可以培养工人的勤奋习惯和协作精神，有利于提高劳动生产率。

——H. L. 甘特（美国管理学家）

2. 销售人员培训的内容

销售训练的基本内容就是销售人员职位所应具备的技能，因此这种训练具有非常强的实用性和针对性，也就是马上能用得上的，如通过产品知识和企业客户政策的培训，销售人员就应能圆满地解答客户的疑问，通过优质高效处理订货方法和帮助顾客解决问题的培训可以增加顾客满意感、改善销售业绩，通过时间和区域管理的培训能加强企业销售区域的管理。销售人员培训一般来说主要内容有如下几点。

1）企业的基本情况

了解公司的历史、规模和所取得的成就，可以增强销售人员的信心和使命感，可以培养销售人员对企业的感情，树立使销售人员良好服务意识；了解企业政策，让销售人员认识到哪些是企业许可的行为，哪些是禁止行为；了解企业规定广告、产品运输费用、产品付款条件、违约条件等内容，为今后开展销售工作打下基础。

一般来说，销售人员对这块培训内容最感兴趣的是企业政策，它不仅包括企业报酬制度和企业利益等敏感内容，还可以为销售人员提供政策指导，以正确解决以后在销售工作过程遇到的顾客要求降价、修改产品、更快交货及提供更优惠的信用条件等问题。

2）市场与产业知识

了解企业所属行业与宏观经济的关系，如经济波动对顾客购买行为的影响，客户在经济高涨和经济衰退期不同的购买模式和特征，以及随着宏观经济环境的变化如何及时调整销售技巧等。同时了解不同类型客户的采购政策、购买模式、习惯偏好和服务要求。

3）产品介绍

产品知识是销售人员培训中最重要的内容之一。它包括本企业所有产品线，品牌，产品属性、用途、可变性、使用材料、包装、制造方法、损坏的原因及其简易维护和修理方法等，还包括了解竞争产品在价格、构造、功能及兼容性等方面的知识。

了解产品的知识，对销售人员相当重要。销售人员能够全面正确地向客户提供购买决策所需要的信息，从而激发客户的购买欲望。

4）顾客知识和竞争知识

销售人员要掌握本企业各类产品用户的群体特征、消费行为规律和公共关系建立技巧；掌握本企业客户状况的管理规范，以便于在实际工作中建立稳定、良好的客户关系。让销售人员了解竞争对手的产品、客户政策和服务等情况，比较本公司与竞争对手在竞争中的优势及劣势。

5）销售技能

销售技能是指为完成销售工作必备的能力，而销售技巧是要通过不断练习才能得到的。作为销售人员，要进行市场信息获得与管理能力培训，销售访问与成交技术培训，判断与决策能力、改革创新能力、灵活应变能力、人际交往能力等的培训，文字和报告能力等基础专业能力培训。同时要进行管理技能，如目标管理、时间管理、有效沟通、销售计划的制订与实施、团队合作、营销管理等执行力的训练，保障企业销售目标的实现。

【资料链接】

企业员工培训的主要内容

根据培训对象的不同，培训内容也有所不同。

（1）新晋员工：培训内容侧重于企业的价值观、行为规范、企业精神、有关工作岗位所需要的基本技能。

（2）老员工：与工作直接相关的职能、技术和工具。

（3）管理人员：管理知识及技能、人际关系协调能力、工作协调能力、决策能力、领导组织能力等。

资料来源：刘永中，金才兵. 培训培训师：TTT 全案. 广州：南方日报出版社，2011

（二）销售人员培训的原则和方法

销售培训更多的是站在企业的立场，销售人员的培训工作最终的目的只有一个，那就是带来销售业绩提升。只有达到了这个目的，销售培训才算是真正完成了任务，达成其培训的使命。为全面提升销售人员的现代营销能力和综合业务素质，避免热热闹闹搞培训，培训后出现"培训的内容在实际工作中用不上""培训后员工没有多大的转变""培训课程针对性不强，不能解决实际问题""培训后员工的业绩没有多少提升"等问题，销售培训应坚持一定的培训原则，采用科学的、符合教学规律的培训方法来进行。

1. 销售人员培训的原则

1）理论联系实际，学用一致的原则

销售培训具有明确的目的性和针对性的特点，销售人员培训中培训的内容应与从实际工作需要出发，与实际销售相符，应强调以"实践为主，理论为辅"。即所谓关注"实战"，就是针对这个行业的具体可用的操作方法技巧，而不是放之四海都可用的那种经验理论。有些培训师因为不了解一线的实际情况，不能将经验理论与销售实际结合起来讲述，而欠缺了这种必要的结合，学员应用起来就很困难，也不实用。

人们所学的内容与现实越贴近，越能达到提高销售人员销售能力的培训效果。教学方法的选择上也多采用案例解读、现场演练、实践过程指导等方式。销售人员培训是一个学习、实践、提高、再实践的过程。可以说，销售人员的培训是必不可少的，而培训的效果来自成员对培训内容的不断练习，从而变成自发的知识技能。

2）注重导向，坚持价值性原则

培训内容应与销售人员岗位职责相衔接，同时要强化企业文化、理想、信念、价值观等引导，结合企业目标、企业文化、企业精神、企业传统的宣讲，有利于形成共同愿景，提高团队合力。

同时，员工培训是人、财、物投入的过程，销售培训更多的是站在企业的立场，是价值增值的过程，培训必须有产出和回报。销售人员培训的目的是提高销售人员的业务实践能力，终极目标是提升企业整体销售绩效。因此，培训的重点必须放在那些能够获得最大回报的销售绩效提升领域。

3）订立目标，全面规划原则

培训是一个全员性的、全方位的、贯穿员工职业生涯始终的持续性的过程，在整个过程中要采取多种手段强化被培训人员学习能力的培养。企业的产品、技术、市场和顾客都在变化，一次培训并不能满足变化的要求，因此不存在一劳永逸式的培训。现实存在很多销售管理者是业绩好时忙绩效，绩效没了"临时抱佛脚"搞培训，希望培训是一剂起死回生的灵丹妙药的现象。要知道培训是销售管理的工具之一，具有提升绩效的作用，但不是万能钥匙，是一个需要长期投入和持续努力的过程。

企业应结合销售目标与销售队伍实际订立培训目标，培训目标应明确具体、可操作、通过努力可以达成；针对培训目标进行全面规划，制定科学的培训体系，企业应当建立和完善培训管理制度，把培训工作例行化、制度化，以保证培训工作的真正落实，保障销售培训目标的实现。

4）全员培训与重点提高相结合原则

全员培训是有计划、有步骤地对销售队伍进行培训，以提高全员业务素质，同时要充分考虑受训对象的层次、类型，考虑培训内容和形式。例如，要针对不同层次销售人员进行不同内容的培训；不同年龄、经验、背景的销售人员学习内容掌握的速度不同，优秀销售员与一般销售员在实践中存在的技能问题不同，要对后进业务人员进行重点业务技巧训练，对优秀业务人员和后备管理梯队成员重点强化销售管理和决策能力的提升。例如，沈阳假日酒店对全体员工定期进行专业业务培训，同时针对业绩优秀的销售人员和后备主管人选提供交叉培训项目作为一种福利和奖励措施，同时开拓其业务技能，为企业培养后备人才队伍。

2. 销售人员培训的常用方法

1）讲授法

讲授法是通过语言表达，系统地向受训者传授知识，让学员进行接受式学习的教学方法。讲授法属于传统的培训方式，也是企业最广泛应用的训练方法。讲授法的优点是短时间内能够使学员获得大量、系统的新知识；该方法运用起来方便，便于培训者掌握和控制学习整个过程；有利于加深理解难度大的内容；较多的应用于一对多的培训环节，既可以节省培训资源，又能够获得较大目标范围的有效信息传播。

讲授法的缺点是采用单向信息传递方式，讲授内容往往具有强制性，受训人获得讨论的机会甚少；而且一对多的培训使培训者无法顾及受训人的个体差异性，信息反馈机会少、效果差，学过的知识一带而过，不易被巩固，学习效果受培训师讲授水平的影响。

讲授法常被用于一些理念性知识的培训，最适用于有明确资料做内容的培训，如对本企业新销售政策、管理制度的介绍，新产品知识的普及等理论性知识内容的培训；讲授法也可与其他形式的训练相结合使用，会收到良好的培训效果。

讲授法的灵魂是培训师，培训师对培训内容的掌握、对教学技巧的运用能力、对教学对象的了解、培训师的权威性等都直接影响到培训内容的权威性和培训的整体效果。

采用讲授法进行培训可以采用辅助教学工具来加强教学效果。例如，传统的板书、教学资料的发放、模型或实物的展示与应用、现代的多媒体辅助教学设备的使用，培训结束后的考核过程等。

2）岗位培训法

岗位培训法是销售人员在实际工作岗位和工作现场进行的训练和学习。通过对培训人员或优秀销售人员业务执行过程的观察，以行为模仿方式来进行学习。在销售岗位培训销售人员是一个比较行之有效的方法。它是历时最长、采用最普遍的一种培训方法。

岗位培训法的优点是适用于各种类型的销售部门，费用较低，节省资源，针对性强，对正常的销售业务进行影响较小。由于在销售业务现场完成培训过程，有利于对销售人员个体进行多方面了解和指导，培训内容就是销售人员工作中将要应用的知识或对销售人员销售中存在问题的改进等，销售人员学习的新知识、新技能可以直接应用，培训内容生动，应用性、针对性强，受训人员学习效果好。

岗位培训法的缺点是销售业务现场可容纳的受训人数有限，在指导受训人员过程中指导者如为其他优秀业务人员，其不得不放下本职业务来完成培训过程，可能会在一定范围内影响到培训人员本职绩效而带来一定的损失。

岗位培训法适用范围较广泛，非常适用于技能知识的培训。如新员工入职后在对本企业以及产品和服务有了必要的了解之后，就可以开始岗位培训，也适合于对现有销售人员新销售工具、设备的使用培训等。

岗位培训法取得良好的培训效果来源于周密的计划、优秀培训师的选择和悉心的现场辅导，因此对培训师的选择和培训周期的安排非常重要。对于现职销售人员为后备调岗或职务提升而进行的岗位培训，目的是为拓宽其任职岗位能力，进行非本岗位技能培训，通常采用工作岗位轮换的岗位培训方式。

3）销售会议法

销售会议是企业销售工作中最重要的日常工作之一，销售会议同时还是一个很好的培训过程。销售人员通过销售会议沟通信息、布置工作任务、协调资源、产生决议。如召开月度业务销售部门会议时，销售经理人员会沟通销售业务计划完成情况，了解各区域市场动态、研讨下一步工作计划、协调安排下一步工作。在会议中可以安排销售人员一起参加旁听，使销售人员对公司整体市场操作思路有深入理解，就各市场信息的通报和分析，对销售人员认识和收集市场信息的能力的提高便是一个很好的培训机会。

销售会议法具有双向沟通的优势，是提高销售人员分析问题、解决问题的能力及培养市场决策能力的良好途径。但由于受训者对会议背景资料了解的局限性，一次销售会议的培训效果是有限的，应通过多次的培训过程，通过多次会议不同信息的对比，强化受训者的信息处理能力会达到较好的培训效果。

销售会议法会前关于会议背景资料的准备、会上较日常会议详尽的信息分解、会议后特别安排的讨论都是保障销售会议法培训效果的法宝。

4）案例研究法

案例是对真实情境和问题的描述，案例研究法是通过向培训对象提供相关的背景资料，使受训者运用其工作经验及所学理论研究解决之道，让其寻找合适的解决方法的过程。目的在于鼓励受训人思考，培养信息管理及应用能力。它是一种比较适合静态地解决问题，并便于辅导的学习方式。

案例研究法的优点是：它提供了一个系统的思考模式，有利于使接受培训者参与企业实际问题的解决；这一方式培训费用较低，对学习成果的反馈效果好，受训人员便于向他人学习，有利于学员间的互动学习，可以在较短时段内有效训练学员分析、解决问题的能力。

案例研究法的缺点是受案例收集者自身条件的限制，对情境的描述有可能带有一定的倾向性，或者信息全面性受到一定限制，影响讨论效果，并且培训师的指导能力对培训效果影响较大。

另外，近年的培训研究表明，案例讨论的方式也可用于知识类的培训，且效果更佳。该培训方式对受训者和培训师要求较高。案例研究法多用于管理能力培训和销售人员决策能力培训。

5）角色扮演

角色扮演即受训者在培训教师设计的销售工作情境中扮演其中客户或销售人员的角色，来模拟实际的销售发生过程，通过扮演不同角色，了解销售活动中各方的心态、目标、利益和态度等细微的变化过程，其他学员与培训教师在学员表演后作适当点评。

角色扮演法的优点是具有信息传递多向化，培训反馈效果好；而且培训过程实践性强、费用低；有助于训练基本销售技术，提高销售人员销售技巧、观察力和解决问题的能力。

角色扮演法的缺点是该培训方法的培训效果受参与活动的人员影响较大。如受训人员的投入程度、培训师对角色和情境的设计、对培训过程的指引等都会影响培训效果。

角色扮演法多适用于销售人员商务谈判、销售技巧、有效沟通、销售话术训练。

6）销售培训方法的新发展

随着科技的发展，技术的进步，近年开发了一些新的销售培训方法，如商业游戏、拓展训练、网络培训等，丰富了销售培训内容，开拓了培训空间。

网络培训摒弃了过去销售培训让路于销售旺季，避开业务高峰的问题。企业利用培训资源建立网络培训中心，销售人员根据自己的实际需要打开计算机，接通网络就可以进行"单点"式的培训，可以不受时间、地域的限制；或者公司针对销售人员的业务情况，为销售人员定制个性化的培训方案，并规定培训目标和时间范围，由员工自助进行网络培训。互联网的兴起，使远离总部的"独行侠"般在市场上拼杀的业务人员能够有机会接受企业系统的销售培训和业务指导，因此受到企业和销售人员的欢迎，已广为应用。

拓展训练源于对海员面对灾难的求生训练，目前已经为很多企业应用于销售人员培训，作为一种"磨炼意志、陶冶情操、完善自我、熔炼团队"的培训项目。一些企业还把拓展训练开发为企业与销售渠道互动式的训练方法，通过该项训练提高双方的互认程度和凝聚力，提高渠道合作力。

商业游戏是对实际销售管理问题的一种模拟，通过各种角色在不同情境和规则下的互动，借助网络和计算机技术，可以精准地投射不同角色的表现带来的整个游戏系统的变化，参与者可以通过参与游戏过程检验决策过程和预测过程，商业游戏可以进行3～4小时，也可以持续数天甚至数月，互联网的普及使这种培训方式的扩展成为可能。商业游戏培训能够激发参训者的积极性，更好地理解销售活动的系统性和现实性特点。

培训的方法有很多，对于培训方法的选择，企业要根据企业实际和销售队伍自身的状况，有目的、有针对性、符合预算地进行选择。

（三）销售人员培训的一般流程

销售培训的流程分为销售培训需求分析、制订培训计划、培训实施与控制、培训评价四个阶段。如图3-4-1所示。

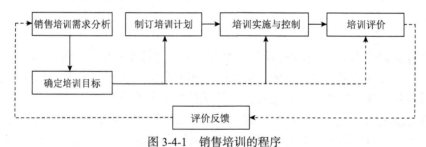

图 3-4-1　销售培训的程序

1. 销售培训需求分析，确定培训目标

培训需求分析一般从以下三个方面去探求：组织分析，即一个良好的培训课程必须符合企业发展战略和组织目标的发展要求；工作分析，即充分了解销售人员当前的工作状况；人员分析，即不同销售人员自身的状况以及未来需要达到的目标。对于培训需求的分析，很多企业采用培训需求调研的方式，了解各方对培训的需求状况。通常经过培

训需求的提出、培训需求分析、培训目标确认几个过程。

1）培训需求的提出

对于培训需求的提出通常来源于企业管理层、销售经理人员、销售人员三个层次。企业管理层：形成于企业对销售队伍实际绩效与企业目标绩效间的差距引发的培训需求意向。销售经理人员：形成于经理人员根据本销售团队实际绩效与目标绩效间的差距向培训职能部门申报的培训意向。销售人员：主要针对销售工作中存在的工作阻碍和个人职业规划与现实工作差距提出的培训申请。

2）培训需求分析

需要确认哪些人员真正需要培训，需要哪些培训，根据企业销售目标与企业资源（如培训预算、业务时间表等）能够提供哪些培训的过程。

各级人员提出的培训需求，由于其立足点的不同会有很大差别。对于各级人员提出的要求与差距可能是多种原因共同作用的结果，培训职能人员要深入分析造成差距的真正原因是工作投入态度问题、基本素质问题、职业技能问题、沟通等问题中的哪些问题作用的结果。如基本素质问题，要通过培训来达成改变，会带来巨大的成本和对工作的影响，就要考虑通过该员工任职调整而非培训来解决差距；对于工作投入与态度问题，可以评价其问题存在的程度是否处于可逆转阶段。对于可逆转阶段人员，可以通过一系列的培训与沟通解决问题，而对于深度的不可逆转阶段，应做其他考虑。如某医药公司销售人员小张的工作绩效差，来源于个人职业规划与现实工作间的差距造成工作投入不足。其是医学专业学生，理想是当医生，本科毕业当年报考研究生落榜，公司招聘销售人员时，进入销售岗位。小张工作后并没有放弃当医生的理想，一边工作一边学习，目前正在积极备考。对于小张的状况，需要的是充分沟通协调组织与个人目标的差距问题，而非培训能够解决的绩效差距问题。

企业的销售培训是一种经营投资行为，因此通过培训达成对绩效的改进是销售培训的根本目的。将有限的培训资源投入到改进绩效的刀刃上是培训职能人员不二的选择。因此，对于销售队伍中优秀销售人员的培训，应作为一种激励员工忠诚的工具，而销售绩效短期内提高比例有限；对于中等绩效的销售人员给予销售技能强化培训，是企业大幅度提升销售绩效的良好选择；对于长期末位绩效人员，要充分了解问题的实质，此时培训也许不是解决问题的关键，应积极采取多种措施进行绩效改进。

3）培训目标确认

通过分析确定要对组织中哪里进行培训，使哪些人通过培训掌握哪些知识、培训后能胜任哪些职能、培训后哪些绩效将有所改进。

例如，某公司销售人员区域销售物流管理短期培训项目的培训目标为以下几项。

第一，使参加培训的销售人员能够掌握公司区域销售物流管理的有关制度、规定和奖惩办法。

第二，在今后的销售管理工作中能够观察到的违反有关销售物流管理有关规定的行为，使每个省级区域每年发生违反有关销售物流管理有关规定的行为低于三次。

第三，企业销售绩效由销售物流窜货造成的经济损失与前一年度相比降低 25%。

2. 制订培训计划

培训计划要针对确定的培训目标明确培训时间、地点、培训对象、培训内容和选择培训方法，并编制培训预算。在进行培训计划时切忌盲目照搬和赶时髦现象，应针对本企业实际和确定的培训目标进行合理的内容设计和经济、适用的方法选择。一个定位准确、组织有序、全面周密而又经济的培训计划可以帮助企业提高销售人员的销售业绩。

一旦确定培训计划的内容，就要开始编制培训预算。销售培训预算一般是指实施培训计划的直接费用，主要包括两部分内容：一部分为整体计划的执行费用；另一部分为每个培训项目的执行或实施费用。例如，某企业某年度销售培训预算为 60 万元，销售人员在册 400 人，人均年度培训费 1500 元；计划年度开展 6 个培训项目，各项目预算分别为区域经理管理技能提升培训 8 万元，销售主管培训 6 万元，新进销售人员培训 4 万元，梯队交叉培训 15 万元，团队拓展训练轮训 15 万元，经销商"合动力"培训 12 万元。

3. 培训实施与控制

培训实施与控制是保障培训顺利进行，实现培训目标，增强培训效果的保证。为顺利达成培训目标，在培训实施伊始培训组织者、培训师和受训者要充分沟通本次培训的目标，并达成共识；在培训项目进行中培训组织者和参加者要定期回顾培训目标，对培训进程和目标达成情况进行评估，培训组织者要根据评估结果以及受训人员、培训师的反馈情况对培训计划进行适当和必要的调整。

4. 培训评价

培训评价包括对培训活动的评价和受训人员参加培训效果的评价两方面。需要明确的是评价是为了帮助企业不断了解销售人员的进步情况和培训工作的绩效，培训评价应遵循以下基本原则：要有良好的评估工具、正确的评估观念和适合的措施、完整的评价回馈系统、充分发挥评价对培训工作进行检讨和促进作用。

对培训活动的评价通常以培训活动结束当日填写评价调查表的形式进行，主要包括：①受训者对培训活动组织的评价；②受训者对培训师的评价；③对培训效果的自我认知情况；④受训者对培训的整体印象和其他要求的反馈。

培训效果评价可以根据企业实际选择三级评价方法，具体如下。

一级评价为现场评价。现场评价是传统的培训评价方式，多采用培训现场对受训人员采取书面考试、操作考核的方式对培训效果进行评价的方式。

二级评价为到任评价。到任评价即对培训效果的评价，同时具有培训效果推进的作用。采用培训结束后 1~3 个月内由培训机构派出人员到受训人员任职岗位进行实地考察，对受训人员回任后的行为、态度和绩效改进情况进行了解和评价的过程。可采用访谈受训人员、其同事和岗位上级的方式；对受训者本人进行问卷调查、书面报告、行为观察、技能考核的方式对培训效果进行评价，并进一步交流培训内容的应用情况，发现问题及时进行辅导，巩固培训效果，对评价结果可以通过分类打分或评语的方式进行。

三级评价为任职评价。任职评价要求培训机构于受训人员回任半年或一年后进行，要求受训人员进行小结,评价自己的培训效果,同时请受训人员岗位直接上级给出评语,由培训机构进行汇总和分析。

对培训效果的评价是定义培训是否应在企业内继续进行的依据,是对培训进行持续完善的动力。对培训预算执行情况的评价是培训评价不可缺少的部分。

【资料链接】

柯氏培训评价模型

评估层次	结果指标	评价重点
	反应	学员满意度
	学习	学到的知识、技能、态度、行为
	行为	工作中行为的改进
	结果	工作中导致的结果

资料来源:王蕴,孙静. 人力资源管理. 北京:清华大学出版社,2008

二、能力实训

1. 简述销售培训的内容。
2. 试述常用的销售培训方法。
3. 制订销售培训计划要注意什么?
4. 试述销售人员培训的流程。

三、知识拓展

企业进行销售培训时对培训师的选择

影响销售培训效果的因素很多,培训师的重要性是毋庸置疑的,其中最重要的是销售培训教师的水平。无法想象一项完善的培训计划由一名不灵活应用授课方法使培训内容为受训者接受、不具备培训课程专业知识及实践经验的培训师来执行,培训目标注定要失败。说培训师是培训活动的灵魂不为过,企业培训师的来源有两个,即来自企业外部和企业内部。

1. 企业外部培训专家

来自企业外部的培训专家多为选择同行业中优秀的销售主管或从事销售培训的专业顾问,也可以是高校市场营销专业教授或行业协会的销售培训专家。

优秀的外部销售培训专家能够理论联系实际,帮助销售人员开阔眼界,增长见识,增加信心,特别是能从战略高度来看待销售培训工作,因此他们的讲授更容易得到认可。但是优秀的外部培训专家一般费用较高,而且理论型的外部培训专家如高校教师等可能具备良好的教学素质和深厚的专业知识，但是存在缺乏实践经验、对企业及产品所知有限等问题。当决定选择外部专家进行销售培训时要首先检讨以下几个问题。

（1）对培训师是否足够了解？口碑如何？其是否有足够的相关实践经验？

（2）培训师对本公司销售的产品和市场是否有足够的认知？

（3）培训师对企业销售培训需求、培训目标和受训人员状况有较充分的了解，培训内容的应用性符合要求吗？

（4）培训师是否具有较丰富的教学经验和良好的沟通技巧？

（5）培训收费标准是否符合预算，培训内容是否物有所值？

（6）培训师的时间和进程安排是否符合要求？

（7）培训师的授课风格是否能够符合企业要求？

对以上问题的回答如果达到或超过三项，建议企业选择该培训师。

2. 企业内部培训专家

从公司内部选择培训师也有两个来源：一个来源是企业专职培训师，内部培训师如果为专职培训人员从事培训教学，应注重强化培训师的实践能力和实践领域，不存在一专多能的全才型培训师适合所有的技能培训；另一个来源是从优秀的销售人员、销售经理中选择理论知识较扎实，实践经验丰富，销售业绩持续领先，并且口碑好，具备良好沟通技巧，掌握一定教学基本功的人员进行销售培训。

内部培训师具有费用较低，了解企业销售业务，销售经验丰富，能够现身说法的优势，具有较强的说服力，而且培训内容能够有效应用于销售工作实践。但是，通常"外来和尚好念经"，内部培训人员不易建立威信，并且由于培训讲授技巧和教学能力受到限制，受训人员投入热情和接受程度较低。

【角色转换】

如果你是一名中职院校的教师，你将如何向学生讲清楚销售管理中团队构建问题？并思考如下问题：

1. 如何让学生掌握团队规模设计及组织结构建设等问题？

2. 通过什么教学方法能让学生熟悉不同招聘方式的特点，如何灵活使用？

3. 基于上述思考，拟定一份"销售人员招聘"的教学计划。

项目四

销售计划实施与控制

【学习目标与任务分解】

➤ 知识目标

1. 了解销售人员的客户开发过程管理的具体内容
2. 掌握督察销售人员客户维护工作的方法
3. 掌握销售人员绩效评价手段
4. 掌握重点客户开发与维护
5. 掌握账款回收管理方法

➤ 能力目标

1. 能够管理、督察销售人员的客户开发与维护工作
2. 胜任销售人员销售绩效评价工作
3. 能够对重点客户进行开发与维护

➤ 任务分解

任务一　管理销售人员的客户开发过程
任务二　督察销售人员的客户维护工作
任务三　考核销售绩效
任务四　重点客户的开发与维护
任务五　客户信用与应收账款管理

➤ 案例导入

陈经理的失败

2014 年开始，S 公司所代理的品牌厂商对市场策略进行了调整，决定将战略发展方向放在发展商用电脑上（商用电脑，即专为政府机关、大公司、社会组织等设计制造的电脑，商用电脑的用户不是普通的家庭用户，像清华大学、中国石化、北京电信、北京市政府、平安保险等单位，才是商用电脑的采购方）。

S 公司的市场策略也进行了相应的调整，他们瞄准了北京的四个大行业：教育、金融、电信运营商和政府采购，准备大力发展公司的销售二部，也就是商用电脑销售部。因为陈经理在家用电脑销售部管理出色，公司撤换了原来负责商用电脑销售工作的经理，改由陈经理出任。很自然，陈经理又把他原来的那套管理模式移植到了新部门。上任以后，他采取了一些同以前类似的改革措施。

第一，他把商用电脑销售部销售代表的底薪都降低了，相应地提高了提成的比例。同时他也采用了强势激励措施，还是"第一个月红灯；第二个月走人；连续两个月业绩排最后的，末位淘汰"。

第二，严格执行早会和夕会制度，不管你今天要到哪里去，都要先到公司来开早会，陈述一下今天的计划；也不管你今天跟客户谈得怎么样，是否赶上了吃饭的点儿，也都要回来开夕会，向陈经理汇报一天的客户进展情况。

第三，强调对每个项目的整个过程进行严格的控制与管理。他要求每一个销售代表都要严格填写各种管理控制表格，包括日志、周计划、月计划、竞争对手资料、项目信息表、客户背景表等共12项表格，而且所有表单都设计得非常细致，用陈经理的话说："公司一定要监控到每一个业务细节。"

第四，严格业务费申报制度，所有的业务招待费用必须事先填好相应的申请单据。比如，想请客户吃饭，一定要事先写明什么时候请、参与吃饭的人是谁、想通过吃饭达到何种目的等，都要填写清楚，由陈经理签字确认才能实施，否则，所有招待费用一律自理。

开始，商用电脑销售部的状况仿佛有了很大的改观，迟到、早退的人少了，财务费用降低了，经常可以看到办公室里人头攒动，大家在办公室里谈天，早晚还会传来阵阵激动人心的口号声。

但好景不长，到了2014年7月，竟出现了以下几种情况。

第一，个别业务代表为了完成业绩，开始蒙骗客户，过分夸大公司产品的性能配置，过分承诺客户的要求，使公司在最终订单实施的时候陷于被动，尾款收得非常费力。

第二，员工之间表面上一团和气、充满激情，但私下里互不服气、互相拆台，甚至内部降价，互相挖抢客户。

第三，以前的业务尖子不满意公司当前的管理机制，抱怨管理机理不合理，控制得过死，事事都要汇报，根本无法开展业务。两名前期业绩最好的业务员都已离职。

第四，新招的四个人业务水平明显不足，除了冲劲之外一无所有，想培养他们"上道"，达到基本要求，看起来是"路漫漫其修远"。

整个商用电脑销售部的业绩水平没有像预期的那样增长，甚至还略有下降，应收账款的拖欠也日趋严重，更令人担忧的是，前期公司的老客户群正在流失，新客户的开拓也无着落，致使整个销售二部下半年完成业务指标的希望更加渺茫。

9月，公司将陈经理调离了商用电脑销售部经理的岗位。10月，一个阴雨连绵的下午，陈经理带着郁闷和疑惑，最终不得不离开了这家公司。

思考题：1. 点评陈经理失败的原因。

2. 本案例对你有何启示？

任务一　管理销售人员的客户开发过程

客户对企业意味着什么呢？客户是企业经营活动中最重要的人，是带着需要和需求寻找我们的人，满足客户的需要和需求是我们的工作，客户并不依靠我们，而是我们依靠客户，是客户付给我们薪水，如果企业没有了客户就意味着没有利润，就意味着倒闭。客户与我们通电话设置投诉并不是干扰我们的工作，等客户的电话不是我们在帮客户的忙，而是客户在帮助我们。因此，客户对企业的重要意义已经被越来越多的企业和企业家所意识到，企业的生存和发展一切均有赖于企业的客户，在激烈的市场竞争中，哪一家企业最终能赢得更多的客户，那么那一家企业就能赢得发展壮大的机遇与优势。企业通过优质的、满意的客户服务是赢得客户的最佳途径，拥有一批稳定的、高价值的、高忠诚度的、高回头率的客户是企业发展壮大的重要保证，作为一名销售经理，销售人员对客户的开发过程的管理是一项重要工作。

一、知识基础

（一）销售人员的客户分析管理

客户分析是客户管理的基础。只有做好客户分析才能有针对性地开展客户开发与维护工作。对销售人员的客户分析管理包括对销售人员的客户分类与建立客户档案的管理，以及对客户分析各环节的管理等三个主要方面。

1. 客户分类

对客户分类管理主要是管理销售人员是否明确客户分类的意义，熟悉常用的客户分类标准及划分的客户类型，并能够根据实际情况对客户进行准确的分类，熟悉不同类型客户的特点。

1）客户分类的意义

客户是多层次、多类型的，客户同时又是变化的，客户分类可以有效识别客户，例如，在航空服务或高端服务业，不能准确识别客户的企业会被认为服务水平低劣，而这也会直接导致客户对企业的满意度下降。同时，只有通过有效的客户分类，企业才能在资源配置上合理地区分不同类型客户的需求，提供个性化服务，把合适的资源投入在合适的客户身上，使营销对策专业化，从而在客户身上获得最合理的投入与回报比率。一个竞争行业中的企业不可能在所有的客户市场中都占有优势。正确的核心客户市场定位与客户选择策略对于企业的可持续盈利和价值增长至关重要。客户分类能够帮助企业准确定位具备战略优势的目标客户市场，并引导企业集中资源与核心客户市场，从而不断巩固企业在核心客户市场中的竞争优势。

2）客户主要类型

如表 4-1-1 所示，客户分类的关键取决于分类标准。对客户进行分类的标准有很多，实际应用时需要根据具体的需求来进行分类。

表 4-1-1　按照不同标准进行的客户分类

序号	分类标准	客户类型
1	客户与企业的关系	非客户、潜在客户、目标客户、现实客户和流失客户
2	客户来源的部门	终端客户、中间客户和公利客户
3	客户所处地域	国内客户、国外客户、本区域客户和外区域客户
4	与客户的结算方式	现金客户、预付款客户、赊销客户
5	所欠应收款情况	无欠款客户、短期欠款客户、长期欠款客户、呆死账客户等
6	对企业盈利的贡献	盈利性客户和非盈利性客户；一般客户、主要客户和 VIP 客户

A. 客户与企业的关系标准下划分的五类客户

客户与企业的关系标准下划分的非客户、潜在客户、目标客户、现实客户和流失客户五种类型在客户关系管理中尤为常用。这五种客户有如下特点。

（1）非客户，是与企业产品或服务无关或不可能购买企业产品或服务的人群。销售人员必须能够准确地识别，切记不要把潜在客户当成非客户群体。

（2）潜在客户，是对企业某类产品（或服务）存在需求且具备购买能力的待开发客户，这类客户与企业存在着销售合作机会。经过企业及销售人员的努力，可以把潜在客户转变为现实客户。潜在客户包含一般潜在客户和竞争者的客户两大部分。一般潜在客户是已有购买意向却尚未成为任何同类产品或企业的客户，以及虽然曾经是某企业的客户，但其在购买决策时对品牌（也即组织）的认可较为随意的客户；所谓竞争者的客户，是相对于本企业的顾客而言的，也就是竞争者所拥有的客户群体。潜在客户是企业努力争取的客户。

（3）目标客户，即企业或商家提供产品或服务的对象。目标客户是市场营销工作的前段，只有确立了消费群体中的某类目标客户，才能展开有效的、具有针对性的营销事务。劳斯莱斯就把具有很高地位的社会名流或取得巨大成就的人士作为自己的目标客户。

（4）现实客户，是企业已经使其得到满足的客户。这类客户既有购买需求，又有购买能力，且与企业或组织已发生交易关系。现实客户包含与企业或组织发生一次交易关系的新客户和与企业或组织发生多次交易关系的老客户，是现代企业生存的根本和基础，是企业客户维护工作的主要对象，通过客户维护提升客户忠诚，给企业带来更高的价值。

（5）流失客户，是那些曾经使用过产品或服务，由于对产品失去兴趣等种种原因，不再使用产品或服务的用户。流失客户需要销售人员努力挽救。这不仅要考虑客户本身的价值，还要考虑扩散效应对其他客户的负面影响。对流失客户的管理不仅要目标明确，重要的是要分清原因。除了对客户企业主动放弃低质量客户，以及由于客户的客观愿意被迫离开之外，企业与客户缺乏沟通或沟通不及时，客户关系管理不规范，以及客户被竞争对手吸引走甚至挖走等，都需要企业通过营销与竞争策略调整，以及销售人员有效的客户关系管理加以改善。

【案例阅读】

沃尔玛防止客户流失的原则

原则一：顾客永远是对的。

原则二：如果顾客错了，请对照原则一来办。

以上五类客户之间是可以相互转化的，例如，潜在客户或目标客户一旦采取购买行为，就变成企业的初次购买客户，初次购买客户如果经常购买同一企业产品或服务，就可能发展成为企业的重复购买客户，甚至成为忠诚客户。但是，初次购买客户、重复购买客户、忠诚客户也会因其他企业的营销活动或对企业不满而变成流失客户，而流失客户如果被成功挽回，就可以直接成为重复购买客户或忠诚客户，如果无法挽回，他们就将成为非客户。

B. 对企业盈利的贡献标准下划分的五类客户

给企业带来的收益大于企业的投入的客户即为盈利性客户，对于这类客户，销售人员必须给予重视。非盈利性客户是给企业带来的收益小于企业的投入的客户。对于非盈利性客户，企业一般都不会重视，但有些非盈利性客户可能会转化为盈利性客户，还有些非盈利性客户可能会带来盈利性客户。因此，销售人员不能忽视甚至抛弃这些客户，一定要对这些客户进行详细的分析，要在判断其发展潜力及影响力的基础上予以对待。

对于盈利性客户，根据盈利的大小还可以分为一般客户、主要客户和 VIP 客户。VIP 客户是企业的重要客户，是能给企业带来较大利润的客户。一般为那些能够给企业带来最大价值的前 1%的客户。主要客户是那些给企业带来的利润仅次于 VIP 客户的客户。这部分客户和 VIP 客户一起构成了企业的关键客户，占企业客户总数的 20%，企业 80%的利润靠他们贡献，因此他们是企业的重点保护对象。除企业关键客户之外的客户即为一般客户。一般客户的数量较大，但给企业带来的利润不高。大多数销售人员的工作对象主要是一般客户。要管理的客户数量多，客户的情况也复杂，因此要及时建立客户档案。

2. 建立客户档案

建立客户档案，保存客户信息资料，了解客户特点，才能使客户管理工作有针对性。

因此，销售管理者不仅要要求销售人员积极主动地建立完善的客户档案，还要要求销售人员适时地更新客户资料。

　　1）收集客户档案资料

　　建立客户档案就要收集客户与公司联系的所有信息资料。客户档案的基本内容包括以下几项。

　　（1）客户基础资料。即企业所掌握的客户最基本的原始资料，是资料管理应最先获取的第一手资料。这些资料是客户资料管理的起点和基础。客户资料主要是通过推销员进行的客户访问搜集起来的。在客户管理系统软件中，大多是建立客户卡或客户管理卡的形式出现。主要包括客户的名称、地址、电话；所有者、经营管理者、法人（这三项应包括其个人性格、嗜好、家庭、学历、年龄、能力等方面）；创业时间、与本公司交易时间、企业组织形式、业种、资产等方面，销售人员对这一部分资料应该全面细致地进行登记，而销售经理也应重点检查客户基础资料的记载情况。

【案例阅读】

信息收集到位——事半功倍

　　某公司客户经理宋雨从有关部门得知外地有家重要客户要到本地来发展业务，近期该客户的负责人将前来考察。得知这一信息后，宋雨立即收集该客户的负责人考察的具体时间、乘坐的航班、下榻的宾馆和房号。那天，该客户的负责人一下飞机，宋雨就已经开车等在停机坪上，当这位负责人推开宾馆的房门，发现房间里摆着附有某公司祝福卡片的鲜花。第二天，该公司经理亲自在公司门前迎接，并陪同参观公司、详细向其介绍了本公司的服务和技术。虽然本地其他公司都在极力争取该项目，也想借这个机会展开营销，但由于该公司的周密安排，其他公司根本没有机会接触客户，最后客户只接受了该公司的宴请并达成了初步的合作意向。

　　在本案例中，客户最后只接受了某公司的宴请并达成了初步的合作意向，关键在于宋雨前期信息收集工作到位。机场接人、鲜花祝福、经理会面等一系列的营销工作，让客户真正感受到了某公司的客户服务意识和服务质量，赢得了客户的满意。更重要的是，宋雨通过抢占先机，赢得了竞争上的主动，让竞争对手失去了表现的机会。

　　（2）客户特征。主要包括服务区域、销售能力、发展潜力、经营观念、经营方针与政策、企业规模（职工人数、销售额等）、经营管理特点等。

　　（3）业务状况。主要包括目前及以往的销售实绩、经营管理者和业务人员的素质、与其他竞争公司的关系、与本公司的业务联系及合作态度等。

　　（4）交易活动现状。主要包括客户的销售活动状况、存在的问题、保持的优势、未来的对策、企业信誉与形象、信用状况、交易条件、以往出现的信用问题等。

　　以上四个方面构成了客户资料管理的重点内容，客户资料管理基本上是围绕着这四个方面展开的。

如下所述，收集客户的信息资料方法比较多。销售管理人员要检查销售人员是否有效地使用这些方法，并获得了较为全面、准确的客户信息资料。

（1）网络搜索。在网络搜索企业网站、新闻报道、行业评论等。优点：信息量大，覆盖面广泛。缺点：准确性、可参考性不高，需要经过筛选方可放心使用。

（2）权威数据库。国家或者国际上对行业信息或者企业信息有权威的统计和分析，是可供参考的重点，对企业销售具有重要的指导作用。优点：内容具有权威性和准确性。缺点：不易获得。

（3）专业网站。各行业内部或者行业之间为了促进发展和交流，往往设立有行业网站，或者该方面技术的专业网站。优点：以专业的眼光看行业，具有借鉴性，企业间可作对比。缺点：不包含深层次的信息。

（4）展览。展览是最值得去的地方，各行业或者地区定期或不定期会有展览，而且会有很多企业参展。优点：有更丰富具体的信息。缺点：展览时间具有不确定性。

（5）老客户。你的老客户同你的新的大客户之间会有一定的相同之处，而同行业之间会有更多的相似之处，因此，你的老客户也会很了解其他客户的信息。销售企业可根据同老客户的关系，获得行业内部的一些信息。优点：信息的针对性、具体性和可参考性高。缺点：容易带主观思想色彩。

（6）竞争对手。让对手开口告诉你客户信息。

（7）客户企业。会提供相应的一些必要信息。

（8）市场考察。想畅销就得做。

（9）会议与论坛。注意那些领导者的观点，这些观点对行业的发展会产生深远的影响。

（10）专业机构。为你提供专业信息。

从多个渠道收集我们所需要的信息，是保证我们的信息全面的有效方法，因为客户信息对我们后面的专业判断影响甚大，所以要严格认真地对待。

在获取客户信息时，要充分明确自身信息需求，积极汇总潜在客户信息，要以敏锐的触觉感知市场，洞悉自己的竞争对手，实时跟踪动态信息的流变，要对行业市场全貌有所了解。

信息收集后要进行归类整理，便于及时回复和节省时间。要学会挖掘提炼信息价值，使收集的各类资料最大限度地服务于企业销售。

2）分类管理客户资料

对客户档案进行恰当的分类，主要是基于客户对企业的重要性和客户档案管理费用进行考虑。企业客户规模大小不一，对企业销售额的贡献程度也相应不同，理应区别对待；另外，进行客户档案管理也要考虑到成本效益原则，尽量使有限的资源发挥最大的经济效用。考虑客户对企业的重要性因素，信用管理部门可以将客户分成普通客户的核心客户。划分的标准是企业与客户的年平均交易额，同时要考虑与客户交往的时间长短。核心客户与企业的交易量大，是利润的主要来源，统计数据显示，国有工业企业 80% 以上的销售额来自这类客户，如果该类客户出现风险，对企业所造成的损失将是巨大的，对该类客户的管理尤为重要。一旦将某客户划入核心客户范围，对其档案进行管理的复杂程度就会提高，对应的档案管理费用也会有所提高。费用提高的主要原因在于，对核心客户要进行深层次的资信调查，同时要保证信息的及时更新。所以对于经费预算相对困难的企业，应该在短期内控制企业核心客户的总数。对于核心客户的重点管理并不意味着对普通客户的管理可以放松。普通客户数量多、交易额小，应用群体分析和评分控制更为简便、有效。值得注意的是，企业有一些多年保持生意来往的中小客户，尽管企业与它们的年交易额并不高，也要给予必要的关注，不能因其是老客户，并且交易额不大而忽视对它们的风险防范。

3）动态管理客户资料

即对客户档案信息要不断进行更新。这是因为客户本身的情况是在不断变化的。就客户的资信报告来讲，它是一份即期的客户档案，有效期一般在三个月到一年。超出这个时间，就要对客户进行新的调查。同时对客户档案实施动态管理的另一个目的是，随着客户的财务、经营、人事变动情况，定期调整对客户的授信额度。信用管理部门的授信应该按客户协议进行，一般以年度为单位确定本期授信的有效期。当客户的基本情况发生变化，信用额度也要随之进行调整。长期积累客户信息也非常关键，通过完整的历史记录可以看到客户发展趋势，更好地对客户的发展潜力进行分析。此外，历史积累数据是进行统计分析的基础，可以帮助挤掉客户财务报表的部门"水分"，提供相对比较准确的预测基础。总之，客户档案不是静态的，而是一个动态变化的集成过程。

3. 客户分析管理

为了确保销售人员客户分析的准确性，以便为后序工作奠定基础，销售管理者要对销售人员的客户分析流程及各环节的工作进行有效管理。

销售人员的客户分析一般应遵循以下流程进行：整理资料、客户构成分析、划分客户等级、客户名册登记、对客户进行路序分类、确定客户访问计划等。

（1）整理资料。客户分析的第一步就是整理资料，包括销售人员的销售业绩和客户访问情况。可以将这些资料整理后列在"客户资料整理表"中。

（2）客户构成分析。将客户的购买量累计，然后分析每个客户购买额所占比例。按照80/20原则找出重点客户，为制定针对性销售策略奠定基础。

（3）划分客户等级。通常根据客户的销售额，可将客户分为 A、B、C 三个等级。具体做法是：首先将客户连续 3 个月（或 4～6 个月）的每月销售额累计后进行平均，求出客户的月平均销售额，然后将月平均销售额按大小排序，以某个月平均销售额为"等级标准额"，将全部客户划分为若干等级，如以排位第四的客户的月平均销售额作为 A 级客户标准额，在此标准额以上的客户均为 A 级客户，以此类推，确定 B 级、C 级客户。"等级标准额"的确定依据80/20原则进行。

（4）客户名册登记。将全部客户分级后应分列成册。可制作各种不同的客户名册。可按客户开拓（或拜访）顺序先后，列出"客户开拓名册"，如表 4-1-2 所示。

表 4-1-2　客户名册登记表

序号	姓名	电话	住址	来电来访日期	客户追踪	跟进情况	备注

制表人：＿＿＿＿＿　　　　　　　　　填表日期：＿＿＿＿年＿＿＿月＿＿＿日

（5）对客户进行路序分类。路序是指为便于巡回访问、送货、催付货款等将客户按地区和最佳交通路线划分的线路顺序。

（6）确定客户访问计划。企业各级销售主管及销售人员对所负责地区客户的访问销售工作应有周密的访问计划。访问次数依客户的不同级别而有所不同。

（二）销售人员的客户筛选管理

销售经理应意识到任何一位优秀的销售人员也无法使销售区域内的所有客户都变成自己的客户，因此，有必要督促销售人员花费更多的时间去开发更多的客户，而开拓新客户的第一步是寻找准客户，以及让销售人员明白向谁销售他的产品，哪些顾客能够购买他销售的产品，使销售活动有明确的目标与方向，使前面提到的潜在客户成为现实客户。而销售人员要完成销售任务，就要寻找和开发客户，客户开发就是企业将目标客户和潜在客户转化为自己现实客户的过程，企业识别客户的步骤首先是客户认识，包括认识客户对企业到底有多大价值，其次是客户筛选，以及企业应当明确确定谁为目标客户，最后是客户开发。

1. 认识客户

在今天这个时代，客户有很多选择。无论满意或不满意，他们都没有必要对任何公司保持忠诚，所以客户是很容易流失的，而忠诚的客户是最能给企业带来利润的，也是最值得企业管理者关注的。忠诚的客户不需要企业多付出经营成本，却能购买更多的产品或服务，并且经常引荐新的客户。因此，认识到客户是最终的、唯一的股东价值来源的支持者，并积极地以此为基础进行工作，就能更清晰地制定企业策略。应该指出的是，与客户搞好关系本身不是事情的结束，而是建立企业价值的基石。

过去，客户服务只是属于产品销售的一个环节，无论企业还是客户都没有从服务的品质和提供的机会给予更多的关注，客户服务仅仅是一个以情促销的手段而已。人们评价一个品牌的竞争力的时候，更多的是从技术领先的程度、产品完美性及商标的魅力来考察，服务是地道的附属品。现在很多情况发生了改变，客户服务同产品一样必须被企业和消费者给予共同的关注，产品和服务已经成为一个品牌竞争力的核心，高质量的产品和高质量的服务将决定高美誉的品牌效应，对客户服务战略地位的无视和短视意味着会在未来市场格局变化时被无情地淘汰出局，尤其是在技术差异越来越小的今天，名牌更要讲究服务品质的竞争。

如今，企业对客户感受和个人客户关系的重视程度越来越高。品牌管理固然重要，但客户服务管理也十分重要，这两者已经成为企业经营的基本方面。企业的价值等同于其客户关系价值的总和，而这一总和只能通过获得、发展以及拥有有利可图的客户关系来实现。企业如果能认识到是在管理一个客户关系的组合，而不是在管理一个产品组合或者资产组合，就可以通过积极有效地获取、发展并保持客户关系，最终使企业价值最大化。

目前，信息科技革命已经彻底地改变了各行各业。科技的进步不仅使企业大规模运用数据库成为可能，还在企业和客户买卖双方之间建立了一种新的沟通方式。于是现在企业能够以营销数据库中的数据为基础与客户建立个人关系，以往计划经济时期，商家生产什么，客户就买什么的时代已经一去不复返了。

如同必胜客公司所指出的，客户才是公司最基本的资产，而不是公司的产品、服务或是不动产。有三点必须记住的是：第一，客户是公司重要的资产；第二，每个消费者是独一无二的；第三，信息和知识是力量。

2. 客户筛选

对客户的管理是一种动态的管理，因为企业所面对的客户是不断发展变化的，一个带来利润的客户可以在很短的时间内变得没有利用价值，而一个没有利润的客户可以转变为企业利润的主要来源。

企业销售人员在每年年末都应该对手中掌握的客户进行筛选，管理销售人员的客户筛选工作就是督促做好核心客户选择，保留重点客户，淘汰无利润、无发展潜力的客户，客户筛选能够提高业绩，如何把销售业绩提高 50%，答案不是简单地把客户数量提高50%，而是裁减客户，选对客户，客户筛选可以提高效率，当企业有很多客户而又没有对客户进行分类时，就无法知道客户对企业的贡献，有时往往让一些对企业没有很大贡献的客户占了企业的重要资源，例如，现金、生产能力、销售资源等。在筛选时销售经理应注意检查销售人员是否将客户数据调出来，进行增补删改，详细填写客户每月的交易量及交易价格，并转移到该客户下一年的数据库里，如有些客户数据库里只填写了客户名称及地址，其他交易情况缺失，此时就应该将该客户的有关情况记录进去，诸如客户组织中主管人员的性格特点、客户的经营情况和财务状况，甚至将竞争对手的情况一并记入。这些数据资料十分重要，是销售人员开展销售工作不可或缺的环节。

1）客户筛选的依据

（1）购买量。对其 1～12 月的交易额进行统计。

（2）收益性。即该客户毛利额的大小。

（3）安全性。销售人员要了解货款能否足额回收。如果客户当年的货款没有结清，哪怕他发誓下一年购买量是当年的几倍、十几倍，都应坚持令其结清货款。

（4）未来性。销售人员要了解客户在同行中的地位及其经营方法，分析其发展前途。

（5）合作性。销售人员要了解客户对产品的购买率、付款情况等。

针对上述五种衡量指标逐一打分，满分为 100 分，各个指标所占的权重是不一样的，如可以让购买量占 40 分、收益性占 10 分、安全性占 30 分、未来性占 10 分、合作性占 10 分。对客户作如此筛选之后，就会发现有一些客户对企业的销售已经没有多大的意义，因此要给予特别处理，甚至放弃，而另一些客户将成为企业利润的主要来源。

【案例阅读】

谁将是你接待的顾客

两位顾客来到展览厅来买计算机，一位顾客 25 岁有 10 000 元，另一位 65 岁有 15 000 元。

讨论：假设你是销售人员，哪位顾客对你更重要？即你只有有限的时间提供有限的折扣，你应该优先考虑谁？

2）客户筛选业务工作的重点

（1）在行业具有领导地位的客户。这样的客户在生产和销售方面往往有带动作用。

【案例阅读】

西南航空公司的重要客户

西南航空公司的某个票务代理遇到了一位误了班机的乘客，该乘客要乘坐这次航班参加本年度最重要的商务会议。于是他专门调拨了一架轻型飞机，将顾客送往目的地。

该票务代理已工作了 7 年，所以他从顾客的姓名认出了这位顾客，知道他每年乘坐飞机 300 多次，每年可以给航空公司带来 18 000 美元的收入。

（2）在一定区域具有垄断地位的客户。追求这样的客户可望利用其有利资源。

（3）顾客服务水准极好的客户。良好的信誉和服务支持是一个重要的资源。

（4）经营绩效良好的客户。良好的经营意味着巨大的需求和良好的合作基础。

（5）有专业水准并能有效提供销售支持的客户。强大的销售能力无疑是对企业产品销售的极大促进。

（6）有扩大生产规模或者扩大市场欲望的客户。潜在的需求值得销售人员去开发和争取。

（7）销售稳定的客户。

（8）市场拓展能力强的客户。

（9）市场覆盖面广、市场知名度高的客户。

（10）销售对手产品的客户。

3. 客户开发

销售人员要完成销售任务，就要寻找和开发客户，客户开发就是企业将目标客户和潜在客户转化为自己的现实客户的过程。客户开发和业务拓展是销售成功的决定性因素，绝大多数销售人员都认识到这一点，但大部分销售人员却并不热衷于客户开发，相反他们总是尽可能地减少在这个环节所投入的时间。一个简单的销售过程可以分为：编制计划、客户开发、约见面谈、产品推荐、双方成交及售后服务。尽管编制计划有助于取得更好的销售业绩，但编制计划并不是客户开发的先决条件。但客户开发却一定是其他销售环节的先决条件，如果不能有效地开发客户和拓展业务，那就不可能在其他销售环节中取得成功。销售人员不可能会见潜在客户、向他们推销所需的产品、完成销售并提供优良的售后服务。销售行业是一个竞争十分激烈的行业，如果你不去拜访你的老客户及潜在客户，那其他人就会取代你。因此，尽力争取每一个可能的优势机会显得尤为重要。

（三）销售人员寻找客户管理

寻找客户是销售的起点，企业不能盲目地寻找客户，而应通过正确的途径和方法，只有选择了恰当的客户，才有可能顺利地完成销售工作。在寻找客户时，不能大海捞针般地盲目寻找，必须先确定客户范围，在此基础上还应掌握寻找客户的方法，为日后的销售工作奠定良好的基础。

1. 客户范围管理

销售经理要提醒销售人员不能奢望所访问的每一个人都能购买自己销售的商品，因而要指导销售人员需要结合具体情况发现能从自己销售的商品中获益又有能力购买这种商品的个人或组织，即"准客户"。

1）根据商品因素确定客户范围

在确定客户范围时，非常重要的一点就是考虑商品因素，即所销售的商品应能够满足客户的需要。这种满足客户需求的能力越强，其使用价值满足需求的特点就越明显，商品扩散就越快，客户的范围也就越广。商品的性能越优越，相对先进性越明显，其客户范围就越广。质量、性能各方面相当，价格越低，操作越简便的商品，其客户范围也就越广。反之，价格相对较高，操作较复杂或先进性不明显，甚至较差的商品，其需求量小，销售速度就慢，其客户范围也小。

2）根据企业特点确定客户范围

第一，企业所经营的商品的特点是在确定客户范围时要考虑的重要因素。经营生活必需品的企业，企业位置对于确定客户范围非常重要。因此，在这类行业中，谁能为客户提供时间上和空间上的更多便利条件，谁就能赢得客户。

第二，商品的规模也是确定客户范围时应考虑的因素。大型企业占地面积大，经营商品的品种多，而且在商品质量、售后服务等方面都有保障，客户容易产生信任感。

3）结合消费者状况确定客户范围

销售人员在开发客户过程中，应先确定所销售产品应面向的对象，向低收入者销售高档奢侈品是不能达成交易的。销售人员在确定客户范围时应设身处地地为客户着想，使确定的客户范围更加准确。

2. 寻找客户的方法管理

寻找客户主要是指寻找潜在客户，是销售工作的第一道关口，要挖掘出潜在客户，除了依靠销售人员自身的努力以外，作为销售经理还必须帮助销售人员掌握并正确运用基本的途径和方法。

企业寻找客户的方法，一类是"拉"法，另一类是"推"法。

1）"推"法

所谓"推"，即以直接方式，运用人员推销手段，把产品推向销售渠道，其作用过程为，企业的推销员把产品或劳务推荐给批发商，再由批发商推荐给零售商，最后由零售商推荐给最终消费者，该策略适用于以下几种情况：企业经营规模小，或无足够资金用以执行完善的广告计划；市场较集中，分销渠道短，销售队伍大；产品具有很高的单位价值，如特殊品，选购品等；产品的使用、维修、保养方法需要进行示范。具体方法如下。

A. 逐户访问法

逐户访问法也称普遍寻找法或者地毯式寻找法，指销售人员在事先约定的范围内挨家挨户访问的方法，它是在不熟悉客户或不完全熟悉客户的情况下，推销员对某一特定地区和特定行业的所有单位或个人进行访问，从中寻找潜在的客户。所采取的寻找客户的方法就是把推销员按地区划片分工，逐户去访问。由于访问面广，了解市场信息较全面，同时也可以扩大推销的产品在社会上的影响，直接接近客户，听到各种意见，可以积累推销工作经验。这种方法是销售人员成长的必由之路。在访问中赠送样品或向客户提供产品说明书。通过这种渠道，可以对特定区域内的个人、家庭或组织进行逐个寻找。但这种方法涉及客户多，很盲目，容易遭受拒绝。

【案例阅读】

百事公司销售人员拜访客户前的准备

计划性拜访顾客是百事公司最为独特的服务策略之一。百事公司的直销销售人员（小店销售代表）一般每个人都拥有大约 100 家以上（不同地区顾客拥有量有所不同）稳定成熟的小店顾客。而像小型食杂店、冷饮摊点、餐厅等这一类的小店顾客，由于自身的经营规模、资金都有限，要求的单位进货量就比较低，但对进货频率的要求却非常高。

百事公司要求所有的销售人员在每天的销售过程中，必须按照公司制定的拜访规范性和模式化的"计划拜访八步骤"来拜访小店顾客。"计划拜访八步骤"是百事公司服务顾客、制胜终端的犀利武器，被喻为计划性拜访顾客的"天龙八步"。而其中第一步就是非常重要的销售准备工作。

销售人员每天在拜访顾客前，都要做好相应的准备工作。这些工作主要包括以下几个方面。

（1）检查个人的仪表。销售人员是公司的"形象大使"，百事公司要求销售人员的外表和服装要整洁，男生胡子要刮干净，不得留长发，皮鞋要擦亮，夏天不准穿凉鞋和拖鞋，手指甲要干净，不留长指甲，同时还要保持自身交通工具（百事公司配发的摩托车、自行车等）的清洁等。

（2）检查顾客资料。百事公司采用的是线路"预售制"销售模式，所以销售人员每天都要按照固定的线路走访顾客。这样，销售人员在拜访顾客之前就需要检查并携带今天所要访问顾客的资料，这些资料主要包括当天线路的顾客卡、线路拜访表、装送单（订单）、业绩报告等。

（3）准备产品生动化材料。主要包括商标（品牌贴纸）、海报、价格牌、促销牌、冷饮设备贴纸，以及餐牌 POP 广告。销售人员在小店内充分、合理地利用这些生动化材料，可以正确地向消费者传递产品信息，有效地刺激消费者的购买欲望，从而建立百事品牌的良好形象。

（4）准备清洁用品。带上干净的抹布，来帮助小店清洁陈列的百事产品。

销售人员做好这些准备工作后，接下来就可以离开公司，按照计划拜访的路线开始一天的工作了。

B. 会议寻找法

会议寻找法是指利用参加会议的机会，与其他与会者建立联系，寻找客户。如新产洽谈订货会、产品展销、贸易年度洽谈会，以及其他类型的展览，如汽车科技产品等展览，营销人员都可以从中获得有关目标客户的信息。可以通过博览会与商业展览寻找，展览过程中，销售人员不但展出样品，同时还现场进行说明，发放产品说明书等书面材料。例如，出版公司在教师会议上陈列新图书、汽车经销商在汽车展览会上陈列新型车、家具制造商在展销会或商业中心摆摊、时装公司在季节展销会上陈列最新式样的服装等。销售人员要想在博览会和商业展览中成功获得新客户就要好好准备。

C. 聚会寻找法

聚会是指在公司或销售人员家中、饭店、酒楼等场所举办邀请新客户参加的，利用联欢会形式的产品推销活动。

在营业界各个单位，都将客户组织化。某些电机公司还为各个集团取名，开宴会办演讲。而有些化妆品公司还招待业绩好的零售商旅行，举行特别的研究会等。同样的营业单位要彼此取得好处比较困难，如果行业不同，彼此就有利用的可能。一个公司无法举行的新社员研习，如果各公司组织起来就方便多了。

D. 资料查寻法

资料查寻法又称文案调查法，是指推销人员通过收集、整理、查阅各种现有文献资料，来寻找准顾客的方法。这种方法是利用他人所提供的资料或机构内已经存在的可以为其提供线索的一些资料，这些资料可帮助推销员较快地了解到大致的市场容量及准顾客的分布等情况，然后通过电话拜访、信函拜访等方式进行探查，对有机会发展业务关系的客户开展进一步调研，将调研资料整理成潜在客户资料卡，就形成了一个庞大的客户资源库。

推销人员经常利用的资料有：统计资料，如国家相关部门的统计调查报告、统计年鉴、行业在报纸或期刊等上面刊登的统计调查资料、行业团体公布的调查统计资料等；名录类资料，如客户名录（现有客户、旧客户、失去的客户）、工商企业目录和产品目录、同学名录、会员名录、协会名录、职员名录、名人录、电话黄页、公司年鉴、企业年鉴等；大众媒体类资料，如电视、广播、报纸、杂志等大众媒体；其他资料，如客户发布的消息、产品介绍、企业内刊等。

E. 咨询寻找法

咨询寻找法是指推销人员利用社会上各种专门的行业组织、市场信息咨询服务等部门所提供的信息来寻找准顾客的办法。一些组织，特别是行业组织、技术服务组织、咨询单位等，他们手中往往集中了大量的客户资料和资源以及相关行业和市场信息，通过咨询的方式寻找准顾客是一个行之有效的方法。推销人员可以从专业信息咨询公司、工商行政管理部门、各级统计和信息部门、银行、税务、物价、公安、大专院校、科研单位等其他相关部门以及当地行业协会以下部门获得市场信息。

F. 连锁介绍法

连锁介绍法又称为客户引荐法或无限连锁法，是指推销人员请求现有顾客介绍未来可能的准客户的方法。连锁介绍法在西方被称为是最有效的寻找顾客的方法之一，被称为黄金客户开发法。

该方法遵循的是"连锁反应"原则，即犹如化学上的"连锁反应"，例如，我们现在只有 10 个客户，如果我们请求每个现有客户为我们推荐 2 个可能的客户的话，我们现在就增至 30 个客户了，这新增的 20 个客户每人再为我们介绍 1 个客户，发展下去可能的结果就是 10、10+20、30+40……那么，到了第二轮推荐时我们就有 70 个客户了。

这种方法要求推销人员设法从自己的每一次推销面谈中，了解到其他更多的新客户的名单，为下一次推销拜访做准备。购买者之间有着相似的购买动机，各个客户之间也有着一定的联系和影响，连锁介绍法就是据此依靠各位客户之间的社会联系，通过客户之间的连锁介绍，来寻找新客户。介绍内容一般为提供名单及简单情况，介绍方法有口头介绍、写信介绍、电话介绍、名片介绍等。因此，了解和掌握每一个客户的背景情况会随时给你带来新的推销机会。运用这种方法可以不断地向纵深发展，使自己的客户群越来越大。此法的关键是推销人员能否赢得现有客户的信赖。

G. 网络搜寻法

网络搜寻法就是推销人员运用各种现代信息技术与互联网通信平台来搜索准顾客的方法。它是信息时代的一种非常重要的寻找顾客方法。近些年来，随着互联网技术的不断发展与完善，各种形式的电子商务和网络推销也开始盛行起来，市场交易双方都在利用互联网搜寻顾客。通过互联网推销人员可以获得准顾客的基本联系方式、准顾客公司的介绍、准顾客公司的产品及一些行业的专业网站会提供在该行业的企业名录等信息。

H. 电话寻找法

电话寻找法是指推销人员在掌握了准顾客的名称和电话号码后，用打电话的方式与准顾客联系而寻找准顾客的方法。电话最能突破时间与空间的限制，是最经济、有效率的接触客户的工具，销售人员若能规定自己找出时间每天至少打 5 个电话给新客户，一年下来能增加 1500 个与潜在客户接触的机会。

I. 委托助手法

委托助手法也称"猎犬法"，就是销售人员雇用他人寻找准顾客的一种方法。销售人员雇用有关人士来寻找准顾客，自己则集中精力从事具体的推销访问工作。这些受雇人员一旦发现准顾客，便立即通知销售人员，安排销售访问。这些接受雇用的人员被称为销售助手。

J. 中心人物法

中心人物法也叫中心开花法、名人介绍法、中心辐射法，是指销售人员在某一特定推销范围内发展一些有影响力的中心人物，并在这些中心人物的协助下把该范围内的组织或个人变成准顾客的方法，是连锁介绍法的特殊形式。

该方法遵循的是"光辉效应法则"，即中心人物的购买与消费行为，就可能在他的崇拜者心目中形成示范作用与先导效应，从而引发崇拜者的购买与消费行为。在许多产品的销售领域，影响者或中心人物是客观存在的。特别是对于时尚性产品的销售，只要确定中心人物，使之成为现实的客户，就很有可能引出一批潜在客户。一般来说，中心人物包括在某些行业里具有一定的影响力的声誉良好的权威人士、具有对行业里的技术和市场深刻认识的专业人士、具有行业里的广泛人脉关系的信息灵通人士。

2）"拉"法

所谓"拉"，即采取间接方式，通过广告和公共宣传等措施吸引客户，使客户对企业的产品或劳务产生兴趣，从而引起需求，主动去购买商品。其作用路线为，企业将客户引向零售商，将零售商引向批发商，将批发商引向生产企业，这种策略适用于：市场广大，产品多属便利品；商品信息必须以最快速度告知广大消费者；对产品的初始需求已呈现出有利的趋势，市场需求日渐上升；产品具有独特性能，与其他产品的区别显而易见；能引起消费者某种特殊情感的产品；有充分资金用于广告。

主要有以下几种方法。

（1）进行广告宣传。

（2）实行代销、试销。代销和试销具有试验的性质，因为新产品初次投入市场时，销售情况难以预料，流通部门不愿大批量进购。同时这种方式可以消除他们的疑虑，建立对企业产品的信心。

（3）利用创名牌、树信誉，增强用户的信任感。在产品销售中，顾客最关心的是产品质量、使用效果和使用期限。有了名牌产品、高质量的服务，自然对顾客具有吸引力。

（4）召开产品的展销会、订货会。

（四）销售人员客户开发管理

客户开发就是把潜在的客户转化为现实客户的过程。在商品供应充足，市场竞争激烈的营销环境下，进行客户开发并非易事。为此，销售管理人员要根据客户开发过程中各环节工作的特点指导并督促销售人员客户开发工作。客户开发一般包括销售接洽与展示、客户异议处理、促成交易、销售跟踪与服务等环节。

1. 销售接洽与演示

销售接洽就是销售人员为了达到销售目的与客户进行销售相关事宜商谈的活动。传统的销售接洽一般包括约见客户与接近客户，向客户介绍与展示商品以及销售相关事宜。在新媒体广泛应用的当今社会，与客户，尤其是与老客户接洽，可以通过新媒体（如网络、微信等方式）进行接洽，不与客户直接见面商谈就能够达到销售的目的。但是对于交易额较大，又是一些新客户，尤其是对新媒体缺乏信任的客户而言，传统的见面接洽方式还是必不可少的。

1) 约见客户

对销售人员约见客户的管理，销售管理人员应主要关注销售人员是否明确约见客户的内容，约见客户的方法是否掌握，具体运用得如何。

约见客户的内容主要包括确定销售访问对象，确定销售访问事由，确定销售访问时间，确定销售访问地点等。①对于确定销售访问对象的检查与指导，销售管理人员主要检查销售管理人员是否将访问对象尽量锁定在了购买决策人，或者是对购买具有重要影响的人物，避免在无权与无关的人身上浪费时间。同时还要提醒销售人员了解组织客户购买决策流程，按照购买决策流程开展工作。②对于确定销售访问事由的检查与指导，销售管理人员要关注销售人员是否根据客户的实际情况、本企业的情况，以及外部环境等选择了最有力的约见事由。③对于确定销售访问时间的检查与指导，要关注销售人员是否考虑了客户的意愿，以及各种客观的影响因素，是否牢记访问时间，并如何确保按时访问等问题。④对于确定销售访问地点，要关注销售人员是否按照约见对象的要求进行选择，选择的地点是否较为安静，是否考虑一定的私密性等。

【资料链接】

销售人员的最佳拜访时间

不少销售人员的失败不在于主观不努力，而是由于选择的约见时间欠佳。要掌握最佳的时机，一方面要广泛收集顾客的信息资料，做到知己知彼；另一方面要培养自己的职业敏感，择善而行。下面几种情况可能是销售人员最佳拜访顾客的时间。

（1）顾客刚开张营业，正需要产品或服务的时候。

（2）对方遇到喜事吉庆的时候，如晋升提拔、获得某种奖励等。

（3）顾客刚领到工资，或提高工资级别，心情愉快的时候。

（4）节日、假日之际，或者对方厂庆纪念、大楼奠基、工程竣工之际。

（5）顾客遇到暂时困难，急需帮助的时候。

（6）顾客对原先的产品有意见，对你的竞争对手最不满意的时候。

（7）下雨、下雪的时候。在通常情况下，人们不愿在暴风雨、严寒、酷暑、大雪冰封的时候前往拜访，但许多经验表明，这些正是销售人员上门访问的绝好时机，因为在这样的环境下前往销售，往往会显示诚意。

2）约见客户的方法

根据使用的媒介，约见客户的方法很多，主要有书信约见、电话约见、电子邮件约见，也可以通过微信、QQ，以及当面约见等约见方式。销售人员一定要选择客户喜欢且经常使用的方式。约见信息一定要注意文辞诚恳，简单明了，投其所好，达到约见的目的。

3）接近客户

接近客户是客户开发过程中比较难的一项工作，一些销售人员，尤其是新销售人员经常因客户难以接近感到困扰，甚至缺乏信心。因为，目前的市场环境是人们对销售人员总是有一些防范，甚至抵触的心理。除了和客户直接见面拜访客户，电话也是接近客户常用方式。在和客户第一次接触时，尤其是电话接触时销售管理人员必须提醒销售人员做好充分的准备，甚至要对销售人员进行一定的训练，克服紧张感与挫折感，注意语调和语速，尤其是要准备好简短而精彩的产品介绍，以及客户可能提出的各种问题答复。对于直接拜访客户，管理人员要提醒销售人员人们往往重视第一印象。所以，要销售产品首先要推销自己，如果客户对销售人员不信任，他就不可能相信你的产品，更谈不上购买你的产品。要指导销售人员注意外观形象与礼仪，掌握并灵活运用一些接近客户的技巧。接近客户的技巧主要有如下几种。

（1）问题接近法。这个方法主要是通过销售人员直接向客户提出有关问题，通过提问的形式激发顾客的注意力和兴趣点，进而顺利过渡到正式洽谈。

（2）介绍接近法。介绍接近法是销售人员最渴望的方法，难度小，轻松。可分别有自我介绍、托人介绍和产品介绍三种。无论采用哪种介绍法，首先都会考虑到关系问题，在销售过程中，兼顾好多方关系才能实现平衡。每一个人背后都有社会关系，所以你只需要整理好你的社会关系，然后开始拓展你的业务。自我介绍法是指销售人员自我口头表述，然后用名片、身份证、工作证来辅佐达到与顾客相识的目的。销售人员采用托人介绍的方法接近顾客，这种方法是销售人员利用与顾客熟悉的第三人，通过电话、信函或当面介绍的方式接近顾客。这种方式往往使顾客碍于情面不得不接见销售人员。产品介绍法也是销售人员与顾客第一次见面时经常采用的方法，这种方法是销售人员直接把产品、样本、模型放在顾客面前，使对方对其产品产生足够的兴趣，最终接受购买建议。

（3）求教接近法。销售人员可以抱着学习、请教的心态来接近客户。这种方法通常可以让客户把内心的不愉快或者说深层潜意识展现出来，同时，客户感觉和你很有缘。就会经常与你交流，成为朋友之后，销售变得简单了。

（4）好奇接近法。这种方法主要是利用顾客的好奇心理来接近对方。好奇心是人们普遍存在的一种行为动机，顾客的许多购买决策有时也多受好奇心理的驱使。需要注意的是找到独特之处、惊奇之处、新颖之处。

（5）利益接近法。这种利益接近法迎合了大多数顾客的求利心态，销售人员抓住这一要害问题予以点明，突出了销售重点和产品优势，有助于很快达到接近顾客目的。

（6）演示接近法。这种方法还是比较有效的。在利用表演方法接近顾客的时候，为了更好地达成交易，销售人员还要分析顾客的兴趣爱好、业务活动，扮演各种角色，想方设法接近顾客。

（7）送礼接近法。销售人员利用赠送礼品的方法来接近顾客，以引起顾客的注意和兴趣，效果也非常明显。在销售过程中，销售人员向顾客赠送适当的礼品，是为了表示祝贺、慰问、感谢的心意，并不是为了满足某人的欲望。在选择所送礼品之前，销售人员要了解顾客，投其所好。需要指出的是，销售人员赠送礼品不能违背国家法律，不能变相贿赂。尤其不要送高价值的礼品，以免被人指控为行贿。有的房地产公司免费赠送无纺布购物袋，但是对方需要留下电话号码作为条件。

（8）赞美接近法。这种方法使用起来有一定的频率，如果在 3 分钟内说了太多的赞美，别人就会反感。寻找到赞美点或者说赞美别人的理由，是很重要的一环。例如，王总，你今天的发型很酷。

以上八种接近客户的方法是销售人员接近客户最常使用的，如果能够综合使用，效果会更好。

4）销售演示

销售演示是销售人员通过操作示范或者演示的途径介绍产品的一种方法。根据演示对象，销售演示的类别主要有：产品演示法、行动演示法、证明演示法、文字或图片演示法和顾客参与演示法等。销售管理人员需要了解各种方法的掌握与运用情况，并时时提醒销售人员每种方式应注意的问题。

（1）产品演示法。运用产品演示法能够形象地介绍产品并能起到正作用。但是，产品演示法也有局限性。

（2）行动演示法。行动演示法是指借助商品实施某种行动（活动）进而展示商品的使用效果与感受促进商品销售的一种方法。这一方法可能受商品或场地限制，也要考虑顾客的兴趣，否则劳民伤财，效果不佳。

（3）文字或图片演示法。这种方法尤其适合不能或不便展示产品的情况。尤其是在借助音响设备展示商品时，能够动静结合、图文并茂，效果良好；但要提醒销售人员注意手机产品与销售文字、图片及音像资料，并做好充分的展示准备工作。

（4）证明演示法。为了赢得客户对产品的信任向其展示产品各种证明材料的方法。产品证明材料包括：生产许可证、进口证明、获奖证书、质量鉴定书或官方证明等；也包括顾客反馈信息、产品销售证明、销售前后对比资料、追踪调查统计资料等有说服力的证明资料。对于这种方法的运用，销售管理人员要提醒销售人员注意：第一，收集证明材料；第二，出示证明必须是有权威性、专业性的，而且是充分的；第三，证明材料必须是真实有效的。

（5）客户参与演示法。运用客户参与演示法不仅能抓住客户的注意力，还能够加深客户的体验，减少客户对购买的不确定和抵触情绪。运用好这一方法，销售管理人员还需提醒销售人员注意：注意挖掘客户参与的机会，吸引客户参与商品演示活动；客户参与演示活动一定要精心准备，不能有任何疏忽，否则会适得其反；在演示过程中及时指出产品特点，加深客户对产品的认同；演示活动还要根据客户特点，难易适度，由浅入深，避免客户为难或达不到应有效果。

2. 客户异议处理

在销售过程中，客户对产品（含价格、服务），以及对销售人员销售活动中的每个细节提出的质疑、不赞成甚至反对等统称为客户异议。客户异议表面来看是对产品、销售人员甚至企业不满意，其实是客户对产品感兴趣的表现，销售管理人员要提醒销售人员格外珍惜，要认真对待。对于客户异议的处理应当是分清客户异议的原因，灵活地利用客户异议的方法有效处理客户异议。

1）客户异议的原因

客户异议的原因主要可以分为客户的原因和销售人员的原因两大类。客户的原因主要有：购买意愿不明确，缺乏购买自信，情绪不佳，有偏见，预算不足，使用产品或维护产品缺乏自信等。销售人员的原因主要有：销售人员未能赢得客户信任，销售人员不专业，产品及相关问题介绍不清楚，沟通不畅，夸大其词，销售展示不流畅，甚至错误百出等。对客户的原因，销售人员要在弄清楚的基础上多多理解，尽量通过沟通与演示，以及提供各种解决问题的办法处理好客户的异议；而对于销售人员的问题，销售管理人员要注意从转变销售人员的态度入手，并通过培训、指导销售人员灵活运用客户异议处理的方法，以及设定相关考核指标等方式激励销售人员有效地处理客户异议。

2）客户异议的处理方法

客户异议的处理方法主要有：转折处理法、转化处理法、以优补劣法、委婉处理法、合并处理法、反驳处理法、冷处理法、强调利益法、比较优势法、价格分解法、反问处理法等。

（1）转折处理法。这种方法是向客户做出一定的让步再讲出自己的看法。销售人员在使用这种方法时要尽量减少使用"但是"，而实际交谈中包含"但是"的意见。比如，"是的……如果"的句法，软化不同意见的口语。

（2）转化处理法。此法是利用客户异议的本身，用销售有利的一面来处理异议，把客户拒绝购买的理由转化为说服的理由。比如，在客户提出不购买的异议时，销售人员立刻回复说"这正是我认为你要购买的理由"。采用这一方法，注意语言要尽可能风趣，态度一定要诚恳，避免顾客感觉被抓到了话柄而反感。而且不太适用于与成交有关的或敏感性强的反对意见。

（3）以优补劣法。以优补劣法是销售人员利用商品的某种长处来对异议所涉及的短处加以弥补的一种处理方法。

（4）委婉处理法。在销售人员没有考虑好如何答复顾客的反对意见时，不妨用委婉的语气把对方反对意见重复一遍，这样可能削弱对方的气势。有时转换一种说法会使问题容易回答得多，但销售人员只能削弱而不能改变客户的看法，否则客户会因歪曲他的意见而产生不满。例如，顾客说："价格比去年的高多了！"销售人员可以回答："是啊，价格比起前一年确实高一些。"然后再等客户的下文。

（5）合并处理法。这种方法是把客户的集中意见合并成一个意见，或者集中在一个时间讨论，以削弱反对意见对客户产生的影响。但要注意不要在一个意见上纠缠不清，避免由一个意见派生出许多意见。要在回答了顾客的反对意见后马上把话题转移开。

（6）反驳处理法。这种方法也叫直接否定法。这种方法直言不讳，容易导致气氛僵化而不友好，使顾客产生敌对心理，用得不当会激怒客户。使用这种方法时一定要注意态度要好，语气要好，要摆事实讲道理，不能强词夺理。

（7）冷处理法。冷处理法是指对客户的一些不影响成交的反对意见，销售人员不反驳，而是采用不理睬，或者默认的方法。让客户满足表达的欲望，转而再谈其他销售问题。常用方法有微笑点头并说"你说的对"，或者"你真幽默""高建！"等。

（8）强调利益法。强调利益法是指销售人员通过反复强调产品能给顾客带来的利益的方法来化解客户的异议。一般适用于具有某种特点又能给客户带来某种突出利益的产品，客户又对这一利益又非常重视。

（9）比较优势法。比较优势法是指销售人员将自己的产品与竞争对手的产品相比较，从而突出自己产品的优势来处理客户的异议。

（10）价格分解法。对于对价格有异议的客户，销售人员可以通过化解计量单位，或者分部分报价等方式来消除或削弱客户的意义。

（11）反问处理法。反问处理法是指对客户提出的异议进行反问或质问答复的方法，是一种主动了解客户心理，进而了解客户的真实意图的策略。但要注意如果使用不当，会引起顾客的反感和抵触。所以要用使用商量和征求意见的口吻。

3. 促成交易

交易成功才是真正成功的销售。因此，促成交易是整个销售工作的核心，其他各项工作都是围绕这一核心工作进行的。由于促成交易的障碍较多，促成交易并非易事。因此，销售管理人员要激励与指导销售人员促成交易。

【案例阅读】

到手的单子飞了

小王是某配件生产公司的销售人员，他非常勤奋，沟通能力也相当不错。前不久，公司研发出一种新型的配件，较之过去的配件有很多性能上的优势，价格也不算高。小王立刻联系了他的几位老顾客，这些老顾客都对该配件产生了浓厚的兴趣。

其中一家企业的采购部主任表现得十分热情，反复向小王咨询有关情况。小王详细地向他解答，对方频频点头。双方聊了两个多小时，十分愉快，但是小王并没有向对方索要订单。他想，对方还没有对自己的产品了解透彻，应该多接触几次再下单。

几天之后，他再次和对方联系，同时向对方介绍了一些上次所遗漏的优点，对方很是高兴，就价格问题和他仔细商谈了一番，并表示一定会购进。这之后，对方多次与小王联络，显得非常有诚意。

为了进一步巩固顾客的好感，小王一次又一次地与对方接触，并逐步和对方的主要负责人建立起了良好的关系。他想："这笔单子已经是十拿九稳了。"

但一个星期后，对方的热情却慢慢降低了，再后来，对方还发现了他们的产品中的几个小问题。这样拖了近一个月后，快到手的单子就这样黄了。

小王为什么会失败？是缺乏毅力、沟通不当，还是该产品缺乏竞争力？都不是。关键在于小王没有把握好成交的时机。过于追求完美、过于谨慎，让他错失了良机。很多销售人员之所以得不到订单，并非是因为他们不够努力，而是因为他们不懂得瞬间成交的道理，不能领悟"快"字的重要性。他们对自己的介绍缺乏信心，总希望能给对方留下更完美的印象，结果反而失去了成交的大好时机。

1）弄清促成交易的主要障碍

根据来源的不同，促成交易的主要障碍可以分为来自客户方面的成交障碍和来自销售人员的成交障碍两类。

（1）来自客户方面的成交障碍。来自客户方面的成交障碍是指引起客户对购买决策的修订、推迟和放弃行为的因素。可能是客户的优柔寡断、犹豫不决、出尔反尔的性格使然，也可能是客户购买条件发生了改变，购买风险意识也是重要的影响因素。客户为了降低或回避风险，会修订、推迟和放弃行为。消除这些障碍既要有耐心，更要运用有效的方法与技巧。

（2）来自销售人员的成交障碍。来自销售人员的成交障碍主要是指销售人员成交心理与态度不正确，洽谈不充分，技巧不熟练。主要表现在：①害怕失败而过于紧张，让顾客感觉不舒服。②急于求成，客户感到不受尊重，甚至怀疑存在风险，因而放弃交易。③惊慌失措或喜形于色。惊慌失措是心虚的表现，这种表现会使客户对销售人员失去信任；销售人员对即将到来的成交喜形于色，客户也会对商品、价格及其他交易条件产生怀疑，担心自己在此次交易中吃了大亏，进而使即将到终点的成交又回到了起点。④言谈内容消极。成交在即一定要向客户传达积极的信息，尽量使客户心情舒畅地签约。避免任何消极的谈话内容节外生枝，引发客户新的异议导致成交失败。另外，销售人员在成交过程中忽视客户的反应，缺乏有效的双向交流，未及时把握成交时机，以及成交方法使用不当等都会影响最后成交。

2）成交时机与信号

把握成交时机能够大大提高成交的概率。最好的成交时机是客户的异议得到了解决，心情愉快，客户的态度发生了转变的那一刻。销售人员还要注意观察客户的言行，善于捕捉稍纵即逝的成交信号，抓住时机，及时促成交易。客户购买信号有语言信号、行为信号和表情信号。语言信号是客户在语言中表露出来的购买意向；行为信号是客户在行为举止上表露出来的购买意向，如仔细看说明书、要求销售人员展示产品，不断观察、触摸商品，并不住点头等；表情信号是反映出对产品及其展示的专注、若有所思（考虑如何搭配，在家里安放、享用等事宜）。

3）促成交易的方法

常用的促成交易的方法有：请求成交法、假定成交法、选择成交法、优惠成交法、保证成交法、从众成交法、最后机会成交法、总结利益成交法、使用成交法等。

（1）请求成交法。使用请求成交法要注意把握时机，既在客户发出了购买信息的一刻，请求要诚恳，还要考虑客户的立场。

（2）假定成交法。是指在及时观察客户已经表露了的成交意向基础上，销售人员假定客户购买的话，客户可获得的成交优惠条件，可享受到的商品及服务带来的利益，进而促成客户成交。

（3）选择成交法。是指销售人员设计出一个有效成交的选择范围，客户只能在有效范围进行成交方案选择的一种成交技术。但在使用这一方法时要注意所提供的选择事项在顾客的考虑范围，还要注意避免向客户提供太多的选择方案，最好是两项，选择是"要A还是B"，而不是"要或者不要"。

（4）优惠成交法。即销售人员通过提供优惠条件促使顾客立即购买的方法。但这一方法可能会增加交易成本，还可能让客户怀疑优惠产品品质而失去购买信心。

（5）保证成交法。是指销售人员向客户提供成交保证来促使客户立即成交的方法。

（6）从众成交法。销售人员利用客户的从众心理促使客户购买商品的一种方法。但要注意客户一定有较强的从众心理，否则会适得其反。

（7）最后机会成交法。这种方法是利用客户怕失去获得某种利益机会的心理而做文章，将购买时的压力变为成交动力的方法。为了达到良好的效果，销售人员要注意制造最后交易机会的氛围，而且一定要实事求是，不能欺骗客户。

（8）总结利益成交法。是指销售人员将顾客关注的产品的主要特征、优点与利益在成交中加以总结概括，以得到客户认同并最终达成交易的方法。

（9）使用成交法。销售人员请求客户使用小包装的商品，以减少风险，如果客户使用后满意就再增加购买量。

（10）避重就轻购买法。销售人员抓住客户的小关注点，而忽视某些大的关注点，如产品价格、质量，以及配套产品的使用寿命、价格等促成产品交易。例如，"这件衣服你穿着很合适，你看我给你包装好了，你就带走吧"，而不提价格、质量等。

促成交易之后还要注意留住人情争取回头客；寻求引荐，鼓励客户介绍更多的客户；高效办理相关手续，节约客户时间，保证客户心情舒畅。

4）促成交易失败的注意事项

虽然销售人员竭力促成交易，但交易失败也在所难免。销售人员一定要端正心态，尤其要认识到本次交易的失败并不意味着以后就没有机会。因此，一定要给客户留下好印象。为此要注意避免失态，为再次销售创造机会，奠定基础；请求指点进而使销售工作不断改进；分析原因吸取教训，避免在以后的工作中重蹈覆辙，犯类似错误。

4. 销售跟踪与服务

销售是一个持续不断的过程。销售管理人员要激励、指导销售人员进行销售跟踪以便为今后的成功销售创造机会。销售跟踪是指在成交阶段（无论成交与否），销售人员对客户所进行的关注、联络感情和进一步提供服务的行为过程。管理销售人员可以从建立客户资料（表4-1-3）、制订服务跟踪计划（表4-1-4）、联络客户感情、监控客户满意度和提供最新产品资料等方法来进行。联络客户感情可以通过拜访、信息交流、赠送纪念品等方式进行。

表 4-1-3　顾客资料卡

顾客名称						地址			
电话				邮编			传真		
公司性质									
公司类别									
等级									
人员	姓名	性别	出生日期	民族	职务	婚否	电话	住址	素质
负责人									
影响人									
采购人									
售货人									
工商登记号				税号（国税）					
往来银行及账号									
资本额		流动资金			开业日期				
营业面积					仓库面积		雇用人数		
店面	□自用		□租用		车辆				
运输方式	□自有		□水运		□汽运		□自提		□其他
付款方式				经营额					
经营品种与比重									
辐射范围									
开发日期及开发人									

表 4-1-4　销售人员周跟踪计划示例

星期	联系顾客名称	联系方式	联系地址
一			
二			
三			
四			
五			
六			
日			

【资料链接】

80%的销售是在第 4～11 次跟踪后完成的

根据美国专业营销人员协会和国家销售执行协会的统计报告中的统计数据：2%的销售是在第 1 次接洽后完成的；3%的销售是在第 1 次跟踪后完成的；5%的销售是在第 2 次跟踪后完成的；10%的销售是在第 3 次跟踪后完成的；80%的销售是在第 4～11 次跟踪后完成的!

几乎形成鲜明对比的是，我们在日常工作中发现，80%的销售人员在跟踪 1 次后，不再进行第 2 次、第 3 次跟踪。少于 2%的销售人员会坚持到第 4 次跟踪。

跟踪工作使顾客记住你，一旦顾客采取行动时，首先想到你。

跟踪的最终目的是形成销售，但形式上绝不是我们经常听到的"您考虑得怎么样了？"跟踪工作除了注意系统连续外，更需注意正确的策略：采取较为特殊的跟踪方式，加深顾客的印象；为每一次跟踪找到漂亮的借口；注意两次跟踪的时间间隔，太短会使顾客厌烦，太长会使顾客淡忘，我们推荐的间隔为 2～3 周；每次跟踪切勿流露出强烈的渴望，想做这一单。

调整自己的姿态，试着帮助顾客解决其问题，了解顾客最近在想些什么，工作进展如何。

5. 售后服务

售后服务是企业及其销售人员在产品送达客户手里后继续提供的各项服务工作。良好的售后服务不仅可以巩固已争取到的客户，促进他们继续购买、重复购买，还可以通过这些客户的宣传，争取更多的新客户，开拓新市场。因此，销售管理人员要要求销售人员认真研究售后服务的技巧，做好售后服务。目前的客户服务主要包括送货服务、安装服务、包装服务，以及保修、包换、包退等三包服务。此外，还要帮助客户解决他所遇到的问题。

二、能力实训

（一）思考题

1. 销售人员在拜访顾客之前应该做哪些方面的准备工作？
2. 约见客户要确定哪些内容？
3. 可以通过哪些方式约见客户？
4. 接近客户的技巧主要有几种？
5. 销售演示主要有哪些方法？
6. 顾客异议的原因及处理方法有哪些？
7. 促成交易的信号和方法有哪些？
8. 为了避免促成交易失败应注意哪些事项？
9. 销售人员为什么要进行销售跟踪？销售跟踪可以从哪些方面进行？
10. 售后服务主要包括哪些内容？
11. 请给出一种以上应对下列顾客异议的理由（或答复），以演练处理顾客异议的各种方法。

（1）顾客 A 说："产品很好，谢谢你向我们介绍。如果我们决定要买，就跟你电话联系。"

（2）顾客 B 说："很遗憾我们现在买不起，6 个月以后再来吧。"

（3）顾客 C 说："我不能进你们昂贵的美容美发用具，我的顾客大多数是工薪阶层人士，不是公司的 Omce 小姐。"

（4）顾客 D 说："再度和贵公司往来，我确实有点担心，三年前我们曾经上过你们的当，我不希望那种不愉快的事再度发生。"

（5）顾客 E 说："虽然你们的机器有一些优点，但我更喜欢我现在的机器。"

（6）顾客 F 说："不错，这是很漂亮的家庭影院系统，但对我来说太复杂了，可能需要一名技术员来为我说明如何使用它。"

（7）销售人员："……我们公司经营的吊带比其他品牌的吊带更具安全性。"

顾客 G："当然，安全对我来说是很重要的，但是我怎么知道你们的吊带就如你所说的那么安全呢。"

（二）案例分析

列车上十分钟成功推销术

经常乘坐列车的朋友总有一种感觉，那就是火车上的产品价位较高。因此，在列车上推销产品是不占优势的。而当笔者在列车上亲历了一次售货员成功的推销术之后，故有的印象彻底改变了：原来，流动的列车上也有无限的商机！

一日，郑州开往北京的特快列车上，当旅客在途中闲暇无事，或看报刊，或闲聊，或打盹……突然传来一阵流利、甜润而响亮的普通话声音。旅客们回头向着发出声音的方向望去，一名穿着整齐得体的列车员制服的漂亮女孩，站在车厢的过道上，面带微笑开始演讲式的推销。"各位领导、旅客朋友，大家好！打扰各位了。我是本次列车的售货员，利用这个时间给大家介绍我们列车广告推广的产品——袜子。没错，就是袜子。我给大家介绍的袜子与市场上卖的袜子是不一样的，它的面料特殊，不是化纤，这是我们与生产厂家联合推出的列车广告试销产品，市场上还没有。这种袜子有两大优点：一是穿不破，二是透气性好、吸汗不臭脚。"

抑扬顿挫的几句演讲词，勾起一节车厢中多数乘客的好奇心。

售货员不失时机地拿起一双洁白的袜子，开始边介绍边示范。"大家都知道，袜子穿在脚上，最易磨损的部位就是脚拇指和脚跟，这两个地方损坏了，再好的袜子也成了破袜子，对吧！我给大家介绍的袜子是非常耐磨的袜子。下面我给大家做个示范，就能证明这种袜子的耐磨性。"

"这位大哥帮忙拽一下。"售货员向坐在一边的男子递上袜子的一端，自己拽着另一端，另一只手拿着已准备好的一根钢针："大家想想，用钢针在袜子上来回划，会有什么样的结果呢？"随即售货员拿起钢针用力地在袜子面上划来划去。"大家看看袜子有没有坏，没有！丝毫无损，钢针都划不破的袜子，这就是真正穿不破的袜子。"边说边让周围的人看个究竟，证明钢针划过的袜子无损的真实性。

她接着介绍说："我再给大家介绍袜子的第二大优点——穿这种袜子不臭脚。日常生活中，为什么很多人会臭脚呢？据专家研究分析，臭脚是因为脚在出汗后再加上袜子的透气性差，久而久之就被闷臭了。解决这个问题很简单，最好的办法就是让脚处在透气的环境中，这样就不会再臭了。我们推广的这种袜子就有这个优点，可做一个示范，证实袜子的透气性好。"售货员仍在旁坐的旅客帮助下，双手将袜子抻成平面状展示。从口袋中掏出一只打火机，打着火后迅速将打火机移动至袜面的底部，打火机的火苗穿过袜面燃烧着。这个举动令车厢的乘客惊奇不已，问："这种袜子不怕烧吗？"售货员笑笑答："钢铁都有熔化的时候，何况是袜子呢！我做这个实验的目的是告诉大家，我们推广的袜子透气性好，面料特殊可吸汗，穿这种袜子不会闷脚、臭脚。"

售货员的演说和象征性的实验，勾起了旅客购买袜子的欲望。"我把袜子样品发到每排座，请大家看看面料，摸摸手感，感觉一下！"随即将所带的许多袜子分发给车厢里的乘客，很多旅客争相观看。推销术进入了实质性阶段。

"这么多优点、这么好的袜子，大家想问，价格一定很高吧，贵不贵？告诉大家，因为我们是与生产厂家联合推广试销品，限量派送，大家赶上了就是机遇。在商场，普通袜子也得十元、八元一双，我们推广产品，便宜！十元一包。包装有两种：一种是一包三双的，另一种是加厚型的一包装两双。价格都是十元一包，相当于一包香烟的价格，买的是货真价实的穿不破、不臭脚的袜子。大家赶上这个机遇，不要错过了，谁想要赶紧说话啊！"

笔者与许多乘客一样，被这形象生动的推销术所感染，很舒心地选购了两包袜子，直到现在仍感觉物有所值。该售货员在本车厢演说和示范的时间约为十分钟，成功地售出近百包袜子。无疑，售货员的推销术是成功的，不仅为生产厂家带来了经济效益、提高了知名度，旅客也欣然接受了这种面对面的推销方式，为旅途增添了乐趣。

问题：

（1）该售货员成功的关键因素是什么？

（2）该售货员运用了哪些产品展示策略？

（3）该售货员的产品演示有哪些值得借鉴的地方？

三、知识拓展

（一）销售漏斗理论

是否所有的潜在顾客都能变成现实顾客？并不是这样。销售漏斗理论告诉我们，只有少数潜在顾客能成为现实顾客，如图 4-1-1 所示。如果销售人员选择使用销售漏斗，就能知道潜在顾客、准顾客和顾客的数目，还能获知自己的销售活动的焦点指向哪里。

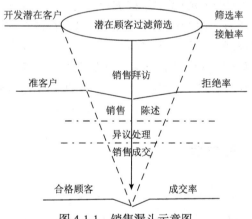

图 4-1-1　销售漏斗示意图

由图 4-1-1 可以看出，潜在顾客徘徊在漏斗的顶部，等待销售人员用标准——过滤，然后将合格者推到下一层。在漏斗中第一层的潜在顾客经过销售人员的拜访与说服，会更加接近做出购买承诺，但必须有一定的购买力支持。漏斗变得越来越窄，反映出这样一个事实：很大一部分潜在顾客被淘汰掉，即有一定的筛选率。

这时，一些潜在顾客变成了准顾客。销售人员应采取必要步骤，如销售陈述、处理异议、促成交易等，将这些准顾客开发潜在客户筛选率向下移或移出漏斗，使准顾客变成真正接触率的顾客；漏斗变得越来越窄，同样表示有一些准顾客从漏斗中分离出去，现实顾客与顾客的比值即为成交率。通过销售人员的持续努力，降低准客户拒绝率，走出漏斗的最终顾客可变为长期的支持者或合作伙伴。

顾客资格审查是对已选定的顾客按一定的标准进行评审，以确定适当的目标顾客的行动，也就是销售人员在正式拜访之前，要判断出真正的销售对象，选出最有可能购买的顾客，避免做无用功，又称为"顾客评价"。

现代销售学认为，合格顾客由金钱（money）、权力（authority）和需要（need）这三个要素构成。只有三个要素均具备，才是合格的顾客。所以，一般而言，顾客资格审查包括顾客购买能力审查、顾客购买需要审查和顾客购买决策权审查这三个方面的内容。

（1）顾客购买能力就是顾客购买产品时的支付能力。支付能力是判断一个准顾客能否成为目标顾客的首要条件。审查顾客的购买能力可以分为审查个人或家庭的支付能力和审查企业的支付能力两种。前者主要调查消费者个人或家庭的经济收入状况；后者主要调查企业的经营状况和财务状况。购买能力调查难度较大，许多销售人员是自行做判断。当然，销售人员可以设法自行调查或者让对方提供信用保证或担保。

（2）顾客购买需要审查是指销售人员通过对有关资料的分析，确定某一顾客是否真正需要销售的产品。审查的内容主要围绕是否需要、何时需要、需要多少等问题来进行。

（3）顾客购买决策权审查。销售人员在向顾客销售产品时，一定要清楚谁是购买决策者。如果事先不对潜在顾客的购买决策权进行鉴定，就有可能事倍功半。

对于个人消费者是否具有决策权，销售人员可以审查谁在家庭购买行为中起关键作用，谁是购买产品的倡议者，谁是购买产品的使用者。对于企业集团消费，销售人员必须了解团体顾客内部的组织结构、人际关系、决策系统与决策方式，掌握其内部管理者的相对权限，向有决策权的管理者销售产品。通常根据产品的属性、购买量的多少来确定谁是购买决策人。

（二）销售人员激励方案

1. 目的

（1）促进公司业务的发展，改变公司目前被动销售的局面，进而提升公司在行业里的品牌知名度，从而实现公司的销售目标。

（2）增加销售人员工作的积极性，提升销售人员的新客户拓展、商务谈判、营销技巧及客户维护等综合能力，并培养销售队伍的团队合作精神，以使公司整个销售团队形成互相帮助、交叉学习和共同提高的良好局面，同时为公司人才梯度的建设打下良好的基础。

（3）培养销售人员对公司的忠诚度，能长期地追随公司共同成长。

2. 原则

（1）实事求是原则：销售人员定期并如实地上报工作回顾和工作计划，客观地反映客户、竞争对手及行业等相关信息至公司。

（2）绩效落实原则：根据销售人员的工作业绩，公司及时地落实相关绩效。

（3）公平公正原则：公司在各类奖励机制，如人员培训计划、员工晋升计划等方面要尽量做到公平、公正。

3. 薪资构成

（1）销售人员的薪酬由基本工资、绩效工资、奖励薪资及其他组成。

（2）基本工资每月定额发放。

（3）销售人员可以获得的绩效工资=绩效工资基数×绩效系数（绩效系数范围为 0～2），每月发放。

（4）销售奖励薪资可分为以下几种。

第一，销售提成奖励包括新开发客户提成和现有客户维护提成，销售提成=（新开发客户当年营业额×新开发客户提成比例+现有客户营业额×现有客户提成比例）×提成系数（提成系数范围为 0.7～1.3），营业额以客户已付款到公司账号为准。

第二，只有销售人员已经开始维护部分现有客户，才有资格参加现有客户提成考核。

第三，销售费用控制奖励，此项待定。

第四，奖励薪资在每年财政年度的结束（12 月份为当年财政年度最后一个月）之后一个月之内发放。

（5）所有薪酬由公司统一支付，但绩效工资和奖励薪资部分由销售部承担。

4. 销售费用定义（此项待定）

销售费用是指差旅费、通信费、业务招待费和各种公关费用等（但市场推广、展会费用及客户佣金除外）。

5. 绩效工资计算方法

1）绩效工资基数

绩效工资基数为 1000 元。

2）绩效系数构成

（1）如果当月新客户拜访数量达到 15 个或以上，则该项系数最高可得 0.8 分，但数量在 8 个以下，则系数得分将为 0。如有客户重复拜访，在计数时可以增加 0.5 个每次，但同一个客户增加部分最高不超过 1 个。

（2）如果签约新客户第一个月订单达到 400 平方，则系数可得 0.5 分；如果订单没达到 400 平方，则系数只可得 0.25 分；另外，该项系数最高可得 1 分。

（3）如果当月缺勤天数不大于 1 天的（调休除外），则该项系数可得 0.1 分，否则为 0。

（4）如果当月销售工作报告上交及时，并且销售会议时较好地完成相应工作，则该项系数可得 0.1 分，否则为 0。

（5）如果销售人员连续 3 个月某一项系数得分为 0，则公司取消该员工当年的绩效工资享受资格（第 2 项签约新客户系数除外）。

（6）如果现有客户销售额达到上一年的 120%～150%，则系数可增加 0.1；如果现有客户销售额达到上一年的 150%或以上，则系数可增加 0.15；如果现有客户销售额只达到上一年的 80%以下或客户丢失率达到 20%或客户丢失数量达到 2 个，则系数得减少 0.15。

（7）如果所负责的新客户和现有客户货款回款率达到 90%或以上，则系数可增加 0.1；如果其回款率未达到 70%，则系数得减少 0.1。

3）注意事项

（1）公司集体战略性开发的重要客户和公司已经在做很多市场前期工作的主要客户的订单，将不纳入相关销售人员业绩考核。但公司交由销售人员跟单时，销售人员可以享有 0.2%的提成比例。

（2）公司会给销售人员提供每种产品的销售价格区间，当一个客户能接受的价格偏离公司的价格区间太大，但销售人员和公司均考虑到客户的资信、用量、影响力等原因同意接受时，则销售人员应接受公司重新协商提成比例。

（3）客户丢失是指连续使用公司产品一年以上的现有客户突然连续 6 个月或以上不再订购公司的产品，但客户转业或倒闭的除外。

（4）因老客户的作用而临时被指定使用公司产品的跨区域新客户，原则上该新客户临时订单产生的销售额归相应的老客户的销售负责人所有。临时订单结束之后，所在区域销售人员享有该客户后续的管理和销售额。

6．其他规定

（1）当年年度结算截止日为 12 月底。

（2）绩效工资和奖励薪资个人所得税，员工自理，公司代扣。

（3）销售人员对自己的薪酬必须保密。

（4）因销售人员违规或违法而被公司开除的，公司将取消其所有未核算的奖励薪资。

（5）如果销售人员提前一个月提出辞职并完成交接工作，或者公司辞退的，或者因违反公司相关制度规定进行销售人员更换的，公司将在发放日按规定继续发放未核算或已经核算但未发放的奖励薪资。

（6）销售人员应严格按公司的销售政策及管理规定执行，否则公司有权取消其奖励薪资。

7．附则

（1）本方案的解释权属于公司销售部。

（2）本方案将随着公司业务的发展需要做出适当的调整或修改。

（3）本方案自 2015 年 7 月 1 日起开始执行

任务二　督察销售人员的客户维护工作

一、知识基础

在现代社会，企业要想长期盈利、走向强盛，就要提升客户的忠诚度，减少客户投诉，增加客户对产品的信心和对销售人员的信赖，防止客户的背离，降低企业风险，我们可以试想一下，是开发一个新客户容易呢，还是让一个老客户转介绍更容易？随着社会经济的发展和人民收入水平的提高，顾客对于产品非功能性利益越来越重视，在很多情况下甚至超越了对功能性利益的关注。在这种状况下，谁能提供令顾客满意的服务，谁就会加快销售的步伐。当然，优秀的销售人员都有用不完的资源，他们会把 40% 的精力用于前面提到的客户开发，而将 60% 的精力用于客户维护，以至于即便有多家供应商可以选择，客户仍然一如既往地继续与该企业合作。

（一）对客户维护工作的认识

1. 对客户维护的必要性

客户维护实际上是一个建立和保持客户忠诚度的过程，客户忠诚是客户维护的目标，因为高度的客户忠诚是客户不断重复购买的保证。督察销售人员客户维护工作是指销售管理人员对销售人员维持已建立的客户关系，使客户不断重复购买产品或服务过程的监督与检查。

客户是企业生存和发展的基础，市场竞争的实质实际上就是争夺客户资源。但是在企业的营销活动中，重点是新客户还是老客户呢？下面我们用漏斗原理来分析一下。

试想如果将销售人员的售前和售中环节作为销售管理工作的管理重心，忽视销售人员的售后服务工作，造成销售人员售后服务中存在的诸多问题得不到及时解决，势必造成现有客户的大量流失，而企业为了保持销售额，只有通过大量补充新客户才能实现。企业可以在一周之内找到 200 个新顾客来弥补由销售人员售后服务的缺失造成的在一周之内失去的 200 个客户，看似对销售额没有影响，但是每一位销售经理都应该清楚地知道，争取新客户的成本要比维护老顾客昂贵得多。

如果销售管理者不重视对销售人员客户维护工作的督察工作，那么销售人员很可能会将工作重点放在售前和售中，而忽视客户维护工作，给企业造成的损失可以用下面一组数据来说明。

发展一位新客户的成本是保持一个老客户的 5～10 倍。

向新客户推销产品的成功率是 15%，而向老客户推销产品的成功率是 50%。

向新客户推销产品所花费的时间是向老客户推销产品的 6 倍。

企业 60%的客户都是老客户推荐的。

一位对销售人员服务不满的客户会将他的感受告诉 10 个人。

客户忠诚度下降 5%，企业利润会随之下降 25%。

客户维持率增加 5%，行业平均利润会增加 25%～85%。

以上数据充分说明了维护老客户的成本要比争取新客户的成本少得多，因此，销售人员应将销售重点放在老客户群上，而销售管理者则应当重视对销售人员客户维护工作的监督与检查，以保证企业实现盈利目标。

2. 客户维护工作的作用

1）节省开发客户的成本

如上所述，开发新客户的成本比较高。一方面，新客户没有体验过产品或服务，对企业还处于认识阶段和观察阶段，因而不敢放心地进行购买；另一方面，随着企业间为争夺客户而开展的竞争日趋白热化，企业争取新客户需要花费较多的成本。这些成本包括：推销费用、促销费用，还有大量的登门拜访以及争取新客户的人力成本、时间成本和精力成本。

比起开发新客户，留住客户的成本要相对便宜得多，特别是客户越"老"，其维系成本越低。即使激活一位中断购买很久的"休眠客户"的成本，也要比开发一位新客户的成本低得多。美国的一项研究表明：吸引新客户要付出 119 美元，而维系一个老客户只需要 19 美元。

此外，企业如果拥有庞大的忠诚客户群体，这本身就是一个很好的广告、很有力的宣传、很有效的招牌。在从众心理的驱使下，能够吸引更多的新客户加盟。

2）降低交易成本

交易成本主要包括搜寻成本、谈判成本、履约成本三个方面。支出形式主要包括金钱、时间和精力成本。

由于忠诚客户比新客户了解和信任企业，且忠诚客户与企业已经形成合作伙伴关系，彼此之间已经达成信用关系，交易的惯例化可使企业大大降低搜寻成本、谈判成本、履约成本，从而最终使企业的交易成本降低。

3）降低服务成本

首先，服务老客户的成本比服务新客户的成本要低得多。在服务中心电话记录中，新客户的电话要比老客户多得多。这是因为新客户对产品或者服务还相当陌生，需要企业家加以指导，而老客户对产品或服务了如指掌，因此不用花费企业太多的服务成本。

其次，由于企业了解熟悉老客户的预期和接受服务方式，所以可以更好、更顺利地为老客户提供服务，并且提高服务效率和减少员工的培训费用，从而降低企业的服务成本。

4）使企业的收入增加，并获得溢价收益

忠诚客户因为对企业信任、偏爱，而会重复购买企业的产品或服务，还会放心地增加购买量，或者增加购买频率。忠诚客户还会自然地对该企业推出的新产品或服务产生信任，愿意尝试购买忠诚企业推出的新产品或服务，因而他们往往是新产品或服务的早期购买者。另外，忠诚的客户对价格敏感度较低、承受能力强，比新客户更愿意以较高的价格来接受企业的产品或服务，因而忠诚客户可以使企业获得溢价收益。

5）获得良好的口碑

忠诚客户是企业及其产品或服务的有力倡导者。他们会将对产品或服务的良好感觉介绍给周围的人，主动地向亲朋好友和周围人推荐，甚至积极鼓动其关系范围内的人购买，从而帮助企业增加新客户。也就是说，忠诚客户的正面宣传是难得的免费广告，可以使企业的知名度和美誉度迅速提高，通过忠诚客户的口碑宣传还能塑造和巩固良好的企业形象。

（二）督察客户维护工作的内容

督察销售人员的客户维护工作，得从客户投诉处理、客户保持与流失管理两方面入手。

1. 督察销售人员对客户投诉的处理

企业只有通过不断满足客户的需要才能达到获取利润的目的，而一个企业要面对各种各样的客户，销售人员每日的销售业务十分复杂，要做到每一项业务使每一位客户满意，其难度是可想而知的，在销售人员通过提供服务或产品满足客户需要的同时，难免会有客户对企业产品或服务存在异议或进行投诉，而此时销售人员如何处理客户异议及投诉将直接关系到能否更好地满足消费者的需要，影响到企业利润的实现，因此，销售经理应重视对销售人员的客户异议及投诉处理工作的督察，加强与客户的联系，倾听他们的不满，不断纠正销售人员在销售过程中出现的失误和错误，督促销售人员补救和挽回给客户带来的损害，降低客户心理和经济负担，从而维护企业声誉，提高品牌形象，巩固老顾客，吸引新顾客。

1）督察销售人员是否弄清了客户投诉的主要原因

有效解决客户投诉必须认清客户投诉的主要原因。为此，销售管理人员需要督察销售人员是否真正了解了客户投诉的原因，并以此为基础有针对性地处理客户投诉。一般常见的因素有以下几个方面。

（1）产品质量存在问题。由产品在质量上存在缺陷、产品规格不符、产品技术规格超出允许误差、产品故障等问题所产生的投诉占客户投诉类型的绝大多数。例如，不锈钢厨具容易存在铅、镉、铬、镍、砷析出量超标，水果制品为防止腐败故意多添加苯甲酸导致食用者出现身体不适等症状。

（2）购销合同履行不当。产品数量、等级、交货时间、交货地点、结算方式与原购销合同不符。例如，未按照合同约定时间而延时进行交货给客户造成经济损失的，交货等级与订货样本不符的。

（3）客户服务不当。对企业各类人员的服务质量、服务态度、服务方式等提出批评和抱怨。例如，销售人员在出现问题时只顾辩解甚至与客户争吵，导致客户反感；或有些企业出现问题时各部门之间踢皮球，不愿承担责任，引起客户强烈不满等。

（4）客户自身与外界因素。客户不正确理解产品说明或对产品的性能不了解而出现的操作不当，以及客户期望过高、希望产品不出问题等因素而产生的抱怨或投诉。例如，客户购买饮水机后发现饮水机漏水向销售人员提出异议，经销售人员了解发现发生漏水的时候，饮水机的水位计显示水位满格的状态（正常情况下，水位应在绿色标识范围内），原来是客户对水箱加满了水，当饮水机运行时，水箱里的水会发生波动，导致水溢出。

2）督察销售人员是否注意了客户投诉处理中应注意的事项

为了较好地处理客户投诉，在处理客户投诉过程中销售人员要特别注意如下事项。

（1）提前做好预防工作。客户异议或投诉并非不可避免，销售人员在为客户提供产品或服务的过程中是否具备基本业务素质和能力，是否遵守企业的规章制度，是否树立了全心全意为客户着想的工作态度，都将影响到客户异议和投诉的数量。

（2）分清责任，确保问题妥善解决。不仅要分清造成客户投诉的责任部门和责任人，而且需要明确处理投诉的各部门、各类人员的具体责任与权限以及客户得不到及时圆满解决的责任。对于处理投诉的责任人，事先应对其权限进行书面化的规定，同时，对接待人员尽量给予大幅度的权限，如果事事都向上级请求，会降低客户对接待人员的信赖，甚至强化不满情绪。

（3）尽快做出反应，及时解决问题。当客户对企业的产品或服务提出异议或进行投诉时，企业应迅速做出反应，力争在最短的时间内解决问题，给客户一个满意的答复，拖延时间只会让客户更加不满意，使客户感受到自己没有受到足够的重视。例如，客户抱怨产品质量不好，通过调查发现主要原因是客户操作不当，这时应及时告诉客户正确的使用方法，而不能简单地认为与企业无关，不加以理睬；如果经过调查，发现产品确实存在问题，应给予赔偿，尽快将处理结果反馈给客户。

（4）做好客户情况记录。对于客户投诉的具体内容，以及处理过程、处理结果、客户满意度都要认真作好记录，以备督察的同时为以后能更好地服务于客户提供依据，并且应定期总结，发现在处理客户抱怨与投诉中存在的问题，对产品质量问题，应及时通知生产方；对服务问题，应加强对销售人员的教育与培训。

3）督察销售人员是否遵循了客户投诉处理的基本流程

投诉处理的目的不仅是避免给企业带来麻烦，更重要的是希望通过有效处理投诉，能够挽回客户对企业的信任，使企业的口碑得到良好的维护，有更多的"回头客"，从而化"危机"为"契机"。为此，销售人员应当按照客户流程的每个工作环节中的工作要求开展客户投诉的处理。客户投诉处理主要分为八个环节（图4-2-1）。

（1）记录客户投诉内容。客户投诉处理要求迅速受理，绝不拖延，利用《客户投诉登记表》详细记录客户投诉的内容，如投诉人、投诉对象、投诉的要求等。

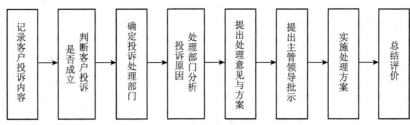

图 4-2-1　客户投诉处理工作流程图

（2）判断客户投诉是否成立。了解客户投诉的内容后，要判断客户投诉的理由是否充分，投诉要求是否合理。如果投诉不成立，可以用委婉的方式答复客户，取得客户的谅解，消除误会。

（3）确定投诉处理部门。根据客户投诉的内容，确定相关的具体受理部门和受理负责人。

（4）处理部门分析投诉原因。要查明客户投诉的具体原因及造成客户投诉的具体责任人。

（5）提出处理意见与方案。根据实际情况，参照客户的要求，提出解决投诉的具体方案，如退货、换货、维修、赔偿等。

（6）提交主管领导批示。对于客户投诉问题，领导应予以高度重视，主管领导应对投诉的处理方案一一过目，及时做出批示。

（7）实施处理方案。及时实施处理方案，对直接责任人应处理得当，通知客户，并尽快地收集客户的反馈意见。

（8）总结评价。对客户投诉处理过程进行总结和评价，吸取经验教训，提出改善对策，不断完善企业经营管理和业务运作流程，提高客户服务质量和水平，降低投诉率。

4）指导销售人员掌握客户投诉处理技巧

作为一名销售经理，要指导销售人员了解、掌握并灵活运用多种消除投诉的技巧，使其能够在处理客户投诉的过程中得心应手。具体技巧主要有以下几种。

（1）耐心倾听。客户会投诉是因为利益受到了损害，接待投诉客户的工作人员应耐心倾听，对客户表示理解并作好记录，待客户叙述完毕后，复述记录的主要内容，自己能解决的小问题应立刻答复客户，当时无法解决的要向顾客做出承诺。

（2）换位思考。对待客户投诉，首先要有换位思考的意识，站在客户的立场上，寻找客户投诉的原因，提出解决客户投诉问题的方案，直至客户满意。

（3）委婉否认。这种方法通常使用在客户存在错误想法的时候，工作人员可以先肯定对方的投诉，然后再陈述自己的观点。

（4）承认错误。当客户投诉理由充分时，任何推诿都可能会激化矛盾。如果产品质量不能令客户满意，就应当承认错误并争取客户谅解，不能推卸责任或寻找借口。承认错误之后，应迅速解决问题，不能拖延时间。

（5）话题转移。当客户投诉理由不充分，本身就是无事生非时，最好不予理睬，迅速转移话题，让客户感觉到你不想与他加剧矛盾而采取一种回避态度，从而使客户荒谬的投诉行为得以转移。

【案例阅读】

客户投诉处理

　　王哲转正后的第一天就接到了车主张先生的投诉，其三个月前在程宝汽车城的长安专营店购置长安悦翔时，在客户服务代表的极力推销之下花费一万元购买了一台"高翔"牌车载 DVD，结果在使用过程中音响效果极差，并且有些功能并不能够实现，张先生多次与 4S 店协商，均未果。

　　讨论：

　　（1）王哲应该如何处理张先生的投诉？

　　（2）王哲应该怎样把张先生变成自己的忠诚客户？

　　2. 督察销售人员对客户保持与流失的管理

　　1）督察销售人员的客户保持管理

　　客户保持是指企业维持已建立的客户关系，使客户不断重复购买产品或服务的过程。客户保持对企业维持一定的利润有着重要的作用，能否保持有价值的客户已成为企业成功的关键。企业客户保持主要是通过与客户直接接触的销售人员完成的。因此，销售管理人员要对销售人员的客户保持工作加以督察，以确保企业的客户保持达到满意的水平。

　　督察销售人员的客户保持工作应从了解销售人员的客户保持现状入手，即从客户保持率入手，在此基础上要注意检查销售人员的客户保持工作内容与规范，以及客户保持方法与策略的运用情况。

　　A. 客户保持管理

　　客户保持管理可以从以下三个方面入手：第一，保存详细的客户的信息资料，注意利用信息资料开展客户保持工作。第二，通过客户关怀提高客户的满意度与忠诚度。销售人员通过对客户行为的深入了解，准确把握客户需求的基础，通过持续的、差异化的服务手段，为客户提供合适的产品和服务，最终实现满意度和忠诚度的提升。第三，通过看客户投诉或抱怨的资料，分析客户流失的原因，进而改进服务，减少客户流失，保持更多的客户。

　　B. 客户保持的策略

　　客户保持策略有三个层次。第一个层次是增加客户关系的财务利益。在这一层次上客户乐于与企业保持关系的原因是得到优惠和特殊照顾。第二个层次是增加社会利益。社会利益是客户需要的社会信息或者社会关系方面的帮助。第三个层次是深层次的结构性联系。所谓结构性联系，是指企业提供给客户以技术为基础的客户服务，为客户提高效率和产出。这类服务通常被设计为一个传递系统。这类系统较为复杂，因此不易被模仿。

　　C. 不同类型的客户的保持策略

　　与有价值的客户保持长期稳定的关系是企业获得持续竞争优势的关键。然而，客户保持是需要代价的，企业要根据客户价值的不同决定如何在客户中分配有限的资源。根据客户的当前价值与增值潜力将客户分为四个类型。四个类型客户资源配置和保持策略见表 4-2-1。

表 4-2-1 四个类型客户资源配置和保持策略

客户类型	客户对公司的价值		资源配置策略	客户保持策略
	客户当前价值	客户增值潜力		
1	低	低	不投入	关系保持
2	低	低	适当投入	关系再造
3	高	高	重点投入	高水平关系保持
4	高	高	重中之重投入	不遗余力地保持、发展客户关系

2）督察销售人员的客户流失管理

客户流失是指企业的客户由于种种原因，转向购买其他企业的产品或服务的现象。由于当今市场竞争激烈及客户购买行为的个性化，许多企业管理者把这种流失看成自然现象，对其视而不见。事实上客户流失不仅不断损耗着企业的人力、物力，而且将直接降低企业的客户保持率，甚至影响企业的形象与企业竞争力。如果企业的客户流失问题不能及时予以解决，客户资源的流失将不会停止，甚至会逐渐加大，严重影响企业客户的保持与新客户的加入。因此，销售管理人员要要求并经常督察销售人员重视并加强对客户流失的管理。

A. 客户流失的定量识别

目前常采用的计算客户流失的定量指标为以客户为基础的客户流失率、客户保持率、客户推荐率等。

客户流失率是客户流失后的直接的定量描述，是判断客户流失的主要指标。用公式表示为

$$客户流失率 = 客户流失人数/消费人数 \times 100\%$$

客户保持率是使客户保持的定量描述，也是判断客户流失的重要指标。用公式表示为

$$客户保持率 = 客户保持人数/消费人数 \times 100\%$$

或

$$客户保持率 = 1 - 客户流失率$$

客户推荐率是指客户消费产品或服务后介绍他人消费的比率。客户流失率与客户保持率、客户推荐率成反比。

销售管理人员可以通过对客户进行调查和企业日常记录获得客户流失率相关信息并加以计算获得。对客户流失的分析既可以按照企业能够接受的最低标准，也可以纵向比较来判断其变动趋势。

B. 客户流失的主要原因分析

客户流失的原因很多，有些是企业的原因，有些是销售人员的原因，有些是竞争对手的吸引，还有些是客户内在需求发生了转变，或者是便利性的问题。

对于由企业的产品设计、质量，以及产品价格（企业统一定价）、售后服务内容与规范等方面导致的客户流失，销售管理人员要要求销售人员及时向企业管理人员汇报、协调，尽量争取按照客户要求加以完善，以防止客户流失。

对于由客户内在需求发生了转变，或者是客户购买商品存在地理位置、营业时间、等待服务时间、等待预约的时间等方面不够方便导致的客户流失，也要尽可能创造条件提供方便，需要与企业协调的，要及时与企业沟通、协调，能解决的尽快解决，尽早防止客户流失。

对于被竞争对手以丰厚条件吸引的客户，销售人员要衡量好得失，并及时向上级领导汇报，在领导指导下，积极采取应对措施，防止客户流失。

对于因销售人员疏忽，客户维护能力薄弱，防范客户流失策略不当的客户流失，销售管理人员要及时予以提醒，将其纳入考核体系之中，并指导、培训、激励销售人员加强客户流失的防范。

对于客户流失管理还需遵循一定的流程。首先要进行客户流失分析，找出客户流失的根本原因，然后构建客户流失模型找出可能流失的客户，接着通过各种营销活动和有针对性的服务来提升客户满意度，挽留客户。

【资料链接】

所谓忠诚，意为尽心竭力，赤诚无私。

忠诚表现为行为忠诚与态度忠诚的统一，行为忠诚是态度忠诚的基础和前提，态度忠诚是行为忠诚的深化和延伸。忠诚度主要体现在如下几个方面。

（1）顾客忠诚度。是指受质量、价格、服务等诸多因素的影响，顾客对某一企业的产品或服务产生感情，形成偏爱并长期重复购买该企业产品或服务的程度。

（2）员工忠诚度。是指员工对于企业所表现出来的行为指向和心理归属，即员工对所服务的企业尽心竭力的奉献程度。

（3）职业忠诚度。即对职业的忠诚，职业忠诚度高的人员往往有利于本身专业技能的提高和带动整体技能的提升。

（三）督察客户维护工作的主要方式与注意事项

1. 督察销售人员客户维护工作的主要方式

销售人员客户维护的督察工作是一项复杂的系统工程，要确保企业决策落到实处，满足消费者的需要，坚持在继承中创新，在创新中发展，善于总结督察工作经验，把握督察工作规律。要在销售队伍中深入持久地开展诚信教育，提升诚信教育覆盖率，加大对销售人员忽视客户维护工作的查处力度，全面规范销售队伍中违规的处理操作流程，完善投诉渠道。督察销售人员客户维护工作是确保销售目标达成的重要手段。督察工作在销售经理的工作职责中发挥着越来越重要的作用，显示出越来越强大的生命力。但同时也存在着一些不容忽视的问题，尤其是督察方式单一，督察方法难以创新等，在实际工作中使督察很难起到为决策落实服务的作用。因此，做好销售人员客户维护督察工作，必须不断探索督察工作规律，创新督察方法，这样才能确保督察实效。

首先，销售管理人员开展销售人员客户维护督察工作要体现主动性，督察工作属于领导行为，开展督察活动领导要主动做好工作，关键要增强工作的预见性，尽量把问题想在前面，把准备工作做在前头，善于在被动中争取主动。

其次，确定督察任务要体现重点性，为确保销售人员客户维护督察工作取得实效，必须突出重点，着重抓住对企业有重大影响的事项和问题。

再次，督察工作要体现实效性，要把抓落实、见成效作为销售人员客户维护督察工作的出发点和落脚点，贯穿于督察工作的全过程，要根据销售人员客户维护工作的实际进度，追踪客户维护工作的落实轨迹，针对客户维护环节落实过程中存在的问题提出解决的办法和建议。

最后，要注重发动群众性督察，制定科学严格的考核办法，形成良好的激励约束机制等。开展督察工作，方法得当就能事半功倍，收效明显；反之则会事倍功半，影响效果。销售人员客户维护督察方法要富于创造性，要积极探索，不断实践，积累经验，不断完善，具体方法如下。

（1）会议督察。仅仅通过电话、邮件或者信息督察是不够的，尤其是一些动力不足的销售人员，需要在后面推一推，拉一拉，甚至要给他们加点"油"。这就需要，在每月的月中，可以举行一次客户维护工作分析大会，一方面要总结上半月的客户维护情况，另一方面要对下半月的工作进行具体安排，同时，这个大会还有一个重要工作，那就是要对销售人员进行培训，针对销售人员客户维护工作中存在的不足，进行有针对性的培训，也可以让做得好的销售人员现身说法，与其他销售人员分享其成功的做法，这既树立了典型，也潜移默化地培养了销售人员的学习意识。

（2）现场督察。对情况紧急的客户维护工作，实行现场督察，掌握真实情况，确保督察效果。凡是涉及企业形象备受舆论关注的，都应坚持现场督察，掌握真实情况，对完成好的予以肯定，对完成差的予以批评，提出要求。

（3）跟踪督察。对重要督察事项进行全过程督察，既督察结果，又督察过程。在过程中发现问题，解决问题，务求落实，确保实效。

（4）调研督察。深入销售人员的客户维护落实过程了解情况，检查进度，促进问题的尽快解决。

（5）专项督察。对具体的、单一的督察事项进行专项督察，并将督察结果及时记录。

（6）突击督察。除了常规例行性的检查外，在销售过程当中，采取"突袭"行动，借此检查销售人员工作状况，防止懈怠现象，从而保证销售人员能够更好地投入到每天的销售工作中去。

2. 销售人员客户维护工作督察应注意事项

开展销售人员客户维护督察工作的方法多种多样，要充分发挥督察方法整体效果，必须灵活运用，在实际工作中要注意以下几个方面。

（1）集中督察与经常督察相结合。对重点客户维护工作，应集中时间、集中人员进行督察；对日常性工作，可不定期随时进行督察。

（2）公开督察与暗访相结合。公开督察是我们常用的督察方式，然而在对一些不便公开或易受干扰的问题进行督办时，在一定程度上很难客观、准确地反映情况。暗访则采取不打招呼，不要陪同，直接深入到实地进行察看，有突击性等特点，使得被督察销售人员来不及弄虚作假，得到真实情况的可能性就大大增加。

（3）树正面典型与抓反面典型相结合。在开展督察销售人员客户维护活动中，要注意发现销售人员的一些好的客户维护的方法，及时总结经验；同时，又要注意抓反面典型在销售队伍中增加压力，对工作不到位、措施不力的问题，毫不留情地进行通报批评。

（4）督察与调研相结合。督察和调研是相辅相成、互为补充和完善的，深入到销售工作现场搞督察，本身既是督察又是调研。在实际工作中，带着问题下去，拿着办法回来，对督察中发现的一些具有普遍性、针对性的问题，查找深层次原因，及时提出督察调研意见和建议，为如何提高客户满意度提供依据。

（5）督察与协调相结合。对于某些问题牵涉面广、超出了销售经理的权限范围，则应在督察中先协调，做到在协调中督察，从而提高督察的质量和效率。

（6）督察与指导相结合。销售经理与销售人员不是猫鼠关系，不应对立起来，因而销售经理在督察销售人员客户维护工作的过程中应态度谦恭，以诚相待，牢固树立指导意识，既要把工作督察落实好，又要搞好协调，找准结合点，实现工作最佳效果。

总之，督察销售人员客户维护工作应以提醒、帮助、督促、关心、体贴的态度，深入一线，多和客户、员工接触沟通，了解真实情况，认真负责，不能敷衍了事。督察人员要熟悉各项检查标准，以身作则，起到模范带头作用，秉公办事，不能徇私舞弊，善于发现不足之处、安全隐患和闪光点，做出总结报告。督察过程中需要常规手段与另类方法相结合，还要注意方式和技巧，能够充分结合团队成员个性、状态等，灵活变通。通过过程管理，激发团队成员的工作积极性、主动性、能动性，从而让目标达成基础稳固，作风扎实，最终水到渠成，业绩卓越。

二、能力实训

（一）思考题

1. 试述对客户维护工作督察的基本内容。
2. 客户投诉的主要原因主要有哪些？
3. 客户投诉处理中应注意哪些事项？
4. 试述客户投诉处理的基本流程。
5. 客户投诉处理主要技巧有哪些？

6. 试述督察销售人员的客户保持管理内容。

7. 试述督察销售人员的客户流失管理内容。

8. 试述督察销售人员客户维护工作的主要方式与注意事项。

（二）案例分析

有一个客户购买了一部手机。大概过了 7 个月，客户找来，说坏了，无法显示。客户就拿到维修部门，维修部发现是电池漏液导致电路板腐蚀，只能更换电路板。但是更换电路板需要返回厂家，可是恰恰这款产品厂家已经停产了。于是客户要求索赔，要求退货。

对此，企业业务员说："我们给你调换一个，你可以选另外一款同等价格的手机。"客户说："不行，一定要退钱。"后来发现，电池漏液造成电路板腐蚀不完全是这个客户的原因，和产品有一定的关系。但是销售经理还是没有答应客户的要求，没想到这个客户特别难缠，天天闲着没事，就每天跑到企业闹，影响企业的正常工作。企业一看影响很大，不能再这样下去了。没有别的好办法就答应了客户的要求。但要和客户签一个保密协议。你可以退货，但不能把处理结果告诉其他客户。

问题：

（1）整个处理客户投诉的过程有问题吗？

（2）企业为何要签这个保密协议？

三、知识拓展

XXXX 公司客户满意度调查表

客户名称		联系方式	

尊敬的客户：

您好！

为了使本公司更好地为您服务，共同健全企业管理，完善公司制度，让本公司的产品品质、交期、服务满足贵司之要求，特进行此项客户满意度调查。希望您在百忙之中给予我们客观的评价，如果您对本公司有其他要求或建议也一并提出，您的建议是我们奋进的动力，我们将虚心听取并及时改进。谢谢配合！

一、产品质量

1. 您选择××行业的企业最看重的是：

□ 企业宣传　　　　□ 企业信誉　　　　□ 企业实力　　　　□ 企业售后服务

2. 您对"本类产品质量"的关注程度：

□ 很重视　　　　□ 比较重视　　　　□ 一般

3. 您最关心×产品的哪项质量指标？

□产品外观　　　　□ 产品含量　　　　□ 稳定性　　　　□ 产品效用　　　　□ ＿＿＿＿＿（其他）

4. 您对本公司×产品的外观是否满意？

□ 很满意，产品为白色或类白色粉末状固体，无结块、结晶，无可见外来杂质

□ 比较满意，产品颜色发黄或有少量结块、结晶或有少量杂质

□ 不满意，产品颜色较深，有结块、结晶物或有杂质

5. 您认为本公司×产品的产品含量与同行业同类产品相比:

☐ 高　　　　　☐ 较高　　　　　☐ 持平　　　　　☐ 较低　　　　　☐ 低

6. 您对本公司×产品的包装是否满意?

☐ 很满意,产品包装外观整洁,包装密封性好

☐ 比较满意,个别产品包装稍有灰尘或个别泄露现象

☐ 不满意,产品外观不整洁,包装密封性不好

7. 您对本公司×产品的质量是否满意?

☐ 很满意　　　☐ 满意　　　　☐ 比较满意　　　☐ 不太满意　　　☐ 不满意

二、产品价格

1. 您认为本公司产品价格与同行业同类产品相比:

☐ 偏低　　　　☐ 较低　　　　☐ 持平　　　　☐ 较高　　　　☐ 偏高

2. 您认为本公司×产品的性价比与同行业同类产品相比:

☐ 很高　　　　☐ 较高　　　　☐ 持平　　　　☐ 较低　　　　☐ 很低

三、服务

1. 您认为本公司的服务态度如何?

（1）售前咨询:　　☐ 很好　　　　☐ 较好　　　　☐ 一般

（2）售中配合:　　☐ 很好　　　　☐ 较好　　　　☐ 一般

（3）售后服务:　　☐ 很好　　　　☐ 较好　　　　☐ 一般

改进意见或建议: _____

2. 你认为影响推广服务的主要因素有:

☐ 人员配备　　☐ 推广方式　　☐ 推广力度　　☐ _____（其他）

3. 您认为本公司销售人员的推广服务如何?

（1）人员配备:

☐ 人员充足　　　　　　　　☐ 销售人员专业素质高

☐ 人员比较充足　　　　　　☐ 销售人员专业素质较高

☐ 人员不足　　　　　　　　☐ 销售人员专业素质一般

（2）推广方式:

☐ 形式多样化,满足客户、市场的需求

☐ 形式较多,基本能满足客户、市场的需求

☐ 形式较为单一,不能满足客户、市场的需求

（3）推广费用:

☐ 充足　　　　☐ 一般　　　　☐ 不足

改进意见或建议_____
_____

4. 您认为,在推广过程中,本公司产品的市场接受度如何?

☐ 较好　　　　☐ 一般　　　　☐ 不好

您认为本公司市场接受度不好的产品有 _____

5. 您认为影响产品市场接受度的主要因素有:

☐ 品牌知名度　☐ 产品质量　　☐ 推广服务　　☐ 价格　　☐ _____（其他）

6. 您对本公司的销售政策是否满意?

☐ 很满意　　　☐ 满意　　　　☐ 比较满意　　　☐ 不太满意　　　☐ 不满意

改进意见或建议: _____

_____

7. 您对本公司的投诉处理是否满意

（1）及时性：

□ 很及时，接到投诉后第一时间着手联系处理

□ 较及时，接到投诉后稍有拖延，但当天之内能着手处理

□ 不及时，接到投诉后不能及时处理，拖延时间较长

（2）处理效果：

□ 很满意，找出原因，澄清事实，问题得到解决

□ 较满意，无法找出直接原因，或无法澄清事实，问题得到解决

□ 不满意，问题得不到解决

8. 您认为本公司送货是否准时？

□ 非常准时

□ 基本上可按订单交期交货，偶尔有延后

□ 经常出现延误

客户其他意见或要求：

客户签字盖章：

填表日期： 年 月 日

任务三 考核销售绩效

一、知识基础

（一）明确销售人员绩效考核目的

对销售人员绩效进行考核的基本目的是确定各销售人员的工作表现。

1. 保障销售目标的完成

销售目标是销售管理过程的起点，它对销售组织、销售区域的设计以及销售定额的制定起着指导作用。这些工作完成之后，销售经理开始招聘、配置、培训和激励销售人员，促使他们朝着销售目标努力。同时，销售经理还应当定期收集、整理和分析有关销售计划执行情况的信息。这样做一方面有利于对计划的不合理之处进行修改，另一方面

有利于发现实际情况与计划的差异，以便找出原因并寻求对策。可见，有效的绩效考核方案如同指南针，可保证销售人员实现企业的销售目标。

2. 为销售人员的奖酬提供依据

科学的考核，公平的奖酬，对激励销售人员有着重要的影响。有效的绩效考核方案是对销售人员的行为、态度、业绩等多方面进行全面而公正的考核，考核的结果不论是描述性的还是数量化的，都可以为销售人员酬薪的调整、奖金的发放提供重要的依据，使企业能够在客观评价的基础上给予销售人员合理的报酬或待遇，激励销售人员继续努力。

3. 通过考核发掘销售人才

通过绩效考核能够查明销售人员的实际销售能力及效果。绩效考核的结果能够对销售人员是否适合销售岗位做出客观、明确的评判。如果发现他们缺乏某一方面的能力，可以对之补充和加强；如果发现他们在某方面的能力没有得到充分的发挥，可以给予其更具挑战性的任务，为他们提供尽展才华的机会。另外，一个具有敏锐观察力的销售管理者，通过绩效考核也可能发现具有某方面潜能的销售人才，从而采取措施发掘和培养他们。

4. 加强对销售活动的管理

在销售管理过程中，销售经理一般每月对销售人员进行一次考核。有了每月的考核，各销售区域的业务活动量会有所增加，因为销售人员都希望获得较好的考核成绩。同时，销售活动的效率也会提高，因为绩效考核会让销售人员周密思考和谨慎行动，他们会用更理智的方式做事。绩效考核还能让销售经理监控销售人员的行动计划，及时发现问题。

5. 让销售人员清楚企业对自己的评价和期望，引导销售人员的发展

虽然销售经理和销售人员经常见面，并且可能经常谈论一些工作上的计划和任务，但是销售人员还是很难清楚地明白企业对自己的评价和期望。绩效考核是一种正规、周期性的销售评价系统，绩效考核的结果是向员工公开的，员工有机会了解企业对他们的评价，从而正确地估计自己在组织中的位置和作用，减少不必要的抱怨。绩效考核是一个导航器，它可以让员工清楚自己需要改进的地方，指明了员工前进的方向，为员工的自我发展设计了道路。

上述这些不同的绩效考核目的影响着企业的整个绩效评估过程。例如，确定物质奖励及奖励进步者的绩效评估应该把重点放在销售人员当前的工作及与销售相关的活动上；把销售人员提升到管理职位的绩效评估应侧重于其作为销售经理的潜在效率上，而不只是看其当前的工作绩效。所以，销售人员绩效评估必须谨慎地开展与实施，以便为完成既定目标提供必要的信息。

（二）销售人员绩效考核的原则

对销售人员进行绩效考核应遵循如下原则。

1. 实事求是原则

实事求是要求绩效考核的标准、数据的记录等要建立在客观、实际的基础之上，对销售人员进行客观考核，用事实说话，切忌主观武断。如果缺乏事实依据，宁可不做评论，或注上"无从考察""待深入调查"等意见。按客观标准进行考核，可以引导成员不断地改进工作，避免人与人之间的摩擦破坏组织的团结。

2. 重点突出原则

为了提高考核效率，降低考核成本，并且让员工清楚工作的重点，考核内容应该选择岗位工作的主要方面进行评价，突出重点；同时，考核内容不可能涵盖岗位工作的所有内容。考核的主要内容以影响销售利润和效率的因素为主，其他方面为辅。

3. 公平公开原则

绩效考核应该最大限度地减少考核者和被考核者双方对考核工作的神秘感，绩效标准的制定应通过协商进行；考核结果应公开，使企业的考核工作制度化、规范化。

4. 重视反馈原则

在绩效考核之后，企业要组织有关人员进行面谈讨论，把结果反馈给被考核者。同时，考核者应注意听取被考核者的意见及自我评价。对于考核中存在的问题应及时修改，以便在考核者与被考核者之间建立一种互相信赖的关系。

5. 工作相关原则

绩效考核是对销售人员工作的评价，对不影响工作的其他任何事情都不要进行考核。例如，员工的生活习惯、行为举止、个人癖好等内容都不宜作为考核内容，更不可涉及销售人员的个人隐私。在现实的绩效考核中，往往分不清哪些内容和工作有直接联系，结果将许多关于人格问题的判断掺进评判的结论，这是不恰当的，考核过程应就事论事。

6. 重视时效原则

绩效考核是指对考核期内的所有成果形成综合的评价，而不能将本考核期之前的行为强加于当期的考核结果中，也不能以近期的业绩或比较突出的业绩代替整个考核期的绩效进行评估，这就要求绩效数据与考核时段相吻合。

【案例阅读】

唐僧团队是一个知名的团队，但是这个团队的绩效管理似乎做得并不好。下面看一下他们是如何进行绩效考核的。

一次，唐僧师徒4人乘坐飞机去旅行。途中，飞机出现故障，需要跳伞。不巧的是，4个人只有3把降落伞。给谁呢？为了做到公平，师傅唐僧决定对各个徒弟进行考核，考核过关就可以得到一把降落伞；考核失败就自由落体，自己跳下去。

于是，师傅问孙悟空："悟空，天上有几个太阳？"悟空不假思索地答道："一个。"师傅说："好，答对了，给你一把降落伞。"接着又问沙僧："天上有几个月亮？"沙僧答："一个。"师傅说："好，也对了，给你一把降落伞。"八戒一看，心里暗喜："啊哈，这么简单，我也行。"于是，摩拳擦掌，等待师傅出题。师傅的题目刚提出来，八戒却跳下去了。大家知道为什么吗？师傅提的问题是，"天上有多少颗星星？"八戒当时就傻了，直接就跳下去了。

过了些日子，师徒4人又乘坐飞机旅行，结果途中飞机又出现了故障，同样只有3把降落伞。师傅如法炮制，再次出题考核大家。师傅先问悟空："中华人民共和国哪一年成立的？"悟空答道："1949年10月1日。"师傅说："好，给你一把降落伞。"又问沙僧："中国的人口有多少亿？"沙僧说是13亿，师傅说："好的，答对了。"沙僧也得到了一把降落伞。轮到八戒，师傅的问题是，13亿人的名字分别叫什么？八戒当时晕倒，又一次自由落体结束旅行。

第三次旅行的时候，飞机再一次出现故障，这时八戒说："师傅，你别问了，我跳。"然后纵身一跳。师傅双手合十，说："阿弥陀佛，殊不知这次有4把降落伞。"

这个故事告诉我们，绩效考核指标值的设定要在员工的能力范围之内，员工跳一跳可以够得着。如果员工一直跳，却永远也够不着，那么员工的信心就丧失了，考核指标也就失去了本来的意义。

（三）销售人员绩效考核的工作程序

为了保证销售人员的绩效考核的科学性和效率，销售人员的绩效考核工作应严格按照一定的程序进行，具体包括：收集考核资料，建立绩效标准，选择考核方法，实施绩效考核，反馈考核结果。只有按照考核程序进行，才能对销售人员的业绩做出合理、全面的科学评定。

1. 收集考核资料

对销售人员考核资料的收集必须全面、充分。资料的来源主要有销售人员的销售报告、企业的销售记录、顾客意见以及企业内部员工的意见等。其中，最重要的信息来源是销售报告。

2. 实施绩效考核

对销售人员的绩效进行具体的考核，一般包括对销售人员的日活动情况考核、月度业绩考核、服务能力考核和工作能力考核等。

（1）日活动情况考核。我国许多企业还没有推行销售人员日报管理制度，其实销售日报表的作用和用途是很明显的：它能提供有关客户、市场和竞争者等许多方面的信息；销售经理可从中了解销售人员的工作情况及目标的达成情况，并发现问题和不足。而且，销售日报表可以为销售经理加强业务指导、提高销售效率提供依据。

（2）月度业绩考核。此项考核主要考核销售人员的月度和年度销售业绩，包括各类财务指标，如销售额、毛利率、回款率等。销售月报如表 4-3-1 所示。

表 4-3-1 销售月报表

单位：　　　　　　　　　　　　　　　　　　　　　　　　　　　　　　　　年　　　月

客户编号	客户名称	销售额	退货折扣	收款金额			收款余额	债权余额	回款率	毛利	毛利率	计划达成	
				现金	票据	扣除						销售额	毛利润

（3）服务能力考核。当今各企业之间销售的竞争从某种意义上说是服务的竞争，包括售前、售中和售后的服务。因此，所有的销售人员都必须做好对客户的服务工作。销售人员服务能力的考核取决于客户当月和全年投诉率，所有销售人员的投诉率不应高于5%。销售人员的服务不仅可在客户投诉率上得到体现，还应在为其他部门提供的服务上得到反映，此项考核由各部门分别完成。

（4）工作能力考核。工作能力考核是指通过对销售人员工作行为的观察和分析，评价其所具备的工作能力。此项考核可结合销售人员职业生涯规划和当月工作计划，从其工作的计划性以及目标完成的情况考核销售人员的工作效率和工作质量。工作能力考核主要有以下几项：第一项，沟通能力。作为销售人员，将经常与客户进行沟通和交流。可以说，销售人员的交流和沟通能力在一定程度上决定着销售人员的销售业绩。第二项，创新能力。销售人员应该经常进行自我启发，对自己的销售方法、工作方式进行创新。第三项，信息能力。作为销售人员，必须具备极强的信息收集和利用能力，对客户的相关情况都应有所了解和掌握，如客户的生日等。

3. 反馈考核结果

销售人员的绩效考核结束后，销售经理应该将考核结果反馈给销售人员，并针对每个考核因素向他们解释绩效考核的结果，指出与标准的差距。然后，销售经理与销售人员一起分析绩效优于或低于标准的原因，为下一期销售目标的设定和规划提供指导。

因为人们不喜欢批评，所以当面指出他人的缺点有时并不适合。为了达到考核的目的，在防止销售人员的弱点损害企业利益的同时，应最大限度地发挥销售人员的优点和特长。所以在反馈考核结果时应注意以下几点。

（1）试探性的反馈。销售经理可以提出建设性的意见，而不是指令性的意见。

（2）乐于倾听。销售人员对自己的工作最有经验，对于自己的能力和工作表现方面的不足也最清楚，所以最好让销售人员自己发表意见。销售人员在工作中可能会有一些意见和抱怨，最好能让他们表达出来，否则带着情绪很难全身心地投入工作。

（3）尊重销售人员。销售经理要尽量对销售人员的意见表示理解和接受，不要轻易否定他们的人格和价值。

（4）全面反馈。销售经理应明确指出销售人员的优点和缺点，而不能只强调一个方面。

（5）提出建设性的意见。向销售人员提供能解决问题的建议比批评和指责有效得多。

（6）不要过多地强调缺点。过多地强调缺点只会导致销售人员的抵触情绪，使销售人员处于一种自我保护的状态而不愿意表达自己的观点。

（四）考核销售人员绩效应注意的问题

绩效考核的根本目的是充分发挥它的积极作用，对销售人员的过去进行总结和评价，激励销售人员不断提高自己的销售效率，并以加薪、升职的形式对那些表现良好的销售人员予以奖励。在实际考核工作中，销售经理需要进行充分的思考和分析以及书写大量的文字，清晰、明确和公正地组织考核，并把考核结果作为一种管理工具。在对销售人员进行绩效考核时应注意诸多问题：考核要客观、公正；科学设计考核指标；规范考核操作过程；建立绩效考核档案。

1. 考核要客观、公正

尽管在日常生活与工作中人们会经常用个人的观点去评价别人的言行，但是在绩效考核中销售经理却不能用个人观点取代客观标准。销售经理所说的每一件事情都必须围绕着销售人员的工作表现以及与工作有关的情况，至于个人性格、宗教信仰和工作风格（无论是消极的还是积极的），只要不影响销售人员的工作表现，就不应该成为绩效考核的内容。

对销售人员的考核要做到客观、公正，必须做到以下几点。

（1）以共同的利益、共同的理想与道德标准为基础，强调管理的科学性与人性化的结合、科学管理和全员管理的结合。

（2）业绩考核与素质考核相结合，既考察销售人员目前的工作业绩，又着眼于销售人员的发展，强调企业产出与人才造就的结合、销售业绩与企业文化的结合。

（3）在考核环节上，实行长短结合，强调过程控制与目标控制的结合。如果只顾目标考核，如只是年终集中考核一次，考核就会流于形式，得不到人们的重视。

（4）在考核过程中实行上下结合、纵横结合，使上级评议、下级评议、同级评议、内部评议、客户评议等多种评议方法相结合。

（5）在考核方法上，定性考核与定量考核相结合，并最大限度地量化各项考核指标，使之易于把握和衡量，从而使考核结果更加公平和准确。

（6）考核结果与工资、奖金的分配以及人员的任用挂钩，强调奖罚兑现。否则，考核不会引起人们的重视，最后导致考核名存实亡。

2. 科学设计考核指标

在对销售人员进行考核以前，销售经理必须给他们设定目标和期望，并制定标准来衡量他们的绩效。所以，绩效考核指标的设计在企业绩效考核中占据十分重要的位置。

（1）绩效标准必须具有战略导向性。绩效考核不坚持战略导向，就很难保证其能有效地支持公司战略。绩效考核的战略导向性是通过绩效指标来实现的导向。要使绩效指标具有战略导向性，就要抓住关键绩效指标。每个销售人员都可能承担很多的工作目标与任务，有的重要，有的不重要。如果对销售人员的所有方面都进行考核，势必造成销售人员把握不住工作的重点与关键，从而也就无法实现绩效指标对其工作行为的导向作用。绩效考核必须从销售人员的绩效特征中定性出关键成功因素，然后去发现哪些指标能有效监测这些定性因素，从而确立量化的关键绩效指标。

（2）绩效考核标准的水平要适度。考核标准要达到这样一种水平，即大多数人经过努力是可以达到的。这样的标准所形成的压力，会使销售人员更好地挖掘自己的潜能，更有效地完成任务。事实表明，在这样的绩效标准驱使下，他们比没有标准、没有压力的情况下干得更多、更好。同时，考核标准又不能定得太高，令人感到遥不可及。如果这样，销售人员很可能产生沮丧、自暴自弃的情绪。压力太大，精神始终处于过度紧张，结果导工作变形，思维迟钝，效率下降。因此，考核标准的水平要适当，标准产生的压力以能提高工作绩效为限。

（3）绩效考核标准要有一定的稳定性。绩效标准是考核销售人员工作绩效的标尺，因此需要具有一定的稳定性，以保证标准的权威性。当然，由于时代的变迁，技术的进步，知识的更新，销售人员的考核标准也要更新。在这种情况下，有必要对标准进行适当的修订。一部好的考核标准，这种修订往往只是部分的，只是一种量的修订，而不可能进行大的改动。

3. 规范考核操作过程

绩效考核是企业对被考核者的工作行为和工作业绩做出合理而正确的评价，并以此为依据给予被考核者合理而公正的待遇。绩效评价过程会受到许多因素的影响，加之操作过程不规范，可使得考核结果与被考核者的实际工作绩效出现误差，如考核指标理解误差、首因效应误差、晕环效应误差、近因效应误差、暗示误差、定势误差、压力误差和对照误差等。

要避免绩效考核过程中的误差，将绩效考核误差降低到最小，就必须规范绩效考核的过程。

（1）确保考核者对在业绩评价工作中容易出现的问题有清楚的了解，只有弄清楚问题才有助于考核者避免问题的出现。

（2）选择正确的绩效考核工具。每一种考核工具，不论是横向比较法还是纵向分析法，不论是 360 度考核法还是关键绩效指标考核法，都有各自的优点和不足。例如，等级排序法能避免居中趋势，但是所有员工的业绩确实都应该被评定为"高"的情况下，这种评价法就会引起销售人员的不满。

（3）对考核人员进行如何避免绩效考核误差问题的培训。在培训中，为考核者设计一个关于销售人员实际工作情况的案例，要求他们对这些销售人员的工作业绩做出评价，并将不同考核者的考核结果进行分析，指出在绩效考核中容易出现的问题。

（4）减少外部因素对绩效考核所带来的限制。在实际绩效考核过程中，外部因素也会对考核结果产生影响。例如，绩效考核结果在多大程度上与工资联系在一起，工作压力的大小，员工流动率的高低，时间约束的强弱，以及对绩效评价公正性要求的高低，等等。因此，应尽量减少外部因素对绩效考核所带来的不利影响，使绩效考核工作力争公正、实际。

4. 建立绩效考核档案

为了减少绩效考核过程中的矛盾和摩擦，需要企业建立绩效档案，以记录员工在绩效管理过程中的表现，为绩效考核提供依据和参考。销售经理要为每名员工建立一份有效的绩效档案，记录销售人员的绩效目标、绩效能力、绩效表现、绩效考核结果以及需要改进的绩效缺陷等。

这个工作做起来可能会耽误经理的一些时间，也会比较麻烦。但是这个工作又是必须做的，在批评、处罚、解雇或提升某一名销售人员时，如果没有相应历史材料的记录，就无法让其他人信服。一旦所采取的措施涉及争议、纠纷时，这些记录和档案就成了有力的证据。没有完备的考核档案或档案记录混乱不清，都有可能给企业带来不必要的麻烦。

二、能力实训

（一）思考题

1. 销售人员绩效考核坚持的原则有哪些？
2. 对销售人员进行绩效考核的目的是什么？
3. 对销售人员进行绩效考核应注意哪些问题？

4. 销售人员绩效考核的程序有哪几步？

5. 实施销售人员绩效考核的内容是什么？

（二）案例分析

案例 1　B 企业的绩效评价方案

B 企业原来是一家以出口为主的大型肉制品企业，近年来开始进入国内市场，未来 3 年的目标是做到行业的前列。N 市是 B 企业所在省的省会城市，消费潜力大、辐射能力强，而且企业特别看重本企业在省内的影响力，因此，N 市自然被列入 B 企业的战略性市场，2010 年第一个销售办事处在 N 市设立了，要统一管理除公司总部所在地区以外的所有省内市场。但一年多过去了，其他起步较晚的省市无论是销售量、销售网络还是产品知名度都有大幅度提高，甚至一些不被看好的边远省份的销售量都日益增长，N 市办事处不仅销售量没有上去，而且销售商换来换去，销售人员流失严重，没有信心，投入、产出严重失衡。

N 市的市场销售人员绩效评价政策是在 2010 年初制定的，由于当时市场问题没有这么多，管理者认为最大限度地提高销售量是中心工作，要解决的主要问题是销售人员的积极性，因此在设计绩效评价方案时偏重的是"绩"，即工作的结果，评价体系要点如下（以销售人员为例，下同）。

销售人员全部工资为：档案工资（固定工资+绩效评价工资）+销售提成+年终评奖。其中，档案工资中固定工资占 50%，作为底薪，只与考勤挂钩；绩效评价工资占 50%；销售提成为销售收入的 1%，按月兑现。

绩效评价工资的计算公式是：绩效评价工资=当月完成量÷当月任务量×当月个人得分。其中，当月个人得分由上一级主管依据个人平时表现评定，分数为 0.85～1.1。

问题：

（1）该企业的绩效评价方案有哪些问题？

（2）如果你是该企业的人力资源总监，会对该企业销售人员的绩效评价方案做出哪些调整？

（3）请结合案例谈谈，你认为在对销售人员的绩效评价方案设计中，需要注意哪些问题。

案例 2　完成任务却拿不到绩效工资

张经理就职于国内著名的家电企业 A 公司在武汉地区的分公司，刚刚被提升为销售经理，全权负责湖北省的销售。他上任的第一把火还没烧热，销售主管小刘就提出辞职。张经理知道，小刘这段时间的压力非常大，想辞职也不是一天两天了。公司业绩评价文件规定："个人完成任务后，只有在分公司任务完成的情况下才能拿到绩效工资。评价点中开单量占 35%、回款占 40%、零售量占 25%。"小刘与前任销售经理的个人关系不错，这三个月来为了完成整个分公司的销量任务而拼命回款、压货。虽然每个月小刘的个人任务都完成 120%以上，但分公司连续三个月离总任务都差一截，小刘累死累活也没拿到绩效工资。更糟糕的是，由于过度透支市场容量，本月本区域的销量任务只完成了 50%，老上司偏在这时候调离。看不到希望的他只好另谋高就。在武汉区域做销售主管期间，张经理就对公司的评价体系颇有看法。这个评价制度大体存在三个方面的问题。

（1）缺失过程评价。销售人员月初睡大觉，月底拼命开单、压货。销售经理每到月底挨个给业务员打电话，结果完不成的还是完不成；有些经销商抱怨业务员只到月底打款的时候才出现；卖场的经销商促销员对公司产品不了解，有些人甚至对竞品、渠道、终端的最新情况一无所知；有些经销商反映，本区域价格体系混乱，业务员不闻不问只管压货……

（2）销售人员在每月 25 号前后如完成任务的 90%，就处于等待和观望状态，并多方打探其他人的业绩完成情况和分公司整体业绩完成情况。如果分公司整体基本能完成，就做最后冲刺；若不能完成，就将原本在当月能开的单和能收的款项转移到下月，以备后用。

（3）单一的业绩评价点不能对每月重点市场起到良好的推动作用。销售人员为完成零售量，大卖低端产品，造成公司产品结构严重不合理，平均销售利润下滑。张经理想，如何趁着"新官上任三把火"的时机，变革薪酬制度。

在争取到上级的支持后，张经理着手推行他的"加强过程评价、业务重点工作评价、动态监控业绩完成情况"的综合业绩评价制度，以及任务限时完成制度，从而开始了他的业务评价制度变革之旅。

张经理针对原业务评价制度缺失过程评价，而出现销售人员月初睡大觉，月底拼命开单、压货的现象，决定在新的评价制度中设置业务过程的评价。他根据上述想法制定了下面的评价表（表 4-3-2）。

表 4-3-2　销售人员过程评价表

评价内容	评价点		权重/%
工作计划	是否有月工作计划	1 分	15
	计划执行情况	7 分	
	是否每天写工作日志	1 分	
	计划执行情况	6 分	
经销商拜访计划	县城网点每月 4 轮以上	5 分	45
	每周培训经销商人员 2 次	5 分	
	重要竞争对手的经销商和重点潜在客户，每周至少一次	5 分	
	有效网点达标率	10 分	
	主要经销商满意率	10 分	
	是否每月为分销网点提供一套营销方案	10 分	

评价内容	评价点		权重/%
卖场零售与促销	每月亲自站柜台 4 天以上	8 分	20
	每月对重点卖场经销商、营业员进行专题培训一次	6 分	
	每个区域市场培养 5 个以上核心经销商	6 分	
信息管理	需提供的信息主要有经销商数据库、竞品最新出台的政策和价格变动情况、渠道和终端对竞品政策和价格变动的反应	10 分	10
市场控制	保证区域市场秩序、价格秩序的稳定	10 分	10

张经理又根据销售人员在每月 25 号前后即完成任务的 90%就处于等待和观望状态,多方打探各区域业绩完成情况和分公司整体业绩完成情况,将月销售任务进行了细分:上旬销售任务(1~10 日),回款评价占全月回款评价的 20%,开单评价占全月开单评价的 30%,零售完成任务占全月零售任务的 50%;中旬销售任务(11~20 日),回款评价占全月回款评价的 35%,开单评价占全月开单评价的 30%,零售完成任务占全月零售任务的 30%;下旬销售任务(21 日至月底),回款评价占全月回款评价的 45%,开单评价占全月开单评价的 40%,零售完成任务占全月零售任务的 20%。上、中、下旬完成任务占月底业绩评价的 30%、30%、40%(表 4-3-3)。

表 4-3-3　销售人员业绩项目细分表　　　　单位:%

时间	回款任务占全月的比重	开单任务占全月的比重	零售任务占全月的比重
上旬(1~10 日)占 30%	20	30	50
中旬(11~20 日)占 30%	35	30	30
下旬(21 日至月底)占 40%	45	40	20

经过充分征集大家的意见,这个过程评价占整个评价的 30%,取消了以前业绩评价占 100%的现象,也杜绝了销售人员月初睡大觉、月底跑断腿的现象。这个评价过程得到了大家的认可,并立即开始执行。

经过几个月的努力,张经理平稳而高效地渡过了考察期,最重要的是销售团队已经摆脱了只重结果、不重过程的工作状态,为长久销售任务的完成打下了坚实的基础。也因为新的评价制度使张经理对团队每日的工作状态了如指掌,该分公司的业绩出现了节节攀升的局面,上任一年时间张经理被公司评为销售标兵。

问题:

张经理的绩效评价方式成功的原因何在?

（三）实训题

项目：学习设计销售人员绩效考评方案。

目的：理论与实践相结合，通过了解销售管理实践加深对理论知识的理解。

内容：以自己熟悉的某一企业为个案，为其设计一个可行的销售人员绩效考评方案。

步骤：①选取自己熟悉的某一企业；②通过文献调查、深度访谈、企业实习等方式，了解其销售人员绩效考评现状；③分析该企业现有销售人员绩效考评方案存在的问题；④根据该企业的实际情况，为其设计一个可行的销售人员绩效考评方案。

三、知识拓展

（一）销售绩效考核万象

1. 企业高层管理者和人力资源管理者对销售绩效考核的困惑

（1）重视有丰富实战经验的销售人员，但是不知如何留住他们。

（2）实行绩效考核，主要是为了发奖金，好像起不到考核的作用。

（3）人力资源部门在设计考核指标时，往往抓不住主要的考核点。

（4）人力资源部门采用的360度考核、平衡计分卡等先进的考核方法，往往得不到销售部门的认同。

（5）在考核过程中，我们设计了很多的过程考核指标，但是考核的信息点很难收集到，最终还是按照主观判断打分。

（6）销售人员对绩效考核不重视，还是按照既有思路开展工作，没有改进。

2. 企业在设计绩效考核指标时经常出现的问题

（1）只注重考核结果，考核财务指标，没有过程指标考核，以结果论英雄。

（2）盲目追求考核指标的"全面性"，从结果到过程，考核指标过多，员工无所适从。

（3）所有层级人员的考核指标都是一样的。

（4）考核指标长期不变，不能体现公司发展阶段的特殊要求，不符合公司发展战略的要求。

3. 实施考核过程中经常出现的问题

（1）片面追求绩效考核流程的规范性和全面性，考核成本上升。

（2）考核不够严肃，面子现象严重。

4. 绩效考核完成以后企业容易出现的问题

（1）考核流于形式，只用于发奖金，不重视绩效沟通。

（2）有绩效沟通，但是后续工作缺乏持续跟进，工作没有实质性进步。

（二）B公司销售人员绩效考核方案

1. 考核原则

（1）业绩考核（定量考核）+行为考核（定性考核）。
（2）定量做到严格以公司收入业绩为标准，定性做到公平和客观。
（3）考核结果与员工收入挂钩。

2. 考核标准

（1）销售人员业绩考核标准为公司当月的营业收入指标和目标，公司每季度调整一次。
（2）销售人员行为考核内容：①遵守公司各项工作制度、考勤制度、保密制度和其他规定的行为表现；②履行本部门工作的行为表现；③完成工作任务的行为表现；④遵守国家法律法规、社会公德的行为表现。

其中，当月行为表现合格者为 0.6～0.8 分，行为表现良好者为 0.8～1.0 分，行为表现优秀者为满分 1 分；如当月能有少数表现突出者，突出表现者可以最高加到 1.2 分；如当月有触犯国家法律法规、严重违反公司规定、发生工作事故、发生工作失误者，行为考核分数为 0 分。

3. 考核内容与指标

考核的具体内容与指标如表 4-3-4 所示。

表 4-3-4 考核的具体内容与指标

考核项目		考核指标	权重	评价标准	评分
工作业绩	定量指标	销售完成率	35%	实际完成销售额÷计划完成销售额×100% 考核标准为 100%，每低于 5%，扣除该项 1 分	
		销售增长率	10%	与上一月度或年度的销售业绩相比，每增加 1%加 1 分，出现负增长不扣分	
		销售回款率	20%	超过规定标准时，以 5%为一档，每超过一档，加 1 分，低于规定标准为 0 分	
		新客户开发	15%	每新增一个客户，加 2 分	
	定性指标	市场信息收集	5%	在规定的时间内应完成市场信息的收集，否则为 0 分；每月收集的有效信息不得低于 5 条，每少一条扣 1 分	
		报告提交	5%	在规定的时间内应将相关报告交到指定处，未按规定时间交者为 0 分 报告的质量评分为 4 分，未达到此标准者为 0 分	
		销售制度执行	5%	每违规一次，该项扣 1 分	
		团队协作	5%	因个人原因影响整个团队工作的情况出现一次，扣除该项 5 分	
工作能力		专业知识	5%	1 分：了解公司产品基本知识 2 分：熟悉本行业及本公司的产品 3 分：熟练掌握本岗位所需的专业知识，但对其他相关知识了解不多 4 分：熟练掌握业务知识及其他相关知识	

续表

考核项目	考核指标	权重	评价标准	评分
工作能力	分析判断能力	5%	1分：较弱，不能及时做出正确的分析判断 2分：一般，能对问题进行简单分析和判断 3分：较强，能对复杂的问题进行分析和判断，但不能灵活运用到实际工作中 4分：强，能迅速对客观环境做出较为正确的判断，并能灵活运用到实际工作中，取得较好的销售业绩	
	沟通能力	5%	1分：能较清晰地表达自己的思想和想法 2分：有一定的说服能力 3分：能有效地化解矛盾 4分：能灵活运用多种谈话技巧与他人进行沟通	
	灵活应变能力	5%	应对客观环境的变化，能灵活采取相应的措施	
工作态度	员工出勤率	2%	月度出勤率达到100%得满分，迟到一次扣1分（3次及以内） 月度累计迟到3次以上者，该项得分为0分	
	日常行为规范	2%	违反公司规定，一次扣2分	
	责任感	3%	0分：工作马虎，不能保质、保量地完成工作任务且工作态度极不认真 1分：自觉完成工作任务，但对工作中的失误有时推卸责任 2分：自觉完成工作任务且对自己的行为负责 3分：除了做好自己的本职工作，还主动承担公司内部额外的工作	
	服务意识	3%	出现一次客户投诉，扣3分	

（三）考核方法

（1）考核时间：下个月的第一个工作日。

（2）考核结果公布时间：下个月的第三个工作日。

（3）考核挂钩收入的额度：月工资的 20%；业绩考核额度占 15%；行为考核额度占 5%。

（4）考核挂钩收入的计算公式为

$$Z = A \times \frac{X}{C} + B \times Y$$

公式中具体指标含义如表 4-3-5 所示。

表 4-3-5　考核挂钩收入计算公式中的指标及其含义

指标	含义
A	不同部门的业绩考核额度
B	行为考核额度
C	当月业绩考核指标

续表

指标	含义
X	当月公司营业收入
Y	当月员工行为考核分数
Z	当月员工考核挂钩收入的实际所得

（5）考核挂钩收入的浮动范围：当月工资的 80%～140%。

（6）挂钩收入的发放：每月考核挂钩收入的额度暂不发放，每季度一次性发放 3 个月考核挂钩收入的实际所得。

（四）考核程序

（1）业绩考核：按考核标准由财务部根据当月公司营业收入情况统一执行。

（2）行为考核：由销售部经理进行。

（五）考核结果

（1）业绩考核结果每月公布一次，部门行为考核结果（部门平均分）每月公布一次。

（2）行为考核结果每月通知到被考核员工个人，员工之间不应互相打听。

（3）每月考核结果除与员工当月收入挂钩外，其综合结果也是公司决定员工调整工资级别、职位升迁和人事调动的重要依据。

（4）如对当月考核结果有异议，请在考核结果公布之日起一周内向本部门经理或人力资源部提出。

任务四　重点客户的开发与维护

一、知识基础

（一）明确重点客户管理的意义

1. 重点客户的类型

重点客户，也称大客户、关键客户（key account，KA），是市场上卖方认为具有战略意义的客户，是指对产品（或服务）消费频率高、消费量大、客户利润率高而对企业经营业绩能产生一定影响的关键客户，而除此之外的客户群则可划入中小客户范畴。

按照企业与重点客户的合作关系，可以将重点客户分为以下三种类型。

（1）普通大客户。这类大客户是由大客户经理与采购方的 PMU（决策单位）的关系来组成的，主要出现在一些低值易耗品行业，如文具零售业。

（2）伙伴式大客户。这类大客户涉及的双方人员比较多，包括双方的财务经理、物流经理、销售经理、总经理等由下而上的公司成员。

（3）战略性大客户。这类大客户涉及的人员和组织是彻底的，从最基层的销售员、采购员到高层的首席执行官、董事长，并且会成立不同部门的联合小组，包括产品研发联合小组、财务联合小组、市场营销联合小组、简易单品生产车间、董事会联合会议等渗透性的供求关系，而且会有专门独立的合作办公室。

不应该被企业视为大客户的几类客户：①不要把偶尔大量消费的团购客户理解为大客户，因为他们未必是企业可持续获利的源泉；②不要单纯把需求量大的重复消费客户视为大客户，而忽略其利润提供能力、业绩贡献度；③不要把盘剥企业的"扒皮大户"视为大客户，这类客户对企业来说可能不具备长期维护价值。

【资料链接】

营销快赢的方法之一———裁减客户

按照传统营销观念，好像是客户越多越好。但实际上，在大客户的管理当中，企业为集中力量服务好关键的客户，有时需要适当地裁减掉一些客户。为什么裁减客户能够实现营销快赢呢？这是因为：

（1）企业可以集中优势兵力满足关键客户需求；

（2）同样的成本，投资在有价值的客户身上可以产生数倍的收益差别；

（3）对许多企业而言，由于客户太多，某些关键客户的"内部市场占有率"通常太低；

（4）提高"内部市场占有率"比提高"外部市场占有率"通常要容易，且成本更低；

（5）做任何事情必须有所取舍。客户管理也是一样，"通吃"的结果往往是"贪多嚼不烂"。

接下来的问题是，什么样的客户应该被裁减掉呢？

（1）不守信用的客户；

（2）让你无法赚钱的客户或得不偿失的客户；

（3）不可能给你带来足够营业额的客户；

（4）没有未来的客户。

另外还有一个问题，就是什么样的客户不应该被裁减掉。一般来讲，以下这几类客户是不应该被裁掉的。

（1）挑剔的客户；

（2）要求严格的客户；

（3）表面上与企业的业务量很小，是"小客户"，但实际上是实力雄厚的大客户。

2. 重点客户管理的意义

实行重点客户管理是为了集中企业的资源优势，从战略上重视重点客户，深入把握重点大客户的需求和发展目标，为重点客户提供适合其需要的产品或解决方案，建立和维护好持续的客户关系。同时有计划、有步骤地开发、培育和维护对企业的生存和发展有重要战略意义的重点客户，帮助企业建立和确保竞争优势。

对企业而言，通过重点客户管理，可以在以下几个方面保持竞争优势。

（1）保持企业产品或解决方案和竞争者有差异性，并能满足重点客户个性化的需求。

（2）与重点客户之间建立信任，增强感情，提升重点客户忠诚度。

（3）形成规模经营，获得成本上的优势。

（4）在同重点客户接触中不断提取有价值的信息，为满足客户的需求做好准备，为长期发展与重点客户的关系打下基础。

（5）分析与研究重点客户，制订个性化解决方案，建立市场区隔，以赢得重点客户，增加企业综合竞争力。

（二）重点客户管理的内容

在内容上，重点客户管理是在严谨的市场分析、竞争分析、客户分析基础之上，分析与界定目标客户，确定总体战略方向，实现系统的战略规划管理、目标与计划管理、销售流程管理、团队管理、市场营销管理和客户关系管理，为重点客户导向的战略管理提供规范的管理方法、管理工具、管理流程和实战的管理图表。

重点客户管理的内容主要包括战略与目标管理、市场与团队管理、销售管理、控制和关系管理等五部分内容。因企业所处环境和所拥有的能力、资源情况不同，大客户管理的内容在不同的企业也不尽相同，但一般包括以下内容。

（1）明确重点客户的定义、范围、管理、战略和分工。

（2）建立系统化的全流程销售管理、市场管理、团队管理和客户关系管理方法。

（3）统一客户服务界面，提高服务质量。

（4）规范重点客户管理与其他相关业务流程的接口流程和信息流内容，保证跨部门紧密合作和快速有效的相应支持体系。

（5）优化营销／销售组织结构，明确各岗位人员的职责，完善客户团队的运行机制。

（6）加强流程各环节的绩效考核，确保重点客户流程的顺畅运行。

（7）建立市场分析、竞争分析和客户分析的科学模型。

（8）利用技术手段，建立强有力的客户关系管理支撑系统等。

在实践中，重点客户管理具有以下几个方面的实际应用价值。

（1）保证大客户能够成为销售订单的稳定来源。20%的客户带来公司80%的业务。从企业的角度来看，80%的项目和收益来自只占其客户总数20%的大客户，而数量众多的中小客户所带来的零散项目却只占其营业收益的20%。当然，这数字随企业的具体经营范围和特点，在具体的比例上有所差异，但大客户对企业而言具有重要意义则是毋庸置疑的。

（2）使成功的大客户经验在行业客户中产生最大辐射效应。从行业客户角度看，每个行业中都有一些领军企业，这些企业的需求却占了该行业整体需求的绝大部分，而这些企业就是被大多数企业争相追捧的大客户。如果这些大客户在需求上发生大的变化，很可能将直接影响到其所在的行业市场的整体走势。而企业对这些客户的成功应用经验将起到标杆作用，进而辐射到整个行业客户中。

（3）通过发展大客户提高市场占有率。大多数大客户的自身组织体系复杂，覆盖地理区域广，业务种类丰富，这使得行业大客户的需求必然具有整体性、稳定性和持续性的特点。而不像中小客户那样，需求具有零散性和相对独立性。同时，大客户对需求的投入数额可观，因此发展大客户不仅是整体提升销售业绩的最佳选择，更是提高市场占有率的有效途径。

（4）促使大客户需求成为企业创新的推动力。传统企业在特定的经济环境和管理背景下，企业管理的着眼点在于内部资源管理，往往忽略对于直接面对以客户为主的外部资源的整合。

在大客户经营战略中，更加重视外部资源的整合与运用，要求企业将市场营销、生产研发、技术支持、财务金融、内部管理这五个经营要素全部围绕着以客户资源为主的企业外部资源来展开，实现内部资源管理和外部资源管理的有机结合，保持不断地创新。

（5）使大客户成为公司的重要资产。大客户成为企业发展的动力，当客户这种独特的资产与其他资产发生利益冲突时，企业应当首先留住客户资产。因为只要不断给予客户足够的满意，客户资产就能够为企业带来长期效应。

企业通过实施大客户导向的经营战略，强化大客户的口碑效应，充分利用其社会网络，来进一步优化企业客户资源的管理，从而实现客户价值最大化。

（6）实现与大客户的双赢。在传统的市场竞争中，往往会形成一种以企业本身利益最大化为唯一目的的企业文化，这种企业文化因为能够有效地使企业各项资源围绕企业如何获取更多利润而展开，在很长一段时间内促进了企业的发展。在这一思想指导下，许多企业为获利不自觉地损害客户利益，而导致客户的满意度和忠诚度很低。

而在以大客户为导向的经营战略中，企业将大客户作为企业重要的资产，因而企业应当更加重视客户满意、客户忠诚和客户保留，企业在与众多大客户建立稳定的合作关系的基础上，在为客户创造价值的同时，也能获得很大的利润，真正实现了客户和企业的"双赢"。

（三）重点客户管理的步骤

1. 对现有或潜在重点客户进行分类

根据公司经营方向和发展的重点，将公司现有客户或准客户按照产品类别、客户性质、服务内容等方式来加以分类，以便企业更加有效地服务重点客户。

例如，对文具行业的零售企业——深圳都都文具公司来说，它的重点客户可以分为以下几类：一是深圳市政府、区政府；二是上市公司，如中兴通信、大族激光等；三是大型集团，如富士康、IBM、EPSON、三洋等；四是大型企业，如华为、TCL、康佳、招商局等；五是金融系统客户，如招商银行总部、交通银行等。这些单位每月的文具采购量都在 5 万元以上，对文具行业的企业来说无疑都是重点客户，这些重点客户的价值及其产生的盈利都是相当不错的。

2. 对重点客户经营状况进行分析

我们在管理每一个重点客户之前都必须首先了解该客户，对其基本情况如行业地位、财务状况、优劣势等进行逐一分析，以便我们更全面地了解和挖掘客户的需求，并通过我们的产品或服务来满足其需求，同时将企业风险降到最低。重点客户分析的主要内容包括以下几方面。

1）行业地位

行业地位分析的目的是确认客户在行业中的竞争地位，衡量重点客户行业竞争地位的主要指标是行业综合竞争力排名和市场占有率。在行业中处于领导地位的重点客户不但有给企业带来大单的可能，而且对行业内的其他客户而言有重要的示范和见证意义。

2）客户的流动资产比率

$$流动资产比率=流动资产合计/流动负债合计$$

流动资产比率体现企业偿还短期债务的能力。流动资产越多，短期债务越少，则流动比率越大，企业的短期偿债能力越强。

另外，为衡量客户单位的短期偿债能力，还可以用现金比率或现金资产比率来表示。因为现金更具流动性，所以用现金比率或现金资产比率来衡量客户单位的短期偿债能力更为科学合理。现金比率或现金资产比率计算公式为

$$现金比率=（货币资金+现金等价物）/流动负债$$

3）客户的销售净利率

销售净利率，又称销售净利润率，是净利润占销售收入的百分比，表明企业实现净利润与销售收入的对比关系，用以衡量企业在一定时期的销售收入获取能力。

该指标反映每一元销售收入带来的净利润的多少，表示销售收入的利益水平和管理水平。

销售净利率的计算公式为

$$销售净利率=净利润/销售收入×100\%$$

4）客户的资产收益率

资产收益率，也叫资产回报率，它是用来衡量每单位资产创造多少净利润的指标。

计算公式为

$$资产收益率=净利润/平均资产总额×100\%$$

资产收益率是业界应用最为广泛的衡量企业盈利能力的指标之一，该指标越高，表明企业资产利用效果越好，说明企业在增加收入和节约资金使用等方面取得了良好的效果；否则相反。

5）回款周期

回款的实质是以偿还为条件的价值运动。我们叫回款，西方叫信用，信用的表象反映的是价值交换一方的偿付能力和偿付意愿。西方人在经济交往中更关注价值交换方的偿付能力，中国人除了偿付能力外还关注偿付意愿。为什么？信用环境不一样。但是不管怎么说，赊销是行业的习惯模式，买方市场又使这种模式更趋稳固，赊销产生回款。只要这种市场形势不变，回款就是个不能回避的问题。回款周期指产品赊销给客户后的账款回收的平均时间。

6）总资产周转率

$$总资产周转率=\frac{销售收入}{（期初资产总额+期末资产总额）/2}$$

该项指标反映总资产的周转速度，周转越快，说明销售能力越强。

7）存货周期

存货周期，也叫库存周期，是指在一定范围内，库存物品从入库到出库的平均时间。该项指标反映客户单位的销售能力和产品畅销程度。

3. 对重点客户的购买习惯或购买过程进行分析

一般而言，因为是重点客户，所以其采购所涉及的金额都是相当大的，购买过程也是非常长的。其购买决策往往不是由一两个人做出，甚至这些产品的采购会改变该公司的经营方向和盈利方式，因此其购买过程就会显得漫长和复杂。

1）重点客户的购买方式

按购买方式，重点客户购买的类型有以下三种。

（1）初次购买。这类客户的开发时间是比较长的，有的甚至超过一年，像工程机械之类的大宗产品，让这类客户了解公司及其产品需要一段时间，难度也会很大，需要从头到尾的一个销售周期。

（2）二次或多次购买。二次或多次购买是指客户在购买了本公司的产品以后，再行购买。对于再次购买的情况，客户的决策过程就相对短了，因为他们通过前面的合作已经了解和认可了公司及其产品，不需要再作过多的解释。但是他们会比较关心的是公司的服务标准是否发生改变，产品质量是不是跟以前一样，价格能不能再便宜一点，是否有足够的库存等这样的问题。

（3）购买其他产品。有时候客户需要调整公司的战略或者业务方向，因此也要求供应商做出相应的调整，这时候其实是对企业更重要的考验，一定要把握好，一点点的失误可能就会前功尽弃，甚至将原来的订单一起让给竞争对手。不过这样的采购机会往往可以进一步加强和稳固企业与客户的关系，使其对企业越来越依赖，最终大大减少竞争对手介入的机会。

2）影响重点客户购买的因素

一般来讲，影响重点客户购买的因素有以下几个。

（1）采购成本。采购成本占客户支出额的比例越大，则其参与决策的人的职位就越高，决策速度就越慢，决策过程也会越复杂。

（2）购买产品是否有足够的科技含量。客户在采购技术含量高、结构复杂的产品时，往往会考虑这类产品是否太超前了，或者能否跟上技术发展的步伐，多久就会被新技术取代等。

（3）购买的复杂程度。企业提供给客户的产品或服务越复杂，客户所需要处理的技术问题就越多，潜在成本也就越高，必要时还要另请专业人士。

（4）经济因素。不可否认，经济环境的变化会影响到客户公司产品或服务的需求状况，这样反过来也会影响其购买需求。

（5）法律因素。采购过程和手续是否符合相关法律、法规的要求，也是客户做出购买决定的重要影响因素。

此外，影响客户购买的因素还包括主要决策人在公司中的地位、决策人的性格等。

4. 公司与客户的交易记录分析

主要包括客户每月的销售额、采购量，企业的产品在该客户总销售额中所占的份额，单品销售分析等。

5. 竞争状况分析

任何公司都希望最大限度地满足客户需求，以获得客户较高程度的认同，要做到这些就必须和最大的竞争对手进行比较，并做好决策。

6. 信用状况分析

为了赢得客户，越来越多的企业通过向客户赊销来给予客户资金上的支持，由此客户信用问题便产生了。尤其是针对大客户，由于其采购量大，赊销占用资金多，风险也就会更大。因此，适时对大客户的信用状况进行分析，是减少信用风险的必要环节。

（四）重点客户关系维护战略与措施

【资料链接】

大客户管理的基本原则

花 80%的时间和精力去研究如何满足 20%大客户的需求，这种满足客户需求的方法应该是独一无二的，应该是难以被对手模仿和超越的。

如上所述，大客户是企业的"生命线"，是企业生存和发展的根本，因此应该将大客户管理摆到战略的高度，制定切实可行的大客户管理战略。大客户管理战略规划应本着立足于市场与服务于大客户的原则，利用系统的管理平台来为大客户提供最优质服务，从而提高大客户的忠诚度，赢得一个相对其竞争对手持续的竞争优势。大客户管理战略规划的目的在于满足大客户的需求，获得卓越的业绩，进而建立公司在市场中的地位，成功地同竞争对手进行竞争。

1. 重点客户关系维护战略选择

实施重点客户管理战略是一项系统工程，涉及企业经营理念、经营战略的转变，关系到企业的各个部门、企业流程的各个环节，要求企业建立起能及时进行信息交互与信息处理的技术手段，因此，企业应系统地制订一个重点客户管理的解决方案。

1) 根据重点客户管理战略制定详细的经营战略

经营战略关系着企业未来的发展方向、发展道路和发展行动。随着环境变化，企业经营战略也应有一个不断变化以适应新形势的过程。企业采取以客户为中心的经营战略是市场发展的需要。它确定了企业通过与客户建立长期稳定的双赢关系，走上一条既满足客户需要又使企业更具竞争力的发展道路。在这一经营战略下，企业与客户结成利益共同体，企业结构调整和资源分配都是以满足客户需要为目标，企业在价值观、信念和行为准则上也应形成一种以客户为中心的服务意识，并把它列为企业文化的一部分，在经营目标上把客户满意度作为判断工作的标准之一。经营战略的制定是企业高层管理者为企业发展而进行的总体性谋划，因此高层管理者首先应树立这一经营理念。

2) 必要时实施组织变革

组织变革是战略变革的保障。企业应建立起以客户为中心的更为灵活的组织结构体系，将组织资源投入到最能满足客户需要的方面，并在考核制度、薪酬制度、激励制度方面贯彻以客户为中心的思想。生产制造部门要把好质量关。人力资源部门要培养高素质的员工完成高水平的服务。销售部门、财务部门、运输部门都应以客户为中心组织。目前大部分企业对重点客户的管理缺乏系统性和规范性。建立一个重点客户管理部，并赋予其一定的考核权、调度权将有助于改善重点客户管理的混乱状况。

3) 实施流程再造，确保服务重点客户的效率和效果

传统的企业流程建立在分工基础上，把企业分为若干部门，这使得信息集成难以实现，造成客户服务的低效率。企业应从流程角度分析公司的营销、销售、服务现状，同时对大客户的运作方法进行分析，站在客户的立场上体验其购前、购中、购后的感受，发现导致客户不满的原因。以客户需求作为流程的中心，重新整合企业流程和业务操作方法，使组织中各部门的行动保持一致性，研发部门、生产制造部门、销售部门、运输部门、财务部门、人力资源部门都彼此协调行动，积极投入到为大客户提供最满意的服务中去，从而提高客户服务的效率。

4）积极采用现代信息技术提升重点客户管理水平

（1）改善硬件设施。硬件设施包括计算机、通信设施及网络基础设施。作为计算机与通信技术、互联网集成的呼叫中心，目前受到特别关注。它由自动语音应答、人工坐席、CTI（computer telecommunication integration，计算机电信集成）和互联网构成，客户可以自由选择电话、E-mail、Web 等方式得到企业服务。企业应根据自身条件及业务发展需要选择呼叫中心的集成程度。

（2）配备必要的软件。企业资源管理（enterprise resource planning，ERP）系统、供应链管理（supply chain management，SCM）系统、客户关系管理（customer relationship management，CRM）系统为做好大客户服务提供了较为成熟的应用软件，但企业所属行业不同，规模不同，财力、物力、人力、管理水平不同，选择的支持客户服务的软件会有很大的差异，企业不能为了跟随潮流而背上软件的包袱。

（3）积极采用现代信息技术。在技术上，可分为信息技术、数据资源管理技术、统计技术。信息技术包括互联网、电子商务、多媒体技术等；数据资源管理技术包括数据仓库、数据挖掘等；统计技术包括回归分析、马尔可夫模型等。先进的设施和技术为实施大客户管理提供了辅助手段，但对企业来说，最核心的还是建立起以客户为中心的经营理念，不能为了使用技术而使用技术。

2. 重点客户关系的维护措施

不同行业、不同企业的产品或服务特点不同，其与重点客户打交道的流程和重点也会有所差异。但一般而言，维护与加强同重点客户的关系的措施应包括以下几个方面。

1）树立正确的服务观念

为服务好大客户，企业从上到下应该树立"双方受益，共同发展"的管理理念，牢固树立帮助大客户就是成就企业自身的意识。

【案例阅读】

一位母亲对儿子的忠告

曾经有一位母亲向她即将开始独立生活的儿子提出一个很好的建议："永远买好鞋和好床，因为你有半生在鞋上度过，其余半生在床上度过。"这句话折射出一个正确的原则：永远都不要在最重要的东西上打折扣。凡是追求可持续发展的企业，都必须郑重承诺：永远都不会在重要的大客户身上打折扣。因为对大客户打折扣就是对企业的未来安全打折扣。

讨论：

你从这位母亲对儿子的忠告中得到什么启示？

2）建立"绿色通道"，确保为重点客户提供满意服务

①建立"绿色通道"，确保重点客户的要求优先得到满足；②建立重点客户管理制度；③建立以重点客户满意度为中心的考核制度；④建立重点客户信息收集反馈渠道。

【案例阅读】

创造性地为大客户解决问题

A 经销商是某公司在浙江的一个重要客户，船运是其主要的货物运输方式，去年影响 A 经销商销售和利润的最大问题是某公司船期无法保证，造成其断货现象时有发生。尤其在台风季节其运输矛盾更突出，而这时恰恰又是销售的旺季。A 经销商声称去年某公司到货不及时，造成其巨大的经济损失，若今年的运输状况未有改善，则应给予其相应价格上的补偿。

单纯给予价格上的优惠不是解决这个问题的好办法，客户经理经过与公司物流部门协商和讨论，在取得公司上层的支持后，决定在台风季节改船运为火车运输，这会相应增加公司一部分运输成本，但某公司认为：对大客户来说这样的投资是值得的，它比单纯降低价格和给扣点要有利得多，因为以提高服务水平等附加价值的方式来保持顾客的忠诚度更安全、更有效。当然客户对这样的处理也很满意。

大客户经营的产品一般都很多，由于管理水平有限，有时不可能对各项产品的库存、销售状况了如指掌。还是这个 A 经销商，其仓储式销售的营业场地有几千平方米，必须用闭路电视来管理其货物。由厂方销售代表根据产品市场趋势和库存状况下订单，然后才由客户盖章签字是对经销商提供的最有价值的服务。想一想，一个享受惯厂家如此贴心服务的经销商，还有多少勇气离开你投入别人的怀抱呢？

如果企业在满足大客户的附加值需求方面做得很出色，同时更注意对大客户的感情投资，为客户做好每件小事，那么大客户会对企业产生很强的依赖性，竞争对手要模仿和替代你的难度就变大了。即使你的竞争对手出价更低，但大客户可能担心其交货是否及时，产品质量如何，与新厂家的沟通成本加大影响渠道运作等，毕竟与老东家上上下下都很熟了，做生不如做熟，还是做老品牌放心。

讨论：

该案例给我们从事客户关系管理工作带来什么启示？

3）建立走访制度，加强与重点客户的联系

①找准"关键人物"，确保及时掌握有关大客户需求、满意度等方面的权威信息；②在服务手段上要"先入为主，提前预防"；③建立畅通的联系方式；④分类指导，提供服务；⑤技术手段先进，反应灵敏及时；⑥制订星级服务计划。

【案例阅读】

想大客户之所想

周老板是我们公司在湖北的一个很有潜力的客户，其连锁式仓储大卖场在省内经营得有声有色，十分成功，是行业内公认的头面人物，还有意进入当地政界发展。去年 9 月，连锁式仓储大卖场开业 3 周年庆，周老板盛情邀请了当地党政领导、商界朋友和厂家供应商前来参加庆祝活动，也邀请我们公司派代表参加。周老板是个十分爱面子的人，他私下知道，我公司的亚太地区总裁恰好在广州公干，所以与客户经理商量是否能请其来参加庆典活动。因为高鼻子、蓝眼睛的老外在当地本不多见，再加上当地政府正大力开展招商引资活动，有个世界 500 强的老外的到来，不管是什么目的，对周老板都是一件很风光的事情。当时客户经理很为难，因为这完全在总裁中国之行的计划之外，而且是他上司的上司的上司，不过客户经理最终还是幸运地请到了亚太地区总裁来参加周老板的庆典大会，还发表了热情洋溢的讲话。当地各大报纸争相采访和报道，周老板不但在当地政府官员和各位来宾前很有面子，报纸还免费为其公司做了广告。事后周老板十分高兴地对我们的客户经理说：“你们公司如此给我面子，这可比多给我 5 个扣点还要好呢。”

讨论：

该案例为客户关系管理工作带来了什么启示？

4）推行重点客户项目经理制和建立完善项目小组制

A. 推行重点客户项目经理制

例如，宝洁公司安排了一个战略性的客户管理小组与在阿肯色州本顿维尔沃尔玛总部的工作人员一起工作，宝洁与沃尔玛已经通过合作节约了数百亿美元的资金，而且使自己的毛利大约增加了 11%。

如果一家企业有几个甚至多个重点客户，它就可能会组建一个重点客户管理部门来进行运作。像施乐这样的大企业通常管理着大约 250 个大客户。除了重点客户代表外，施乐还为每个重点客户各安排一名“集中执行官”，“集中执行官”与客户公司的主管人员保持着密切的关系。在一个典型的重点客户管理部门里，每位重点客户经理平均管理着 9 个重点客户，重点客户经理们负责向全国销售经理报告工作，全国销售经理向负责营销和销售的副总裁报告工作，该副总裁则负责向首席执行官汇报工作。

B. 重点客户经理的责任和评估标准

重点客户经理需要承担许多责任，其主要职责包括：把握合同要点；发展和培养顾客的业务；了解顾客决策流程；识别附加价值机会；提供具有竞争力的情报；进行销售谈判；协调顾客服务等。大客户经理必须动员小组人员（如销售人员、研究与开发人员、制造者等）一起来满足顾客的需求。

重点客户经理的典型评估标准是他们在培养客户的业务份额上的效率和年度利润及销售目标的达成情况。

C. 成立项目小组，完善重点客户的服务

凡是追求可持续发展的企业，都必须明白一个道理：永远都不要在重点客户身上打折扣。因为对重点客户打折扣就是对企业的未来安全打折扣。如果你想在激烈的竞争中脱颖而出，你就必须集中有限的资源在那些最可能获得高额回报的机会上。然后你要通过系统管理这些有承诺的资源来保住所作的各项投资。

5）加强重点客户的经营分析

建立大客户经营分析制度，将其列入生产经营分析会议的日常议题，进行动态分析。

时刻关注诸如大客户单位业务收入、变化幅度、业务潜在需求、大客户流失率、竞争态势等。

6）重点客户服务队伍的建立与考核

重点客户部门是企业的窗口，是企业面向客户的前沿，作为代表企业直接接触市场的前沿力量，人员素质直接影响企业的竞争力。完善服务工作的考核制度，形成岗位有责任、责任有目标、目标有考核、考核有奖惩的激励机制，从而最大限度地调动重点客户经理为重点客户服务工作的积极性和责任感。

7）与重点客户合作共赢

很多人对传统营销，也就是对 4P，都提出了批评，认为它太注重短期，太注重策略，太注重"交易"本身，因此应该用关系营销来代替传统营销。从本质上说，关系营销通过关注供应商与客户之间的关系，将整个企业面向客户进行调整。这与大客户管理的目标非常相似。重点客户管理强调以共同利益为目标和客户结成伙伴关系。这种伙伴关系的构建须遵循三个黄金规则：着眼于长期；寻求双赢方案；信任比金钱更重要。归根结底，重点客户管理不是你为客户去做事情，而是你和客户一起做事情。

【案例阅读】

与大客户合作共赢

某年 8 月，浙江台州遭遇了一场 50 年未遇的台风。一个大客户的仓库正好位于海堤内 40 米处，由于位置特殊，连保险公司也拒绝接受投保。在台风紧急警报发布后，该经销商还存有侥幸心理，以为台风未必在当地登陆，我们的客户经理过去曾经一再对其告诫必须改变仓库位置并参加保险，该经销商一直未有动作，但这次情况非同小可，我们的客户经理特地赶往台州，再次规劝他马上把货物转移至安全的地方，这次他终于听了劝告。随后发生的台风和伴随的海啸在当地历史上是少有的，在同一仓库放货的另一客户遭受了灭顶之灾，价值 100 多万元的水泥竟全部冲入了大海，顷刻倾家荡产。事后这个经销商非常后怕，同时也对我们的客户经理非常感激，庆幸接受厂家的意见，虽然当时花 1 万多元的仓储和搬运费，但保住了价值 60 多万元的货物。后来他对我们客户经理说："其实厂家完全可以不予关心，因为这完全是经销商买断的货，损失与厂家无关，但你们是把我真正当成家里人来看待了，今后我还有什么理由不好好与厂家合作呢。"

讨论：

该案例为客户关系管理工作带来了什么启示？

（五）重点客户忠诚管理

管理重点客户忠诚首先要了解影响重点客户忠诚的主要因素。

1. 影响重点客户忠诚的因素

影响客户忠诚的因素有主观和客观两个方面，具体可分解为六个因素：客户满意、客户价值、客户信任、客户关怀、购买成本、转移成本。

（1）客户满意。调查显示，90%～98%的不满意客户从不抱怨，他们仅仅是转到另外一家企业。不满意肯定会转向他家，而满意却不一定保证忠诚。那么，客户忠诚度与客户满意度有多大关联性呢？研究表明：客户忠诚度的获得必须有一个最低的客户满意水平。在该满意水平下，忠诚度基本为零；在该满意水平之上的相当大的一定范围内，忠诚度变化不大；而当满意度达到某一高度之后，忠诚度会大幅度提高。客户满意是导致重复购买最重要的因素。

（2）客户价值。客户在购买产品或服务时，总希望能以较小的成本获取较大的实际利益，以使自己获得最大限度的满足。客户从所选择的产品或服务中，如果能够获得优异的质量、优惠的价格和优质的服务，尤其是客户期望之外的利益，就会给客户留下深刻的印象，产生积极的效果。客户忠诚的根本动力是客户价值。

（3）客户信任。信任是忠诚的直接基础，要成功地建立高水平的长期客户忠诚必须把焦点放在客户信任上，而不仅是客户满意上。电信行业普遍采取预交话费的办法，一旦客户通话费用超过预交话费，账务系统就会自动中断对客户的服务。这种办法有效地减少了欠费，但同时也产生了一些问题。最突出的问题就是一些老客户、大客户从来就没想过要有意欠费，现在突然被停机，十分敏感，觉得这是对客户的不尊重、不信任。这些客户在一定的外因促使下就可能会离开。

（4）客户关怀。如果客户想到的你都能给予，客户没想到的但也需要的你也能提供，这必然使客户能时刻感到企业的关心，产生一种亲近感。例如，客户在外出差，突然发现手机电池没电了，但又没带充电器，一般情况下，客户只能埋怨自己丢三落四，不会对旅店表示不满。但此时此刻，如果旅店能提供租用电池或充电器服务，客户一定会感到旅店的服务确实做得好，能时刻为客户着想，这就产生了关怀感、亲近感。亲和友善的客户关系在企业提供产品的同时，能够满足客户感情上的需要。通过心理作用，这种客户关怀就能够提升产品价值和企业形象，提高客户的忠诚度。

（5）购买成本。客户的购买成本一般包括货币、时间、精神和体力等。客户在选购产品时，往往会从价值和成本两个方面进行比较分析，从中选择价值最高、成本最低的产品作为优先选购的对象。当所有提供的物品非常类似，价格也没有多少或根本没有差别时，客户常常很难有兴趣花费时间进行选择。很多日常用品的销售就属于这一类，客户通常不再考虑成本而只是惯性地保持着忠诚度。

（6）转移成本。老客户通常会发现，如果更换品牌或供货商，会受到转移成本和延迟利益的限制。例如，跑更远的路，冒尝试新产品或服务质量好坏的风险，失去眼看到手的奖励等。在软件行业中，许多企业不但免费提供应用软件，而且帮助客户学习正确地使用软件，因为他们相信，客户学习所花的时间将会成为一种转移成本，使客户在别的软件不能体现明显的优越性时，自愿重复使用原有的软件。航空公司对办理会员的客户有相当大的累计优惠，对于频繁旅行的客户来讲，一旦选择了这家公司，并有一定优惠积累的话，如果放弃这家公司，就会失去应有的奖励，不可避免地付出一定的代价。这样，频繁旅行的客户就加强了对这家航空公司的忠诚。

一般来讲，企业构建转移壁垒，使客户在更换品牌或供货商时感到转移成本过高，或者原来获得的利益会因转移而流失，这样可以加强客户的忠诚。

2. 重点客户"跳槽"原因分析及征兆

重点客户选择离开，一般有以下几个方面的原因。

（1）重点客户业务发展战略调整。业务发展战略可以分为市场收缩战略和市场扩张战略。市场收缩战略则表现为经营业务方向调整、业务范围缩小或出售转让部分产业，导致需求减少或不再需求；而市场扩张战略主要是重点客户进入上游领域，而与原有供货商终止合作。

（2）重点客户在选择与优化过程中抛弃"老朋友"。当企业供给能力满足不了重点客户需求时，重点客户就需要扩大采购范围，与之接触并合作的企业越来越多，乃至在不断优化的选择中最终彻底抛弃原来的合作企业。重点客户先通过企业间竞争获得低成本，为提升供应链效率并降低成本，必然要重新规划与整合供应链。

（3）客户的问题或投诉得不到妥善解决。对于重点客户，这主要表现为渠道冲突。理性的重点客户会正视渠道冲突，因为渠道冲突总是存在的，关键是出现渠道冲突时予以最大化化解，并在此基础上获得"互谅"。然而，渠道冲突涉及合作双方的最根本利益时，可能也会无药可治，这时，重点客户也就会离开。

（4）企业遭遇其他竞争企业的"排挤"。面对重点客户这一商业机会，企业经常会遭遇竞争对手的非常竞争手段排挤，如借助于政治力量，借助于以商业贿赂为基本手段的黑金营销，制造重点客户与企业矛盾等反社会、反伦理、反常规的营销方式，而这种情况在我国并不少见。

（5）企业遭遇更加强有力的竞争对手。在这种情况下，竞争对手可能会以更低廉的价格、更具技术优势的产品、更加完善的服务、更优惠的销售政策等优势获得大客户的青睐。在这种情况下，企业最容易被竞争对手取代，正如菲利普·科特勒所说的那样，"没有两分钱改变不了的忠诚"。

其实，重点客户"跳槽"是有征兆的，这需要企业不断地去观察、分析，并做好"防变"和"应变"的准备。一般预先都会出现一些征兆，这些征兆包括以下几方面。

（1）重点客户正在"分羹"给更多的企业。随着公共采购趋势的发展，重点客户，无论是工业客户还是商业客户，正在成为一种公共资源。当重点客户不断减少订单时，企业就应该想一想"有一天奶酪会不会不见了"，居安思危、患得患失有时也并非是一件坏事。

（2）重点客户正在实施企业发展战略调整。我们知道，企业发展战略主要有前向一体化、后向一体化、水平一体化。例如，商业客户通过后向一体化进军生产领域，利用现有商业网络销售自有品牌产品，这将对原有的供货企业构成冲击，在政策上也一定会向自由品牌倾斜。

（3）重点客户公开宣布调整采购模式。重点客户这样做就是向各企业发出"再竞争"通告，也是开始"鸣枪示警"，同时还是出于对过去采购模式的改革。其实，重点客户不断调整采购模式很常见。例如，欧倍德在刚进入中国时采取 100% 全国集中采购模式，然而面对中国市场的巨大差异，其饱受集中采购之苦，开始将全国集中采购模式大幅向区域采购（50%）和地方采购（20%）倾斜。

（4）渠道冲突出现而又难以平抑。供需双方在渠道上很容易出现不可调和或难以平抑的渠道冲突，这时若不能妥善解决，合作危机就可能出现。其实，在商业终端大型化的今天，尤其是家电（如国美）、信息技术产品（如华为）、医药（如同仁堂）等行业领域，生产商、经销商与终端商之间的"摩擦"不断，终止合作的事情时有发生。

3. 重点客户忠诚管理的主要措施

企业要防止重点客户"跳槽"，最根本的做法是提升重点客户满意度，进而形成忠诚度，这要从战略和策略两个角度去解决这个问题。通过与重点客户建立战略合作伙伴关系，有利于形成长久合作机制；通过策略化运作可以稳固双方合作关系，两者结合才能"长治久安"。

企业在管理重点客户时必须采取一种"危机管理意识"，因为重点客户的任何变化都有可能危及企业生产经营，甚至产生危机。对此，企业防止重点客户"跳槽"的主要措施如下。

（1）增强企业、品牌和产品影响力。很多产品可能并未给重点客户带来多少利润，但由于具有影响力，能为重点客户不断带来客源。因此，一旦企业、品牌和产品具备影响力，其供应链（或渠道链）就不容易断裂，这是企业制胜市场的砝码。

（2）建立稳定的渠道战略合作伙伴关系。大型渠道资源正在成为一种公共资源，企业必须与重点客户建立长远的、利益共享的、风险共担的合作关系。

（3）采取良好的合作模式与合作机制。要建立能够实现"双赢"的合作模式，尊重利益和风险对称原则。同时，建立激励与制约机制，使合作完全是在双方认可的"游戏规则"下进行。

（4）采取更加科学的重点客户管理技术。客户管理保障包括成立客户管理机构、建立客户服务平台、制定科学的客户政策、运用先进的客户管理技术等，这些方面都能使客户管理系统良性运转。

（5）不断为重点客户创造增值服务。为使重点客户满意，企业必须接受服务于重点客户利润下滑这个现实，并且把服务想到重点客户前面，想到竞争对手前面，并能给客户更多的惊喜，这是培养忠诚客户的最佳做法之一。

二、能力实训

（一）思考题

1. 为什么要重视重点客户的开发与维护？
2. 重点客户管理内容及应注意的问题有哪些？

3. 试述如何对重点客户的忠诚度进行管理。

4. 根据前面【案例阅读】"想大客户之所想"，企业是如何赢得周老板的合作的？

（二）案例分析

格力与国美的对抗

2004 年，中国家电联销的龙头企业国美电器，向各地分公司下发了一份"关于清理格力空调库存的紧急通知"，要求各分公司将格力空调库存及业务清理完毕。

格力一直以空调老大自居，也是为数不多的敢与国美相对抗的厂家。格力以经销商为主渠道，从 2001 年下半年开始进入国美、苏宁等大卖场。但它仍只是把它们当作自己的普通客户，在供货价格上与其他大多经销商一视同仁。这是格力的全国模式，如在北京，格力拥有 1200 多家经销商，而通过国美销售的不足 10%，格力认为不能迎合国美而伤及上千家客户。

面对国美的打压，格力表示如不能按自己的规则办事，宁愿将国美清除出自己的销售体系。而在双方相持不下之时，各空调厂家纷纷向国美、苏宁表示"价格改革"；意欲掠夺格力的市场。

资料来源：李国冰. 客户服务实务. 重庆：重庆大学出版社，2005

问题：

1. 国美、格力的做法各有何利弊？

2. 站在格力的立场上，你认为应如何应对？

三、知识拓展[①]

（一）重点客户为什么不与你合作

重点客户为什么不与你合作呢？不是他们没有需求，而是你的竞争对手更好地满足了他们的需求，因此，对竞争对手的关注很重要。我们开发重点客户时往往把重点客户当作对手，全部力量都放在这里，其实真正影响我们能否与重点客户达成交易的是同业竞争对手，战胜竞争对手的同时基本就拥有了重点客户。因此，我们在了解重点客户情况的同时也要全面了解竞争对手的情况，包括他们的实力，可以为重点客户提供什么价值，他们的底线是什么、弱点是什么、强项是什么等，我们了解得越清楚，战胜他们的把握越大，即所谓的"知己知彼，百战不殆"。当我们把竞争对手的相关数据、重点客户的相关数据及自身的数据摆在一起进行比对分析时，攻取重点客户的战术自然就浮出水面了。但是，了解各方信息单靠一个业务人员很难做到，最好也发挥组织的力量。

[①] 资料来源：魏中龙. 大客户管理. 北京：中国经济出版社，2012

（二）北京 SV 物业管理公司的大客户管理

北京 SV 物业管理公司是一家独立的大型物业管理公司，有着丰富的物业管理历史和经验，是国家物业管理一级资质企业，综合实力位于北京同行业前列。公司注册资金1500 万元，资产总额超过 4 亿元，企业雇员近 3000 人。公司成立 15 年间，受委托管理或顾问管理的项目涵盖了商业物业、居住物业、公用物业、工业物业等全部物业类型。公司推崇"诚信为本、住户至上"的服务理念，把满足住户的需要作为企业永无止境的追求目标。

该公司大客户管理的主要内容包括：大客户计划制订、大客户组织建立、大客户定位与识别、大客户需求分析、大客户个性化服务、大客户满意度控制。

SV 公司大客户管理体系建设的目标是完成四个方面的工作：①完成大客户管理体系的建设；②完成大客户的专业化管理；③完成大客户资源管理；④完成大客户管理信息系统的建设。企业根据发展战略制订了大客户管理计划，主要包括大客户发展目标、实施进展及控制等内容，其主要过程包括综合信息分析、制定大客户战略等。

为顺利实施大客户管理，公司的组织结构也发生了相应变化。在为大客户服务方面，SV 公司打造出与普通客户服务的三大区别：①大客户服务体系是以大客户为中心，以大客户需求为导向的市场策略；②实施大客户服务旨在形成业务产品上的互补，通过大客户服务与客户形成双赢的合作关系；③以个性化服务为主。公司还推出了一站式服务、大客户业主零干扰服务、大客户物业合同全程式管理服务、100%反馈服务机制、个性化需求服务、一对一服务等多种形式的综合服务。

公司通过建立大客户满意度测评综合指标考核体系，进一步形成与大客户的良性互动，实现对大客户管理的反馈与改进。公司将大客户管理作为企业经营战略的核心，盈利水平逐年提升。

任务五　客户信用与应收账款管理

一、知识基础

（一）客户信用管理的目的

当今中国正处于市场经济的发展与完善时期，市场经济是信用经济，又是风险经济。在市场经济条件下，规避风险、严守信用、确保经济交往中的各种契约关系如期履行，是整个经济体系正常运行的基本前提。市场经济越发达，各种经济活动的信用关系就越复杂。随着市场经济的发展，企业加强自身及其客户的信用管理，建立和完善企业的信用调查、信用评估和信用监控体系，对保证各种信用关系的健康发展及整个市场经济的正常运行具有十分重要的意义。

【案例阅读】

内蒙古蒙兴乳品有限公司（以下简称蒙兴公司）原是一家中型的乳制品生产企业，1995 年，首都北京成为蒙兴公司市场开发的重点。蒙兴公司的业务人员开始在北京地区寻找经销商。由于当时"蒙兴"品牌在北京地区的知名度很低，当地有实力的公司有些不愿意经销，有些提出了较苛刻的条件，销售渠道的开发很困难。

1995 年底，经人介绍，该公司的业务人员结识了北京三力食品有限公司（以下简称三力公司）的负责人任某，并了解到三力公司是一家由四个自然人出资的中型贸易公司，成立于 1993 年，注册资本 180 万元，在北京市场上拥有一定的销售网络和销售对象，销售规模属于中等。任某表示愿意经销蒙兴公司的产品，于是双方建立了合作关系。蒙兴公司由此进入了北京市场，市场份额逐渐增大，并被北京的消费者所接受。

到 1997 年，"蒙兴"在北京已经成为家喻户晓的品牌，已经是业内的大型企业，北京地区的经销商也从一家发展到了十家。蒙兴公司和三力公司的业务量也逐年增大，双方对合作也十分满意。

但是，从 1999 年第一季度开始，情况发生了变化，三力公司的月定货量比 1998 年增加了 50%，但是出现不能及时付款的情况，结算周期也越来越长。双方就此进行了谈判，三力公司表示会尽快改善，但是没有提出具体方案。考虑到双方的合作历史，已经拥有十家经销商的蒙兴公司表示可以继续合作，但却拒绝了三力公司提出的增大信用额度的要求。1999 年 8 月，三力公司提出增加一倍的定货量。

面对这种变化，蒙兴公司决定对三力公司进行信用调查。蒙兴公司刚刚组建的信用管理部承担了这项工作。该部门发现，从开始合作至今，对三力公司从来没有进行过信用调查。

北京华夏公司接受委托，对三力公司进行了信用调查。调查发现：三力公司的注册资本为 180 万元，但是所有者权益为—230 万元，已经资不抵债；三力公司在 1998 年投资兴办了一家食品厂，但是由于产品没有销路，经营管理不善，投资失败，形成了巨额亏损；该公司在 1998 年和 1999 年连年亏损；该公司负责人长期在外，躲避债权人追债。调查结论为：三力公司信用不良，不宜进行业务往来；建议停止发货，清收欠款。

后来，蒙兴公司根据从调查中获得的建议，采取了措施，但是仍然损失了 150 万元。

资料来源：范云峰. 客户管理营销. 北京：中国经济出版社，2003

对客户进行信用管理是客户管理的主要工作内容之一。客户信用管理包括四个方面：一是客户信用调查；二是客户信用评价；三是客户信用额度管理；四是企业信用政策的完善。客户信用直接关系到推销产品后销售货款回收的数额与速度，影响到企业财务风险的大小，实际是衡量推销是否成功的标准。因此，客户信用管理显得至关重要。

企业的最终目标是追求企业价值最大化，从而让投资者的投资利益最大化。因此，企业信用管理的目标也必须服从这一宗旨，它只不过是从企业经营风险的角度，专注于保护企业在债务方面的投资，最终达到企业经营现金流量最大化。在实际的企业管理工作中，信用管理功能基本上围绕赊销工作而展开，其核心目的是做好赊销工作，控制赊销风险。具体地说，信用管理目标应该包括以下几个方面。

1. 降低赊销风险，减少坏账损失

如果说企业销售部门追求销售额的最大化，财务部门关注资金回笼的最大化，那么信用管理部门则需要在两者之间找到平衡点，以实现企业利润最大化。

信用管理要预计赊销的风险，控制信用的额度与方式，跟踪信用的执行情况，评价客户的信用状况，将企业应收账款控制在合理的持有水平。

2. 降低销售变现天数，加快流动资金周转

销售变现天数（days sales outstanding，DSO）是西方企业衡量赊销工作最重要的指标。DSO 指标表现了企业的平均收账期，即把赊销收入转化为现金所需的时间，是企业衡量应收账款水平的重要指标。信用管理的重要职责就是将 DSO 控制在一个合理的水平，减少应收账款对资金的占用，减少利息成本，以加快流动资金的周转。

企业可以通过扩大应收账款来刺激销售，从而减少存货。但是如果应收账款不能收回，价值增值仍然无法实现。这个转换机制还必须是迅速的，只有迅速地转换，企业才能获得更多的利润，提升竞争地位。衡量这个运转速度的一个有效的指标是资金积压期间，其计算公式为

$$资金积压期间=存货周转期+应收账款周转期-应付账款周转期$$

这个公式表明，要加快资金周转速度，减少资金占压，有效的途径在于减少存货、减少应收账款和增加应付账款。戴尔电脑和康柏电脑相比，它们的存货周转期和应付账款周转期相差无几，但是由于戴尔电脑采取了直销的方式，应收账款周转期甚至为负，这就导致戴尔电脑的资金积压期间大大小于康柏电脑，约为康柏电脑的 1/2，表现在市场上，戴尔电脑的股价是康柏的 2 倍。

（二）客户信用调查与评价

在交易之前，公司的业务人员必须对客户进行信用调查；在与客户的交易期间（尤其是对中间商客户），也必须进行客户的信用动态调查分析。客户信用调查的目的就是选择客户，把不合格的客户剔除掉，留下合格的客户作为交易对象。在对客户进行信用调查时，要取得详尽的客户信用调查表和客户调查报告，以便能够随时对客户进行信用分析。以美国为例，从事信用调查行业的成员已达 1.6 万人，平均年营业额在 46 亿美元左右。在欧洲、日本等发达国家或地区，商务信用调查被工商业主誉为经济活动中"防止跌倒的手杖"。

1. 客户信用调查的标准与内容

对客户进行信用调查时，由于交易性质不同、金额大小有异，调查在内容上、程度上也各有不同。

1）对客户信用评价较有影响力的评价标准

A. 信用"5C"标准

"5C"说是美国银行家爱德华在 1943 年提出的，他认为企业信用的基本形式由品格（character）、能力（capacity）、资本（capital）、担保品（collateral）和环境状况（conditions）构成。由于这五个英文单词都以 C 打头，故称"5C"。

（1）品格是指企业和管理者在经营活动中的行为和作风，是企业形象最为本质的反映。

（2）能力是仅次于品格的信用要素。能力包括经营者能力（如管理、资本运营和信用调度等）和企业能力（如运营、获利、偿债等）。

（3）资本主要是考察企业的财务状况。一个企业的财务状况基本反映该企业的信用特征。若企业资本来源有限，或资本结构比例失调，大量依赖别人的资本，则会直接危及企业的健康发展。

（4）担保品。许多信用交易都是在有担保品作为信用媒体的情况下顺利完成的，担保品保证了这些企业的健康发展。

（5）环境状况，又称经济要素，大到政治、经济、环境、市场变化、季节更替等因素，小到行业趋势、工作方法、竞争等因素，诸如此类可能影响到企业经营活动的因素都归为环境状况。

B. 信用"5P"标准

"5P"说是从不同角度将信用要素重新分类，条理上更加易于理解，它包括人的因素（personal factor）、还款因素（payment factor）、目的因素（purpose factor）、保障因素（protection factor）和展望因素（perspective factor）。

以下是两种标准的说明。

（1）个人或品格主要衡量借款人的还款意愿。

（2）能力或偿付（还款）主要衡量借款人的还款能力。

（3）目的或资本主要分析贷款的用途，评价借款人的举债情况。

（4）保障或担保主要分析贷款的抵押担保情况和借款人的财务实力。

（5）前景或状况主要分析借款人的行业、法律、发展等方面的环境。

C. 信用"6A"标准

"6A"说是美国国际复兴开发银行提出的，其将企业要素归纳为经济因素（economic aspects）、技术因素（technical aspects）、管理因素（management aspects）、组织因素（organizational aspects）、商业因素（commercial aspects）和财务因素（financial aspects）。

2）客户信用调查的主要内容

在开展信用调查时业务人员还要从以下几方面进行深入细致的评价。

A. 品格

①负责人及经理人员在业界的信誉；负责人家庭生活是否美满，有无外遇等行为。

②儿女教育情形，家人是否居住在国外；负责人的学历及背景；个人嗜好，有无迷恋赌博；以往有无犯刑事案件。③有无投资股票市场。④目前公司有无与人诉讼，情形如何。⑤劳资关系是否融洽；员工福利如何。⑥负责人与股东的消费习惯如何，有无过当情形。⑦有无参加社会慈善活动与公益事业。⑧票据信用如何，有无退票等不良记录；银行界评价如何，贷款有无逾期与延滞情形。⑨财务报表是否可靠；企业以往有无不正当的经营手法，有无财务纠纷。⑩有无重大逃、漏税的行为。

B. 能力

①负责人与经理人的专业知识如何；负责人经营本业的经历如何（经历越久越佳）。②主要干部的专业技术如何；干部与员工在职训练情形。③负责人健康情形，有无培植第二代继承人；有无沉溺于私人嗜好，而松懈经营本业；是否兼营副业。④负责人与经理人有无成本观念，有无应付局势变化的能力（可从企业过去重大决策是否成功来观察）。⑤员工士气与效率如何，有无不满情绪；公司的服务态度如何。⑥企业产销能力如何，是否有竞争力。⑦企业财务调度能力如何，有无被人倒账；企业内部控制是否健全；收付款情形是否良好。⑧负责人的经营理念、经营与管理能力如何；负责人财务观念如何，个人财务与公司财务是否分开。⑨是否有营业执照，是否为合法公司。

C. 资本

①企业资本如何，自有资本是否过少；负责人与股东财力是否雄厚，负责人所持股份对公司的控制力如何；有无向民间借款，情形如何。②与银行的关系如何，存款实绩如何；有无其他企业所持股份，其营业情况如何；银行借款情形是否过当，还款情形如何；在同业中是否经常向人借贷。③最近有无重大不动产的转让与购买；财务结构是否良好；固定资产的投资情况，有无扩张过度的情形；负债比率如何，是否超出公司的负债能力。④产品库存量是否适当，有无大量积压情形。⑤公司收付款情形如何，收付款期间变动情况如何；有无经常迟延付款或请求缓兑现金支票。⑥资产是否适合经济规模，有无闲置资产；现金调度情况如何，有无被挤占挪用情形。⑦企业成立了几年，是老企业还是新企业。⑧企业近年来的获利能力与股份分配情形。⑨员工年终工资发放情况。

D. 担保品

①在担保人方面，保证人、背书人、发票人的财务信用如何。②保证人、背书人与公司的关联度。③在物的担保方面，担保品的市场情况与存放地点。④担保品价值是否稳定，变现性是否高。⑤担保品处理后的实价如何。⑥若处理担保品是否花费很大。⑦企业还有什么不动产可供抵押担保。⑧担保品是否易处理、易保管。⑨客户任何不动产，如都设定高额抵押时，应特别注意，要调查其是否财务周转困难。

E. 企业情况

①客户在生产与销售上，短期发展的预测是否良好。②客户在同业间竞争能力如何，品质如何。③法令政策改变对企业的影响情况如何。④企业研究发展与技术改进能力如何。⑤国内外市场的竞争情况如何，有无恶性竞争情况。⑥客户在业界的地位，所占的比重与影响力如何。⑦外部经营环境对企业有何影响，如汇率变动。⑧近期内公司产品有无替代产品出现。⑨近年来客户产品售价变化与趋势如何。

F. 客户信用调查的重点

①是否是正当经营。②销售能力如何。③付款能力如何。④信誉如何。⑤有无不良嗜好，有无迷恋赌博。⑥是独资还是合伙。⑦是否还有其他事业。⑧社交状况如何。⑨家庭状况如何。

2. 客户信用调查的时机

在下列情况下，需要对客户进行信用调查。

（1）与新客户进行第一次交易时。预防胜过治疗，业务人员为了预防、避免销售后货款回收困难，造成呆账、坏账，在推销之前就要对客户各方面的情况，如销售能力、付款能力、经济实力等进行了解和分析，以判断客户是否具有交易、开发的价值。

（2）流传客户经营形势不好时。流言的出现一定有某种根据，不能忽视，业务人员必须从多方面进行了解。

（3）客户的订单骤增或骤减时，特别是客户大量进货时。当客户进货超过信用额度时，业务人员就要考虑这极可能是危险的交易，必须对顾客进行信用调查。

（4）客户要求授信时或老客户的资料超过一年时或客户改变交易方式时，也应对客户的信用情况进行调查。

（5）其他影响企业信用的异常情况。

客户本身的经营存在风险，应该定期对客户的情况进行调查，即使是多年合作的老客户，也必须了解客户交易量变化的原因；另外，对于客户的重大事件，必须及时跟踪。

与客户的交易状况或客户本身有所变化时，业务员就要尽快收集信息，进行分析，并制定对策。若不能经常谨慎地保持安全的交易关系，企业就很有可能遭受损失。

3. 客户信用变化

客户的信用状况是不断变化的，因此，对客户的信用调查也要经常进行。业务员要及时了解客户的信用变化情况，以便及早发现问题，进行处理。客户的信用变化主要表现在以下几个方面。

（1）付款变化。包括：①延迟付款期限；②付款日期经常变更；③由现金变为票据；④付款的银行改变；⑤小额付款很干脆，而大额付款常拖延；⑥在付款日期，负责人不在；⑦不按清款支付；⑧要求取消保证金。

（2）采购的变化。包括：①采购进货厂商急速改变；②订货额突然减小；③原本向竞争企业的采购额全部转移到本公司；④没有订货；⑤要求迅速出货；⑥毫无理由地突然增加订货额。

（3）营业上的变化。包括：①销售情形突然恶化；②销售对象破产；③销售对象大量退货；④突然开始大量倾销；⑤开始销售毫无关联的产品；⑥库存量锐增或锐减。

（4）员工变化。包括：①不断有人辞职；②多数人抱怨不满；③发生相当金额的透支；④员工无精打采，工作态度恶劣。

（5）经营者的变化。包括：①插手毫不相干的业务；②吹牛自夸。

4. 客户信用调查表格

从信用管理的角度出发，利用"客户信用调查表""信用客户等级评定表"等一系列工具，可以对客户信用情况予以收集和分析。表 4-5-1 为客户信用调查表。

表 4-5-1　客户信用调查表

第　　销售部　　　　　　　　　　　　　　　市场：

客户名称			地址		编号：	
负责人基础资料	姓名		出生年月		学历	
	电话		民族		学历	
	住址		手机		宅电	
	特长		不良嗜好			
	兴趣/爱好					
	个人简历					
	家庭情况					
法律手续	税务登记					
	工商登记					
财务状况	银行资料					
	账目资料					
资本状况	固定资产					
	流动资产					
经营状况	产品					
	产品					
	产品					
交易历史						
结账情况						
同行评价						
潜在危机						
业务员评价						
信用额度申请						
销售经理意见		总助理意见		总经理意见	信用额度确立	
资料更新						

填报人：　　　　　　　　　　　　　　　填报时间：

（三）客户信用评价

业务人员要定期对客户进行信用评价，可以根据实际情况把客户分为 A、B、C、D

四级。A级是最好的客户，B级次之，C级一般，D级最差。同时，根据信用评价结果确定销售政策。例如，对初评获得C、D信用等级的客户，是否进行信用调查需要根据企业的信用政策决定。如果实行保守的信用政策，则无须进行信用调查，信用申请不予批准；如果实行积极的信用政策，则需要进行信用调查，在充分了解风险后，决定是否核准信用申请。

1. 客户信用评价的依据

信用评价主要依据回款率（应收账款）、支付能力（还款能力）、经营同业竞争品牌情况这三项指标来确定。

1）回款率

回款率（应收账款）对不同企业可以有不同的规定，比如，双汇集团规定A级客户的回款率必须达到100%，如果回款率低于100%，则信用等级相应降低。评价期内低于5%的，则降为C级或D级。

2）支付能力

有些客户尽管回款率高，但由于其支付能力（还款能力）有限而必须降低其信用等级，如某企业一客户尽管不欠本公司的货款，但欠其他公司的货款达几百万元，以致其他公司将该客户起诉至法院，该客户的银行账户被冻结，已无支付能力，这样的客户最多只能认定为C级客户。下面三个方面可用于对客户支付能力的考察。

（1）客户资产负债率。如果客户的资产主要是靠贷款和欠款形成，则资产负债率较高，信用自然降低。

（2）客户的经营能力。如果客户的经营能力差，长期亏损，则支付能力必然降低。

（3）是否有风险性经营项目。如果客户投资于一些占压资金多、风险性大、投资周期长的项目，则信用等级自然下降。

3）经营同业竞争品牌情况

如果客户以本公司的产品为主，则信用等级较高；如果客户将本公司的产品与其他企业的产品同等对待，则信用等级降低；如果客户不以本公司的产品为主，本企业的产品仅是辅助经营项目，或者仅仅起到配货作用，则信用等级更低。

上述三项指标中，以信用等级最低的一项为该客户的信用等级。

2. 信用评价参考条件

除了依据三项主要因素进行信用等级评价外，还需要根据客户执行公司销售政策的情况、送货与服务功能、不良记录等多个因素对信用等级进行修正。

（1）执行公司销售政策的情况。如果客户未能很好地执行公司的销售政策，如经常窜货、低价倾销，则信用等级要大大下降。

（2）送货与服务功能。如果客户能够对下级客户开展送货与服务，则控制市场的能力大大增强，信用等级也相应增强；而如果客户是普通的"坐商"，则信用等级降低。

（3）不良记录。如果客户曾有过不良记录，如曾经欠款不还，无论是针对本公司还是针对其他公司的，信用等级都要降低。

以上各因素中，以客户的最低等级作为其信用等级。

企业在对客户进行信用评价时，千万注意不要仅以企业规模评定客户信用。

【案例阅读】

江西公司的客户信用

江西某公司（以下简称江西公司）是一家中等规模的玻璃器皿生产厂。1997年，公司决定在莫斯科设立办事处来跟踪订单货款的回收。同年8月，通过努力该公司的产品进入了当地最大的日用百货超市——ANGEL连锁商场销售。ANGEL商场在当地是一家超大型综合连锁商场，公司认为该商场能够发展到如此大的规模，其资金实力与信誉毋庸置疑，肯定不会拖欠本公司数额不大的货款。出于这种考虑，公司把注意力更多地放在了其他小客户身上，而放松了对ANGEL商场的信用监控，忽视了对该商场的信息搜集工作。

江西公司按代销合同每月与ANGEL商场结算一次，顺利合作持续到1998年3月。其后，ANGEL商场借口江西公司的产品在市场上反映不佳、积压十分严重、质量与合同规定不符等理由，蓄意拖延、少结货款甚至干脆以资金周转不灵为由完全拒付。但江西公司仍持原有认识，认为拖欠只是暂时的，未对ANGEL商场的全面信用情况进行详细的调查与了解。到1999年5月，江西公司累计被ANGEL商场拖欠达120万美元，资金周转困难。为了走出困境，江西公司就委托专业公司对ANGEL商场进行了调查。调查发现，ANGEL商场资本结构中借贷比例过高，资金周转已极为困难，加之规模过大，管理水平未能同步提高，导致销售不畅，从1998年3月起只能依靠拖欠厂家货款苦苦维持，目前正处于破产的边缘，并且发现ANGEL商场的大部分物业已经抵押给了当地银行。专业机构立即向当地法庭提出了债权登记，最终在1999年7月ANGEL商场破产倒闭时，江西公司收回了1000万元的货款。加上当地法院费用，江西公司损失共达100万元。

资料来源：范云峰. 客户管理营销. 北京：中国经济出版社，2003

从案例中不难看出，企业绝不能单凭客户的规模大而低估其信用风险，更不能因为客户规模大而放松对其信用状况的监控。客户经营规模的大小只是衡量其信用等级的因素之一。在市场情况瞬息万变的今天，人们常说的"瘦死的骆驼比马大"有时不一定完全正确，"精壮的小马"往往比"大骆驼"更易于控制，而且"大骆驼"的恶性拖欠给企业带来的损失很有可能是毁灭性的。

3. 客户信用评价应注意的问题

在进行客户信用评价时应注意以下问题。

1）对客户的信用评价应该动态地进行

客户的信用是不断变化的，有的客户信用在上升，有的在下降。如果不对客户的信用状况进行动态评价，并根据评价结果及时调整销售政策，就可能由于没有对信用上升的客户采取宽松的政策而让客户不满，也可能由没有发现客户信用下降而导致货款回收困难。有的企业规定，客户的信用评价每月进行一次，时间最长也不能超过两个月一次。业务员必须将客户的信用评价结果及时上报办事处主任、公司销售业务主管。

2）新客户的信用评价

第一次交易的客户，其信用一般按 C 级客户对待，实行先款后货，待经过多次交往，对客户信用状况有较多了解（一般不少于三个月）之后，再按正常的信用评价方式评价。需要注意的是，要谨防一些异常狡猾的骗子，头几笔生意故意装得诚实可信，待取得信任后再开始行骗的现象。

3）信用评价的信息来源

评价客户的信息从哪里来是困扰一些业务员的问题。要获得这些信息，业务人员需要做好以下三项工作。

第一，做好客户交易记录，对每笔业务往来都要详细地记录。

第二，多与客户的会计、保管、业务员、供应商接触，在与他们的接触中能够获得有关客户经营方面、信用方面的大量信息。

第三，在获取的大量信息中，对有些互相矛盾的信息，要去伪存真、去粗取精，保证信息的真实、准确、可靠。

4. 利用信用等级对客户货款进行控制

信用评价不是最终目的，最终目的是利用信用等级对客户进行管理。企业要针对不同信用等级的客户采取不同的销售管理政策，具体如下。

（1）对 A 级客户，在客户资金周转偶尔有一定的困难，或旺季进货量大、资金不足时，可以有一定的赊销额度和回款宽限期。但赊销额度以不超过一次进货量货款为限，回款宽限期可根据实际情况确定。

（2）对 B 级客户，一般要求现款现货。但在处理现款现货时，应该讲究艺术性，不要过分机械让顾客难堪。应该在摸清客户确实准备货款或准备付款的情况下，再通知公司发货。

（3）对 C 级客户，一般要求先款后货；而对其中一些有问题的客户，坚决要求先款后货，丝毫不退让，并且要想好一旦这个客户破产倒闭后在该区域市场的补救措施。C级客户不应列为公司的主要客户，应逐步以信用良好、经营实力强的客户取而代之。

（4）对 D 级客户，坚决要求先款后货，并在追回货款的情况下逐步淘汰此类客户。

（四）制定信用标准

企业要进行客户信用管理，控制信用风险，管好、用好应收账款，必须事先制定合理的信用标准。

信用标准是企业同意向客户提供商业信用而提出的基本要求，通常以预期的 DSO 和坏账损失率作为判别标准。因为信用标准的设置直接影响到对客户信用申请的审批，所以根据本企业自身的资金情况和当时的市场环境确定适宜的信用标准，是企业制定信用管理政策过程中的重要一环。

企业应该制定一个合乎自己情况的科学的信用标准。确定信用标准的主要因素包括竞争对手的情况、客户分析情况、市场战略、库存水平和其他历史经验等。一个企业的信用标准应该是在对其收入和成本认真权衡的基础上慎重确定的，过严或过松的信用标准都不是明智之举，而且企业信用标准需要随企业、行业、市场情况的变化而不断修订。如果较为严格的信用标准会使损失的销售毛利大于企业所希望避免的应收账款持有成本，那么企业就应该适当放松信用标准；反之，如果较为宽松的信用标准会使应收账款持有成本高于取得的销售毛利，那么企业就应适当施行较为严格的信用标准。

1. 制定信用条件

信用条件是企业要求客户支付赊销款项的条件，它由信用期限和现金折扣两个要素组成。在实践中，经常使用诸如 2/10、$n/30$ 等销售专业语言来表示企业的信用条件，这些信用条件表达了不同的信用期限和现金折扣政策。例如，2/10、$n/30$ 所表达的信用条件是：客户如果在 10 天内付款可按发票金额给予 2% 的折扣，超过 10 天便不享受该折扣，但付款总期限不得超过 30 天。在这里，30 天为信用期限；10 天为折扣期限；2% 为现金折扣。一般来说，企业的信用条件是在遵循本行业的惯例的基础上，且基于一定的外部经济环境，并充分考虑到本企业自身实力的情况下，本着提高最终效益和增强竞争力的指导思想确定。给客户的信用条件如何，将直接影响甚至决定着企业的应收账款持有水平和规模。

1）信用期限

信用期限是企业为顾客规定的最长付款时间。确定适宜的信用期限是企业制定信用政策时首先需要解决的问题，它是通过对不同信用销售方案进行分析和计算所得出的结果。信用期限对应收账款发生和管理的影响是非常明显的。较长的信用期限，意味着给客户以更优越的信用条件和使 DSO 变长，自然会刺激客户的购货热情，吸引更多的客户，实现更高的销售额。在应收账款水平增高的同时，既给企业带来了扩大市场份额和增加销售额的好处，也给企业带来了风险，即产生更高的与持有应收账款相关的管理成本、机会成本和坏账风险，特别是机会成本的增加。相反，较短的信用期限，虽然减少了持有应收账款相关的成本，但直接影响到企业的销售规模，增加了库存压力，长此以往，如果竞争对手的信用期限比较灵活而且信用管理水平较高的话，可能会使本企业在市场竞争中失败。合理的信用期限应当着眼于使企业的总收益达到最大，理论上的信用期限最低限度应该是损益平衡。影响信用期限的主要因素包括以下几个方面：①企业的市场营销战略；②行业普遍的信用期限；③客户的资信水平和信用等级；④企业本身的资金状况。

在实际操作中，企业可根据行业平均 DSO，结合企业本身的市场竞争态势设定自己的 DSO 目标，然后根据客户的信用等级确定客户的信用期限。可以利用以下公式进行计算。

客户信用期限=行业平均 DSO×企业修正系数×客户信用等级系数

例如，行业平均 DSO 为 80 天，A 企业在行业竞争中处于强势状态，决定采用较严的信用政策，企业修正系数定为 0.8，而客户系数可用表 4-5-2 作为参考。把数据代入公式即可计算出各客户的信用期限。

表 4-5-2　客户信用期限系数表

风险等级	加权分值	风险程度	客户信用期限系数
CA1	4.1～5.0	很小	1.6～2.0
CA2	3.1～4.0	较小	1.1～1.5
CA3	2.1～3.0	中等	0.5～1.0
CA4	1.1～2.0	较高	0.1～0.4
CA5	0.0～1.0	很高	0

另外，企业也可采用边际收益法和净现值流量法进行分析。

边际收益法的基本思想是：首先，按以前年度的信用期限、本行业的信用期限或假定信用期限为零设计一种基准信用期限作为分析基础；其次，确定适当延长或缩短信用期限的几个方案，并测算更改信用期限后的边际成本和边际收益；最后，按照边际收益大于边际成本的原则，选择最适宜的信用期限。

例如，某企业过去一直按照行业惯例采用 30 天的信用期限，现根据有关情况的变化，拟将信用期限放宽到 60 天。假设该企业的投资报酬率为 10%，其他有关资料见表 4-5-3。

表 4-5-3　边际收益法的应用举例

项目	信用期限	
	30 天	60 天
销售额/元	1 000 000	1 200 000
变动成本/元	800 000	960 000
边际贡献/元	200 000	240 000
可能发生的收账费用/元	6 000	8 000
可能发生的坏账损失/元	10 000	20 000

在本例中，边际收益为

$$240\,000 - 200\,000 = 40\,000（元）$$

边际成本为

$$(1\,200\,000 - 1\,000\,000) \times (60 - 30) \times (10\% \div 365) + (8000 - 6000) + (20\,000 - 10\,000)$$
$$= 13\,643.8（元）$$

由于边际收益 40 000 元大于边际成本 13 643.8 元，应选择 60 天的信用期限。

净现值流量法是以各信用期限的日营业净现值为标准来决定信用期限的决策方法。在该方法下，日营业净现值的计算公式为

$$NPV = PQ(1-b)/(1+k)t - CQ$$

式中，NPV 为日营业净现值；P 为产品单价；Q 为产品日销量；C 为产品单位成本；b 为坏账损失率；k 为日利率；t 为平均收账期。

首先计算在不同信用期限条件下日营业净现值的大小，然后将所得结果进行比较，选择日营业净现值大的信用期限作为信用期限较适宜。

2）现金折扣

现金折扣是指在信用销售方式下，企业对于客户在规定的短时间内付款给予的客户发票金额的折扣，以鼓励客户及早付清货款。

现金折扣是企业信用条件中的另一个重要组成部分。企业信用管理部门给予客户的现金折扣中包含两个要素：折扣期限和折扣率。折扣期限指的是在多长时间内给予客户折扣优惠；折扣率指的是在折扣期限内给予客户多少折扣。例如，2/10 的现金折扣政策表明，如果客户在 10 天之内付款，将获得货款总额 2%的折扣优惠。

一个企业可以制定单一的现金折扣政策，也可以制定多种折扣方式的现金折扣政策。例如，作为卖方的厂家在信用条件中做出 3/10、2/20、n/30 的现金折扣规定。规定表明，客户的信用期限为 30 天；如果客户能够在 10 天内付清货款，可享受整个货款 3%的折扣优惠；如果客户能够在 20 天内付清货款，则可享受整个货款 2%的折扣优惠；如果客户在 20 天以上、30 天之内付款，将得不到任何折扣优惠；如果客户在 30 天以后付款，则表明顾客违约，可能会受到违约处罚。

现金折扣政策的作用是双向的：首先，给予一定的现金折扣，是吸引顾客的重要方式之一，从而使企业的销售规模得以扩大；其次，现金折扣率越高，越能鼓励客户尽早付款，这在一定程度上减少了企业应收账款的持有规模；再次，较长的折扣期限将会扩大应收账款规模，延长收款时间；最后，推行一定的现金折扣政策需要销售企业付出一定的代价。

2. 确定信用额度

1）确定客户信用额度的目的及设定条件

A. 设定客户信用额度的目的

①防止客户倒债；②作为分配客户销售责任额的标准；③确保收回货款；④能方便地核查合同内容及出货状况。

B. 设定客户信用额度应满足的条件

①信用额度不应超出客户的净资产，以防客户无力承担债务，而且大多数情况下，信用额度应为客户净资产的一小部分。②信用额度不应超出客户的流动资金，如果客户流动资金不足，必须对客户的净资产进行分析、评估。

2）确定客户信用额度的方法

A. 根据收益与风险对等的原则确定

根据收益与风险对等的原则确定给予某一客户的信用额度，也就是根据某一客户的

预计全年购货量和该产品的边际贡献率测算企业从该客户处可获取的收益额，以该收益额作为每次该客户的赊购限额，前账不清，后账不赊。

B. 根据客户营运资本净额的一定比例确定

这种方法即周转资产分割法。信用额度=周转资产（流动资金–流动负债）÷供货商个数。客户在一定的生产经营规模下，其流动资产减去流动负债后的营运资本净额也是大致稳定的。营运资本净额可看作新兴债务的偿付来源，因此，企业可以根据客户的营运资本规模，考虑客户从本企业购货的比重，确定以客户营运资本净额的一定比例作为本企业对该客户的信用额度。

C. 根据客户清算价值的一定比例确定

这种方法即净资产分割法。信用额度=清算价值（资产–负债）÷供货商个数。清算价值是客户因无力偿债或由于其他原因进行破产清算时的资产变现价值。清算价值体现了客户偿债的最后保证。如果客户的清算价值减去现有负债后尚有剩余，企业可以向该客户提供信用，信用的额度可按照清算价值的一定比例确定。

D. 销售额测定法

销售额测定法的计算公式为

信用额度=客户的总购入额（预计销售额×成本率）×本公司供货比率×信用期限

E. 综合判断法

综合判断法是指根据客户的收益性、安全性、流动性、销售能力、购货情况和员工素质等，综合确定一个大致的信用限度，然后根据支付状况和交易额的大小，适当地逐步提高信用限度。

3）对不同客户信用限度的确定

（1）根据实际情况，划分出不同的信用限度。如前所述的 A、B、C 三类客户，对于 A 类客户，其信用限度可以不受限制；对于 B 类客户，可先确定一个信用限度基数，以后逐渐放宽限制；而对于 C 类客户，则应仔细审核，适当给予少量的信用限度。

（2）对不同客户确定的信用限度不是一成不变的，应随着实际情况的变化而有所改变。

（3）可先确定一个最高限额，然后因不同客户设定不同的信用限度。

（4）推销员所辖客户要求超过规定的信用限度时，必须向业务经理乃至总经理汇报并请示批准。

3. 利用销售合同管理客户信用

客户的信用管理在明确了信用标准后，应当首先以合同管理为基础。大多数公司的合同管理都不健全，从而给客户管理带来了不应有的麻烦。合同是在客户管理中最有约束力的法律文件，是客户管理的法律依据。

因此，公司首先需要建立规章制度，要求所有有业务往来的客户都签署合同，因为没有制度约束，就很难落实到实际工作中去。同时要规定合同的签署流程，以确保合同的严肃性、科学性，堵塞漏洞。

其次，公司应该建立标准、规范的合同文本。标准的合同应至少包含以下内容。

（1）标的：商品的品种、品牌、规格、数量、价格等。

（2）质量要求。

（3）发送：送货时间、收货地点、运输方式、费用支付。

（4）经营权限：经营级别、总经销、分销、区域划分、品种划分、年限划分等。

（5）结账方式：现金、支票、分期付款等。

（6）经销政策：返利、年奖、促销、广告、人员等。

（7）订、退货规定。

（8）违约责任及纠纷处理。

（9）签约时间、地点、生效期。

（10）甲乙双方标准名称、详细地址、联系方式、法人代表、签约代表、账号、开户行、税号等。

在拟定标准合约时，一是要考虑实际内容、文字处理；二是要考虑美观，将文件制作得规范、漂亮一些，以展示公司形象。

另外，合同还必须由专人保管，这一方面是因为涉及商业秘密；另一方面便于使用。由专人分门别类建立档案、集中保管，才能保证合同的严肃性和完整性。

（五）应收账款管理

应收账款是指企业因赊销产品或劳务而形成的应收款项。在市场竞争激烈的情况下，赊销是一种促进销售的重要方式。但如果不能及时收回款项或管理不当，赊销会给企业带来额外的损失。

1. 应收账款管理目的

对于一个企业来讲，应收账款的存在本身就是一个产销的统一体，企业一方面想借助于它来促进销售，提高销售收入，增强竞争能力，同时又希望尽量避免由应收账款的存在而给企业带来的资金周转困难、坏账损失等弊端。处理和解决好这一对立又统一的问题，便是企业应收账款管理的目的。

所以企业要制定科学合理的应收账款信用政策，并在这种信用政策所增加的销售盈利和采用这种政策预计要担负的成本之间做出权衡。只有当所增加的销售盈利超过运用此政策所增加的成本时，才能实施和推行使用这种信用政策。同时，应收账款管理还包括企业未来销售前景和市场情况的预测与判断，以及对应收账款安全性的调查。如企业销售前景良好，应收账款安全性高，则可进一步放宽其收款信用政策，扩大赊销量，获取更大利润，相反，则应相应严格其信用政策，或对不同客户的信用程度进行适当调整，确保企业获取最大收入的情况下，又使可能的损失降到最低点。

企业应收账款管理的重点，就是根据企业的实际经营情况和客户的信誉情况制定企业合理的信用政策，这是企业财务管理的一个重要组成部分，也是企业为达到应收账款管理目的必须合理制定的方针策略。

2. 应收账款管理方法

在企业生产发展中，应收账款作为一种商业信用，在扩大了企业产品销售量，增加销售收入的同时，给企业资金的回收和占用带来了一定的风险，因此，企业必须采取切实可行的措施，制定合理有效的管理办法，做好应收账款的事先预防、事中监督和事后回收等管理工作，以保证应收账款的合理占用水平和安全，尽可能减少坏账损失，降低企业经营风险。

1）应收账款事前控制

①制定合理的信用政策。②选择信用状况良好的销售客户。③设立独立的信用管理部门。④加强企业内部控制机制：加强合同管理，规范经营行为；建立健全应收账款考核责任制及奖惩制度。

2）应收账款事中控制

①加强应收账款日常管理工作；②建立定期对账制度；③建立企业应收账款管理信息系统。

3）应收账款事后控制

①确定合理的收账程序；②确定合理的追账方法；③加强应收账款的反馈控制。

3. 追账的一般方法

在实际工作中，企业常会遇到赊销货款无法按期收回的问题。对此，企业必须采取适当的措施追回货款，尽可能地降低坏账给企业带来的损失。

追账的基本方法大体有以下四种。

1）企业自行追账

A. 企业自行追账的基本方法

（1）函电追账。企业自身的追账员通过电话、传真、信函等方式向债务人发送付款通知。

（2）面访追账。企业自身的追账员通过上门访问，直接与债务人交涉还款问题，了解拖欠的原因。

（3）网络追账。企业利用电子邮件向债务人发送追讨函或与其交流意见。

B. 企业自行追账的特点

（1）函电追账方式简便、易行，企业可以委派内部人员独立操作，无须经过仲裁或司法程序，可以省去一定的时间和费用；但力度较小，不易引起重视。

（2）面访追账属于比较正规、有力的追讨方式，但耗时多、费用高。异地追账不宜采用。

（3）网络追账速度快、费用低，可以双向交流。企业用电子邮件将付款通知书发给债务人，债务人转发给自己的分销商，分销商加注意见后再发给这家企业。电子追账是未来追账的优先选择。

（4）及时解决债务纠纷，避免长期拖欠的产生。

（5）气氛比较友好，有利于双方今后合作关系的发展。

C. 企业自行追账的辅助方法

（1）采用对销售商和购买商都有利的现金折扣。如果一个销售商借款的年利率为12%，那么向他提供2%的现金折扣和延期的为期60天付款成本相等。

（2）向债务人收取惩罚利息。拖欠货款在其超过最后付款日的时间会产生非计划性的利息支出，将这些额外成本转给债务人负担是合理的。实际中所使用的利息率应带有惩罚性。

（3）对已发生拖欠的客户停止供货。如果一个客户不能支付前一次货款，企业还继续为其供货，等于表明企业宽恕客户的拖欠行为，自愿承担所有的损失。

（4）取消信用额度。如果客户不能按照合同履行付款责任，企业应及时改变或取消其原有的信用额度。

（5）处理客户开出的空头支票。客户付款的支票遭银行拒付时，应引起企业的特别注意。千万不要把遭拒付的支票退回给客户，在债务诉讼中，它将成为对债务人还款能力指控的有力证据。

D. 企业自行追账的特殊策略

（1）企业为长期客户、大客户制定的追账策略。对于长期客户、大客户一般由推销经理或财务经理上门追账；优先解决争议和问题；在非恶性拖欠情况下，可以继续发货。

（2）企业为一般客户制定的追账策略。对于一般客户采取一般收账程序：根据其信用限额，欠款超过规定天数停止发货。

（3）企业为高风险客户制定的追账策略。对于高风险客户，则立即停止供货，严密监控并追讨。

2）委托专业机构追账

债务纠纷发生后，企业将逾期账款追收的权利交给专业收账机构，由其代理完成向债务人的追收工作。目前，国际上的欠款追收大都是依靠各国收账机构相互代理、协助完成的，其比例在60%以上。

A. 委托追账的基本方法

（1）专业追账员追账。专业追账机构接受企业的委托后，首先要对该债务进行调查核实，制定相关的追讨策略；其后由追账员与债务人直接接触、商洽，并通过多种途径向其施加压力。

（2）律师协助非诉讼追账。律师作为法律顾客参与追账，负责与债务人律师的交涉和重要文件的起草工作。

（3）诉讼追账。追账机构可以协助企业采取法律行动，一般由追账机构的长期签约律师受理案件，这些律师有着良好的信誉和丰富的工作经验，而且部分律师调查费可以免收或事后收取。

关于诉讼追账将在下面的章节里进行更为详尽的介绍，在此不再赘述。

（4）申请执行仲裁裁决。追账机构可以协助企业向法院申请执行仲裁裁决。

B. 委托追账的特点

（1）追收力度大。专业机构大都采用自身的专业追账员或代理机构在债务人当地进行追讨，无论是从追收形式、效果上，还是从对债务人的心理压力上，都远远高于企业自行追讨的力度。

（2）处理案件专业化。专业机构在处理债务问题方面具有相当丰富的经验和知识，对于每一个拖欠案件，都会制定一套包含多种手段的追讨措施，包括对案件的分析评估，与债务人的直接接触、协商，通过多种途径向债务人施加各种压力，律师协助追讨，代理诉讼，申请执行仲裁裁决。

（3）节约追账成本。在自行追讨无法取得实际效果时，如果直接诉诸法律，一般费用较高，程序复杂而且漫长，即使胜诉也不易执行，因此企业较少采用。而专业追账机构一般采取不成功不收取佣金的政策，最大限度地为企业承担追账风险，减小损失。

（4）缩短追讨时间。企业自行追讨时，由于不熟悉债务人当地的法律和有关商业惯例，往往费时、费力却收效甚微。而专业追账机构一般委托债务人当地的追账员或追账代理进行追讨，他们熟悉当地的法律、法规，与债务人没有语言、文化的障碍，便于沟通和协调，能够提高追讨效率，较快收回欠款。

C. 委托追账的基本步骤

（1）选择资信状况良好的追账机构。详细了解追账机构的注册背景、注册资本、行业资格、经营历史以及追账网络。

（2）向追账机构提供案情介绍。包括债务人的名称、地址、目前经营状况、债务的金额、时间及案情经过。

（3）听取追账机构对案件的分析评估及处理建议。追账机构根据企业提供的案情介绍，运用债务分析技术对案件进行分析评估，并向企业解释分析结果，提出适合该案件的追讨建议。如果企业对债务人的现状不了解，或欠款金额较大时，可以先委托追账机构作一次债务人偿债能力的专项调查。

（4）协商佣金比例。追账机构根据债务的金额、时间、地点及综合评价结果先核算佣金比例，然后与企业协商确定佣金比例。

（5）办理委托手续。委托双方签署《商账追收委托协议》和《授权委托书》，企业预付一定的立案服务费。

（6）向追账机构提交债权文件。企业向追账机构提交有关债权的证明文件：合同、发票、提单、往来电函、债务人签署的付款协议等。

（7）接收追账公司的进展报告，及时给予配合。追账机构要定期向企业汇报进展并征求意见，企业应及时做出追讨指示。委托双方要保持沟通、积极配合，并适当调整追讨策略，以实现成功收款的目的。

（8）结算。追回欠款后，委托双方应及时结算。还款直接汇到追账机构账户的，追账机构扣留佣金，余款应在10个工作日内向企业汇出；还款直接汇到企业账户的，企业应在10个工作日内将佣金汇给追账机构。

（9）结案。追回欠款后，可由双方同意终止委托协议，追账机构应向企业提交正式的结案报告。

3）仲裁追账

A. 仲裁追账的基本方法

债权债务双方根据债务纠纷发生前或债务纠纷发生后双方所达成的书面协议，自愿将争议交给双方都同意的仲裁机构，由仲裁机构根据双方协议的授权审理争议，并做出对双方均有约束力的裁决。仲裁不具有诉讼属性，但是，它也是解决经济纠纷的重要手段。

B. 仲裁追账的特点

（1）仲裁是以双方当事人的自愿约定为基础的，如果债权债务双方没有仲裁协议，仲裁程序不可能发生。

（2）仲裁机构是民间性的组织，不是国家的行政机关或司法机关，它对商务纠纷案件没有强制管辖权。

（3）仲裁裁决具有终局性，对双方当事人都有约束力，任何一方不得就同一标的或事由再向法院起诉或者向仲裁机构再申请仲裁。

C. 仲裁追账的具体程序

（1）仲裁的申请和受理。包括申请、受理、答辩和反请求、财产保全、委托代理人。

（2）组成仲裁庭。包括仲裁庭的组成、仲裁员的回避。

（3）仲裁审理与裁决。包括开庭审理、证据的收集与调查、证据的保全、辩论、和解、调解、裁决、仲裁笔录。

（4）裁决的执行。仲裁裁决一经做出，当事人应当依照裁决规定的期限和内容自动履行。如果一方当事人逾期不履行，另一方当事人可以向被申请人住所或者财产所在地的中级人民法院申请强制执行。

如果被执行的财产在国外，申请人可以委托专业追账机构或律师，向被执行财产当地的法院申请执行。我国已于 1987 年 4 月正式加入《承认及执行外国仲裁裁决公约》（《纽约公约》），因此，我国涉外仲裁机构做出的裁决可以在世界上已加入该公约的成员国得到承认和执行，这为解决国际债务纠纷提供了便利。

（5）仲裁裁决的司法审查。包括仲裁裁决的撤销、仲裁裁决的不予执行。

4）诉讼追账

A. 诉讼追账的基本方法

债务纠纷发生后，债权人或债务人中的一方向法院提出诉讼请求，由法院根据诉讼程序和有关法律规定审理案件，并做出对双方具有法律强制执行力的判决。

B. 诉讼追账的特点

（1）必须是因自身的权利受到侵犯或因债权债务关系与客户发生争议，或是本案的直接利害关系人，才有资格作为案件的原告。

（2）有明确的被告。

（3）必须有具体的诉讼请求和事实、理由。

（4）必须是属于法院受理的范围和管辖的案件。

C. 诉讼追账的具体程序

（1）起诉与受理。

（2）审理前的准备。包括：向当事人送达起诉状副本和答辩状副本；告知当事人有关的诉讼权利义务和合议庭的组成；认真审核诉讼材料，调查、收集必要的证据；追加当事人。

（3）开庭审理。包括：开庭前的准备、法庭调查、法庭辩论、评议和审判、按期限审结。

（4）执行。

4. 催债技巧

1）对付"强硬型"债务人的策略

"强硬型"债务人最突出的特点是态度傲慢，面对这种债务人，寄希望于恩赐是枉费心机的，要想取得较好的清债效果，需以策略为向导。总的指导思想是：避其锋芒，改变认识，以达到尽量保护自己利益的目的。具体运用的形式包括以下几种。

A. 沉默策略

沉默是指在清债实践中，观看对方的态度而不开口。对待态度"强硬型"对手，这种策略不失为一个有力的清债手段。上乘的沉默策略会使对方受到心理打击，造成心理恐慌，不知所措，甚至乱了方寸，从而达到削弱对方力量的目的。运用沉默策略时要注意审时度势、灵活运用，如运用不当，效果会适得其反。如果一直沉默不语，债务人会认为你是慑服于他的恐吓，反而增添了债务人拖欠的欲望。

B. 软硬兼施策略

软硬兼施策略是指将清债班子分成两部分，其中一些成员扮演强硬型角色，即鹰派，鹰派在清债的初期起主导作用；而另一些成员则扮演温和的角色，即鸽派，鸽派是清债某一阶段的主角。这种策略在清债中很常见，而且在多数情况下能够奏效，因为它利用了人们趋于避免冲突的心理弱点。在与债务人刚接触并了解了债务人的心态后，担任强硬型角色的清债人员，毫不保留地果断提出还款要求，并坚持不放，必要时带一点疯狂，酌量情势，表现一点吓唬式的情绪和行为，而此时，承担温和角色的清债人员则保持沉默，观察债务人的反应，寻找解决问题的办法。等到气氛十分紧张时，鸽派角色的清债人员再出面缓和局面：一方面劝阻自己的伙伴；另一方面也平静而明确地指出，这种局面的形成与债务人也有关系，最后建议双方都做出让步，促成还款协议，或者只要求债务人立即还清欠款，而自己放弃利息、索赔费用。

2）对付"阴谋型"债务人的策略

企业之间的经济往来应以相互信任、相互协作为基础。但在实践中，有些人为了满足自身的利益与欲望，经常利用一些诡计拖欠对方债务，甚至是"要钱没有，要命一条"的无赖样。下面介绍几种对付策略。

A. 反"车轮战"的策略

"车轮战术"是指债务人一方采用不断更换接待人员的方法，达到使债权人精疲力竭从而迫使其做出某种让步的目的。对付这种战术的策略如下。

（1）及时揭穿债务人的诡计，敦促其停止对车轮战术的运用。

（2）对更换的接待人员置之不理，可听其陈述而不表态，这样可挫其锐气。

（3）对原经办人施加压力，采用各种手段使其不得安宁，以促其主动还款。

（4）紧随债务企业的负责人，不给其躲避的机会。

B. "兵临城下"策略

这种策略的意思是，对债务人采取大胆的胁迫做法，看对方如何反应。这一策略虽然具有冒险性，但对于"阴谋型"的债务人却时常有效。因为一旦被识破反击，一般情况下会打击他们的士气，从而迫使其改变态度。例如，对一笔数额较大的货款，债权人派出数十名清债人员到债务企业索款，使其办公室挤满了债权人企业的职工。这种做法必然会迫使债务人企业尽力还款。

3）对待"合作型"债务人的策略

"合作型"债务人是清债实践中人们最愿接受的，因为他们的最突出特点是合作意识强，给双方带来皆大欢喜的满足，所以对付"合作型"债务人的策略思想是互利互惠。

A. 假设条件策略

假设条件策略即在清债过程中，向债务人提出一些假设条件，用来探知对方的意向，如"如果继续再发10万元货，可以还多少货款？"这种做法比较灵活，使索款在轻松的气氛中进行，因而有利于双方在互利互惠的基础上达成良好协议。

需要指出的是，假设条件的提出要分清阶段，不能没听清债务人的意见就过早假设。这会使债务人在没有商量之前就气馁或使其有机可乘。因此，假设条件的提出应在了解债务人意向的基础上运用。

B. 私下接触策略

私下接触策略是指债权企业的清债人员有意识地利用空闲时间，主动与债务人一起聊天、娱乐，目的是增进了解，联络感情，建立友谊，从侧面促进清债的顺利进行。

4）对待"感情型"债务人的策略

"感情型"的债务人比"强硬型"的债务人更难对付。"强硬型"的债务人容易引起债权人的警惕，而"感情型"的债务人则容易被债权人忽视。因为"感情型"性格的人在谈话时十分随和，迎合对手的兴趣，能够在不知不觉中把人说服。

为了有效地对付"感情型"性格的债务人，必须利用他们的特点及弱点制定相应策略。"感情型"性格的人一般特点是与人友善，富有同情心，专注于单一的具体工作，不适应冲突气氛，对进攻和粗暴的态度一般是回避的。针对这些特点，可采用下面几种策略。

A. 以弱为强策略

商谈时，柔弱胜于刚强。因此，催债方要训练自己，培养一种"谦虚"习惯。要"示弱""装可怜"，如催债人说催不回货款没有工资；企业小已无钱买原料要停产等。

B. 恭维策略

"感情型"的债务人有时为了顾及"人缘"而不惜代价，希望得到债权人的尊重，受到外界的认可，同时也希望债权方了解自身企业的困难。因此，债权企业清债人员要说一些让债务人高兴的赞美话，这些对具有"感情型"性格的人来说非常奏效。

C. 在不失礼节的前提下保持进攻态度

在索款一开始就创造一种公事公办的气氛，不与对方打得火热，在感情方面保持适当的距离。与此同时，就对方的还款意见提出反问，这样就会使对方感到紧张，但不要激怒对方。因为债务人情绪不稳定就会主动回击，他们一旦撕破脸面债权人就很难再指望商谈取得结果。

5）对待"固执型"债务人的策略

"固执型"的债务人在清债中时常会遇到。这些人最突出的特点是坚持所认定的观点，有一种坚持到底的精神。这种人对新的主张、建议很反感，需要不断得到上级的认可、指示，喜欢按章办事。对这种人员不妨采用以下策略。

A. 试探策略

试探策略是摸清"敌情"的常用手段，其目的是观察对方的反应，以此分析其虚实真假和真正意图。例如，提出对双方都有利的还款计划后，如果债务人反应尖锐对抗，就可以采取其他方式清债（如起诉）；如果反应温和，就说明有余地。

运用这一策略，还可以试探"固执型"接待人或谈判人的权限范围。对权力有限的接待人或谈判人，应采取速战速决的方法，因为他是上司意图的忠实执行者，不会超越上级给予的权限。所以，在清债商谈中，不要与这种人浪费时间，应越过他，直接找其上级谈话。对权力较大的"固执型"企业负责人，则可采取冷热战术：一方面，以某种借口制造冲突，或是利用多种形式向对方施加压力；另一方面，想方设法恢复常态，适当时可以赞扬对手的审慎和细心。总之，通过软磨硬泡的方法使对方改变原来的看法或观点。

B. 先例策略

"固执型"债务人所坚持的观点不是不可改变，而是不易改变。清债人员要认识到这一点，不然提议就会被限制住了。为了使债务人转变观点，不妨试用先例的力量影响他、触动他。例如，向债务人企业出示其他债务人早已成为事实的还款协议，法院为其执行完毕的判决、调解书等。

6）对待"虚荣型"债务人的策略

爱慕虚荣的人一般具有这样一些特点：自我意识较强，喜欢表现自己，对别人的暗示非常敏感。面对这种性格的债务人，一方面要满足其虚荣心；另一方面要善于利用其本身的弱点作为跳板。具体策略如下。

A. 以熟悉的事物展开话题

与"虚荣型"债务人谈索款时，以他熟悉的东西作为话题效果往往比较好，这样做可以为对方提供自我表现的机会，同时还可能了解对手的爱好和有关资料。但要注意到虚荣者的种种表现可能有虚假性，切忌上当。

B. 顾全面子策略

在人多或公共场合尽可能不提要款，而满足其虚荣心。不要相信激烈的人身攻击会使对方屈服，要多替对方设想，顾全他的面子，同时把顾全其面子的做法告知债务人。当然，如果债务人躲债、赖债，则可利用其要面子的特点，与其针锋相对而不顾情面。

C. 制约策略

"虚荣型"的人最大的一个弱点是浮夸。因此，债权人应有戒心，为了免受其浮夸之害，在清债谈话中，对"虚荣型"债务人的承诺要有记录，最好要他本人以企业的名义用书面的形式表示。对达成的还款协议等应及时立字为据。要特别明确奖罚条款，预防他以种种借口否认。

5. 应收账款管理应注意的问题

1）赊销前存在的问题

企业为了扩大自身的销量，打开市场，会采用赊销的方式与客户开展商业往来，在往来的过程中也包括了折扣问题，如商业折扣、现金折扣问题。商业折扣是一种折价销售，现金折扣是为了鼓励客户提早付款而采用的一种收款政策，无论如何，这都是企业在利用商业信用开展商业往来。但是企业在确定客户时，往往存在着一定程度上的盲目性。我国的市场经济正处于初级阶段，商业信用体系并不似发达国家那样完善，法律保护也比较薄弱，企业在确定是否赊销以及确定折扣政策时必须考虑各个方面的因素，将客户的情况调查清楚才能进行赊销。但有些企业为了追求销售量，经营者并没有把注意力放在对客户的信用调查上，往往存在侥幸心理，没有派有关人员展开调查就同客户进行商业往来，这样做会出现两种情况：第一，账目上销售量逐渐扩大，但是利润并没有随之有所提升，盲目扩大销量不能保证一定能获利，这是企业的一大误区；第二，盲目进行赊销也容易导致呆账、坏账的发生，而且盲目为了扩大销售，给予对方折扣，并不一定会为企业带来应有的利润，这对于企业的发展是十分不利的，严重的情况下企业很可能被应收账款给拖垮。

2）企业内部控制方面存在的问题

目前，企业内部控制不健全的问题屡见不鲜，这也不利于应收账款的管理。发生应收账款后，企业应该及时进行清算，催收，定期与对方进行对账，进行核实，对于无法收回的应收账款，冲减坏账准备金。因为企业内部控制不健全，再加上业务复杂，会计人员素质不高，对于应收账款的管理并没有达到上述要求。另外，对于应收账款的问题，在内部审计中不容易被发现，这很容易成为会计人员作弊的工具，造成企业资产流失。而且企业往往不会有专人关注应收账款，及时去催收应收账款，导致应收账款累计越来越多，即便对方商业信用下降，还款困难，企业也很难及时察觉。从企业内部绩效考核方面来看，企业的考核制度并不合理，目前营销人员的工资是同自身的销量相挂钩的，这样，企业就只会注重销售额，销售人员也会为了提高自己的工资努力对外赊销，进而企业应收账款越来越多，再加上催收力度不够，坏账也越来越多，就会造成企业拥有高销售额但是低利润的局面。而这些情况使企业的营业周期延长，导致企业现金短缺，影响了企业的资金循环，严重影响了企业的正常生产经营。

3）基础合同管理方面存在的问题

企业对于逾期应收账款应该加强催收力度，而最根本的就是企业在同客户签订合同时要有书面的协议，按照合同的要求合理保障自身的权益。而企业往往为了扩大销售量，特别是和经常往来的客户达成口头协议，而并没有在合同中予以反映，这往往导致了逾期应收账款的发生。另外，对于逾期应收账款，企业可以对外销售给金融机构，可以尽快收回现金，减少财务压力，但是企业也应该衡量利弊，在保证企业利益最大化的前提下进行让售，盲目地减少财务压力对企业的发展是也十分不利的。

二、能力实训

（一）思考题

1. 信用管理的目的是什么？
2. 确定信用标准的因素有哪些？
3. 追账的一般方法有哪几种？
4. 试述对付"强硬型"债务人的策略。
5. 试述对付"阴谋型"债务人的策略。

（二）案例分析

上海庄臣的信用管理

1991 年，成立了 5 年的上海庄臣初步建立了全国性的分销网络。但是公司随之发现，庄臣销售上的问题越来越严重。全年资金平均周转天数曾一度高达 170 多天。坏账的预提比率已经达到销售额的 1.5%，而实际的坏账率还要高，吞没了企业的一大部分利润。

当年资金紧张的程度给公司信用管理经理孙章留下了极其深刻的印象：由于资金被压在分销网络里，银行给庄臣的信贷额度全部用完，公司不得不另外向银行借钱，贷款总额达到 2 亿多元。拿不到货款的供应商天天在门口排队逼债，有的甚至很不客气地停止发货。明明销售做得十分红火，却拿不到实际利润，还要面临这种"杨白劳"式的尴尬境地，全公司上下一片沮丧。

"怎么办？"一个大大的问号压在公司管理层的心上。检讨下来发现，原因有两方面：一是当时原有的国营批发站和包销制度土崩瓦解，分销体系演变成由企业自己搭建的分销商网络。尽管庄臣对这批分销商的资质进行了严格的审核，但质量还是参差不齐，混杂着不少不按"游戏规则"运作的皮包公司。造成坏账大量出现。二是整个销售体系对于还款不太重视。对于销售人员来说，他们在体验了销售、签单的最初快感之后，佣金已经稳稳地落在了个人账户里，客户还不还款对于他们来说已无关痛痒；而分销商当然是越慢付款越好，可以拿资金顺手多做几笔其他生意。如果销售人员不去主动收款，他们巴不得不付款。所以，能早日收上来的钱也被压在了分销渠道中，造成应收账款居高不下。1991 年的记录显示，当年的应收账款有 1.7 亿元之多！也就是说，从银行贷出来的钱，几乎都被应收账款"吞噬"掉了。这些还只是"浮出水面"的表征，造成黑洞的深层原因是管理体制——客户掌控在销售人员手上，而不是掌控在公司手上。

公司只知道销售人员的销售记录，却无法直接进一步了解客户。这好比把风险包在了销售人员的一个个业务"土豆"里。土豆长势喜人，但到了丰收季节，切开来却都是虫洞。

黑洞就是隐蔽的虫洞，资金在此消失无踪。唯一的办法是切开土豆，防止黑洞。公司从流程、制度方面建立了一整套的防范方法。

为了确保信用管理制度在实际的业务运行中不被架空，庄臣在业务流程上做了改动。任何一张订单，都必须首先通过信用管理部门的审核才能放行；而超过信贷额度的特殊订单，必须经过信用管理部门的特别批准。而且，信用管理部门有最终裁定权。有时候，连销售总监放行的订单，也可能被信用管理部门一票否决。

分销商客户的资料现在由公司直接掌握。对于任何一个新客户，庄臣都要求他们出示营业执照，然后在检验过营业执照的时效性和真实性以后，由专人复印后存档保管。对于新客户来说，由于从来没有实际接触过，在业务关系开始的最初3～6月必须要用现款提货，以避免销售风险。

在经过6个月的考核期，"生客"成为"熟客"，而且交易额达到了一定标准之后，庄臣才会给予他们一定的信用额度。在此期间，庄臣还会具体考察客户的经营作风：是否有欺诈性的历史，产品的具体销售去向和价格等。从这些细微的经营手法中，都可以推断出一个客户未来的发展状况和经营的风险程度。在正式给予信贷额度以后，庄臣还会要求客户留下抵押或担保。

对于这种谨慎小心的做法，公司的信用经理显得十分无奈："在变化不定的市场上，谁也无法保证原先信用记录良好的客户突然变化。所以，只能先小人，后君子。"有一位与庄臣合作了多年的小批发商，原先的业务情况一直非常顺利，但是在1999年市场上的销售下降之后，突然拒绝归还庄臣的十多万元货款。幸好庄臣手上有一张他先前作为担保留下的银行存折。几番交涉之后，这位批发商不得不结清了货款。

对于经常与庄臣打交道的大客户，要押一笔巨额资金作为担保显然不可能。尤其在日化产品市场竞争非常激烈的情况下，强势零售商只会以各种名目收促销支持、新品入场费，哪有倒过来向厂家交钱的道理。所以庄臣不得不用另外一种方式来了解客户的详细情况。对于大客户，庄臣的销售人员会定期了解其每月的详细库存情况并记录在案。

通过库存量的变化，庄臣就可以知道客户的销售趋势，然后控制发货数量，控制应收账款的数额。如果一个大客户的存货太多的话，在他再下一张大订单时，就会得到庄臣销售人员的提醒：库存太大，要注意一下自己的经营风险。有时候大客户的应付账款已经超过了信贷上限，庄臣的信用管理部门可能会行使一票否决权，拒绝客户的订单。

每个月的月底，庄臣的销售人员会带着一张应收账款的对账单到大客户那里去嘘寒问暖，然后"顺便"请他们签字、盖章确认，以便作为下次催款时的法律依据。

当然，仅从企业内部的信用记录上推断一个客户的信用状况还是不可靠。"一个客户在我们这里的信用记录很好，但是他在外面可能有许多诉讼和债务纠纷。不久以后问题暴露出来了，庄臣也会被卷入其中，风险还是很大。"信用经理孙章发现，还要借助外部更为专业和广泛的资源来交叉验证客户的信用问题，这样才能较为全面地了解一个客户的信用情况。几经试用之后，孙章选用了庄臣美国公司也在使用的邓白氏商业资信报告。在该报告中，庄臣可以看到某位客户的风险指数、资产负债表、损益表和法庭诉讼、抵押记录等。如果某位客户的被追讨记录上了邓白氏的"黑名单"，在授信时就要小心。

在这套软件里，企业可以根据客户类型的不同设定不同的风险指数和授信额度。例如，大卖场就比一家小批发商的风险指数要低一点，而授信额度要高许多。外资公司、国有企业和民营企业也都被授予不同的风险指数。每周孙章都会将公司最大的 100 家客户的类型、账龄表、付款情况和其他内部财务信息输入数据库，计算机会自动给前 100 家客户算出一张信用评分表。使用该软件的最大好处是，信息繁杂的信用记录可以被制成走势图，一个客户几个月甚至几年来的信用趋势一目了然。

孙章举例说，曾经是庄臣的大客户的南京百货站，一年与庄臣的生意达到了近 2000 万元。以前这个客户的信用记录非常好，但是今年的经营状况急转而下。拖欠庄臣的应收账款直线上升，周转天数从 60 多天延长到 100 多天，邓白氏的信用评分曲线也急剧下降。与这位过去信誉不错的老客户进行了充分的沟通和谈判之后，庄臣采取了两个办法来消解应收账款：部分老库存退还给庄臣，应收账款给予一点折扣后全部付清。但是对于这个客户来说，从此就再也不享有庄臣的信用资格了。情况更严重的是一个镇江客户，在收回了全部应收账款后，庄臣当即中止了与这个公司的生意往来。

建立了一整套防范体系之后，庄臣的坏账率由 1991～1992 财年的 1.5%以上降到了 2001 财年的 0.5%，资金周转天数由最高峰的 170 天下降到 50 天。这意味着，一笔 1000 万元的资金，在毛利率不变的情况下，周转速率是过去的 3 倍，盈利能力也是过去的 3 倍。

资料来源：范云峰. 客户管理营销. 北京：中国经济出版社，2003

问题：根据上海庄臣的案例陈述，怎样理解应收账款和客户信用的关系？

三、知识拓展

收回账款才是推销工作的结束

1. 契约或合同是客户要付款的表示

一般的推销人员在经过多方面的努力后，得到了客户的同意，签到了契约或合同类的订单，会沾沾自喜、得意忘形，以为推销工作到此可以结束了。其实契约是在双方同意的情况下订立的，表示推销员代表公司将商品交给客户（财产所有权的转移），而客户必须向推销员的公司支付货款。

2. 回收账款的方式

①交货时回收现金；②交货前收款；③交货前收回部分款项，交货后再收回剩余款项（立即付款、分期付款）；④交货后，经过一定时间再收款。

自检你在推销工作中是以何种方式来回收账款的，并谈谈此种方法的利弊。

3. 回收账款的重要性

回收账款是一件非常重要的工作，有利于销售。如果到期了而收不到货款，公司就会蒙受损失，赊账销售的比例也会升高。

推销人员要永远记住，你有再好的魅力、技巧、成交缔结艺术，如果收不到钱，你就不是一个很好的销售人员。

回收账款没有到手的话，就不算是真正的推销。还有，在销售的过程中，回收账款期票的延期或期限延缓，不仅会造成公司的呆账，更会造成资金周转的障碍。这不但会影响你自己的业绩，同时也影响到其他销售同事的工作。所以，账款回收是一个必须执行的工作。回收账款有利于销售，账款回收了，公司才可以根据推销业绩来计算奖金或者是佣金等，从而更加促进公司的销售工作。

4. 账款回收的心得

签订合同，或是签订契约、订单，这一切的目的就是确定双方在执行中的权利与义务。顾客付款是一种义务，作为一个销售人员，当契约签订以后，绝对要有一种坚定的心理。

你必须告诉顾客，顾客付款是一种义务。销售本身就是教育顾客按照规定的时间来付款，这也是推销人员的义务。同时你要了解对方的心理，每个人都有想获得别人的承认、不愿被强迫以及不肯让别人知道他的弱点的心理。所以在催收款项的时候，一个推销人员必须列举优秀的顾客付款的例子让顾客接受。对于那些拖欠货款的顾客、喜欢欠钱的顾客，是绝对不能够妥协的。

当然我们要有预防拖延付款的方法，首先在契约里就必须明白地制定出来，对于付款的方式，在契约里也必须尽可能详细地规定清楚，切实做好回收的管理。

5. 预防拖延付款的方法

1）选择付款方式

①租约优于分期付款契约；②尽量多收头款；③期票须由公司负责人保证；④划拨转账。

2）契约（订单）必须仔细规定

①应设定违约条款；②收下担保；③契约必须经过公证。

3）确实回收管理

经常使用行销、回收管理图表，核对应收款、期票余额、销售债权余额和销售债权回收期间，确认有无如期回收也是一项很重要的工作。

6. 收回呆账的方法

1）对应付款而未付款的处理

有些人并非没有付款能力，却习惯于不付款。即使你想提起诉讼，但诉讼费往往高于货款。因此，最重要的是必须有耐心和魄力。即使你寄了证明信函给对方，对方也大都不予理睬。倘若由法院发出支付命令，那就会十分有效。

2）长期呆账的处理

虽然必须花长一点儿的时间，但以客户长期或分期付款的方式来回收货款，也是一种确实的回收方法。乍看之下可轻易支付的金额，在长期支付期间难免会有周转不灵的情况，因此，要设定适合客户的兑现金额。

避免客户时效已过的方法：请求→承认债务→申请发出支付命令→申请和解债券或破产职权→申请调解→起诉扣押、假扣押、假处分。

3）短期呆账的处理

①收回商品；②可利用抵冲转账；③债权让予；④利用列席收款、代理收款制度。

在销售过程中，我们总不希望造成呆账，更不希望客户有那种不付款的行为或者习惯。因此，永远要记住：契约的签订是彼此尊重买卖的约定，而客户付款是一项义务。

在签订合同的时候，一个销售人员一定要遵守公司的规定，不可以随便向顾客作没有必要的承诺。对于客户不付款的习惯，或者是推托的行为，是绝对不能妥协的，因为销售就是教育顾客。同时我们一定要站在对方的立场上去考虑问题，千万不要让客户下不了台，事实上每个人都希望被尊重，每个人都不愿意被强迫，而且每个人都不可能让别人知道他内心的某些弱点。所以我们一定要有一套方法或一些优秀客户付款的例子，让客户欣然接受。账款收回才是真正的胜利。

【角色转换】

如果你是一名中职院校的教师，你将如何让你的学生重视这部分教学内容的学习？讲授这部分内容，请思考以下问题：

1. 在本项目的课堂教学中，你将如何指导学生领会销售工作与销售管理工作的不同？如何让学生掌握管理销售人员、管理销售队伍开展销售工作中的相关知识技能？

2. 在本项目的课堂教学中，你将应该如何指导学生领会销售管理人员在重点客户管理中的作用？

3. 在本项目的课堂教学中，你将应该如何指导学生正确掌握客户信用与账款回收管理相关知识及基本技能？

项目五

销售分析

【学习目标与任务分解】

➤ 知识目标

1. 了解销售分析的目的
2. 了解销售分析的流程
3. 熟悉销售分析的主要内容
4. 掌握销售分析信息收集
5. 掌握销售分析的常用方法及销售分析报告基本结构与主要内容

➤ 能力目标

1. 能够运用销售分析的常用方法
2. 能够分析销售的主要内容
3. 能够撰写销售分析报告

➤ 任务分解

任务一　认识销售分析
任务二　实施销售分析

➤ 案例导入

销售总结

1. 铺货情况

这主要是总结与竞争对手的比较：市场份额、数值铺货率、加权铺货率、单点售卖力。通过以上几方面的总结寻找与竞争对手的差距，了解产品目前在市场的渗透程度如何、铺货的广度如何、铺货质量如何、所有单品是否得到平等的支持、企业是否错失了铺货机会、销售队伍是否实现了铺货目标。

2. 主要单品份额

单品主要分品牌单品和主要单品，要分析它们各自所占的市场份额如何、自己品牌的最小存货单位与竞争对手对比如何、在销售我们的产品的商店里我们的市场份额如何、我们的市场份额是受铺货率影响还是受单点销量影响、我们的潜在份额在哪里。

3. 市场产品价格走势

价格是影响产品销售的一个重要因素。在价格走势分析中，要重点分析市场价格结构是怎么样的、我们的价格是否具有竞争力、同等产品与竞争对手的价格相差多少、我们的价格定位策略是否得到了贯彻、价格对销售量和销售额有什么影响。

4. 任务完成量

①合同量；②实际进货量；③完成比例；④存货量。

通过这几项指标可以知道任务的分配是否合理、销售队伍的执行情况如何、渠道中的问题出在哪里。销售人员每月都要跟客户确定下月合同量，每 10 天对客户进货进行提醒，对客户的存货量进行分析。

5. 品项完成率

①形象产品完成率；②利润产品完成率；③新产品完成率。

6. 各地区指标完成率

各地区指标完成情况主要是用来了解各地区的人员执行情况和各地区的经销商选择是否合适以及双方配合程度，是考核地区销售情况的依据，也是业务员工作绩效的衡量准则。

7. 形象

终端投放的物料是否合适，形象陈列是否按要求执行。形象一般有货架产品陈列形象、堆头产品陈列形象、POP 的悬挂形象等，还包括人员形象、行为形象、语言形象。这是定性分析的一项绩效考核内容。

8. 执行力

重点检查销售方案是否落实到位、产品的价格是否按标准执行、人员（业务员、导购员）的工作到位情况。另外，还要检查执行时是否按流程、按标准进行，动作是否规范。

9. 管理情况

①架构完善程度；②人员是否到位；③运行是否正常；④制度的落实情况。

10. 费用情况

①各地区费用占比；②费用落实情况；③各类费用开支情况。

11. 其他

①窜货处罚；②人员处罚；③退换货；④投诉处理。

对窜货的处罚实行公布处理有助于对窜货者起到威慑作用，及时处理投诉能增强业务员和渠道的信心。

12. 主要改进点

通过对以上事项每月进行总结，找到问题出在哪里，然后落实时间和人员进行改进。每个月总结销售，可以帮助业务员和经销商进一步明确自己的工作落实及完成情况，了解问题所在，更重要的是让业务员和经销商明确自己的增长点所在。

资料来源：梁胜威. 优秀业务员的月度总结. http://www.emkt.com.cn/article/438/43852.html[2009-10-02]

思考题：1. 为什么要作销售总结？

2. 应从哪些方面进行销售总结？

任务一　认识销售分析

一、知识基础

销售分析主要是检查企业销售工作的实际绩效与计划目标之间是否有偏差，然后分析其原因，据此采取合适的改进措施，以确保销售计划目标的实现与完成。在现代市场竞争中，企业更加强调留住顾客，做好关系销售工作，以发展企业与顾客之间的长期合作关系。因此，对销售工作进行分析就越来越重要。

（一）销售分析目的

计划执行的结果不仅取决于计划制订得是否正确，更有赖于计划执行与控制的效率。销售分析，就是要检查企业的实际绩效与计划目标之间是否存在偏差，然后分析原因，并采取措施，以确保计划目标的实现与完成。

尽管销售分析的方法在企业的各个分公司之间有所不同，但是所有的企业都会以客户销售发票或者现金收据的方式收集销售数据，这些发票或数据是进行会计核算的主要凭证。销售管理部门把自己对销售额信息的要求传达给销售分析人员，然后从企业内部和外部广泛收集销售数据，并进行适当的记录。销售人员可以通过分析，对当前的销售业绩进行评价，找出实际销售额与计划销售额的差距，分析原因，并以此为基础制订企业未来的销售计划。

企业之所以要进行销售分析，其目的在于以下几个方面。

1. 销售分析是对销售计划执行情况的检查

有的企业制订了很好的销售计划，但是因为疏于管理，忽视了日常的检查与评估，有了问题也没有及时发现。所以到了计划期末，期初的计划指标已成为泡影，企业的各级经理及销售人员也就无可奈何了。进行销售分析，就是要在销售管理过程中，及时发现问题，并分析和查找原因，以便及时采取措施，解决问题。销售分析与评价的结果，也是对各级销售经理和销售人员进行绩效评估的基本依据。

2. 了解各产品对企业的贡献程度

通过对各产品销售额的分析，可以得出企业所生产产品的市场占有率，而市场占有率是反映产品市场竞争力的重要指标。同时，我们也可以通过对销售额的分析得出各种产品的市场增长率，而市场增长率是衡量产品发展潜力的重要指标。根据市场增长率和相对市场占有率，大致可以了解产品对企业的贡献程度，企业据此可以对相应产品采取合适的销售策略。

波士顿咨询公司根据市场增长率和相对市场占有率的高低，把产品分成四类：明星产品、金牛产品、问题产品和瘦狗产品。明星产品是指具有高市场增长率和高相对市场占有率的产品，明星产品有相对的市场优势和较强的市场潜力，但这种产品通常需要大量资金投入来支持其快速增长。金牛产品是指市场增长率低但相对市场占有率高的产品，这类产品的市场优势地位明显，只需少量的投资就可维持其较高的市场占有率，能为企业赚取大量的现金。问题产品是指市场增长率高但相对市场占有率低的产品。对这类产品，企业有两种选择，要么增加投资使其成为明星产品，要么对其缩减规模或淘汰。瘦狗产品是指市场增长率和相对市场占有率都比较低的产品。这样的产品已经不大可能为企业提供大量的现金收入，应考虑淘汰。

3. 判定企业经营状况的关键步骤

松下幸之助先生曾说：“衡量一个企业经营的好坏，主要是看其销售收入的增加和市场占有率的提高程度。”采用盈亏平衡点对本企业的销售额和经营成本进行分析，可以得出本企业的经营状况信息。若企业实际销售额高于盈亏平衡点的销售额，那么企业就有利可赚；若企业实际销售额等于或低于盈亏平衡点的销售额，则企业处于保本或亏损状态。

4. 企业的客户关系管理效率评价的依据

企业经营的目的是营利，因此它不会以同一标准对待所有客户。企业要将客户按客户价值分成不同的等级和层次，这样企业就能将有限的时间、精力和财力放在高价值的客户身上。根据 20/80 原则，20%的高价值客户创造的价值往往占企业利润的 80%。只有找到这些最有价值的客户，提高他们的满意度，同时剔除负价值客户，企业才会永远充满生机和活力。

（二）销售分析内容

销售分析的内容可以从企业制定的销售目标完成程度来看。对比企业制定的销售目标，分析其实现情况，看销售结果是低于销售目标或是超过制定的目标，如果未达到企业制定的销售目标，则分析没有达到目标的具体原因；如果超过了制定的目标，找出使其超额完成的原因，以后可参照这些原因继续努力。

企业销售目标是一个符合企业总体营销目标的销售目标体系。详见表 2-2-1。

分析销售计划的最后执行情况，可通过实际的销售情况与计划的销售额目标、销售费用约定、销售利润目标、销售活动目标和销售量目标之间的差距得出结论。

（1）销售额目标与实际销售额的对比分析。通过对企业全部销售数据的研究和分析，找出实际销售额与计划销售额的差距，分析原因，并以此为基础制订企业未来的销售计划，为未来的销售工作提供指导。

（2）销售费用约定与实际费用支出的对比分析。销售费用包括差旅费、运输费和招待费等，对实际的费用支出与费用约定进行对比，看其是超出预算还是在预算范围内，在预算范围内是企业追求的目标，降低成本；超出预算，则要找出哪些销售项目使费用超出了约定，在下次销售中避免这种情况。

（3）销售利润目标与实际利润的对比分析。利润目标是指企业在一定时间内争取达到的利润目标，反映一定时间财务、经营状况的好坏和经济效益高低的预期经营目标。分析内容中一定要有销售利润的分析，实际销售利润超出目标利润越高，就代表企业的经营状况越好、经济效益越高。

（4）销售活动目标与实际销售情况的对比分析。销售活动的内容很多，其中访问新客户的数量、营业推广活动、售后服务活动、访问客户的总量、商务洽谈是主要分析内容。企业制定的销售活动目标是对整个活动执行情况的预测，通过将实际的销售情况与之前制定的销售活动目标进行对比，找出各项环节执行的优、缺点，并分析其原因，为下次销售活动提出建议。

（5）销售量目标与实际销售量的对比分析。销售量包括销售件数、销售台数、销售个数、销售吨数等，通过实际销售量与计划目标的对比，可以知道企业这个阶段的具体销售数值。分析销售量的多少，可以为企业的生产制造量库存数等提供依据。

（三）常用分析方法

进行销售分析时，要从实际出发，实事求是地进行分析；要透过现象看本质，从经济指标的综合评价开始，按发生时间、地点、管理环节和变化原因进行有的放矢的深入分析；要综合分析各项相关的经济指标和影响因素，找出问题的关键，以全面的、发展的观点来评价各项销售活动。以下是几种常用的分析方法。

1. 绝对分析法

绝对分析法是通过销售指标绝对数值的对比确定数量差异的一种方法。它是应用最广泛的一种方法。其作用在于揭示客观存在的差距，发现值得研究的问题，为进一步分析原因指明方向。

依据分析的不同要求主要可进行三种比较分析，即将实际资料与计划资料对比，与前期资料对比，与先进资料对比。

（1）与计划资料对比，可以找出实际与计划的差异，了解计划完成的情况，为进一步分析指明方向。

（2）与前期资料对比，如与上月、上季、上年同期对比，可反映销售的发展动态，发现销售的进步情况。

（3）与先进资料对比，可以找出与先进水平的差距，有利于吸收和推广先进经验，挖掘潜力，提高工作效率和利润水平。

在运用绝对分析法时，要注意对比指标的可比性。对比指标双方的指标内容、计算方法、采用的计价标准和时间单位应当一致。在与其他企业比较时，还要考虑各种不同因素的影响。

2. 相对分析法

相对分析法是指通过计算、对比销售指标的比率确定相对数差异的一种分析方法。利用这一方法，可以把某些不同条件下不可比的指标变为可比指标，进行对比分析。

依据分析的不同目的要求，可计算出各种不同的比率进行对比，主要有以下几种。

（1）相关比率分析。这是将两个性质不同而又相关的指标的数值相比，求出比率，从销售的客观联系中进行研究分析。例如，将纯利润与企业全部投资相比，求出投资收益率；将销售费用与销售收入相比，求出销售费用率等。然后利用这些指标进行对比分析。

（2）构成比率分析。这是计算某项销售指标占总体的比重，分析其构成比率的变化，掌握该项销售指标的变化情况。例如，将某一种产品的销售额与企业总的销售额相比，求出它的构成比率，然后将它的前期构成比率与其他产品构成比率相对比，能发现它的变化情况和变化趋势。

（3）动态比率分析。这是将某项销售指标不同时期的数值相比，求出比率，以观察动态变化过程和增减变化的速度。由于采用的基期数值不一样，计算出的动态比率有两种，即定基动态比率和环比动态比率。定基动态比率是指某一时期的数值固定为基期数值计算的动态比率。计算公式为

$$定基动态比率=比较期数值÷固定基期数值$$

环比动态比率是指以每一比较期的前期数值为基期数值计算的动态比率。计算公式为

$$环比动态比率=比较期数值÷前期数值$$

3. 因素替代法

因素替代法是指通过逐个替代因素，计算几个相互联系的因素对经济指标变动影响程度的一种分析方法。下面举例说明因素替代法的应用。

假定某销售部门某月计划以单价1元的价格销售某种小商品4000件，销售额为4000元。到了月末，只以单价0.8元售出3000件，销售额为2400元，销售实绩与计划差额为1600元，只完成了计划的60%。那么，销售实绩的差额有多少是由降价引起的？有多少是由销售量下降而引起的？运用因素替代法分析，计算结果见表5-1-1。

表 5-1-1　影响销售额变动的影响因素

计算顺序	替换因素	影响因素		销售额/元	与前一次计算差异/元	各因素的影响程度/%
		销量/件	单价/元			
计划数	—	4000	1	4000	—	—
第一次替代	销量	3000	1	3000	-1000	62.5
第二次替代	单价	3000	0.8	2400	-600	37.5
合计					-1600	100

由表 5-1-2 可以看出，销售额的下降有 62.5% 是由销售量的目标没有达到造成的，有 37.5% 是由降价引起的。企业应详细调查销售量没有完成的原因。

在运用因素替代法时要保持严格的因素替代顺序，不能随意改变。分析前必须研究各因素的相互依存关系。一般来说，就实物量指标和货币量指标而言，应先替换实物量指标，后替换货币量指标。因为实物量指标的增减变化一般会改变货币量指标的变化。就数量指标和质量指标而言，应先替换数量指标，后替换质量指标。这是因为数量指标的增减变化，在其他条件不变的情况下，一般不会改变质量指标的变化。如果同类指标又有各种因素，则应分清主要因素和次要因素，依据其依存关系确定替代顺序，这样有利于分清各个因素对销售指标变动的影响程度，从而判断有关方面的经济责任，公正地评价销售管理部门的工作。

4. 量本利分析法

量本利分析法是依据销售量、销售成本和利润之间的相互关系，测量三者之间变量关系的分析方法。

量本利三者的关系是：销售收入与销售成本之间的差额为利润（或亏损）。量、本的变动影响利润的增减，要使利润增加，必须变动量和本。销售成本包括固定成本和变动成本两类。固定成本不随销售量的增减而变动，但每个单位产品的固定成本随销售量的增减而变动。变动成本随销售量的增减而增减，而每个单位产品的变动成本不变。

运用量本利分析法，首先要测算保本点即盈亏平衡点，然后在此基础上进行分析。盈亏平衡点是指销售收入额正好抵补销售成本额，既无利润也无亏损的状态。如果销售量大于盈亏平衡点的销售量，就能获得一定的利润；如果销售量小于盈亏平衡点的销售量，就会发生亏损。

那么，怎样确定盈亏平衡点？根据量本利之间的关系，盈亏平衡点的销售收入额等于该点的变动成本总额与固定成本总额之和，即

盈亏平衡点的销售收入额=盈亏平衡点的变动成本总额+固定成本总额

假设：Q_0 表示盈亏平衡点的销售量；P 表示单位产品价格；C 表示单位商品变动成本；F 表示固定成本总额。上述公式可表示为

$$Q_0 \times P = Q_0 \times C + F$$

整理得

$$Q_0 = F \div (P - C)$$

假设：S_0 表示盈亏平衡点的销售收入额，则

$$S_0 = F \div (1 - C \div P)$$

例如，某企业销售部销售某种产品，单价为每件 5 元，单位产品变动成本为 4 元，每月固定成本总额为 5000 元。根据量本利分析法，可计算出盈亏平衡点的销售量：

$$Q_0=F\div（P-C）=5000\div（5-4）=5000（件）$$

原计划每月盈利 30 000 元，销售 35 000 件，但由于市场行情变化，单位售价调整为 4.8 元，要实现预期利润目标，销售量必须达到什么水平？

$$Q_0=（5000+30\ 000）\div（4.8-4）=43\ 750（件）$$

就是说要完成销售量 43 750 件。

以上所讲的是几种常用的分析方法，销售人员应根据具体情况选择不同的分析方法。此外，还可采用分组法说明总体内容指标的构成变动，采用指标法说明某些指标的发展动态等。

二、能力实训

1. 销售管理者为什么要对销售活动进行分析？
2. 销售分析主要分析哪些方面可以采取哪些方法？

三、知识拓展

销售工作分析表

销售部在进行销售工作总结时，还应该对销售部工作人员的工作进行分析，销售部所有工作人员的具体工作完成情况同样影响销售结果。因此，应对销售部工作人员的日常工作进行分析。

在进行分析时，利用工作分析表格可以较清晰、完整地查看员工的工作情况，销售部可以制作五张分析表（表 5-1-2～表 5-1-6），分别是营销总监、销售经理、销售人员、销售内勤和客服专员。

表 5-1-2 营销总监工作分析表

重要性	具体工作	完成情况
1	制订并组织实施完整的销售方案（每年 12 月底前制订出下个年度方案）	
2	组织部门开发多种销售手段，完成销售计划及回款任务（每周一 9 点开销售会；每周五 17 点前检查销售及回款完成情况）	
3	管理销售人员，帮助建立、补充、发展、培养销售队伍（每天跟踪调查）	
4	主持公司重大营销合同的谈判与签订工作（及时、报告）	
5	进行客户分析，建立客户关系，挖掘用户需求（每周六 17 点出具分析报告）	
6	引导和控制市场销售工作的方向及进度（每周五 17 点前检查）	

续表

重要性	具体工作	完成情况
7	协助总经理建立全面的销售战略（及时、周报告、季报告、半年报告）	
8	协助处理客户投诉，跟踪处理投诉结果，并进行客户满意度调查（每周五 17 点出具调查报告）	
9	深入了解本行业，把握最新销售信息，为企业提供业务发展战略依据（及时、周报告）	
10	掌握市场动态，熟悉市场状况并有独特见解	

表 5-1-3　销售经理工作分析表

重要性	具体工作	完成情况
1	负责接受并组织分配、落实、完成当月销售任务	
2	负责带领销售团队完成销售目标	
3	负责搜集潜在客户信息，整理客户资料（每月搜集潜在客户信息 50 家，5 号前提交）	
4	负责招聘新销售人员，对其进行培养、培训（新员工存活率在 90% 以上）	
5	负责培训本部门人员，帮助其提升销售技能技巧（每月培训 2 场，每场不低于 4 课时）	
6	负责制订公司全年销售计划，同时按计划制定相应的销售策略，将任务分解到每季、每月（每年 12 月 20 日前制订下年计划，每月 25 日前制订下月计划）	
7	负责了解区域竞争对手的动态及详细情况，并对下月销售进行预测，形成市场分析预测报告	
8	负责本部门销售费用预算、审批及使用（销售费用不超过销售收入的 10%，且控制在财务预算范围内）	
9	负责定期提交周期销售报表（每周五 17 点前提交本周销售报表）	

表 5-1-4　销售人员工作分析表

重要性	具体工作	完成情况
1	完成公司下达的年度、季度、月度销售目标	
2	每天收取客户信息不少于 5 条，并填写每日行程（每日 17 点前提交报表）	
3	在本辖区内扩大公司产品覆盖率（每月 1 日出具到上月止本辖区的公司产品的市场占有率报告）	
4	对所管辖的区域进行产品宣传等工作	
5	建立客户资料卡及客户档案，完成相关销售报表（每日 20 点前提交销售报表）	
6	参加公司召开的销售会议或组织的培训（准时）	
7	与客户建立良好关系，以维护企业形象	

表 5-1-5　销售内勤工作分析表

重要性	具体工作	完成情况
1	负责客户订单全程跟踪处理：订单生成、按流程评审、账款预警、货源跟踪并及时反馈给销售经理	
2	按照客户具体要求给财务部提出开具发票申请，负责将发票按照要求寄达客户	

续表

重要性	具体工作	完成情况
3	负责客户所需宣传品、包装物、样品的单据准备、领用、发送方式安排（接客户或业务经理通知后提交申请，获批后开单、领用并跟踪发送是否到位）	
4	负责客户年度协议及特价申请按流程评审、审批工作	
5	协助业务经理跟踪到期货款回收情况（提前 7 天对到期货款向业务经理预警）	
6	协助业务经理完成其他工作任务，如起草传真、提交申请报告、发起签程、产品特价审批、统计等	
7	负责每月合同评审单的整理归档（每月 10 日前完成，要求：规范、整齐）	
8	负责每月邮寄业务费用的统计报账工作（接到快递报账单后 5 个工作日内完成，要求：无投诉）	
9	负责业务部每日卫生清扫工作	

表 5-1-6　客服专员工作分析表

重要性	具体工作	完成情况
1	分类建立客户数据库，并及时更新	
2	对所有的客户进行服务跟踪及回馈，对客户提出的问题进行汇总并上报领导	
3	对意向客户进行登记和分类，拟定跟踪计划，交销售人员进行实施	
4	处理客户投诉电话，并做好记录和跟踪，及时回访	
5	向客户做好公司企业文化、最新资讯的传播	
6	定期进行客户满意度调查	

任务二　实施销售分析

一、知识基础

（一）销售分析流程

销售分析作为销售重要的一环，要有组织、有秩序地进行，应遵循一定的程序。具体来说，销售分析一般有以下几个流程。

1. 确定分析目标

为了提高销售分析的准确性，销售分析应有计划地进行。分析计划要确定分析的目的和要求、分析的内容和范围、分析工作的组织和分工、分析的资料来源、分析的方法等。在分析计划的执行过程中，如果出现新问题、新情况，应及时加以补充和修改，以确保分析工作的正常运转，提高分析效果。

2. 收集相关资料

销售信息资料是进行销售分析的重要依据，分析人员应全面、系统、完整地收集各方面的资料。一般来说，收集的资料主要包括：各项销售计划、预算、定额、责任指标等计划资料，各项业务核算资料，各种内外部报表资料，同行业有关资料，有关合同、协议、决议等文件报告资料，以及各种环境状况、市场状况、客户意见等销售调查资料。

3. 分析资料

资料收集后要进行整理、分析和研究。对不正确的或失实的资料应剔除，对不具有可比性的资料要予以调查或淘汰。对符合实际的、有用的资料，进行归纳、分类、整理，运用不同的分析方法进行比较分析。找出实际与计划、与上期、与先进水平的差异，确定应当研究的重点问题。然后，分析形成差异的各种原因，分清主次，测定各项因素的影响程度，以找到问题的关键，最终为解决问题提供思路。

4. 得出分析结论

进行销售分析主要是为了肯定成绩、总结经验、发现问题、吸取教训，以挖掘潜力，制定最佳销售组合，实现更多的利润，在得出分析结论时，对各项销售业绩的评价应当切合实际，并对其中的问题提出切实可行的改进措施、建议和实施方案。同时，还应对以往分析中所提出的改进措施、建议和实施方案的实行效果做出分析评价和结论。

5. 撰写分析总结

销售分析总结是向销售主管部门、销售人员及有关领导汇报分析情况的全面的书面资料。分析报告的编写因分析内容不同而有所区别，如有的是全面分析，有的是专题分析，有的是定期分析，有的是日常分析，侧重点都是不一样的，但其基本要求是一致的，即要求实事求是、客观而全面；重点突出，不必面面俱到；情况要真实、准确，得出结论要有根据，避免主观臆断；提出的改进措施、意见和方案要具体、可行；文字力求简明扼要，图表力求清晰易懂。另外，销售分析报告应及时送达有关部门和人员，提高其时效性，真正为提高销售管理水平、扩大销售业绩作贡献。

（二）销售信息的收集

为了给销售分析提供信息、洞察力和灵感，公司必须对企业经营绩效的各种因素有全面和及时的信息。销售信息的收集可以从两方面来考虑。

1. 内部报告

通过有关订单、销售、价格、成本、库存水平、应收账款、应付账款等内部报告来获得信息，发现重要的市场机会，识别潜在的销售管理问题。

1）订单收款循环系统

内部报告的核心是订单收款循环系统（order-to-payment cycle）。销售代表、经销商和顾客将订单送交公司，然后销售部门准备发货单，分送给各个部门，并对存货不足的产品发出缺货请求；运送的产品会生成运送单和账单等文件，分送到各部门。顾客非常青睐那些能够承诺及时交货的公司，所以公司需要快速准确地完成这些步骤。许多公司使用互联网和外部网来提高订单收款循环的速度、精确性和效率。

2）销售信息系统

营销经理需要对当前的销售状况获得及时和准确的报告。沃尔玛的销售数据库和库存数据库中有每天、每家店铺、每位顾客的每件商品的销售信息，并每小时更新一次。请看以下松下电器公司（Panasonic）的例子。

【资料链接】

松下电器公司制造数码相机、等离子电视和其他个人电子产品。在获知企业收入目标没有达到后，公司决定采用一种由供应商管理库存的模式。库存分配按照消耗出货情况进行安排，这样客户可以买到产品的比率从70%上升到95%。经过一年的时间，松下渠道中的产品供货平均周数从25周下降到5周，等离子电视的销量从2万台上升到近10万台。为此，最早采用供应商管理库存模式的零售商百思买将松下电器公司的"Go-To"等离子电视品牌从三级供应商升至一级供应商。

3）数据信息挖掘

公司以顾客数据库、产品数据库、销售人员数据库的形式来组织公司信息，然后将不同数据库的信息整合起来。例如，顾客数据库包括每位顾客的姓名、地址、过去的交易记录，有时甚至有人口统计信息与心理行为（活动、兴趣和观点）信息。公司并不向数据库中的所有顾客邮寄新商品目录单进行"地毯式轰炸"，而是根据顾客最近一次消费（recency）、消费频率（frequency）和消费金额（monetary），即RFM模型，给不同的顾客打分，然后将商品目录邮寄给那些得分最高的顾客。这种数据操作除了节省邮寄费用，还经常能获得两位数的回复率。

分析人员能够"挖掘"数据，通过深层了解被忽略的顾客群、最新顾客趋势和其他有用信息而获取新的创意。管理人员能够把顾客信息与产品和销售人员信息进行交叉分析，从而更深刻地理解顾客。

2. 销售情报

销售情报系统（marketing intelligence system）是管理者使用的一整套程序和信息来源，用以获得有关营销环境发展变化的日常信息。内部报告系统为管理人员提供的是结果数据，而销售情报系统则为管理人员提供实时数据。销售人员收集销售情报的途径多种多样。例如，他们阅读图书、报刊和行业出版物；与顾客、供应商、分销商交谈；监测网络上的社交媒体；或与其他公司经理会谈。

公司可以采取下面七种方式来收集有关销售信息的情报：训练和鼓励销售人员发现并及时报告最新进展；激励分销商、零售商和其他中间商提供重要情报；雇用外部专家收集情报；内部与外部网络；建立顾客顾问小组；利用政府数据资源；从调研公司和供应商处购买信息。

1）在线收集销售信息情报

互联网、在线顾客评论社区、论坛、聊天室和博客上所披露的信息可以将顾客的体验或评价传播给其他潜在购买者，也可以传播给寻求关于消费者和竞争对手信息的营销人员。

营销人员可利用下面五种主要的在线方式收集信息：独立的顾客产品与服务评价论坛；分销商和销售代理的意见反馈网站；顾客评论和专家意见组合网站；顾客抱怨网站；公共博客。

2）沟通和使用营销情报

有些公司配备工作人员浏览互联网和主要出版物，从中提炼相关新闻，并向营销经理分发报告。当有关销售信息的情报主要使用者与情报提供者在决策制定过程中能够紧密合作时，情报的作用则会发挥得淋漓尽致。鉴于互联网发展的惊人速度，对在线信息进行快速反应是非常重要的。下面两家公司对在线信息反应迅速，因此获益颇多。

当票务代理商 StubHub 发现雨季延误了纽约扬基队和波士顿红袜队（Red Sox）的比赛，而顾客对退款手续感到迷惑并产生强烈的负面情绪时，公司就立刻决定提供一个合适的折扣和积分，客服总监说他们观察到的"这个'插曲'对他们来说是煤矿里的金丝雀"。

当可口可乐公司的监测软件发现了 Twitter 网站有一个消费者的帖子抱怨不能在MyCoke 奖励方案中自由兑换，而其跟随者达到 1 万人后，可口可乐迅速在 Twitter 主页上道歉并表示愿意帮助解决这个问题。那个消费者得到奖品后，将他在 Twitter 页面上的头像换成了他拿着一罐可乐的照片。

（三）主要销售指标分析

1. 销售额分析

销售部门所使用的数据很多来自会计部门，但这些数据可能并不是企业直接想使用的，如果对这些会计数据进行重新组合，企业可以得出销售报告中以下几个常用的分类分析：销售总额分析、区域销售额分析、产品销售额分析。

1）销售总额分析

销售总额分析即公司将其在所有地区针对不同客户销售的所有产品的销售额进行统计分析。对于管理者而言，销售总额分析并不能停留在当年销售的一个数字上，而是应该看公司近几年的销售额变化趋势，同时还要看公司在其所属行业中市场份额的变化趋势。所以，对于销售问题的分析主要应看两个数据，一是过去几年公司的年度销售数据，二是公司所在销售地区的行业年度销售数据，进而从这些数据中分析出公司的发展状况。表 5-2-1 是某公司销售总额与份额分析。

表 5-2-1 某公司销售总额与份额分析

年份	销售总额/万元	行业销售总额/万元	公司所占市场份额/%
2014	18.9	298	6.3
2013	17.6	273	6.4
2012	16.4	252	6.5
2011	14.3	218	6.6
2010	14.7	210	7.0

如表 5-2-1 所示，除 2011 年外，公司的销售总额是逐年上升的，这一点是公司所乐于见到的。但通过与行业数据对比分析可知，公司每年的销售总额增长速度小于行业平均值，所以公司的市场份额在不断下降。

公司管理层通过对以上表格的分析发现了问题，但具体原因是什么还需要进一步通过一系列分析得知。

2）地区销售额分析

销售总额分析给管理者提供的是一个销售情况整体的描述，但其并不能反映公司各个部分的情况。通过适当的分类可以让管理层更确切地了解公司销售的实际情况，即哪一部分做得好，哪一部分可能需要适当地改进。

公司可以通过以下四个步骤简单而有效地分析一个地区的销售额。

（1）选择一个适当的百分比数值。即通过各种数据，如购买力指数，来确定一个地区的销售额应占公司总销售额的百分比值。

（2）确定公司在一段时间内（如一年）的实际销售总额。

（3）用第一步得出的百分比乘以公司销售总额，得出该地区的目标销售额。

（4）比较该地区的实际销售额与目标销售额之间的差距，从而进一步分析产生这种差距的原因。表 5-2-2 是根据上述步骤对某公司不同地区销售额的分析。

表 5-2-2 2011 年公司五个地区销售额分析

地区	购买力指数/%	销售目标/万元	实际销售/万元	业绩百分比/%	销售偏差/万元
A	27	2551	1890	74	-661
B	22	2079	2583	124	504
C	15	1418	1739	123	321
D	20	1890	1789	95	-101
E	16	1512	1449	96	-63
合计	100	9450	9450		

如表 5-2-2 所示，某公司在 2011 年的销售总额为 9450 万元，根据购买力指数分别得出五个地区的销售目标，如 A 地区为 2551 万元，B 地区为 2079 万元，再根据实际销售得出业绩百分比和销量偏差。

在业绩百分比一列超过 100%为完成销售目标。由此可知，在 2011 年只有 B 和 C 地区完成了销售目标。而 A 地区距离目标的差距比较大。在看业绩百分比的同时还要看销售额偏差。因为如果一个地区的销售量很大，即使业绩百分比很小也会有很大的销售额偏差，甚至可能对公司总体销售额产生至关重要的影响。

由表 5-2-2 可以看出，与销售目标差距较大的是 A 地区。通常情况下，公司下一阶段的重点将会放在 A 地区。因为较大的差距意味着较大的潜力，如果对 A 地区和 B 地区付出同样的努力，一般情况下在 A 地区会取得更明显的效果。

3）产品销售额分析

出于多方面的考虑，一些公司可能销售一个系列、多个系列甚至是很多不相关的产品，然而，这些产品对公司的贡献是不尽相同的。有的产品可能销售额很大，同时也贡献很多的利润。而有的产品无论是销售额还是利润都很少。但我们需要明确的一点是，销售额与利润之间是没有必然联系的，有的产品可能销售额很大，但利润却很少。

对于产品系列销售额的分析，最简单的就是将总销售额分到单个产品或者系列，之后进一步分析。而对于一些产品类别众多、品种繁杂的企业，也可以首先将成百上千种产品归入几个大类，再对产品大类进行分析。每个产品系列的销售额可以与其他的产品系列进行比较，也可以与该产品系列以前的情况进行比较分析。同时，如果可以得到所在行业的数据，也可以将公司的数据与行业数据进行对比，从而分析出该产品系列的销售业绩。表 5-2-3 是某产品系列两地区销售额分析。

表 5-2-3　某产品系列两地区销售额分析　　　　　　　　单位：万元

产品	A 地区			B 地区		
	目标	实际	偏差	目标	实际	偏差
产品 1	1140	1197	+57	884	1134	+250
产品 2	189	164	−25	155	252	+97
产品 3	630	252	−378	536	756	+220
产品 4	592	277	−315	504	441	−63
合计	2551	1890	−661	2079	2583	+540

从表 5-2-3 中可以看出，运用购买力指数的百分比和销售总额可以得出 A 地区和 B 地区的销售目标。A 地区比目标销售额少了 661 万元。从表 5-2-3 中还可以看出，A 地区销售额的偏差主要是由产品 3 和产品 4 两种产品引起的，而实际上产品 1 是超过销售目标的。所以通过表 5-2-3 即可以分析出下一阶段的销售重点是在产品 3 和产品 4 上。通过分析同样可以看出，B 地区虽然在整体上超过了销售目标，但是产品 4 没有完成目标。所以，在 B 地区产品 4 依然有可提升的空间。无论是在 A 地区还是在 B 地区，产

品 4 都没有完成预定的销售目标，这也在一定程度上说明了问题，管理层可能需要对产品 4 作进一步分析。

2. 销售成本分析

通过与销售预算中的计划成本进行比较来判断实际费用与预算之间产生差别的原因。通常采用的分类方法有分类账费用分析、职能费用分析和细分市场成本分析。

1）分类账费用分析

最简单的成本分析就是对会计记录中的分类账目（如销售人员薪水、办公室租金、出差费用、管理费用）进行分析研究。管理层可以通过对实际费用与预算费用、当期费用与以往同期费用或者与行业平均费用进行比较来分析企业各种销售成本的支出情况。

2）职能费用分析

通过会计记录的分类账目进行分析十分便捷，但为了更有效地分析销售成本，销售主管通常会对各种费用进行重新分类，将与特定职能（如人员销售、广告、行政等）相关的费用合并进行分析。

对于职能费用分析，首先要选择合适的职能分类。不同的公司对于职能的分类是不同的，但是在成本分析中典型的职能分类有以下几种：人员销售费用、广告和促销费用、仓储和运输费用、订单处理费用及行政费用。

其次要将分类账户中的费用分摊到各项职能活动中。比如，办公室租金就需要分摊到各职能活动上。某些费用是对应职能的直接花费，所以应把全部费用分摊到该职能活动成本中。比如，销售人员工资和佣金全部分摊到人员销售即可。而有一些间接费用必须在不同的职能活动中进行分摊。间接费用的分摊最重要的就是要选择好合适的标准。将所有费用分摊完毕后即可进行汇总，从而得出每一项职能的费用总额。在得出结果后可以与往年的数字相比较或者与行业中的其他相似的公司进行比较，进而得出公司在哪些方面做得出色，在哪些方面有待改进。同时，这种分析方法也可以与地区和产品分析相结合，以为管理层提供更加具体的数据。

3）细分市场成本分析

公司可以将一个整体市场按照地区、产品或客户等进行划分。通过分析细分市场的销售额与成本，进而发现业绩优异、有潜力的细分市场及一些需要改进的细分市场。

在细分市场的分析过程中，我们可以采用与职能费用分析相同的方法，即将各种活动费用的总额通过适当的标准分摊到各个市场，再通过纵向与往年的数据相比较，横向与行业中的其他公司相比较，为管理层提供决策依据。

3. 盈利性分析

销售量和成本分析对企业都是非常有益的，但并不是十分全面，因为其中并没有考虑净利润的问题。而盈利性分析是在考虑净利润的基础上对销售绩效进行分析的有效手段。盈利性通常用投资回报率（return on investment，ROI）来表示。

投资回报率（ROI）=销售利润率×资产周转率

=（净利润÷销售额）×（销售额÷投入资产）

公式中的净利润和销售额可以从会计报表中直接得到数据，而投入资产则包括存货、应收账款或销售组织层的其他资产。

表 5-2-4 是四地区的投资回报率分析。

表 5-2-4　四地区投资回报率分析

项目	A 地区	B 地区	C 地区	D 地区
销售额/万元	14 400	14 400	14 400	14 400
售出商品成品/万元	7 200	7 200	7 200	7 200
毛利/万元	7 200	7 200	7 200	7 200
直接销售成本/万元	4 320	5 760	3 120	5 280
净利润/万元	2 880	1 440	2 880	720
应收账款/万元	4 800	2 400	9 600	2 400
存货/万元	4 800	2 400	9 600	2 400
投入资产/万元	9 600	4 800	19 200	4 800
销售利润率/%	20	10	20	5
资产周转率	1.5	3.0	0.75	3.0
ROI/%	30	30	15	15

由表 5-2-4 可知，A 地区和 B 地区有相同的投资回报率，且都相对较高，但它们却是通过不同的方式获得的。A 地区是通过较高的销售利润率，而 B 地区则是通过较高的资产周转率。相比之下，C 地区和 D 地区的投资回报率都不高，而原因亦各不相同。由表 5-2-4 中数据可知，C 地区主要是由资产周转率较低造成的，而较低的资产周转率可能是由于存货或账户支付的问题。D 地区主要是由销售利润率低造成的，而这一现象可能是由较低的销售价格或较高的销售费用造成的。

4. 客户分析

进行客户分析管理，不仅要对客户资料进行采集，还要对客户资料进行多方面的分析，包括客户构成分析、客户与本企业的交易业绩分析、不同产品的销售构成分析、不同产品的毛利率分析、产品周转率分析、交叉比率分析、贡献比率分析等。

1）客户构成分析

（1）将自己负责的客户按不同的方式进行划分，可以分为批发店、零售店、代理店、特约店、连锁店、专营店。

（2）小计各分类客户的销售额。

（3）合计各分类客户的总销售额。

（4）计算各分类客户销售额在分类销售额中所占的比重及在总销售额中的比重。

（5）运用 ABC 分析法将客户分为三类：A 类客户是企业的重点客户，占企业总销售额的 80%；B 类客户是企业的潜力客户，占企业总销售额的 15%左右；C 类客户是企业的小客户，占企业总销售额的 5%左右。

2）客户与本企业的交易业绩分析

这种交易业绩主要体现在客户对本企业产品的购买量、购买频率和购买额度上，具体包含以下内容。

（1）掌握各客户的月交易额或年交易额（总体）。

（2）统计各客户与本企业的月交易额或年交易额（部分）。

（3）计算出各客户的交易额占本企业总销售额的比重（对本企业的重要程度）。

（4）检查该比重是否达到了本企业所期望的水平（实际额与目标额的比较）。

3）不同产品的销售构成分析

（1）将自己对客户销售的各种产品按销售额由高到低排序。

（2）合计所有产品的累计销售额。

（3）计算各种产品销售额占累计销售额的比重。

（4）检查是否完成企业所期望的产品销售任务。

（5）分析不同客户产品销售的倾向及存在的问题，检查销售重点是否正确，将畅销产品努力卖给潜在客户，并确定以后的销售重点。

4）不同产品的毛利率分析

（1）将自己所负责的产品按毛利额大小排序。

（2）计算各种产品的销售毛利率。

5）产品周转率分析

（1）通过对客户的调查，将月初客户所拥有的本企业产品库存量和月末客户拥有的本企业产品库存量的总和进行平均，求出平均库存量。

（2）将销售额除以平均库存量，得出产品周转率。

6）交叉比率分析

这一方法的计算公式为

$$交叉比率=毛利率×商品周转率$$

毛利率和商品周转率越高的商品，就越有必要积极促销。

7）贡献比率分析

（1）求出不同商品的贡献比率。计算公式为

$$贡献比率=交叉比率×销售额构成$$

（2）对不同客户的商品销售情况进行比较分析，看是否完成了公司期望的商品销售任务，分析某客户商品畅销或滞销的原因是什么、应重点销售的商品（贡献比率高的商品）是什么。

不同客户之间的差异主要表现在两点：一是他们对公司的商业价值不同；二是他们

对产品的需求不同。

因此，对这些客户进行有效的差异分析，可以帮助企业更好地配置资源，使产品和服务的改进更有成效，牢牢抓住最有价值的客户，取得最大限度的收益。

（四）撰写销售总结报告

在销售告一段落后，销售人员应对这段销售作一回顾，并撰写销售总结报告，进行分析总结，以便积累经验、吸取教训，销售总结报告具体应包括以下内容。

1. 取得的成绩

即在这一阶段销售中取得的销售成就。这一部分内容应尽量具体，不仅应包括成交的数量和金额，还应具体写明访问的客户，曾向客户做过哪些工作，客户的反映如何，对客户的销售已进行到了哪个阶段，等等。

2. 存在的问题

具体包括在销售中，客户提出了哪些问题，哪些是销售人员可以自行解决的及如何解决的，哪些是销售人员自己无法解决，需要其他部门的配合或上级主管的批准才能解决的。

3. 原因分析

销售人员要对销售过程中出现的客户异议进行深入的分析，挖掘出客户提出反对意见的真正原因，或最后未能与客户达成交易的真正原因。

4. 改进措施

销售人员要针对销售中的问题提出改进意见和建议，包括对今后工作的改进措施，以及对企业的产品或服务措施等方面的改进意见和建议。

通过撰写销售报告，可以总结经验，吸取教训，进一步改进工作，还可以有针对性地对某些潜在客户提出有效的销售策略。此外，这类报告能将客户的信息及时反馈到企业，有利于中小企业根据客户的需要改进产品和服务，对销售业绩进行评价，及时给予适当的帮助和指导。

二、能力实训

（一）思考题

1. 企业销售管理人员为什么要进行销售分析？
2. 简述销售分析的内容包括哪些方面。

3. 销售分析的具体流程是什么？

4. 试述销售总结报告包括哪些内容。

（二）校内外实训

实践训练：角色扮演

（1）销售主题：活动小组需要举行一次虚拟销售。

（2）设定销售环境：虚拟商场内的销售场景。

（3）分配角色：负责策划销售的工作人员（布置现场并扮演各种需求状态的销售者）；表演买卖情景。在买者的配合下，销售人员表演销售过程。

（4）活动目标：通过模拟销售现场了解销售的内容及各项步骤，掌握销售的政策和要点。

（5）讨论：发表每个人的看法，表演者讨论哪些地方做得不够，在销售过程中会遇到哪些困难、哪些问题最难处理。

（6）撰写销售报告：通过谈论，总结此次销售并以报告形式呈现。

三、知识拓展

销售分析模型

销售一旦出现问题，销售经理往往会找出各种各样的原因，但是由于缺乏一定的分析工具，这些问题和原因显得非常杂乱，缺乏逻辑性，从而给问题的解决带来很多障碍。利用鱼刺图模型则可以有效地帮助销售经理对销售进行分析，从而加快问题的解决。

鱼刺图是由日本管理大师石川馨先生创造的，故又名石川图，如图 5-2-1 所示。鱼刺图模型是一种发现问题"根本原因"的方法，所以也可以称它为"因果图"。在销售中用好鱼刺图模型，可以让销售管理工作一目了然，明明白白，对各种销售问题的解决大有裨益。

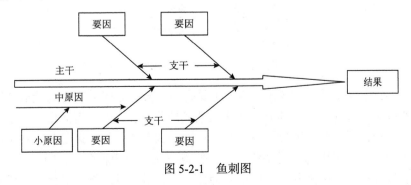

图 5-2-1　鱼刺图

在图 5-2-1 中，鱼头部分可以填写问题，如"销售目标没有完成或市场销量提升太慢"；在要因部分填写主要原因（因素），如"产品原因"；在支干部分的中原因里填写次原因（因素），如"产品质量不稳定"；在小原因里填写次次原因（因素），如"质监人员责任心不强"等。鱼头部分也可以填写目标和结果，如"完成销售目标×××"；在要因部分填写主要因素，如"产品"；在支干部分的中原因里填写次因素，如"长线产品"；在小原因里填写次次因素，如"B 产品"等。在作"销售下滑"原因的分析时，可以根据主次把各种与销售相关的因素放在相关位置，做成如图 5-2-2 所示的鱼刺图模型。

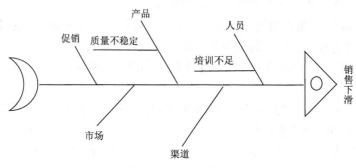

图 5-2-2　鱼刺图模型

下面结合一位区域经理利用鱼刺图模型所做的关于市场销量提升缓慢的销售分析，具体说明这一工具的运用方法，如图 5-2-3 所示。

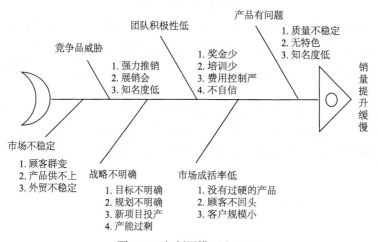

图 5-2-3　鱼刺图模型应用图

从图 5-2-3 中可以看出，该区域经理主要是为了分析该区域市场为什么"销量提升缓慢"，所以把它放在了鱼头部分。经该区域经理分析，"产品有问题""市场成活率低""团队积极性低"等是主要原因，他就把这些因素放在了主因部分；在主因"产品有问题"方面，主要是因为"无特色"等，他就把这些因素放在了主因"产品有问题"的支干上；以此类推，一份分析区域市场为什么"销量提升缓慢"的鱼刺图模型就做好了，造成问题的原因一目了然，区域经理就可以针对该市场的问题来确定解决方案了。

在上述分析之后，区域经理还要继续对问题原因进行分类，比如，哪些问题是可以马上解决的，哪些问题是需要逐步解决的，哪些问题是需要与高层沟通后解决的，然后列出问题的解决时间表和责任人。另外，也可以对问题按职能部门分类，把这些问题汇总到各个部门，让其列出问题解决时间表和确定相关责任人等。

有了这样一份主次分明、思路清晰的问题分析图，区域经理在解决问题时就会比较顺利了。例如，可以让手下业务员看着这份图分析他们的工作在销量提升中的作用，用事实说明他们的工作不力已经使销量提升缓慢。有理有据，清清楚楚，属下才会心服口服，真正有所改进。此外，在向上级领导或相关部门申请支持时，也不必再浪费口舌翻来覆去地讲，鱼刺图模型一展示，稍加讲解，听的人就会产生很直观的感受。如果对方对你的分析没有异议，就会对你的区域销量提升缓慢非常理解，你要获得相关支持也会变得容易了。

除销售分析外，鱼刺图模型还可以用于销售规划。例如，2014 年某区域销售目标规划为 2000 万元，区域经理就可以把能够确保 2000 万元目标完成的各种因素用鱼刺图模型罗列出来。这样每次看到该图，各种因素一目了然，也就可以明确 2014 年的工作重点和核心，知道哪些环节需要向企业申请资源，哪些环节自己需要加强和完善；在长期的执行中始终目标明确，不会偏离主题，做无谓的浪费。在用鱼刺图模型进行销售规划时，区域经理也可以做出完成目标需要具备的因素图和目前所具有的因素图，两个图一比较，就能知道现有的资源与需要完成目标应具备的资源之间的差距。

【角色转换】

1. 如果你是一名中职院校的教师，你将如何将销售分析的知识理论传授给学生？

2. 在课堂教学中你将通过何种教学方法使学生掌握销售分析的内容与方法，并在收集相关信息的基础上对企业的销售工作进行分析，撰写销售分析报告？

参 考 文 献

安贺新. 2011. 销售管理. 北京: 电子工业出版社

博斯沃斯 M T, 霍兰德 J, 维斯卡蒂斯 F. 2010. 攻心式销售. 邱璟旻, 张无尘译. 北京:
中华工商联合出版社

蔡利华. 2014. 销售管理. 北京: 企业管理出版社

陈涛. 2016. 销售管理. 北京: 机械工业出版社

程淑丽. 2011. 销售管理. 北京: 电子工业出版社

杜林. 2011. 销售管理. 北京: 清华大学出版社

杜泉. 2014. 销售管理. 北京: 中国人民大学出版社

高职高专市场营销专业工学结合模式课程研究课题组. 2011. 工学结合模式下高职高专
市场营销专业建设指导方案. 北京: 清华大学出版社

格罗斯 S. 2006. 打造卓越销售团队. 李博译. 北京: 新华出版社

黑曼 S E, 桑切兹 D, 图勒加 T. 2006. 新概念营销. 2 版. 官阳译. 北京: 中央编译出版社

胡胜旺. 2011. 销售管理. 合肥: 合肥工业大学出版社

雷克汉姆 N. 2010. 销售巨人: SPIN 教你如何销售大订单. 石晓军译. 北京: 中华工商联
合出版社

雷克汉姆 N, 德文森蒂斯 J. 2013. 销售的革命. 陈叙译. 北京: 中国人民大学出版社

李文龙. 2013. 客户关系管理. 北京: 清华大学出版社

李先国. 2010. 销售管理. 北京: 经济管理出版社

李先国. 2011. 销售管理. 北京: 中国人民大学出版社

李祖武. 2011. 销售管理. 北京: 清华大学出版社

刘俊. 2014. 销售经理——绩效管理与业绩提升笔记. 北京: 化学工业出版社

曼宁 G L, 里斯 B L. 2009. 销售学——创造顾客价值. 10 版. 陈露蓉译. 北京: 北京大
学出版社

曼宁 G L, 里斯 B L, 阿亨 M. 2011. 现代销售学. 11 版. 欧阳小珍, 童建农译. 北京:
机械工业出版社

佩吉 R. 2004. 竞争性销售: 简化企业销售的六大关键. 何涌译. 北京: 中国财政经济出版社

苏朝辉. 2013. 客户关系管理. 北京: 高等教育出版社

王秀英. 2011. 销售管理. 北京: 中国人民大学出版社

夏凯. 2010. 赢单九问——分享千万大单成交心得. 厦门: 鹭江出版社

许巧珍. 2014. 客户关系管理. 杭州: 浙江大学出版社

伊迪斯 K M. 2005. 再造销售奇迹. 刘复苓译. 北京: 中国财政经济出版社

张启杰. 2009. 销售管理. 2 版. 北京: 电子工业出版社